MANESSE BIBLIOTHEK DER WELTLITERATUR

ACHIM VON ARNIM

ACHIM VON ARNIM

ISABELLA VON ÄGYPTEN

UND ANDERE ERZÄHLUNGEN

Herausgegeben von Walther Migge

Illustriert von Fritz Fischer

MANESSE VERLAG

ISABELLA VON ÄGYPTEN

Kaiser Karl des Fünften erste Jugendliebe

Braka, die alte Zigeunerin im zerlumpten roten Mantel, hatte kaum ihr drittes Vaterunser vor dem Fenster abgeschnurrt, wie sie es zum Zeichen verabredet hatte, als Bella schon den lieben, vollen,

dunkelgelockten Kopf mit den glänzenden, schwarzen Augen zum Schieber hinaus in den Schein des vollen Mondes streckte, der glühend wie ein halbgelöschtes Eisen aus dem Duft und den Fluten der Schelde eben hervorkam, um in der Luft immer heller wieder aus seinem Innern heraus zu glühen. «Ach, sieh den Engel», sagte Bella, «wie er mich anlacht!» – «Kind», sprach die Alte und ihr schauderte, «was siehst du?» – «Den Mond», antwortete Bella, «er ist schon wieder da, aber der Vater ist wieder nicht nach Hause gekommen. Alte, diesmal bleibt der Vater gar zu lange aus, doch ich hatte schöne Träume von ihm in der letzten Nacht, ich sah ihn auf einem hohen Throne in Ägypten, und die Vögel flogen unter ihm, das hat mich getröstet.» – «Du armes Kind», sagte Braka, «wenn's nur wahr wäre, hast du denn was zu essen und zu trinken bekommen?» – «O ja», antwortete Bella, «der Nachbar hat seine Äpfelbäume geschüttelt, da sind viele Äpfel in den Bach gefallen, die habe ich aufgefischt, wo sie in den Wurzeln am krummen Ufer stecken geblieben, auch hatte der Vater, ehe er ausging, mir ein großes Brot herausgelassen.» – «Daran tat er recht», weinte die Alte, «er hat kein Brot mehr nötig, sie haben ihn vom Brot geholfen.» – «Liebe Alte, sprich», bat Bella, «mein Vater hat sich doch nicht Schaden getan bei den starken Mannskünsten? Führ mich hin zu ihm, ich will ihn pflegen. Wo ist mein Vater? Wo ist mein Herzog?» – So fragte Bella zitternd, und die Tränen fielen ihr aus den Augen durch den Mondschein auf harte Steine nieder – wär ich ein ziehender Vogel gewesen, ich hätte mich niedergelassen und meinen Schnabel eingetunkt und sie zum Himmel getragen, so traurig und so ergeben in seinen Willen waren diese Tränen. – «Sieh dort», schluchzte die

Alte, «auf dem Berge steht ein Dreifuß, dreibeinig, aber nicht dreieinig. Gott weiß nichts von ihm, und doch heißt er das hohe Gericht, wer vor dem Dreifuß vorbeikommt, der kann noch lange leben, das Fleisch, was da die Sonne kocht, das wird in keinen Topf gesteckt, es hängt daran, bis wir es abnehmen. Sei ruhig, du armes Kind, und schrei nur nicht, dein Vater hängt da oben, aber sei nur ruhig, wir holen ihn diese Nacht und werden ihn in den Bach werfen mit allen Ehren, wie ihm zukommt, daß er hinschwimme zu den Seinen nach Ägypten, denn er ist auf frommer Wallfahrt gestorben. Nimm diesen Wein und dieses Töpfchen mit Schmorfleisch, halte ihm ein Totenmahl in deiner Einsamkeit, wie es sich geziemt.» – Bella konnte vor Schrecken kaum fassen, was sie ihr reichte. Die Alte fuhr fort: «Halt doch fest, daß es nicht fällt, wein dir nicht die Augen aus, denk daran, daß du jetzt unsre einzige Hoffnung bist, daß du die Unsern, wenn unser Gelübde vollbracht, zurückführen sollst; denk auch, daß dir jetzt alles gehört, was dein Vater besessen, sieh nur in seiner Kammer zu, da hast du den Schlüssel, da wirst du viel finden. Ja, bald hätte ich es vergessen, als er mir den Schlüssel gab, sagte er, du möchtest dich vor seinem schwarzen Simson nicht fürchten, der Hund würde es schon wissen, daß er dir gehorchen müsse und dich nicht mehr beißen dürfe; dann sagte er noch, du solltest nicht traurig sein, er sei lange am Heimweh krank gewesen und nun werde er gesund, da er heimkomme. Das sagte er – und da hast du einen Hutkopf voll Milch, die habe ich einer Kuh auf der Weide ausgemolken, die gehört zum Totenmahle. Gute Nacht, Kind!» – Die Alte ging, und Bella sah ihr nach wie einem bösen Briefe, der ihr vor Schrecken aus der Hand gefallen, und den sie doch gern ganz wissen möchte; sie wäre lieber mitgegangen, aber sie zauderte in ihrer Traurigkeit und scheute das rauhe Volk, was sie da antreffen würde, so sehr sie es liebte.

Die Zigeuner waren damals in der Verfolgung, welche die vertriebenen Juden ihnen zuzogen, die sich für Zigeuner ausgaben, um geduldet zu werden, schon sündlich verwildert; oft hatte Herzog Michael darüber geklagt und alle seine Klugheit angewendet, sie aus dieser Zerstreuung nach ihrem Vaterlande zurückzuführen. Ihr Gelübde, so weit zu ziehen, als sie noch Christen fänden, war gelöst, denn sie waren schon aus Spanien vom Weltmeere zurückgekehrt; nur der Wunsch nach der neuen Welt hielt sie in der alten, die nur Krieger, keine Pilger hinübersetzen wollte. Das Zurückführen nach Ägypten war aber bei der zunehmenden Türkenmacht, bei der Verfolgung überall, bei dem Mangel an Gelde unendlich schwer. Schon hatte der Herzog, was sonst ihre Nationalbelustigung war, Proben von Stärke und Geschicklichkeit (wie sie schwere Tische auf ihren Zähnen im Gleichgewichte trugen, wie sie sich springend in der Luft überschlugen oder auf den Händen gingen), alles das, was sie mit dem Namen der starken Mannskünste bezeichneten, zu ihrer Erhaltung zu benutzen gesucht, aber von einem Gebiete ins andre zurückgedrängt, erschöpften sich diese Erwerbsquellen, und auch die Besseren, wenn selbst das Wahrsagen nicht mehr galt, sahen sich gezwungen, ihre ärmliche Nahrung zu stehlen oder mit jagdfreien Tieren, wie Maulwürfe und Stachelschweine, fürlieb zu nehmen. Da fühlten sie erst recht innerlich die Strafe, daß sie die heilige Mutter Gottes mit dem Jesuskinde und dem alten Joseph verstoßen, als sie zu ihnen nach Ägypten flüchteten, weil sie nicht die Augen des Herrn ansahen, sondern mit roher Gleichgültigkeit die Heiligen für Juden hielten, die in Ägypten auf ewige Zeit nicht beherbergt werden, weil sie die geliehenen goldnen und silbernen Gefäße auf ihrer Auswanderung nach dem gelobten Lande mitgenommen hatten. Als sie nun später den Heiland aus seinem Tode erkannten, den sie in seinem Leben verschmäht hatten, da wollte die Hälfte des Volks durch eine Wallfahrt, so weit sie Christen finden würden, diese Hartherzigkeit büßen. Sie zogen durch Kleinasien nach Europa und nahmen ihre Schätze mit sich, und so lange diese dauerten, waren sie überall willkommen; wehe aber allen Armen in der Fremde.

Das mußte voraus berichtet werden, jetzt zu unsrer Geschichte zurück. Ein neuer Haufe, unter denen Happy und Emler, waren vor acht Tagen aus Frankreich ohne alles Geld angekommen, der Herzog entschloß sich, zu ihrem Unterhalt selbst seine Künste wieder einmal zu zeigen, er ging mit ihnen in ein Wirtshaus, und als er eben zu aller Bewunderung acht Männer auf Arm und Schultern trug, kam das Geschrei, der Happy sei gefangen, er habe zwei Hähne im Hofe gestohlen, und im Fortgehen habe ihn ihr Krähen verraten, und Michael, der Herzog, sei bloß darum im Zimmer geblieben, um die Leute heranzulocken. Die Genter Bürger verziehen wegen ihres Reichtums keinen Diebstahl; vergebens stellte sich Herzog Michael, als ob er den Happy im Augenblicke erschießen wollte, er selbst und Emler wurden mit dem Happy verhaftet und als Diebe zum Strange verurteilt;

damals gab es ein strenges Recht gegen die Zigeuner, sie totzuschlagen, wo sie sich finden ließen. Michael beteuerte umsonst seine und Emlers Unschuld vor dem Gerichte und sprach: «Uns geht es wie den Mäusen, hat eine Maus den Käse angenagt, so sagt man, die Mäuse sind's gewesen, da geht's an ein Vergiften und Fangen aller, so sind wir Zigeuner jetzt nirgends mehr sicher als am Galgen!» – Dieser sichre Ort wurde ihm durch das Gesetz, und er weinte schmerzliche Tränen aus der Höhe zur Erde, daß er, der letzte männliche Erbe seines hohen Hauses, so ehrlos und unschuldig umgebracht werde; da schloß sich seine Kehle bis zum Jüngsten Tage, wo er seine Klage gegen die Unbarmherzigkeit der Reichen vortragen wird, die ein Menschenleben gegen die Sicherung ihrer toten Schätze gering achten, da wird das Strick so wenig durch ein Nadelöhr gehen wie ein Kamel, und so werden die Reichen nicht eingehen ins Himmelreich, wo Bella ihren Vater wiederfindet.

Als Bella wieder zu sich gekommen, rief sie mehr als einmal: «Also das hat mir der Traum bedeuten sollen, daß mein Vater erhöht wurde, ja wohl ist er jetzt erhöhet in den Himmel und weiß von uns nichts mehr oder alles!» – Der schwarze Hund kam jetzt gegen seine Gewohnheit von der Kammertür, legte sich ihr zu Füßen und heulte. «Also du weißt es auch schon, Simson?» fragte sie ihn, und der

Hund nickte. «Willst du mir künftig dienen?» Der Hund nickte wieder, lief ans Fenster und kratzte. Bella sah hinaus, der Schieber war offen geblieben: sie sah die Gestalt ihres Vaters fernglänzend schweben, und plötzlich sank er hinunter. «Jetzt haben sie ihn heruntergenommen, jetzt halten sie ihm ein Ehrenmahl, ich muß auch unter freien Himmel zum Totenmahl.» – Mit dem Weinkruge und dem Brote, den schwarzen Hund zur Seite, trat sie in den verwüsteten Garten; das Haus war schon seit zehn Jahren der Gespenster wegen unbewohnt geblieben, denn so lange hatten die Zigeuner sich darin eingenistet und den Besitzer, einen reichen Kaufmann der Stadt, der es sich als Sommersitz eingerichtet hatte, daraus zurückgeschreckt, bis er selbst wegen eines Bankerotts eingesteckt und sein Vermögen für die Gläubiger in bekannter Nachlässigkeit verwaltet wurde. Jetzt hatten sie unter dem Schwert der Gerechtigkeit vollkommene Ruhe, dort zu hausen, nur durften sie sich am Tage nicht zeigen, während ihnen nachts alle Leute aus dem Wege gingen. So trat das bleiche, schöne Kind wie ein Gespenst zur Haustüre hinaus, und der Wächter in den nahen Gärten flüchtete sich bei ihrem Anblick in eine entfernte Kapelle, um betend den heiligen Schutz des Glaubens zu fühlen. Bella wußte nicht, daß sie erschreckte, die Trauer um den Verlust ihres einzigen Gedankens, ihres Vaters, über den sie sich ganz vergessen hatte, machte sie stumpfsinnig, sie wußte nichts als die Regeln der alten Braka genau zu erfüllen; es war ihr das Liebste, daß sie noch etwas zu ihres Vaters Ehre tun konnte. Sie breitete also, wie es bei Totenmahlen ihres Volkes gewöhnlich, ihren Schleier über einen Feldstein aus, setzte zwei Becher und zwei Teller darauf, brach ihr Brot für beide, goß Wein in beide Becher, stieß mit den Bechern an, leerte den ihren und schüttete den Becher des Toten in den schwimmenden Bach, der sich in geringer Entfernung von dem Hause in die Schelde verlor. Und wie sie dies erste Opfer in den Fluß schütten wollte, da rauschte es in der Flut und tauchte empor, als ob ein großer Fisch, der in dem Strome keinen Raum hatte, auftauchte und emporschwämme, der Mond trat hinter dem Hause hervor, und sie sah ihres Vaters bleiches Angesicht, auf seinem Haupt die Krone, welche ihm die Zigeuner aufgesetzt hatten, ehe sie ihn in das fließende Wasser warfen. Und wie die Welle mit dem teuren Haupte kreiste, so ging dem armen Kinde der Kopf um; sie glaubte, er lebe noch, er suche sich aus dem Wasser zu retten, sie sprang hinein und hielt ihn fest, der schwarze Hund hielt aber sie am Rocke fest und stemmte sich gegen das Ufer; so wurde sie in sinnloser Trauer festgehalten und konnte weder den Leichnam ans Ufer bringen, noch mit ihm fortschwimmen ins Meer. Endlich kam Braka zurück, und da ihr an der Türe nicht aufgemacht worden, schlich sie in den Garten, wo sie das wunderbare Bild wie versteinert sah, den kräftigen Michael im Totenhemde mit der glänzenden silbernen Krone, über ihm das bleiche Mädchen, die schwarzen Locken über ihm hinwallend, an ihrem Kleide gehalten von dem schwarzen Hunde mit feurigen Augen. Die Alte mußte nach ihrer Art lachen, weil es etwas so Seltsames war, ungeachtet es ihr sehr zu Herzen ging und sie nicht von Herzen, sondern nur mit dem dürren Munde wie ein Hungernder lachen mußte; dann sprang sie hinzu, hob das Mädchen mit Gewalt ans Ufer und sprach: «Laß ihn ziehen, er weiß seinen Weg besser als du!» – Bei diesen Worten zog die Leiche still hinunter, und der Mond ging unter Wolken, und Bella sank in die Arme der Alten.

Vier Wochen des Schmerzes waren vergangen, die Alte konnte ihrer eigenen Sicherheit wegen nicht alle Tage kommen, und Bella langeweilte sich mit dem Hunde, dessen Künste sie nicht mehr sehen mochte, der ewig schlief, oder, wenn gegessen wurde, wedelte, sich leckte, kratzte; sie kam endlich darauf, womit andere Erben anfangen, den Nachlaß der Verstorbenen zu durchsuchen. Sie schloß die geheime Kammer auf, nicht ohne Schrecken und Ehrfurcht, aber ihre Erwartung war getäuscht; da waren keine seltene Kleider und Kostbarkeiten, meist nur Bündel von Kräutern,

Säcke mit Wurzeln, einige Steine, lauter Dinge, von denen sie nichts verstand, weil der Vater ihrem kindischen Wesen keine Achtsamkeit für das Geheime zugetraut hatte. Endlich fand sie doch in einer Kiste alte Schriften, die sie durchblättern konnte, manche mit köstlichen Siegeln geziert, auf wunderlichem Papier in fremder Sprache, die sie aber noch nicht gelernt hatte, andre aber niederländisch-deutsch, das sie wohl schreiben und lesen konnte, da ihre Mutter, aus einem alten Hause der Grafen von Hogstraaten mit Michael entflohen, diese Liebe zur alten Sprache ihrem Manne und ihrem Kinde zugebracht hatte. Sie nahm diese Bücher und las eben nachts, denn bei Tage schlief sie, um alles Geräusch zu vermeiden, als Braka ihr durch eine zahme Ohreule, mit der sie sich seit einiger Zeit herumtrieb, ein dreimaliges Zeichen gab, daß sie eingelassen sein wollte. Bella sprang unwillig von ihrem Buche auf, das merkwürdige Zauberhistorien enthielt, und wie Braka eingetreten, setzte sie sich wieder stillschweigend dabei nieder, daß die Alte ganz böse ihre Hände in die beiden Seiten stemmte: «Nun, kriegt die alte Braka heut keinen Gruß, keinen Kuß? ja wenn die Kinder klein sind, so wissen sie kaum, was sie einem alles für Liebes und Gutes antun sollen, aber kaum fangen sie an, was vollständig zu werden, da haben sie keine Ohren mehr für alles Gute, was man ihnen tun möchte; nun, den Kuchen sollst du heute nicht bekommen, wenn du mich nicht recht darum bittest, habe darum eine halbe Stunde beim Bäcker warten müssen, der sollte heute auf des Prinzen Tisch, die Magd wird sich schöne wundern, wenn sie beim Bäcker zum Abholen kommt und er schon fort ist.» – «Wenn ich dich auch nicht bitte», sagte Bella, «du hast doch keine Ruhe, bis ich ein Stück davon gegessen; gib nur her und sei nicht böse. Ich bin heute bei meines Vaters Büchern gewesen und habe da so schöne Geschichten gefunden, daß ich gern ein Gespenst werden möchte.» Die Alte sah in das Buch hinein und sagte: «Es ist doch sonderbar, daß ich so alt bin und kann nicht lesen, und du bist nur so ein Kuckindiewelt und kannst es schon;

nun hör einmal, wenn du Lust hast, ein Gespenst zu werden, du kannst dazu kommen, das fällt mir soeben ein, und wir können es brauchen.» – «Was ist denn, du siehst ja so bedenklich aus?» – «Sieh nur, Bella», fuhr die Alte fort, «es ist auch keine Kleinigkeit, was dir bevorsteht: denk nur, Prinz Karl ist gestern vor diesem Gartenhause mit seinem Lehrer Cenrio vorbeigeritten und hat gefragt, wie es käme, daß es so verschlossen und verfallen aussähe. Cenrio hat ihm erzählt, wie die Gespenster alle Käufer und Mieter abgeschreckt hätten, alles, wie du es weißt; wie dein Vater einen, der sich durchaus hier niederlassen wollte, mit Ruten gehauen; die vielen Eulen, die er in einer Kammer eingesperrt hatte und sie einem andern um den Kopf fliegen ließ, nun, du weißt alles; der Prinz aber, statt daß er dadurch geschreckt worden, schwur, daß er ganz allein eine Nacht in diesem Hause schlafen und die Geister bald vertreiben wolle. Was fangen wir nun an? es kann jede Nacht geschehen, daß er in dies Haus kommt, und seine Leute werden die Ausgänge sicher so besetzen, daß keiner von den Unsern heraus- oder hereinkann.» – «Hör, Braka», sprach Bella, «den Prinzen möchte ich doch gern sehen, ich habe so viel von ihm gehört, wie schön er ist und wie edel, wie er fechten und reiten kann.» – «Du denkst nun schon wieder an den Prinzen und nicht an unsre Not», fuhr Braka fort; «hast du wohl Geschick, das Gespenst zu spielen? Das könnte dich retten!» – «Warum nicht», meinte Bella, «aber wie soll ich's anfangen?» und las weiter in ihrem Buche. – «Sieh, Kind», sprach die Alte, «er kann in keinem andern Zimmer schlafen, als in dem schwarzen mit den goldenen Leisten, neben welchem das geheime Kämmerlein deines Vaters versteckt ist, denn die andern Zimmer haben alle mehr Eingänge, da ist es ihm nicht so sicher, auch steht nur in diesem eine Bettstelle. Nun sieh, wenn du merkst, daß er stille, daß er eingeschlafen, so schleich aus der Kammer heraus, leg dich zu ihm ins Bette, und ich schwör dir, daß er vor Angst davonläuft und nie wiederkommt; sollte er aber Mut behalten und dich festhalten, sieh, so kostet es dir ja nur eine Lüge, daß du aus Liebe zu ihm eingedrungen, und dein Glück ist vielleicht gemacht.» – «Ja, Alte», sagte Bella und las weiter, «wie du meinst, du mußt das verstehen, ich weiß nichts davon.» – «Aber sag mir nur, wo du das verfluchte Buch herbekommen hast», fragte die Alte weiter, «wenn ich mit dir ernsthafte Sachen rede, denkst du an nichts als an das Buch.» – «Ich hab es aus des Vaters Kammer geholt», sagte Bella, «es liegen da noch mehrere, nimm dir auch eins.» – «Wenn du es erlaubst», sagte die Alte, «so gehe ich gern einmal herein; ich habe mich immer gefürchtet, es dir zu sagen, ich wußte nicht, ob dein Vater es nicht verboten.» – «Geh nur», sagte Bella, «du wirst sonst nicht viel finden.»

Die Alte ging mit einer gescheiten Neugierde; an der Türe bat sie Bella, den schwarzen Hund wegzurufen, der immer vor der Kammertür lag und niemand als Bella einzulassen Befehl hatte. Bella rief ihn zu sich, und die Alte ging ohne Aufenthalt in die Kammer. Als sie drin war, lachte Bella, wies den Hund wieder zur Kammertür und versteckte sich, um den Schreck der Alten zu sehen; es war ein Prinzessinnenspaß, aber sie war auch liebenswürdig wie eine Prinzeß und war von je wie eine Prinzeß verehrt worden. Nicht lange nachher wollte die Alte mit einem großen Kräuterbündel und mit einem Sacke zur Türe hinaustreten, aber der schwarze Hund machte ihr ein Paar feurige Augen und zeigte die Zähne; sie trat erschrocken zurück und rief nach Bella in großer Angst. Zu gleicher Zeit hörten sie ein ungewohntes Getrappel von Pferden vor der Türe, Menschen, welche über den Hof kamen, und Bella flüchtete sich erschreckt mit dem Lichte und den Speisen und mit dem Hunde zur Alten in die Kammer, die sie verschlossen, um dort in aller Stille abzuwarten, ob dies der Prinz gewesen sei, der seinen Kampf gegen die Gespenster ausfechten wollte. Sie hatten sich nicht geirrt, es war Karl, der künftige Beherrscher einer Welt, in der die Sonne nie untergeht, in der ersten Frische des vollendenden Wuchses, der in das verlassene Zimmer kam. Bella konnte ihn durch ein verstecktes Türloch recht deutlich sehen, ihr war nie so etwas vorgekommen; sie hatte nur braune Zigeuner gesehen, lustig und heftig; dieser aber trat so großmütig einher, so sanft in geübter Kraft, sie wußte, daß er es war, der künftige Herrscher, noch ehe ihn seine Begleiter als Prinz gegrüßt. Sein Hochmut entzückte sie, mit dem er Cenrio zurückwies, der die Wette zurücknehmen wollte, weil er behauptete, der Prinz habe durch seine Anwesenheit bewährt, daß er sie wirklich ausführen wolle. Der Prinz warf aber rasch sein schwarzsammetnes Barett auf den Tisch, breitete seinen Regenmantel über die Bettstelle und befahl Cenrio, auf die Umgebung des Hauses zu wachen und ihm ein paar brennende Kerzen im Zimmer zurückzulassen, er sei müde. Cenrio empfahl ihm, das Zeichen mit der Pistole nicht zu vergessen, wenn er jemand bedürfte; oder im Fall diese versagte, dabei besah er das Schloß, so würde sein Rufen schon genügen, da er einen Soldaten unter dem Fenster ausstellen und selbst in der Nähe wachen würde. Der Prinz meinte, er möchte sich das Wachen und Bewachen ersparen, in seinem Panzerhemde, mit gutem Degen bewaffnet sollte ihm so leicht niemand gefährlich werden; die Ammenmärchen von Geistern schreckten ihn aber nicht mehr. Cenrio verließ das Zimmer. Der Prinz stützte sich auf die Hand und lallte ein Lied, um wach zu bleiben; dann streckte er sich aufs Bette und sang wieder, indem er einschlummerte; da das Bette der Kammer ge-

genüberstand, konnte Bella ihn deutlich sehen und die Worte vernehmen:

Komm, lieblich schwarze Nacht,
Und drücke schießende Sterne,
Wie Siegel deiner Macht,
Als Zeichen meiner Ferne,
In meine mutige Brust,
Daß aller Funken Lust,
Aus künftigen Kronen geschmiedet,
Mich wecke, den Dienen ermüdet.

Sie sitzt auf dunklem Thron,
Ihr ruhet auf wolkigem Kissen
Die ewig schimmernde Kron'. –
O möcht' ich die Liebliche küssen!
Und machte der Venus Stern
Die einzige Nacht mich zum Herrn,
Dann könnt' ich die Erde umwallen,
Mit allen Kronen, – mit allen.

«Der ist einmal ungeduldig, daß er zur Regierung komme», sagte die Alte mit leiser Stimme zu Bella. Seine Augen sanken nieder und sein Haupt. Er war eingeschlafen, und Bella starrte noch immer zu ihm hin und konnte sich nicht satt sehen; die Alte aber hatte schon ihren Anschlag gefaßt. Die Waffen, Degen und Pistole, lagen vor dem Bette des Prinzen, die sollte Bella erst leise holen und dann den Geist spielen und sich zu ihm legen; aber nur mit Mühe beredete sie das Mädchen dazu, Schuh und Strümpfe auszuziehen, damit sie leise gehen könne, und ihr Kleid auszuziehen, damit sie nirgends anstoßen möge, und mußte sie fast zur Kammertür hinausstoßen, die sie vorsichtig nur anlegte, um ihr den Rückzug zu sichern. Das alte Weib hatte sicher eine böse Absicht bei diesem Vorschlage: das Kuppeln war lange ihr Hauptgeschäft, und diesmal konnte sie auf einmal das Glück aus dem niedern Stande emporreißen. Bella ahndete von dem allen nichts, es war ihr lieb, den Prinzen in der Nähe zu sehen, darum untersuchte sie nicht lange, ob der Vorschlag der Alten wirklich vernünftig angelegt sei. Sie trat also mit großer Sorgfalt an das Bette des Prinzen, der so fest schlief, daß sie mit Sicherheit seine Waffen hätte forttragen können; die Alte sah beide mit Freuden an. Bella nach Art der Zigeuner in eine blaue Leinewand statt des Hemdes gewickelt, die von einem goldnen Gürtel festgehalten wurde, hatte die runden, blendenden Arme etwas scheu nach dem Prinzen ausgestreckt, die zierlichen, leisen Tritte der schimmernden Füße hinziehend zu ihm, aus ihren unzähligen Locken tausend Glückslose auf ihn taumelnd in tausend süßen Blicken, bis der Mund sich nicht mehr halten konnte und auf den Mund des Prinzen niedersank. Bis jetzt war ihr alles gelungen, der Prinz aber, von dem Kusse erweckt, vor den erschreckten Augen von tausend Phantomen seines

Traumes wie mit glühenden Kugeln umstürmt, sprang mit höchstem Ungestüme auf und stürzte atemlos schreiend in das Nebenzimmer; seine Pistole, seinen Degen, alles hatte er vergessen, solch ein Grauen wohnt in der Tiefe des hochmütigsten Menschen vor der unnennbaren Welt, die sich nicht unsern Versuchen fügt, sondern uns zu ihren Versuchen und Belustigungen braucht. Bella war so entsetzt von seinem Abscheu, daß sie sich stumm und willenlos der Alten überließ, die sie rasch durch die versteckte Tapetentüre in die Kammer trug. Bald darauf kam der Prinz mit Cenrio und einigen Soldaten zurück, die in Wahrheit alle größere Lust hatten, draußen zu bleiben, als einzudringen. Wer so etwas nicht empfunden hat, wird es nicht glauben, aber ein Gespenst schlägt eine ganze Armee in die Flucht, denn was einem braven Manne übermächtig furchtbar ist, das ist es im Durchschnitte für alle. Der Prinz zeigte noch den meisten Mut; er schwur laut: «So schrecklich die schwarzen Schlangen an dem Haupte waren, ein schöneres Antlitz habe ich nie gesehen, ungeachtet der ungeheuren Größe in dem besten Verhältnisse, einen glühenden Knopf trug es an der Brust; aber jetzt ist nichts hier bei der heiligen Mutter Gottes, leuchtet nur unter das Bette; will keiner dran, so muß ich's selbst tun: hier auch nichts; so war's denn doch ein Gespenst, Cenrio, und ich habe meinen Türkensäbel an Euch verloren, Cenrio; wüßte ich nur, was das liebe Gespenst verlangt hätte, bei Gott, ich bleibe hier, seht, es fällt mir erst jetzt alles wieder ein. Sind meine Lippen nicht verbrannt? ich schwöre Euch, es hat mich geküßt, daß mir vor Seligkeit das Herz stieg. Cenrio, ich will hier bleiben, will es fragen, was es von mir begehrt!» – Cenrio schwur, daß er es nach diesem Schrecke des Prinzen seiner Gesundheit wegen nicht zugeben dürfe, der Prinz selbst ließ sich nicht lange bitten, diese harte Probe seiner Herzhaftigkeit aufzugeben. Er war nicht beschämt, da alle bleich und erschreckt umhersahen und beim leisesten Geräusch zusammenfuhren, auch konnte er jetzt noch, ohne daß Adrian*, der bei seinen Büchern saß, etwas davon gemerkt hätte, nach Hause kommen. Die Alte war nicht ganz zufrieden mit dem Entschluß, indessen wußte sie das Gute davon doch noch vollständig zu nutzen, um sich und den Ihrigen das Haus zu sichern, denn kaum war die Haustüre von den rasch auswandernden Gästen verlassen, so sprang sie zum Schrecken der guten Bella wie eine Rasende aus der Kammer, schlug mit allen Türen heftig auf und zu, warf alle Tische um, daß die Abziehenden in stiller Angst ihre Pferde bestiegen und, ohne sich umzublicken, nach der Stadt ritten, wo sie auf ewige Zeiten durch vergrößernde Erzählungen den Geisterruf des Gartenhauses bestärkten. Der Prinz mußte noch in derselben Nacht mit einem Fieber für sein

Wagestück büßen. Der liebliche Kopf der Bella schwebte ihm darin vor, das Fieber verriet ihn, indem es ihm eine falsche Wahrheit zeigte, und er beichtete es mit großer Betrübnis am anderen Morgen dem Adrian, wie er in ein Gespenst verliebt sei. Das war eine köstliche Gelegenheit für diesen,

dem Kaiser Maximilian die Sorge für das Lateinlernen seines Enkels besonders übertragen hatte, ihm zur Buße eine große Menge Vokabeln aufzugeben, die auch der Prinz mit einigem Erfolge gegen den nächtlichen Eindruck brauchte.

Die arme Bella in ihrer Einsamkeit mußte ihre erste Zuneigung härter büßen. Nachdem es ihr ein paar Tage genügt hatte, statt zu schlafen, an ihn zu denken und nachts von allen Seiten umzuschauen, ob er nicht wieder zum Besuche in ihr Geisterhaus kommen würde, nachdem Braka sie ernstlich ausgescholten hatte, daß sie so törichten Gedanken, die sie vor der Zeit bleichten, ihre frischen Tage hingebe, nachdem sie sich diesen und andern Rat gar oft wiederholt hatte und doch immer wieder vergaß und in den beliebten fremden Gedanken abgleitete, fragte sie einmal Braka, ob es denn kein Mittel gebe, wie man unsichtbar werden könne, um in der Stadt herumwandern zu dürfen. Braka lachte und sprach: «Ich weiß kein anderes, als viel Geld zu haben, da kann man eingehen, wo man will, das ist der wahre Hauptschlüssel, die wahre Springewurzel, bei deren Berührung die Türen aufspringen. Dein Vater mochte noch wohl andre Künste gewußt haben, aber wenn sie nicht in seinen Büchern stehen, so sind sie verloren!» – Bella behielt diese Nachricht still vor sich, sie fiel ihr ins Gemüt, als ob sie dieselbe nie vergessen könnte; kaum war die Alte wieder auf den Erwerb ausgegangen, so suchte sie die Bücher wieder hervor, die seit dem Besuche des Prinzen in einem Winkel gerastet hatten; sie sah bei dieser Gelegenheit, daß die Alte ihr den ganzen Vorrat seltener heilender Kräuter und Wurzeln fortgetragen hatte, und diese Untreue brachte sie zu dem Entschlusse, ihr nichts mehr von allem zu entdecken, wozu sie die geheimen Kräfte ansprechen wollte. Aber welcher neue Ekel war ihr in diesen Büchern vorbereitet, viel geheime Regeln, Zeichnungen, von denen sie nichts verstand, den Stein der Weisen zu finden,

Geister zu zitieren, Krankheiten zu beschwören, das Vieh zu verzaubern, endlich auch ein Mittel, Gold zu machen, aber dies Mittel so weitläuftig, als müßte man zwei Monden anspannen, um zur Sonne zu fahren. So verging ihr eine Woche nach der andern, bis sie in einer Nacht ganz ermüdet auf eine ausführliche Nachricht traf, wie Alraunen* zu bekommen, und wie diese dienstbar Geld und was ein weltliches Herz sonst begehre, mit stehlender, untrüglicher Listigkeit zuführten. Aber welche Schwierigkeit, sie zu gewinnen, und doch war es die leichteste von allen Zaubereien; die Zauberei braucht die härteste Schule; wer sie aushalten kann, möchte auch wohl in den gewöhnlichsten Geschäften ohne alles Geheimnis zu zaubern scheinen. Wer kennt jetzt nicht die Bedingungen, einen Alraun zu gewinnen, und wer möchte sich ihnen noch unterziehen, wer könnte sie erfüllen? Es wird ein Mädchen gefordert, das mit ganzer Seele liebt, ohne Begierde zur Lust ihres Geschlechtes, der die Nähe des Geliebten ganz genügt: eine erste, unerläßliche Bedingung, die vielleicht in Bella zum erstenmal wahrgeworden war, weil sie von den Zigeunern, die sie bisher kennen gelernt, immer als ein Wesen höherer Art behandelt worden und sich dafür anerkannt hatte; die Erscheinung des Prinzen war ihr aber so heilig rein, wie der Körper des Allerheiligsten in der Messe, vorübergegangen, zu schnell, um ihre Betrachtung zu wecken. In solchem Mädchen, das so mächtig von der Phantasie in allen Segeln angehaucht wird, soll gleichzeitig der übermännliche Mut wohnen, nachts in der eilften Stunde mit einem schwarzen Hunde unter den Galgen zu gehen, wo ein unschuldig Gehenkter seine Tränen aufs Gras hat fallen lassen; da soll sie ihre Ohren mit Baumwolle wohl verstopfen und mit den Händen suchen, bis sie die Wurzel erreicht, und trotz allem Geschrei dieser Wurzel, die keineswegs natürlicher Art, sondern ein Kind der unschuldigen Tränen des Erhenkten ist, ihr das Haupt entblößen, einen Strick aus ihren eignen Haaren umlegen, den schwarzen Hund daran spannen, dann fortlaufen, so daß der Hund, im Wunsche ihr zu folgen, die Wurzel aus der Erde zieht, wobei er von einer erblitzenden Erschütterung des Bodens unfehlbar erschlagen wird. Wer in diesem Augenblicke, dem entscheidendsten, seine Ohren nicht wohl verstopft hat, kann von dem Geschrei auf der Stelle unsinnig werden. Bella war wiederum die einzige seit Jahrtausenden, bei der sich alle diese Erfordernisse vereinigten; wer war unschuldiger, als das teure Haupt ihres Vaters Michael, der in rastloser Tat für sein armes Volk, in steter Mühe und Not für die Seinen, um das Unbedeutendste einem Reichen zu entfremden, allzu ehrlich und stolz gewesen war. Welches Mädchen hätte Mut gehabt, in der Mitternacht einen solchen Weg mit Überlegung zu machen, als Bella, die nun schon seit vier Jahren, wo ihre Mutter gestorben, ein verstecktes, nächtliches Leben geführt hatte und mit dem Laufe des Mondes, mit den Sternen zu vertraulich bekannt war, um in der Nacht noch eine besondre Einsamkeit und Traurigkeit wahrzunehmen. Welches Mädchen hatte wie sie einen schwarzen Hund, aus dessen Augen mehr blickte, als sein Mund ausbellen konnte, und wiederum welchem Mädchen war dieser einzige Gesellschafter so verhaßt, wie ihr, die ihn seit früher Zeit, wo er sie gebissen, nicht leiden konnte und ihn jetzt noch mehr verachtete, nun er ihr mit einer widrigen Demut diente und sie doch auf allen Wegen belauerte und, wenn sie recht zärtlich mit einer Puppe aus alten Kleidern wie mit dem Prinzen sprach, sie auslachte; auch hatte der Vater immer behauptet, es stecke der böse Feind in dem Hunde. Welches Mädchen hatte endlich so langes Haar, wie Bella, um es zu Stricken flechten zu können, und welche mochte es, wie sie, ruhig zu dem Versuche hingeben; sie aber wußte nichts von ihren Schönheiten, es war ihr lieb, daß sie künftig nicht so lange an ihren Haaren zu kämmen hätte, und so sank ihr Haar, in dessen glatten Locken sich oft die Sterne wie im Haupthaar der Berenize* gespiegelt hatten, im raschen Schnitt einer Schere wie ein schwarzer Schleier auf den Boden rings um sie her, ihrem Hund Simson eine Kette daraus zu flechten, die ihm den Tod brächte. Sie merkte bald, daß er alles, was sie gesprochen, vernommen habe, denn statt daß er sich sonst kleine Vorräte an Knochen und Brot im Garten vergrub, so öffnete er jetzt nach und nach alle diese vergrabenen Schätze und fraß unersättlich. Hätte jenes sie rühren können, so empörte sie dies noch mehr; übrigens schien er nicht traurig, aber er sah sie spöttisch an, und als der erste Freitag kam, denn ein Freitag wird zur Ausführung gefordert, durchkroch er das ganze Haus noch einmal, beroch alle Winkel und führte sich in seinem Lager gegen seine Art unreinlich auf, welches sie ihm aber diesmal lieber verzieh als ihrer Alten die Langweiligkeit, mit der sie in unendlichen Erzählungen von «hat er gesagt», «hab ich gesagt», ihre ganze verfluchte erste Liebschaft erzählte, die Bella leicht um eine der Hauptbedingungen bei der Aufsuchung der Alraunenwurzel hätte bringen können, wenn diese nicht aus Ungeduld über ihre lange Anwesenheit im Zählen der Minuten sie und die Stunden überzählt hätte, bis es zwölfe geschlagen: da sprang endlich Bella aus Ungeduld auf und fing mit der Alten aus Ärger, daß sie alles noch eine Woche aufschieben müsse, den Kranichtanz der Zigeuner an, daß diese endlich ohne Atem in einen Sessel fiel und hustete und schwur, so lustig habe sie auf ihrem Hochzeittage nicht einmal getanzt; dabei nahm sie ein Stück Lakritzensaft in den Mund, um den Husten zu dämpfen, und trabte

endlich mit großem Bedauern fort, daß sie schon weggehen müsse. Etwas Angst hatte Bella doch gespürt; nun die Woche versäumt war, schien es ihr doch besser, daß sie sich noch vorbereiten könne, und der schwarze Hund schien nicht minder diese Frist zu wünschen, um noch recht essen zu können; sie gewährte ihm gerne die leckersten Bissen, weil sie wußte, was er für sie tun müsse, ja zuweilen, ungeachtet ihres Widerwillens gegen das Tier, kamen ihr bei seinem Anblicke Tränen in die Augen, doch tröstete sie sich immer mit dem Zusatze im Zauberbuche, daß treue Hundeseelen, die in solchem Geschäfte blieben, zur Seele ihrer Herren gelangen, und sie war gewiß, daß sich der

Hund beim Vater Michael besser als bei ihr gefallen müsse.

Endlich kam der zweite Freitag, es war schon kalt geworden, die ruhigen Gewässer waren dünn befroren, und die Alte hatte sich bei ihr entschuldigt, daß sie in den nächsten Tagen nicht herauskommen könne: ihr Husten sei aber so stark, sie müsse sich heimhalten. Alles schien erwünscht, die Nachbarn waren alle nach der Stadt gezogen, die Nacht war dunkel, und der Wind führte die ersten Schneeflocken über die trockene Erde. Bella durchlief noch einmal das Zauberbuch, ihr Herz schlug heftig, als es langsam eilf schlug, der schwarze Hund schleppte ihre Puppe, in der sie ihren Prinzen sah und verehrte, herbei, zerrte und biß darin: das brachte sie zum Entschluß; diesen Schimpf, den er ihrem Liebling angetan, mußte er büßen; schnell nahm sie die Stricke, die sie aus ihren Haaren geflochten und die sie bisher, um der Alten keinen Argwohn zu geben, auf ihrem Kopf getragen, und schlug auf ihn. Er wollte zur Türe hinaus, sie öffnete die Türe, und beide waren in die zauberhafte Winterwelt hinausversetzt und gingen dem Winde nach ihren Weg, ohne ihn zu kennen, bloß nach der Richtung, um den Berg zu erreichen, auf welchem das Hochgericht gehalten wurde. Diese Straße war leer von Menschen, aber mehrere Hunde kamen mit großem Lärmen unter den Gartentüren hervorgesprungen, liefen auf den schwarzen Simson los, aber im Augenblicke, wo sich diese Philister ihm naheten, sah er sie an, zeigte seine Zähne, und die größten wie die kleinsten Hunde flüchteten mit einer Angst, den Schwanz zwischen den Beinen, in die Gärten zurück, daß sie sich selbst unter den Türen einklemmten und erbärmlich schrien. Gleiche Angst zeigten ein paar Stachelschweine, die ihre Stacheln voll Äpfel und Birnen, die sie sich in den Gärten angewälzt und angestachelt hatten, quer über den Weg zogen, sich aber bei dem Anblicke des Hundes zusammenkugelten, daß dieser ihnen ihre Beute sehr behaglich abnahm und verzehrte. Bella hatte sich dabei ausgeruht, nun war es ihr aber sonderbar, daß, wie sie jetzt aufstand und sich dem Berge näherte, ein anderer immer in ihre Fußtapfen zu schreiten schien, und zwar mit solcher Sorgfalt, daß er mit der Spitze seines Fußes jedesmal die Ferse des ihren anrührte, sie wagte nicht umzusehen und lief immer hastiger zu, bis ein Schlag vor den Kopf sie niederstreckte. Der Schlag war indessen nur wenig betäubend, sie faßte Mut, als alles umher still war; sie faßte um sich, als niemand sie anfaßte, und fühlte, daß sie gegen einen herabgelassenen Schlagbaum angerannt war; was aber in ihre Schritte so eilfertig getreten, war ein Dornstrauch, der sich an ihr Kleid gehängt hatte. Sie mußte sich über ihre Furcht verwundern und nahm sich vor, jetzt aufmerksamer und besonnener zu sein, und vergaß es doch bald wieder, als eine Zahl von Pferden, die in einer Koppel lagen, bei ihrer Annäherung aufsprangen und über Busch und Hecken fortjagten. Jetzt war sie oben, und sie sah über die reiche Stadt hin, wo noch manches Licht brannte, ein Haus war aber hell erleuchtet, und da, meinte sie, müsse der Prinz wohnen: so hatte ihr die Alte sein Haus beschrieben, und sie wußte, daß sein Geburtstag gefeiert wurde. Sie hätte alles bei dem Anblicke vergessen, selbst die trocknen Gehenkten über sich, die einander fragend anzustoßen schienen, hätte nicht der schwarze Hund aus eigener Lust unter dem Dreifuße gegraben. Sie fühlte, was er gefunden, und hatte eine kleine, menschliche Gestalt in Händen, die aber mit beiden Beinen noch in der Erde wurzelte; sie war's, sie war's, die geheimnisvolle Mandragora*, das Galgenmännlein, sie hatte es gefunden ohne Mühe, und in einem Halsumdrehen war der Strick ihrer Haare umgelegt und um den Hals des schwarzen Hundes angeschirrt; dann lief sie in Angst wegen des Geschreis der Wurzel fort. Sie hatte vergessen, ihre Ohren zu verstopfen, lief nun, so schnell sie vermochte, und der Hund ihr nach; er riß die Wurzel aus dem Boden, und ein erschrecklicher Donnerschlag stürzte ihn und Bella nieder; doch hatte ihr sichrer, schnellfüßiger Lauf sie schon funfzig Schritte entfernt.

Das hatte Bellas Leben errettet; doch blieb sie

lange ohnmächtig und erwachte erst, als schon die beglückten Liebhaber von ihrem Glücke lässig heimkehrten, einer von diesen sang ein jauchzendes Lied von seinem feinen Liebchen und von den falschen Zungen, die heimliche Liebe ausschwätzen; halb hatte er dabei Schlummer in den Augen, und so kam es, daß er sie übersah. Als sie davon erwachte, wußte sie nicht, wie sie an diesen Ort gekommen, den sie nicht mehr erkannte; schwach richtete sie sich auf und sah im ersten Morgenschimmer ihren toten Simson. Sie erkannte ihn, erinnerte sich auch allmählich, warum sie hergekommen, und fand an den Haarflechten, die sie jetzt dem Hunde abnahm, ein menschenähnliches Wesen, gleichsam einen beweglichen Umriß, aus welchem die edlen Sinne noch nicht hervorgetreten sind, ähnlich einer Schmetterlingslarve: so war der Alraun, und wunderbar ist es zu nennen, wie sie auf der einen Seite des Prinzen gar nicht mehr denken konnte, der eigentlichen Ursache, warum sie den Alraun aufgesucht, ganz vergessen hatte, so liebte sie diesen auf der andern Seite mit jener ersten Zärtlichkeit, welche zart durchdringend seit jener Nacht, wo sie den Prinzen gesehen, in ihr zur Erscheinung gelangt war. Zärtlicher kann eine Mutter ihr Kind, das sie bei einem Erdbeben verschüttet glaubt, nicht wieder begrüßen, nicht vertrauter, nicht bekannter, als Bella den kleinen Alraun aus dem letzten Erdenstaube an ihre

Brust hob und ihn von allem Anflug reinigte. Er schien von dem allen nichts zu wissen, sein Atem strömte aus kaum bemerkbaren Öffnungen des Kopfes, nur als sie ihn eine Zeitlang auf ihren Armen gewiegt hatte, bemerkte sie an einem ungeduldigen Stoß seines Armes gegen ihre Brust, daß er diese Bewegung liebe; auch beruhigte er Arme und Beine nicht eher, bis sie ihn wieder mit schaukelnder Bewegung erfreulich einschläferte. So eilte sie mit ihm in ihre Wohnung zurück; sie achtete nicht des Hundegebells, nicht einzelner Marktleute, die sich früh vor den Toren der Stadt sammelten, um die ersten bei der Eröffnung der Tore zu sein; sie sah nur auf den Kleinen, den sie sorgsam in ihren Überrock eingeschlagen hatte. Endlich war sie in ihrem Zimmer, hatte ihr Licht angezündet und besah das kleine Ungeheuer. Es tat ihr leid, daß er nicht einen Mund zum Küssen, nicht eine Nase habe, die ein göttlicher Atem herrschend und sanft geformt, daß keine Augen sein Inneres kund machten und daß keine Haare den zarten Sitz seiner Gedanken umsicherten; aber ihre Liebe minderte das nicht. Sie ging sorgsam zu ihrem Zauberbuche, um sich wieder zu erinnern, was mit dieser gegliederten und beweglichen Rübe anzufangen sei, um ihre Kräfte, ihre Bildung zu entfalten, und sie fand es bald. Zuerst sollte sie den Alraun waschen, das vollbrachte sie, dann sollte sie ihm Hirse auf den rauhen Kopf säen, und wie diese aufginge in Haaren, so würden sich seine übrigen Gliedmaßen von selbst entwickeln, nur müsse sie an jede Stelle, wo ein Auge entstehen sollte, ein Wacholderkorn eindrücken, wo aber der Mund werden sollte, eine Hagebutte. Zum Glück konnte sie diese Sämereien alle herbeischaffen, die Alte hatte ihr neulich einige gestohlne Hirse gebracht, Wacholderbeeren brauchte ihr Vater häufig zum Räuchern in seinem Zimmer; sie hatte den Geruch nie leiden können, jetzt war er ihr lieb, denn es war noch eine Handvoll übriggeblieben; eine Hagebuttenstrauch hing im Garten noch voll roter Früchte als die letzte Pracht des Jahres. Alles wurde herbeigeschafft, zuerst die Hagebutte an den rechten Ort eingedrückt, sie merkte aber nicht, daß sie ihm diese bald aus Liebe schief küßte; dann drückte sie ihm zwei Wacholderbeerkerne ein, es schien ihr, als sähe der Kleine sie an, das gefiel ihr so wohl, daß sie ihm gerne ein Dutzend eingesetzt hätte, wenn sie nur einen schicklichen Platz dazu hätte ausfinden können; aber wo sie ihm am liebsten Augen eingesetzt hätte, hinten, da fürchtete sie, möchte er sich oft wehe daran tun; zuletzt brachte sie noch ein Paar Augen in seinem Nacken an, und wir müssen ihr eingestehn, daß diese Erfindung nicht ganz zu verachten gewesen sei. So fröhlich und ernstlich zugleich begann sie dies Werk, ein Wesen zu schaffen, das, wie der Mensch seinen Schöpfer, bis an sein Ende sie betrüben sollte; selbstzufrieden wie ein junger Künstler, dem alles über Erwartung glückt, besah sie ihr kleines, unförmliches Ungeheuer und verbarg es in einer zierlichen Wiege, die sie im Hause vorgefunden, wohlbedeckt mit Betten, entschlossen, selbst gegen die alte Braka dies als das erste Geheimnis ihres Lebens zu bewahren.

Braka, die sich am andern Abende durch ihr verabredetes Katzengeschrei kund machte, merkte doch an ihr eine Veränderung und fragte listig nach allen Seiten, insbesondre als sie den schwarzen Hund nicht mehr bemerkte: «Gott sei gelobt, ist der Hund fort! wie ist's gekommen? Ich hätte den infamen Köter längst tot gemacht, wenn ich gedurft hätte; aber da er vom Vater hinterlassen war, so durft' ich nicht; einmal hatte ich ihn doch schon im Sack und wollte ihn ersäufen, da biß er mich aber beim Aufheben des Sacks so scharf in die Hände, daß ich ihn mit dem Sack laufen ließ: nun sag, Kind, wie hast du es angefangen, ihn über die Seite zu schaffen?» – Bella sah seitwärts auf ihre Arbeit nieder, sie schälte Äpfel und erzählte recht umständlich, wie sie nachts im Garten gewesen, wie ein schäumender Hund dort gegen sie angerannt sei, wie sich ihr schwarzer Simson auf ihn gestürzt und beide einander so grausam zerzaust und herumgerissen, bis der fremde Hund sich geflüchtet hätte, worauf der Simson lahm und blutend ihm nachgelaufen und seit der Zeit von ihr nicht wieder gesehen worden sei, vielleicht weil er gefühlt, daß er toll werde, und sie nicht habe verletzen wollen. Eine recht rührende Erfindung! Bella hatte sie so wahrscheinlich vorgetragen, ungeachtet es ihre erste Lüge war, daß Braka beruhigt war und sich in Verwunderung über das treue Tier und über das große Unglück, dem sie entgangen, ausließ. Nun hatte Bella Mut, ihr alles einzubilden, was sie künftig von ihrem Wurzelmännchen zu sagen nötig finden würde; doch wartete sie ungeduldig, daß die Alte ginge, denn sie fühlte eine rechte Unruhe, ob noch nichts Lebendiges an ihm wahrzunehmen sei.

Nachdem die Alte ihr Zwiebelgericht, das sie sich bereitet, ausgetunkt hatte, ging sie endlich von dannen. Bella schloß die Türe und eilte zu ihrer heimlichen Wiege; zagend deckte sie auf und freudig sah sie schon die keimende Hirse auf dem Scheitel des Wurzelmännleins, auch die Wacholderkerne hatten sich schon angesogen; es war überhaupt ein Bewegen innerlich in dem kleinen Wesen, wie frühlings im Acker beim ersten heißen Sonnenscheine nach dem Regen, es wächst noch nichts, aber die Erde trennt sich und lockert sich, und wie die Sonnenblicke alles fördernd umgehen, so regte sie küssend alle Kräfte der geheimnisvollen Natur auf. Erst nach später Ermüdung entschloß sie sich, neben ihrem Kleinod schlafen zu gehen, ihre Hand aber ließ sie auf der Wiege ruhen, daß es ihr nicht entführt werden könnte. Was wundern wir uns über ihre sonderbare Neigung zu der halbmenschlichen Gestalt, nachdem sie zu dem schönen Fürstensohne so ausschließliche Neigung gezeigt hatte; es ist das Heiligste, diese Anhänglichkeit an alles, was wir schaffen, und ruft uns, während wir vor den Häßlichkeiten der Welt und unsren eignen erschrecken, die Worte der Bibel in die Seele: Also hat Gott die von ihm geschaffene Welt geliebet, daß er ihr seinen eingebornen Sohn gesendet hat. O Welt, bilde dich schöner aus, daß du dieser Gnade würdig werdest. Vergessen war in ihr aller Eigennutz, wie sie sich durch den kleinen Wundermann zu ihrem geliebten Prinzen wollte hintragen lassen; dieses Wunderkind, in Gefahr errungen, füllte jetzt alle ihre Gedanken, von ihm träumte sie, aber ihre Träume waren nicht glücklich; sie sah den vergessenen Fürstensohn vor sich, wie er im Wettstreite mit andern das zierliche Pfeilspiel der Spanier übte, worin sie durch die Stärke und Schnelligkeit des Wurfs sowohl wie durch die geschickte Wendung der Pferde einander zu necken und zu übervorteilen suchen, aber der Prinz siegte über alle, seine Pfeile rissen Sterne vom Himmel und warfen sie wie zierlichen Schmuck ihr auf die Brust. Die meisten dieser Sterne verloschen, einer aber bebte in tiefem Lichte auf der Mitte ihrer Brust; und sie sah immer tiefer hinein, unendlich tiefer und konnte sich nicht satt sehen, und darüber erwachte sie. Kaum war sie erwacht, so wußte sie nicht mehr, nach wem sie sich so eifrig gesehnt hatte; ihr war es, als sei es der kleine Wurzelmann gewesen, den sie mit lautem Jubel begrüßte, als er ihr ganz vernehmlich wie ein kleines Kind entgegenwimmerte, mit runden schwarzen Augen sie ansah, als wollten sie ihm aus dem Kopf herausfallen; sein gelbfaltiges Gesicht schien entgegengesetzte Menschenalter zu vereinigen, und die Hirse auf seinem Kopfe hatte sich schon zu borstigen Locken vereinigt, so auch, was auf seinen Körper von den Hirsekörnern heruntergefallen war. Bella meinte, er schreie nach Essen, und war in großer Verlegenheit, was sie ihm geben sollte, wo sollte sie Milch hernehmen? Sie bedachte sich lange; endlich gedachte sie der Katze, die auf dem Boden gejungt hatte, ein Jubel war ihr diese Erfindung; die Jungen wurden heruntergeholt und zu dem Wurzelmännlein, das sie schon spöttisch ansah, in die Wiege gelegt; die Katze ernährte jetzt willig ihn mit den übrigen Jungen, und die kleinen Blindgebornen duldeten es, daß der nach allen Seiten sehende Fremdling ihnen voraus, ohne daß es die Alte merkte, die mütterliche Vorsehung aussog. Bald kniend, bald auf den Knien hockend konnte Bella stundenlang diesen Listen ihres Männleins zusehen; wo er die andern überlistete, schien es ihr hohe Überlegenheit, wo er sich feig vor ihren Tatzen zurückzog, Schonung und Klugheit; nichts machte aber dem Mädchen so viel Freude an ihm wie die Augen im Nacken. Schon verstand er sie damit, wenn sie ihm winkte, wo eines der Kätzchen von dem Zitzen heruntergefallen war, und legte sich vor, bis er auch daran kommen konnte. Ihre Zuneigung wuchs so schnell, daß sie sich über jeden Tropfen Milch kränkte, der von den eingebornen Jungen dem Fremdlinge entzogen wurde, daß sie lange mit sich kämpfte, aber endlich nicht widerstehen konnte, eines dieser Jungen heimlich fortzutragen und nahe am Bach ins Gras zu legen. Dann floh sie schnell, damit es ihr nicht folgte, sie war aber kaum einige Schritte gelaufen, so hörte sie etwas ins Wasser einplumpen, sie mußte ihre Augen hinwenden und sah, wie der Strom die kleine, blinde Katze forttrug. Das jammerte ihr, sie gedachte ihres unschuldigen Vaters, der denselben Weg gezogen, sie hätte nachspringen mögen, doch blieb sie am Ufer stehen und fühlte, daß sie gesündigt; der Himmel ward dunkel über ihr, die Erde frostig unter ihr und die Luft unstet um sie her; sie schlich ins Haus und weinte. Und als der kleine Wurzelmann mit den Augen im Nacken dies ersah, fing er an der Brust der Katze laut zu lachen an, daß die Katze aufsprang und eins der Jungen mit sich fortzog, das sich ihr in Angst angebissen hatte. Jetzt war das Wurzelmännchen auch so mutwillig geworden, daß es sich nicht viel um die milde Nahrung der Milch kümmerte, zwar sah es schon aus wie ein altes Männlein, das zum Kinde zusammengeschrumpft war, aber es hatte noch alle Unarten der kleinsten Kinder dabei. Gerade weil es sah, daß Bella über den kleinen Mord mit ihm zürnte, drängte es sich immer mehr zu ihr, und schlagen konnte sie es nicht, und was sollte sie da tun, als es küssen und ihm den Willen lassen, der sich durch Hingreifen nach allerlei Wurzeln zeigte, die nicht von ihrem Vater her im Zimmer so umherlagen, sondern von der alten Braka bei ihrer Mauserei aus Unkenntnis weggeworfen waren. Kaum hatte das Männlein eine Springwurzel genossen, so fing es an so lächerlich über Tisch und Stuhl, kopfüber, kopfunter zu springen, daß Bella in Angst die Augen wegwenden mußte und ihm ängstlich wie ein Huhn dem ausgebrüteten Entchen nachlief und

nachsah, wie sie ihn nirgend fassen und erreichen konnte. Listig wußte er bald an allen Ecken aufzusuchen, was ihm diente, so fand er bald auch die Sprechwurzel, welche die grünen Papageien vom höchsten Gipfel des Chimborasso in die Ebenen bringen, wo sie die Baumschlangen von ihnen gegen Äpfel eintauschen, die am verbotnen Baume gewachsen; wer sie aber den Schlangen abjagt, das kann allein der Teufel, und sie von dem zu bekommen, ist schwer und hat schon manchen ehrlichen Erzieher in Verlegenheit gesetzt. Als er diese ekelhafte Wurzel gierig genossen, sprang er auf einen Ofen, und wie ein Vogel, dem die beschnittnen Flügel wiedergewachsen, zur Verwunderung seines Herrn plötzlich empor auf den Baum vor dem Fenster fliegt und erst spottend sein Lied pfeift, das er von ihm gelernt, eh er sich von ihm fort im wilden Natursang durch die Luft schwingt, so waren die ersten Worte des Männleins ein spottendes Wiederholen ihrer Lehren: «Sei artig, sei gut, sei stille!» – Er konnte nicht aufhören, ihr das vorzusagen; sie hätte ihn gern gezüchtigt, aber er saß ihr zu hoch. Zuletzt, um ihre Geduld ganz zu erschöpfen, setzte er sich eine alte, verrostete Brille auf und fabelte in leeren, spottenden Einfällen von allerlei Neckerei, die er der Welt antun möchte, um sich zu unterhalten. Da mußte sie laut weinen und konnte nicht mehr hinaufsehen, denn das Vertraulichste am Menschen sind die Augen, und es ist wohl zum Verzweifeln, wenn die Schwäche der Natur solchen harten, fühllosen Glasglanz zwischen dem geliebten Menschen und uns notwendig macht, und das kann den Scharfsehenden schwindlig machen, wenn er sehen muß, wie der Sinn, der sonst seine Freude nur in Luft und Licht sucht, jetzt die harte Gewalt der Erde zu seiner Hilfe brauchen muß, die ihn notwendig mit sich herabzieht und vernichtet. Eine Brille ist das schrecklichste Gefängnis, aus welchem die ganze Welt verändert erscheint, und nur die Gewohnheit kann den Schreck vor dieser Welt, wie sie dadurch erscheint, aufheben. Wirklich erschrak jetzt Bella bis im tiefsten Herzen vor dem Liebling, der im Luftraume ihrer Schöpfung vergöttert gewesen, sie sah ein, daß sie auf ein Mittel denken müsse, den Alraun zu bezwingen, und nahm sich vor, darüber mit Braka zu reden. Als sie das still in sich beschlossen hatte, rief ihr das Männlein vom Gesimse des Zimmers zu: «Hör, Bella, ich habe dich eben mit den Augen in meinem Nacken angesehen, da ahndet mir, du hast mich nicht mehr so lieb wie im Anfange, und wenn ich das gewiß weiß, so ist's um dich geschehen!» – Bella erschrak wie eine überwiesene Sünderin, diese Allwissenheit oder vielmehr dieses ahndende Augenpaar in dem Kleinen setzte sie in Verzweifelung, die Angst befestigte in ihr den Entschluß, sich des kleinen, furchtbaren Teufels zu entledigen. Er rief dabei vom Gesimse: «Mir ahndet, du hast etwas Böses mit mir vor, aber ich will dich schon wieder gut machen.» – Zugleich stieg er herunter, sprang zu ihr auf den Schoß und küßte sie so herzhaft, daß er ihr fast die Haut aufriß mit seiner harten Barthirse, dennoch fühlte sie eine sonderbare Bewegung ihres Blutes, die sie nicht verstand, über die sie auch nicht nachdachte; doch war ihr der Kleine im Augenblicke so lieb, und sie erwartete und wußte nicht, was, von ihm.

Eine Woche später, und der Alraun war in seiner Art völlig ausgewachsen, etwa dreieinenhalben Fuß hoch; Braka hatte schon etwas von ihm gemerkt, auch hatte er nicht Lust, sich länger einsperren zu lassen, wenn sie kam, vielmehr wollte er sich der Alten recht glänzend zeigen, zog ein silbergesticktes, altes Faltenkleid von Bellas Mutter an, das ihm Bella nach allen Seiten aufnähen mußte: so saß er eines Abends ganz ruhig in der Ecke und schien zu lesen, als Braka eingelassen wurde. Bella sagte, es sei ihre Base, ein sehr reiches Mädchen, die sie zu sich nehme, die auch Braka beschenken wolle. Braka, die ihr Kompliment auch zu machen verstand, wo sie es nötig glaubte, griff der vermeinten Base nach der Hand, um sie zu küssen, war aber doch etwas verwundert über die harte, trockene, haarige Wurzelhand und zögerte mit dem Kusse. Darüber wurde der Wurzelmann böse und gab ihr eine derbe Maulschelle. Braka konnte sich in solchem Falle nicht mäßigen, sie stemmte beide Hände in die Seite und fing so heftig an zu schimpfen, daß die lachende Bella sie kaum mit der Vorstellung beruhigen konnte, die Nachbarn möchten sie hören, und dann wäre ihr Zufluchtsort auf einmal verraten. Der Alraun hatte sich aber durch die Schimpfreden nicht weniger in der guten Meinung gestört gefunden, er sprang sehr geschickt auf und rings um Braka her und verfolgte sie mit unzähligen Fußtritten; dabei fiel ihm der Schleier herunter, sie erkannte ihn gleich für das, was er war, und demütigte sich erschrocken vor ihm. Als er sie in Ruhe ließ, setzte sie sich ganz zerschlagen auf einen Sessel und rief einmal über das andre: «Ach, Bella, was hast du für ein Glück, solch ein Männlein zu haben, das alle Schätze finden und heben kann, ja da hatte mein Schwager einen, den nannte er Cornelius Nepos.» – «So will ich auch heißen», rief der Kleine, «wo ist der geblieben?» – «Ach», sagte Braka, «mein Schwager wurde erstochen, das Männlein wurde in seiner Tasche gefunden und den Kindern zum Spielen gegeben, die brachten es einem Schweine, das hat's aufgefressen und ist davon krepiert.» – Der kleine Herr Cornelius wurde darüber sehr aufgebracht, er verbot es sehr strenge, ihn nicht den Schweinen vorzuwerfen, und ließ sich erklären, was dies für ein Tier sei. Braka wollte ihm erst beweisen, daß er sich um die Welt und was darin

fresse, gefressen werde und sonst vorgehe, gar nicht zu bekümmern habe, er müsse Schätze graben und sich um weiter gar nichts bekümmern; als aber der kleine Cornelius wieder sehr grimmig wurde, suchte sie ihn zu besänftigen, indem sie ihm allerlei hohe Ämter vorschlug, die er verwalten könnte. Es war, als wenn er schon einmal gelebt hätte, so schnell wurde er durch eine kurze Erinnerung mit allen menschlichen Verhältnissen bekannt. Bei verwachsenen Kindern findet sich häufig ein Ansatz zu dieser fatalen Gescheitheit. Nichts unter allem, was Braka ihm von dem schönen Leben eines Kuchenbäckers oder Kellermeisters vorschwatzte, reizte ihn so mächtig als ein Kommandostab, wenn er in glänzender Rüstung, wie in dem Schlosse ein Feldmarschall abgebildet war, vor tausend Rittern an dem Hause vorüberreiten würde und ihren Gruß annehmen, ja er befahl, ihn im Hause nicht anders als Marschall Cornelius zu nennen und ihm dazu eine Rüstung zu schaffen. «Dazu gehört Geld», sprach die listige Braka, «umsonst ist der Tod, Geld, Geld schreit die ganze Welt.» – «Dafür laßt mich sorgen», sagte der Kleine, «ich sitze hier so unruhig, es muß hier in der Ecke der Mauer ein Schatz versteckt sein.» – Mit ihren Nägeln hätte Braka die Steine ausgerissen, wenn sie kein ander Werkzeug hätte finden können, jetzt aber lag die eiserne Ofengabel ihr recht angenehm zur Hand vor der Türe, sie war im Augenblicke damit bei der Arbeit; ein Glück, daß der Schatz nur mit einem Stein vermauert war, alle Fußtritte des Marschalls hätten sie nicht abgehalten, das Haus zu durchbohren; auch ließ sie sich durch das Kratzen und Beißen des Männleins nicht abhalten, den Kasten voll guter Gold- und Silbermünzen in Beschlag zu nehmen. Sie setzte sich darauf und hielt dann ihren feierlichen Vortrag: «Liebe Kinder, Jugend hat keine Tugend, Kinder- und Kälbermaß wissen alte Leute, ihr wißt beide noch nicht mit Gelde umzugehen, ihr wäret verloren und kämet gleich in die Hände der argwöhnischen Gerichte, wenn ich euch nicht mit Rat zur Hand ginge; darum hört meine Meinung, was ihr tun müßt, damit wir in aller Sicherheit des Schatzes froh werden. Hör, Bella, du hast mich oft Mutter genannt, das will ich nun in der Welt vorstellen, in die ich dich einführe; du aber, Cornelius, mußt dich als mein Neffe, als Vetter meiner lieben Bella, artig aufführen, so kannst du mit uns vertraulich zusammenwohnen, wir können dich einem vornehmen Kaiser irgendwo empfehlen, daß er dich zu seinem Marschall macht; eine Rüstung können wir dir gleich kaufen, auch einen Degen und Helm und einen Streithengst, da wirst du eine rechte Freude an dir haben, da werden die Leute auf der Straße mit Fingern auf dich weisen und sprechen: Das ist der herrliche junge Ritter, der Feldmarschall, der kühne Haudegen. Die Mädchen werden niedersehen, und du wirst dir den Schnauzbart in die Höhe streichen und mit einem gewognen Nickkopfe vorbeireiten.» – Hätte Cornelius sich umgewendet, so hätte er ihre Falschheit wohl sehen können, aber ihm war, seit er lebte, noch nicht so wohl geworden, als in diesen Worten der Alten; er sprang ihr auf den Schoß und herzte und küßte sie, daß Bella aus Eifersucht ihn packte und, statt zu küssen, ihn biß. Er verstand keinen Spaß in so etwas, es hätte viel Streit geben können, wenn nicht die Alte mit Beratschlagung, was nun anzufangen, hervorgetreten wäre: «Schlagt euch ein andermal, wenn mehr Zeit dazu ist, heute muß ein Entschluß gefaßt werden, wohin wir gehen, um mit Ansehen in Gent einzufahren! Da habe ich eine alte Diebshehlerin in Buik gekannt, die schafft am ersten Rat und was wir brauchen, eine Staatskutsche, worin wir den Herrn Cornelius fahren, als ob er in einem Zweikampfe verwundet worden sei und nur allmählich genese.» – «Nein», sagte das Männlein, «das will ich nicht spielen, es könnte mir wirklich so gehen, und warum soll ich mich nicht sehen lassen?» – «Ach», seufzte Braka heimlich, «der ist auch einer von den Bucklichten, die nicht begreifen können, womit sie ihre Hemden zerreiben»; laut aber sprach sie: «Seht nur, Herr, so auf einem Dorfe sind nicht gleich ritterliche Kleider zu bekommen, die Eurer würdig sind, auch müßt Ihr Haar und Bart sorgsam beschneiden lassen, die Leute meinen sonst, Ihr wärt der Bärnhäuter.» – «Vielleicht bin ich auch von den Seinen», sagte Cornelius, «wer ist es, wo lebt er?» – «Erzähl uns von ihm», bat Bella, «diese Nacht ist fast vergangen, heut können wir noch nicht scheiden, und morgen will ich noch Abschied nehmen von allem, was mir im Hause lieb.» – «Erzähl», sagte der Kleine, «oder ich schlage dich.» Braka hub also an, indem sie die Öllampe zur Seite stellte und ihr Schnupftuch immer aus einer ihrer Hände in die andre strich:

«Als Sigismund*, der Ungersche König, von dem Türken geschlagen worden, ist ein deutscher Landsknecht aus der Schlacht in einen Wald entronnen; da er nun keinen Weg fand, keinen Herren, kein Geld hatte, an keinen Gott glaubte, so erschien ihm ein Geist und sagte ihm, wenn er ihm dienen wollte, so wollte er ihm Gelds genug geben und ihn selbst zu einem Herren machen. Der Landsknecht sagte: «O ja, er sei es zufrieden.» Nun wollte aber der Geist wissen, ob er wohl einen rechten Heldenmut habe, damit er sein Geld nicht umsonst ausgebe, und führte ihn an das Lager einer Bärin, die Junge hatte, und als diese gegen sie ansprang, befahl er dem Landsknecht, ihr auf die Nase zu schießen. Der Landsknecht vollführte das treulich, schoß ihr in die Naselöcher zwei Posten hinein, daß sie stürzte. Da solches geschehen war, fing der Geist an mit ihm zu unterhandlen: «Zieh die Haut der Bärin dir ab, du wirst sie brauchen, gut für dich, daß du kein Loch hineingeschossen, denn soll ich dich reich machen, so mußt du mir sieben Jahre darin, als in meiner Livrei, dienen, mußt in den sieben Jahren alle Nacht eine Stunde um Mitternacht bei meinem Schlosse Schildwach stehen, mußt in den sieben Jahren dir niemals Haar und Bart und Nägel weder abschneiden noch reinigen, dich auch nie waschen, abreiben, abstäuben und einsalben; in den sieben Jahren sollst du bei Tage frei Licht, bei Nacht mit Abwechseln Mondschein, Sternenschein und nichts haben als guten Wein zum Trinken, Kommisbrot zum Essen; auch sollst du in der Zeit kein Vaterunser beten.» Der Landsknecht ging alles ein und sagte zum Geist: «Alles, was du mir zu unterlassen befiehlst, habe ich mein Lebtage nicht gern getan, weder Kämmen, Waschen noch Beten; was du mir zu tun befiehlst, soll mir bei einem guten Glase Wein nicht schwer werden.» Darauf zog er seine Bärenhaut über, und der Geist führte ihn durch die Luft auf sein wüstes Schloß, das mitten im Meere liegt, woselbst er gleich seinen Dienst antrat. Sechs und ein halbes Jahr versah der Landsknecht in seiner Bärnhaut, wovon er den Namen des Bärnhäuters bekommen, seinen Wachtdienst; Haar und Bart waren ihm dermaßen gewachsen und verfilzt, daß er von Gottes Ebenbildlichkeit wenig mehr übrig behielt; Petersilie war ihm auf seiner Haut gewachsen, das sah gar erschrecklich aus.» – Mit einem Schauder sah Bella bei diesen Worten die Hirse auf dem Kopfe des Alrauns, der sehr wohlzufrieden sie durch den Finger gehen ließ, seiner Schönheit gegen den unsaubern Landsknecht gewiß. – «Als nun sechseinhalb Jahr um waren», fuhr Braka fort, «trat der Geist zu ihm, freute sich über sein Ansehen, sagte ihm, er brauche ihn nicht mehr, er wolle ihn wieder unter Menschen bringen, doch

mit der Bedingung, daß er sich noch ein halbes Jahr in dieser seiner Verwilderung unter ihnen sehen lasse, zugleich wolle er aber mit ihm abrechnen und ihm den verdienten Geldschatz überantworten, er möchte sich damit lustig machen, so gut er könnte. Dem Landsknecht war es doch lieb, wieder unter Menschen zu kommen, weil er das Sprechen fast verlernt hatte, er ließ sich vom Geist recht vergnügt übers Meer nach Deutschland führen, nach Graubünden, weil es dort in damaliger Zeit am schmutzigsten auf dem ganzen Erdboden war. Dennoch wollte ihn da kein Wirt aufnehmen, bis er eine Handvoll Dublonen und eine Handvoll Piaster einem ins Gesichte warf; der räumte ihm seine besten Zimmer ein, daß er die gewöhnlichen Gäste von dem Hause nicht zurückschrecken möchte. Als aber der Papst, der mit gemalten Bildern die ganze Christenheit regiert, durch Graubünden kam, von dem Konzilio* nach Rom zurückzureisen, da trat der Geist zu dem Bärnhäuter und malte sein Zimmer mit allen merkwürdigen Menschen der Welt, sowohl denen, die gelebt, als die künftig noch leben werden, wie den Antichristen und das Jüngste Gericht, worüber der Wirt sich nicht wenig verwunderte, aber dennoch den Bärnhäuter zwang, die Nacht, wo der Papst bei ihm einkehrte, seine Zimmer einzuräumen und im Schweinestall zu schlafen, den Papst aber legte er in das vom Bärnhäuter schön gemalte Zimmer. Als der Papst am andern Morgen aufwachte, war das erste, daß er sich nach dem wunderbaren Maler erkundigte, der das Zimmer so künstlich verziert habe. Der Wirt erzählte ihm, was er von ihm wußte, und mußte ihn dann aus dem Schweinestall heraufkommen lassen. Der Papst aber grüßte ihn freundlich, fragte ihn, wer er wäre, und der Landsknecht nannte sich Bärnhäuter; darauf fragte ihn der Papst, ob er diese herrlichen Bilder gemalt? «Wer sonst?» sprach der Bärnhäuter. Da rühmte ihn der Papst als den ersten Maler der Welt und sagte ihm, er habe drei natürliche Töchter, die er sehr liebe, die älteste heiße Vergangenheit, die andre Gegenwart, die dritte Zukunft, wenn er ihm die so malen könnte, daß er wüßte, wie jede nach einer Reihe von Jahren aussähe, so wolle er ihm die zur Frau geben, welche ihm am besten gefalle. Der Bärnhäuter versprach alles in Hoffnung auf seinen Geist. Der Papst redete darauf weiter: «Du könntest mir aber leicht einbilden, daß sie sich also verwandeln möchten, und wenn es nicht zuträfe, hättest du doch inzwischen meiner Tochter Liebe genossen, darum stelle ich dich auf eine Probe. Ich zeige dir nur meine jüngste Tochter Zukunft, und du mußt aus ihrem Anblicke die beiden älteren, Gegenwart und Vergangenheit, malen; bestehst du diese, so ist das Mädchen dein, bestehst du sie nicht, so verfällt mir dein großes Vermögen, wovon mir der Wirt erzählt hat.» Bärnhäuter ging alles ein, lief neben dem Wagen des Papstes her und hielt ihn, wenn er umfallen wollte, und so kamen beide ohne Schaden nach Rom. Gleich am Abend stellte ihm der Papst seine Tochter Zukunft vor, die sehr schön war, aber zweierlei Farbe von Haaren auf ihrem Kopfe trug; Bärnhäuter verliebte sich gleich, sie aber entsetzte sich über seinen Anblick. Als sie fort war, rief er seinen Geist, der mit einem Farbentopfe und einem Pinsel geflogen kam und die Bilder der beiden ältern Schwestern sogleich anfertigte. Als Bärnhäuter das Bild der Gegenwart gemalt sah, vergaß er darüber der geliebten Zukunft und weinte, daß er diese nicht bekommen könnte. Der Geist tröstete ihn und sprach: In einem halben Jahre würde seine Braut dieser ähnlich und gleich sein, und so hätte er in diesem Bilde auch das vom Papste verlangte Bild, wie die Tochter in einer gewissen Zeit aussehen werde; in dem Bilde der Vergangenheit werde er aber gleich sehen, wie die Gegenwart künftig aussehen müsse. – Der Geist malte dieses Bild der Vergangenheit, und es gefiel dem Bärnhäuter nicht. Als dieser nun aber vom Geiste verlangte, er solle ihm das Bild der Vergangenheit malen, wie sie künftig aussehe, da wischte der Geist seinen Pinsel auf der Wand aus und sagte: «Entweder so wie die Wolken, daß nichts zu erkennen, oder wie das Bild der Zukunft, das du im Herzen trägst, und das ich dir niemals gut genug malen würde!» Hier verschwand der Geist. Am Morgen zeigte der Bärnhäuter die Bilder dem Papst, der sehr nachdenklich dabei wurde, ihn umarmte und seiner jüngsten Tochter als Bräutigam vorstellte. Bärnhäuter war so voll Freude, daß er nicht sah, wie seine Braut weinte, als er seinen Ring, der auseinandergeschroben werden konnte, mit ihr teilte und ihr die Hälfte an den Finger steckte. Darauf nahm er Abschied, denn so hatte ihm der Geist in der Nacht befohlen – ich hatte es zu erzählen vergessen –, und ritt nach Deutschland zurück, um dort in Graubünden sein siebentes Jahr noch auszuwarten; dann ging er nach Baden ins Bad, wo er zu seiner Reinigung über ein halbes Jahr beständig im Wasser lag und mit groben Besen abgebürstet wurde;

ein Dutzend Messer wurden stumpf, eh ihm der Bart und das Haar abgeschoren waren. Als das beendigt, schaffte er sich die kostbarsten Kleider an und eilte zu seiner Geliebten zurück. – Diese war unterdessen in das Aussehen gerückt, was die Gegenwart damals hatte, sie war sehr schön, aber immer traurig, weil sie sich vor ihrem Bräutigam fürchtete und weil sie von den Schwestern, die keinen Mann bekommen, beständig seinetwegen geneckt wurde. Eines Tages rief ein heller Trompetenschall alle drei Schwestern ans Fenster; es zog ein schöner, fremder Ritter mit vielen Knechten in die Stadt, den sich die beiden ältesten sogleich zum Mann wünschten, und, o Wunder, der Ritter hielt vor dem Hause still, ließ auch um Erlaubnis bitten, ihnen aufzuwarten. Sie bewilligten es gern, und er gab sich für einen entfernten Verwandten von ihnen aus, der eine von ihnen zu heiraten begehre und sich deswegen durch einige Gaben empfehlen wolle. Die beiden ältesten griffen begierig nach den Geschenken, die jüngste aber blieb einsam wie ein Turteltäubchen; die beiden ältesten bemühten sich um seine Gunst; sie gefielen ihm aber gar nicht mehr, die Gegenwart sah aus wie damals die Vergangenheit, und die Vergangenheit hatte ein verwischtes Gesicht wie eine Alabasterstatue, die lange unter der Traufe gestanden, die liebe Zukunft aber blühte in höchster Schönheit, ihre Haare glänzten in gleicher heller Farbe. Dennoch stellte er sich erst den beiden älteren geneigt, um die Sinnesart der jüngeren zu prüfen; als diese aber still und sittig blieb, während jene stolzierten, erklärte er sie für seine Braut, in-

dem er ihr die andre Hälfte des Ringes am Finger anschraubte. Da war große Freude in der Verlassenen angezündet; der Papst erschien und segnete beide ein. Als aber die Brautleute zu Bette gebracht worden, ergriff die beiden älteren Schwestern eine Verzweifelung, daß sich die eine erhenkte und die andre in den Brunnen stürzte. In der Nacht trat der Geist, die beiden toten Mädchen im Arm, zum letztenmal zum Bärnhäuter und sagte: «Du hast alles erfüllt, was du mir gesollt, ich bin im Vorteil, ich habe mir zwei, du dir eine Tochter geholt. Lebe wohl und bewahre deinen Schatz.» –

«Aber», unterbrach sie der Alraun, «warum haben sich denn die Schwestern so geärgert, daß sie zu Bette gegangen sind?» – «Weil sich die beiden geheiratet», antwortete die Braka. – «Was ist denn heiraten?» fragte der Alraun. – «Das kannst du nicht begreifen», sagte die Alte. – Der Alraun wollte sich umdrehen, um mit seinen ahndenden Augen sie zu erforschen, aber im Augenblicke schrie er entsetzlich auf und sprang unter den Tisch, der Alten unter den vielgeflickten Rock. «Was ist dir, Scheusal?» rief die Alte, sah auch hin, wohin er gesehen, und warf sich schreiend über den Geldkasten, und Bella legte den Kopf ängstlich in den Schoß und wagte nicht aufzublicken. – «Lebende Menschen», sagte eine rauhe Stimme, «sind doch rechte Toren, da hören sie mit großer Freude meine schreckliche Geschichte an, und mich selbst mögen sie nicht sehen. Wacht auf aus eurem Schrecken, oder ich schreie, daß die Balken unter und über euch biegen und brechen.» – «Nun», sagte der Alraun unter dem Rocke der Alten, «was will er, Bärnhäuter? ich will ihm zuhören.» – «In welchem Mauseloche steckst du, kleiner Knirps?» fragte der

Bärnhäuter. – «Wo du großer Tölpel nicht stecken kannst», sagte der Alraun; «mach schnell, es wird mir sonst zu heiß hier, auch beißen mich die Schmetterlinge, was willst du von uns, unsaubrer Gast?» – «Ach», sagte der Bärnhäuter, «ich habe mich bei Lebzeiten so sehr in mein Geld verliebt, daß ich den Rest hier vermauerte und dabei nach meinem Tode Wache stehen muß, gebt mir mein einziges Vergnügen wieder heraus.» – «Gib ihn hin», flüsterte die Alte, «so dreht er uns nicht das Genick um.» – «Nein», rief der Kleine, «du kriegst keinen Heller heraus, du mußt ihn abverdienen, du bist aber ein starker Kerl, der uns nützlich sein kann, insofern du deinen Körper noch gehörig instand setzen, ausputzen und beschlagen kannst, um damit auf Erden als unser Knecht zu erscheinen.» – «Ach», sagte der Bärnhäuter, «was den Körper anbetrifft, es sind bloß ein paar Verknöcherungen in den Adern gewesen, woran ich gestorben, die putz ich mit einem scharfen Messer leicht weg, es ist mir nur eine verfluchte Arbeit, so einem kleinen Stehauf, wie du bist, auf der Welt zu dienen: das ist auch noch eine harte Strafe für meinen Geiz.» – «Ei was», sagte der Alraun und kam unter dem Rocke der Alten hervor, «ich bin nicht eben zu klein, aber du bist zu groß, und ich weiß nicht, was mir lieber wäre; ein Kleiner kann sich einschmiegen und einkriechen, wo ein Großer nicht einmal hinriechen darf; kurz und gut, willst du mir treu dienen, so zahl ich dir reichlich alle Woche einen Dukaten, bis dein Schatz wieder beisammen.» – «Ich geh den Vertrag ein», sagte der Bärnhäuter, «morgen Nacht komm ich mit meinem wirklichen Körper, wenn ich ihn in der Zeit fertig kriege, zurück, neben mir an ist der Diener eines vornehmen Herren begraben, mit dem will ich Kleider tauschen, so macht mein seidner Wams kein Aufsehen, und dem armen Teufel gönn ich die kleine Freude wohl, sich so stattlich begraben zu finden, wenn er am Jüngsten Tage aufsteht, er hat sich immer still und ordentlich bis auf ein bißchen Schnarchen neben mir aufgeführt.» – «Es ist gut», sagte der Alraun, «das Weibsvolk hier hört dich noch gar nicht sonderlich gerne, drück dich, Mensch!» – «Nun adies», sagte der Bärnhäuter, «es bleibt dabei, aber einen Dukaten Mietsgeld würde ich mir wohl ausbitten, ich habe den Totenwürmern allerlei Kleinigkeiten versetzt, die ich wieder einlösen möchte.» – «Da hast du», sagte der Alraun und zog mit Gewalt einen Dukaten aus dem Haufen, worauf die Alte lag (die ihm heimlich zuflüsterte: gib ihm die Hälfte, es ist auch genug), «da hast du den Dukaten, führ dich ordentlich bei mir auf, es soll dein Schaden nicht sein.» – Der Bärnhäuter verschwand, es dauerte aber noch eine Weile, ehe Braka und Bella aufzusehen wagten. Der kleine Cornelius lachte sie aus, und sie konnten sich einer gewissen Hochachtung gegen ihn nicht erwehren. «Wenn uns der große Kerl nur nicht einmal mit all unserm Hopfen davonläuft», sagte Braka. – «Wie kann er denn», sagte der Alraun, «es ist ja eben seine große Not, daß er als ein Geist sein Wort halten muß; ihr Menschen braucht das nicht, wenn ihr euch nicht eurer Seele wegen nach dem Tode fürchtet.» – «Bist du denn ein Geist oder ein Mensch, lieber Cornelius?» fragte Bella. – «Ich», stammerte der Alraun, «das ist eine dumme Frage, ich bin ich, und ihr seid nicht ich, und ich werde Feldmarschall, und ihr bleibt, was ihr waret, mit solchen verfluchten, spitzfindigen Fragen bleibt mir vom Halse, wenn man darüber nachdenkt, so zieht es einem Blasen im Gehirn, wie der Meerrettich auf der Haut.» – «Woher weißt du denn das vom Meerrettich?» fragte Braka. – «Als ich da oben stand unterm Galgen, da stand eine Meerrettichpflanze neben mir, die tat sich immer viel darauf zugute, daß sie Blasen ziehen könnte und daß die Augen bei ihr übergingen, das nannte sie ihre tragische Wirkung. Gute Nacht», rief er zuletzt, «Braka, auf Wiedersehn! mach dich fort und besorg mir nur recht bald den Kommandostab.» – Als er fortgegangen, beredete Braka alles, was noch zu ihrer Wanderung nötig, die auf die nächste Nacht unabänderlich festgesetzt wurde. Am andern Abende ging Bella noch einmal in den kleinen Garten; was sie erlebt, drängte sich ihr zusammen, jeder Zweig schien ihr bedeutend. Der Nacht, wo sie den Erzherzog gesehen, erinnerte sie sich, er selbst war ihr aber ganz entfallen, sie konnte sich nicht denken, wie er ausgesehn habe, auch schien ihr das wenig wert; sie freute sich in die Welt einzutreten, aber sie fürchtete, die sie umgaben, und das Gefühl, daß sie ihr zu schlecht wären, überraschte sie sehr schmerzlich; sie schämte sich ihrer, weil sie ihren Vater gekannt hatte, und alle Dankbarkeit gegen Braka, alle Freude, die sie über das Gedeihen des kühn und glücklich erschaffenen Wurzelmännchens hegte, konnte diese Scham nicht unterdrücken. Es lag ihr die Hoheit ihres ägyptischen Stammes im Blute, und sie sah zu den Sternen zutraulich als zu ihren Ahnen und fühlte den Sommer ihres Landes jetzt in dem kalten Oktober, wo der Nil sinkt und alles sich zur Arbeit regt, aber sie wußte auch das alte Verbrechen ihres Volks, daß sie der heiligen Mutter Maria auf ihrer Flucht nach Ägypten kein Obdach geben wollten, als sie mit ihrem seligmachenden Kinde im starken Regen einritt; da erhob aber dieses seine Hand im Kreise, und über ihnen stand ein Regenbogen, der keinen Tropfen auf sie niederfallen ließ. «Ist unsre Schuld noch nicht gebüßt!» seufzte Bella, und rings um den Mond erblickte sie einen wunderbaren farbigen Kreis, daß ihr Herz aufjauchzte und ohne Worte betete. «Mit welcher Sehnsucht hat mein geliebter Vater

Michael», dachte Bella, «nach jenen Hügeln geblickt, den ersten Gruß der Morgensonne zu erwarten, und ich soll sie hier in der Stille nie wiedersehen. Was haben sie mit mir vor, die mich umgeben, soll ich fliehen in die Weite, so weit meine Füße mich tragen, die Welt ist ja nirgend verschlossen!» – Die Sehnsucht nach der Freiheit bewegte sie, da flüsterte ihr Braka leise zu, die sich ihr genähert: «Der Bärnhäuter hat schon alles aufgesackt, der Cornelius reitet auf seinem Nacken, hast du noch was mitzunehmen?» – «Ei freilich», sagte Bella, «da sind noch meine Puppen und das Zauberbuch.» – «Ach, liebes Kind», sagte die Alte, «das hat der grobe Bärnhäuter aus Unvernunft alles in den Ofen geworfen; sei nur nicht böse, tröste dich.» – Bella sah nieder: «So muß ich auch das alles verlassen, womit ich gespielt habe.» – «Ja, liebes Mädchen», sprach Braka und umarmte sie, «ich habe es dir schon seit ein paar Wochen sagen wollen, du bist nun erwachsen, kannst auch alle Tage einen Mann nehmen; freust du dich nicht, Blitzmädchen? Wie ist dein Busen hervorgetreten wie eine Frucht unter Blättern, und du hast es nicht bemerkt, sieh, der Mond hat Platz, seine Strahlen hinüberzurollen.» – «Alte, bist du unsinnig?» fragte Bella. – «Ach laß mich», sagte Braka, «es ist Nacht, und ich mag auch einmal vergessen, wie ich mich in aller Welt gleich einem Rauchbesen herumgetrieben, alle Spinnweben, allen Schmutz ausge-

kehrt habe, daß ich schmutzig bin und bleibe. War auch einmal jung und artig, sang mit unsern schönen Jünglingen und reimte Lieder, und nun ich dich so sehe und du von allem nichts weißt, was mit dir geschehen, da denke ich für dich und freue mich für dich. Sieh, du bist nun ein großes Mädchen, und alle Lust geht dir auf, und wo du hinblickst, jeder fühlt und will was bei dir, und wenn du nur eine Hand ausstreckst, wird es ihnen heiß in den Adern, sie stammern und scheuen sich und rasen und herzen, und blickest du einen an und dann den andern, so schlagen sie sich und rechnen ihr Blut für nichts gegen dein Blut und vergießen es für dich.» – «Ach Gott», rief Bella, «welch ein Unglück steht mir bevor, lieber lauf ich davon und verberg mich aller Welt!» – Braka hielt sie und sagte: «Fliehen willst du, unartiges Kind? Wenn du dir das je unterstehst, ich will dich schon wiederkriegen, da peitsche ich dich mit Brennesseln. Du bist doch noch dumm wie ein Klotz; wenn man der dummen Gans alles Liebe sagt und tut, sie versteht kein

Wort; kommt jetzt herein, wir haben keine Zeit übrig, ein andermal sag ich dir mehr!» – Sie schob Bella ins Haus, die wunderlich bewegt von dem, was sie gehört, noch mehr von dem, was sie erwarten sollte, sich über den Verlust ihrer Bücher und Puppen tröstete und den Bärnhäuter kaum anstaunte, der in seiner braunen Livrei einem Bären glich, auf welchem der Alraun wie ein menschlich angezogener Affe ritt, um sich auf einer Kirmes sehen zu lassen. Braka ging voran, Bella folgte ihr, der Bärnhäuter schlug die Tür zu; alle waren still, nur Braka brummelte vor sich, wenn sie den verschneiten Weg nicht recht erkennen konnte. Auf dem Galgenberge sahen sie großen Tanz, sie kehrten sich nicht daran; ein paarmal wurden sie durch Feldhühner erschreckt, die aus dem Schnee aufflogen. Endlich sahen sie das Dorf Buik in einer Vertiefung liegen, und Braka erkannte die Lampe ihrer alten Diebsschwester, der Nietken.

Sie näherten sich leise einer Gartentür, und Braka machte ihre Gegenwart durch Wachtelgeschrei kund. Es kam ein kleines Mädchen, die sah sie an, machte die Türe auf und führte sie in einen Keller und durch den Keller die Treppen hinauf in ein Bodenzimmer, das durch die Türe eines Nebenzimmers erleuchtet wurde. Braka ging unverzagt in dieses zweite erhellte Zimmer, wo eine dicke, alte Frau, die in einem schönen, grünen, seidnen

Kleide einer Platznelke glich, weil sie dasselbe hin und wieder teils mit ihrem roten Gesicht und Händen, teils mit ihrem rotwollenen Unterrocke durchschimmern ließ, vor einem kleinen Hausaltare kniete, der mit einem schönen Bilde der Mutter Maria und vielen bunten Wachskerzen geheiligt war. – «Nun, du alter Sausack», sprach Braka, «betest du wieder, weil du viel getrunken hast und der Schluckauf dir nicht vergehen will?» – Frau Nietken, denn das war die Betende, sah sich um, winkte mit der Hand und betete ihren Rosenkranz emsig fort. Der Bärnhäuter fand sich auch zur Andacht gestimmt, er kniete nieder, auch Bella, die recht schöne Gebete wußte; aber Braka, die alle Schlüssel und Gelegenheiten des Hauses kannte, nahm eine große Kanne schwer Bier aus einem Wandschranke und trank für alle.

Unterdessen war der Alraun über allen lächerlichen Kram im Zimmer, wo alte Tressen, Lappen, Küchengeschirre, Leinenzeug in abgesonderten Haufen lag, so verwundert, daß er sich nicht satt daran sehen konnte; alles war ihm neu, aber er wußte sich bald alles zu deuten. Frau Nietken, die eine Trödlerin von sehr ausgebreitetem Handelsverkehr war, versammelte die seltensten Vorräte von Altertümern aller Art; da war im Hause auch das kleinste Hausgerät nicht in der Art zusammenhängend und dem Hause gemäß, wie man es sonst allerorten findet; sondern aus einer sehr natürlichen

Auswahl der Leute, die sich immer das Brauchbare aus ihren Ankäufen herausgesucht hatten, war ihr zum Gebrauche nur das Abenteuerlichste geblieben, was die Laune irgendeiner Zeit oder eines Reichen für einen besondern Fall geschaffen hatte. Die Stühle zum Beispiel in der Dachkammer waren von hölzernen Mohren getragen, über jedem ein bunter Sonnenschirm, sie stammten aus dem Garten eines reichen Genter Kaufmanns, der viel Geschäfte in Afrika gemacht hatte. In der Mitte des Zimmers hing eine wunderliche gedrehte Messingkrone, sie hatte sonst die aufgehobene jüdische Synagoge zu Gent beleuchtet, jetzt steckte ein gewundenes buntes Wachslicht zu Ehren der Mutter Gottes darauf. Der Altar war eigentlich ein abgedankter Spieltisch, an welchem die ledernen Geldsäcke ausgerissen und eine gewesene Salzmäste, mit Weihwasser gefüllt, eingesetzt war. An den Wänden hingen gewirkte Tapeten, welche alte Turniere darstellten, die Ritter und die eisernen Harnische hingen in Plundern herunter.

Die gute Frau Nietken, die zu ihrem Geschäft, das sich auch gelegentlich über gestohlne Sachen ausbreitete, die sich in dem Hause gar leicht verstecken ließen, alles Gaunervolk der Gegend brauchte, war eine Herzensfreundin von Braka, die ihr sehr gut nach dem Maule schwatzen konnte. Kaum hatte sie ihr letztes Ave gebetet, so erhob sie sich im Verhältnis zu ihrem dicken Leibe mit großer

Rüstigkeit, stellte sich mit eingestemmten Armen vor Braka hin und sprach: «Nun, du alte Vettel, kannst wohl gar nicht mehr beten, hat es dir dein Herrgöttchen, der Teufel, verboten? Wann wird er dich holen? Du altes Weib, wirst ja alle Tage runzlichter. Pfui Teufel, wenn ich so aussähe wie du, ich ginge nicht über Feld!» – «Du bist schön jung», kreischte Braka, «siehst aus wie mein alter dicker Spitz, wenn ich ihn frisch geschoren; die weißen Haare wachsen strichweis aus dem roten Gesichte heraus; hast sicher heut zuviel Pfefferwasser getrunken. Kannst du noch russisch tanzen, du tolles altes Trompetergesichte?» – «Heida, das geht noch!» trompetete Frau Nietken und tanzte zu aller Erstaunen, als wollte sie die Beine sich ausschlenkern, rutschte dann auf den Knien, klatschte an ihr Fleisch, bis alle in ein entsetzliches Gelächter ausbrachen, und sie schwur, daß ihr alle Knochen im Leibe zerbrochen wären, und daß sie ein Glas spanischen Wein trinken müsse.

Nun sah sie erst beim Wein die übrigen an. Als sie Bella erblickte, sagte sie zu Braka: «Laß mir die, die soll mir zur Hand gehen; was hast du für Schlechtigkeit mit der im Sinn, soll dir die Geld verdienen?» Braka versicherte ihr mit recht ehrerbietiger Stimme, dies sei ihre Herrschaft. – «Wer ist denn die Kröte da?» fragte Frau Nietken weiter und wies auf Cornelius. – «Ich bin der Feldmarschall Cornelius», antwortete der Alraun, «hab sie mehr Achtung gegen mich, alter Hahnenkamm!» – «Nun», fuhr sie fort, «der muß wohl Feldmarschall bei den Unterirdischen sein; wer aber bist denn du, alter Zeiselbär, hast ja eine Livrei, die ich kennen sollte? Ei ja, ich hab sie dem Herren von Floris für eine neue gebracht, die er seinem alten Bedienten im Grabe nicht gönnte. Am Ende ist die zum Stehlen auch nicht zu schlecht gewesen; hast du sie aus dem Grabe geholt, du siehst darnach aus!» – Der Bärnhäuter, den sie also anredete, ohne ihr zu antworten, reichte ihr eine derbe Maulschelle, worauf das alte Weib sogleich ganz nüchtern wurde und fragte, was sie beföhlen.

Braka konnte ihr jetzt alles deutlich machen, was sie an guten Kleidern und Schmuck brauchten, und daß sie in aller Frühe in ihrem besten Staatswagen nach Gent gefahren sein wollten, um dort irgendein mietfreies Ritterhaus zu bewohnen.

Die treffliche Frau Nietken hatte es gleich weg, daß viel bei diesem Handel zu verdienen sei; also weckte sie im Augenblicke ihre Leute und lief treppauf, treppab, um das Schönste ihnen aufzusuchen. Arme voll Kleider warf sie ins Zimmer, da wurde ausgesucht und zwei Koffer damit gefüllt, mit Wäsche konnten sie nur sparsamer versorgt werden, denn die Niederländer verkaufen lieber ihr Kleid als ihr Hemde. Nachdem für den Anzug gesorgt war, sprang Frau Nietken herbei mit Kohlen und einem Brenneisen, um die Haare nach da-

maliger Sitte zu locken. Da half es nicht, daß Bella ihr die natürlichen Locken ihrer Haare zeigte, die waren ihrem feinen Geschmacke nicht gut genug; es war dem armen Kinde wie eine Teufelsklaue, die sie gepackt, als sie die Haare um das heiße Eisen gewickelt ihr heiß an die Stirn drückte. Bellas Hinterhaare waren trotz des Abschneidens noch lang genug zur damaligen Lockentracht. Bellas fürstliches Ansehen hielt Frau Nietken in gewissen Schranken; auch Braka, als sie gewaschen und frisiert war, hatte sich veredelt, sie erschien wie eine sehr ehrwürdige alte Hofmeisterin, denn als Mutter der schönen Bella hätte man sie wohl nicht durch den Anblick anerkennen mögen. Die Eitelkeit erwachte in Braka wie in Bella nicht schlecht, und als sie erst ihre seidnen Kleider angezogen, stolzierten beide stillschweigend vor den Spiegeln herum.

Aus dem Feldmarschall konnte Frau Nietken am wenigsten machen. Umsonst hatte sie ihm sein grobes Haar gestutzt, er war und blieb nach der ganzen zusammengedrückten Gesichtsform, den hohen Schultern und der beengten Sprache ein Zwerg. «Hör, Kleiner», sagte sie, «wenn du kein Zwerg bist, so bin ich keine ehrliche Frau!» – «Was», sagte Cornelius, «ich bin ein Mensch, und du nennst mich einen Zwerg? Was ist denn ein Zwerg?» – «Ich weiss es wahrhaftig nicht», sagte Frau Nietken, «aber du kamst mir vor wie ein Zwerg, ich glaub, du könntest dich für Geld sehen lassen!» – «Das wäre mir lieb», sagte Cornelius, «vielleicht!» und meinte in seiner geldbringenden Natur, alles was mit Gelde bezahlt würde, sei auch ehrenvoll, und das sei eine Artigkeit der guten Frau.

Am Morgen waren alle ausstaffiert, Cornelius wurde im Schlafrock in die schöne, vergoldete Kutsche getragen, seinen Kopf hielt die Frau von Braka, Fräulein Braka seine Beine, der Bärnhäuter saß auf dem Bocke: so fuhren sie mit ziemlichem Herzklopfen aus, teils von der Furcht, teils von den Kleidern eingeklemmt, denn der neue Staat wollte keinem recht passen; aber freilich war er auch ziemlich zusammengetrödelt und doch so teuer, daß der Bärnhäuter über die Anwendung seines Schatzes heimlich geseufzt hatte. Als sie eine halbe Stunde gefahren waren, fing Cornelius heftig an zu lachen und sagte: «Die alte Katze meinte, daß sie uns recht geprellt hätte, ich hab sie aber angeführt: in den alten Stiefeln, die sie mir angezogen hat, ist ein schöner Schmuck von kostbaren Steinen eingenäht, wer weiß es, wie sie dazu gekommen, sie hat's aber nicht gewußt, trennt einmal die Naht ganz zierlich mit diesem Messerchen auf.» – Braka machte sich darüber, schnitt die Stulpen auf und fand die kostbarsten Diamantketten zum Halsschmuck; sie griff sich aus Vergnügen nach alter Gewohnheit in die Haare und verdarb sich damit ihren halben Kopfputz: «Ach, wie prächtig wird mir der kleiden!» sagte sie und machte Anstalten, ihn um ihren gelben Hals zu legen. Cornelius aber verlangte, daß Bella ihn tragen sollte, und es wäre darüber vielleicht zum Streit gekommen, wenn die Nähe der Stadt die Aufmerksamkeit der Alten nicht gefesselt hätte. Cornelius hing der schönen Bella die Halskette ungestört um, die ihr künftig so wichtig wurde. «Seht euch doch um, ihr Kinder», rief jetzt Braka, «euch ist es was Neues und ihr achtet nicht darauf: seht den lieben Reichtum rings an der Stadt, die Frachtwagen ziehen so breit, daß wir ihnen kaum ausweichen können.» Aber Cornelius und Bella sahen nur nach den zierlichen Reitern, die ihre Pferde tummelten; nach den Schafen, die von den Metzgern zur Schlachtbank getrieben wurden; ein Wagen voll Kälber, die jämmerlich aufeinanderliegend blökten, erschreckte Bella, so auch das Lärmen in den Wirtshäusern der Vorstädte, wo der tägliche Erwerb schon so früh Zank und Schlägerei erweckt hatte.

Endlich kamen sie an die Torwache; ein Bürger trat mit der Hellebarde heran und fragte, woher sie kämen. «Aus dem Lande Hadeln*!» antwortete Braka in der Verlegenheit, «ich bin Frau von Braka, dies ist meine Tochter und dies mein Neffe, der Herr von Cornelius.» – «Fahr zu», rief die Schildwache, und der Kutscher brachte sie, während sie zitternd triumphierten, daß ihnen von der Wache kein Einwurf gemacht worden, nach dem Hause am Markte, das Frau Nietken zu vermieten den Auftrag hatte, wo sie ohne alle besorgliche Ereignisse abstiegen und sich einrichteten.

Die ersten beiden Monate wurden darauf verwendet, ein vornehmes Wesen zu erlernen; es wurden Lehrer und Lehrerinnen angenommen, und was sich im Betragen der alten gnädigen Frau nicht schickte, wurde immer dem Lande Hadeln zur Last gelegt, wo das Adeln noch nicht recht tief eingedrungen sei. Bella erschien bald in allen ihren Sitten der feinsten Gesellschaft gleich; sie sprach spanisch mit Fertigkeit. So verborgen sie sich hielt, war sie doch schon das Gespräch der jungen Leute, die alle Tage vor dem Hause vorüberritten, um sie zu sehen und ihre Aufmerksamkeit auf sich zu ziehen. Der Herr Cornelius befand sich am schlechtesten bei seinem neuen Stande, die enge Kleidung wollte ihm gar nicht behagen, und das Fechtenlernen machte ihn zum Umsinken müde. Auf der Reitbahn konnte er es mit allem grimmigen Gesichterschneiden durchaus nicht vermeiden, daß nicht über ihn als über ein Wundertier gelacht wurde, die zahmsten Pferde wurden bei seiner ewigen Unruhe wild und warfen ihn herunter. Er aber war nicht abzuschrecken, er stieg gleich wieder auf, und das wiederholte sich oft zehnmal in einer Stunde, kein andrer Mensch hätte diese Stöße aushalten können. Glücklicher war er in seiner übrigen Ausbildung; seinen Lehrer der Rhetorik beschämte er oft mit seiner Beredsamkeit und ärgerte ihn mit seinen Späßen. Er konnte den meisten Leuten in ihrer Sprache geschickt nachreden, hatte aber keine eigne Sprache; dennoch machte ihm sein boshafter Wille, der manches Versteckte mit ahndendem Auge auffassen konnte, eine Menge Bekannte, die ihn in Schutz nahmen und alle Leute auf den Fuß mit ihm setzten, daß dem Kleinen nichts übel zu nehmen sei; ihm wurde jede Stadtgeschichte vorgetragen, und er mußte sie vermehren und mit Einfällen spicken, so wurde sie weiter in Umlauf gesetzt, daß eine Art von Reibung in der Stadt entstand, die endlich auch den Erzherzog berührte. Der Erzherzog hatte die Nachricht bekommen, daß er wegen eines im Briefe an seinen Großvater Ferdinand* ausgelassenen Titels von demselben enterbt worden sei, als er eben ärgerlich nach Hause kam, weil er ein tragendes Reh, das er für einen Rehbock angesehen, geschossen hatte. Beide Ereignisse hatte der kleine Cornelius gleich in Verbindung gesetzt und bat einen Pagen, er möchte dem Erzherzog raten, statt beim Großvater lieber im Walde einen Bock zu schießen.

Der Erzherzog erfuhr die Worte, und da er leichten Blutes war, so mußte der Edelknabe den Spötter zum Essen laden. Der kleine Cornelius trat innerlich mit einem Beben, aber um so frecher und unverschämter ins Zimmer; Karl war in der Blüte seines Lebens, und sein Mitleid beschwichtigte den lächerlichen Eindruck, den ihm der kleine stramme Kerl machte. Karl fragte ihn über sein Land aus, der Kleine war unerschöpflich in lächerlichen Beschreibungen von den Bauern im Lande Hadeln, und jedermann hätte geschworen, es sei wahr.

Über das ihm reichlich wie Zuckerwerk zugeworfene Lob stieg ihm der Mut immer mehr in der Eitelkeit, wie ein Tauchermännlein, wenn der Druck der großen Hand über ihm nachläßt; er fing an von seinem Zweikampfe zu prahlen, den er zur

Ehre seiner Damen gegen zwei fremde Ritter bestanden, die er tödlich verwundet hätte, wobei er aber selbst an der Brust durchstoßen, so daß er halbtot nach Gent gefahren sei. Als einige nach dem Wundarzte fragten, der ihn behandelt, und seiner Zuversicht mit zweifelndem Blick begegneten, riß er sich die Weste auf und zeigte seine eingekerbte Wurzelhaut, die jedermann für vernarbt ansah. Nach diesem Hauptschlag rühmte er seine Reichtümer und seine Familie; die Tante Braka wurde eine so altadelige herrliche Hofdame, voll Erfahrung und Charakter, Herzensgüte, Zartgefühl und feiner Lebensart, wie Gent noch keine aufzuweisen hätte. Bellas Schönheit übertraf nach seiner Beschreibung die Helena; dabei erzählte er von ihrer Unschuld eine Menge Anekdoten, die allerdings wahr waren, die ihm aber niemand glauben wollte, weil sie ihre wunderliche Erziehung und Natur hätten kennen müssen. Zuletzt gab er zu verstehen, daß er sie heiraten werde. Der Erzherzog bekam einen eignen Anfall von Sehnsucht nach ihr, wie er aber schon früh sich zu verbergen wußte, so suchte er nur durch Spott den Kleinen dahin zu bringen, daß er einmal öffentlich mit seiner Braut erschiene, und dazu schlug er ihm die nächste Kirmes in Buik vor, die von allen vornehmen und geringen Gentern gleich zahlreich besucht werde. Der Kleine ließ sich fangen und gab das Haus der Frau Nietken an, wo er mit den Seinen erscheinen wollte. Nach dieser Verabredung gingen sie auseinander, aber der Erzherzog, der noch kein Mädchen näher kennen gelernt hatte und die meisten nicht der Mühe wert gehalten, empfand ein solches unwiderstehliches Vorgefühl, daß er auch ohne Bellas täglich herrlicher sich entfaltenden Schönheit sich wahrscheinlich in ihr unschuldiges und heimliches Wesen verliebt hätte. Er sprach mit Cenrio, der sein Vertrauen durch Aufopferung seiner Pflicht oft schon bei unbedeutenderem Anlaß erkauft hatte, wie sie der strengen Aufsicht des Adrian von Utrecht, des Oberhofmeisters, entgehen könnten. Cenrio versprach ein altes Buch mit einem falschen

Titel einzurichten, daß Adrian glauben könne, es sei ein ihm unbekannter Anhang zu den Sentenzen des Petrus Lombardus*, über die er einen Kommentar schrieb, das solle bei Frau Nietken zum Verkauf liegen, und so werde er sich gleich darüber machen, es zu durchlaufen, und ließe sie laufen, wohin ihr Lusten sie treibe. Der Erzherzog war des Vorschlags sehr froh. Nichts schmeichelt einem jungen Fürsten mehr, als in der Befriedigung seiner Leidenschaft die Klugheit lächerlich zu machen, und nichts verdirbt schneller.

Als die Begeisterung des Wurzelmännchens über alle Ehre, die er beim Erzherzog genossen, etwas nachgelassen mit dem Weindunste, der seinen kleinen Kopf eingenommen hatte, so gingen ihm alle einzelnen Reden hindurch, die er mit ihm geführt, daß er sich als Bräutigam ausgegeben, daß er Bella auf der Kirmes ihm zeigen wollte. In eitlem Vergnügen rieb er sich die Hände und konnte sich nicht enthalten, alles dem alten Bärnhäuter zu sagen, der wie alle Bedienten klug genug war, so dumm er in seinem Dienste sein mochte, seinem Herren den Kutzen* zu streichen, aus welchem ihm schon manches Trinkgeld gefallen. Dies vollendete, wozu der Kleine aus Nachahmerei seiner Bekannten schon vorgereift, eine feste Überzeugung in ihm, er sei in Bella verliebt, und bei der vielen Zärtlichkeit, die sie aus einer Art mütterlichen Gefühls ihm bezeugte, glaubte er in ihr ein gleiches

Gefühl voraussetzen zu dürfen und hielt seinen Vorteil für so gewiß, daß er nicht einmal die ahndenden Augen auf sie zu werfen nötig fand, um zu unterscheiden, wie sich alles in ihr verwandelt hatte, wie sie nicht bloß mit ihren Augen die Frühlingssonne, sondern auch mit ihrem Herzen die Liebe gesucht habe. Er kannte nicht die Macht des Frühlings, der aus dem Himmel in alle Fenster ruft: «Ihr Mädchen schaut euch um nach einem, der mir gleicht.»

Auch Bella hatte die Frühlingsstimme gehört und lief unzähligemal von ihrer Arbeit ans Fenster, und so kam es, daß seit ein paar Tagen mit ihr eine so gerechte und natürliche Veränderung vorgegangen war. Sie hatte in der Abwesenheit des Kleinen, der die Zimmer nach der Straße bewohnte, einmal gerade zu der Stunde durch die Teppiche der dichtverhängten Fenster nur mit einem Auge gesehen, als der Erzherzog mit seinem Gefolge vorbeiritt, aber ein Schlag, mächtig wie jener, der sie auf dem Galgenberge betäubte, doch ohne jenes Schrecken, hatte ihre Erinnerung aufgeklärt, und wie das goldne Vlies an einer starken, unauflöslichen Kette um seinen Hals hing, so war sie an seinen Blicken hängen geblieben, das sanfte, liebe Lamm, mit ganzer Seele; und das alles, was sie vor dem Zauberschlage am Galgenberge in ihrer Seele für ihn gefühlt hatte, das war in der Einwirkung seiner hellen Augen ihr wieder ganz gegenwärtig geworden. Ja, als er vorbei war, schlug sie die Hände über den Kopf zusammen und weinte so heftig, weil ihr alles verhaßt war, was sie erlebt, was sie umgab, daß Braka herbeieilte und lange kein Wort ihr entlocken konnte und endlich selbst mit ihrem Troste in ein geselliges Heulen ausartete. Bella mußte sich einem in der Welt vertrauen, sie bekannte ihr endlich, wer ihr wieder erschienen, wie verhaßt ihr nun dieses Lernen im Stadtleben sei, wie froh sie jetzt im kleinen Hause vor der Stadt an den Bodenfenstern Frühling und Sommer in Nähe und Ferne überschauen könne, der jetzt kaum in einzelnen Baumspitzen und abgebrochenen Blumensträußen zu ihnen dringe. «Mutter», seufzte sie, «wie möchte ich still ungestört in einsamen Nächten durch die Fluren schauen und beten.» – Als Braka das gehört, schlug sie lustig in beide Hände und sprach: «Sieh, verstehst du nun, was ich dir im Garten sagte, ehe wir nach Buik gingen? Nun, wenn's weiter nichts ist, da will ich dir schon Mittel schaffen, die dir besser helfen als Seufzen und Beten. Du sollst ihn haben, du mußt ihn haben, denn sieh, liebes Kind, das ist schon lange mein versteckter Plan mit dir, den auch die Oberhäupter unsres Volks billigen. Du mußt von diesem künftigen Erben der halben Welt ein Kind bekommen, das durch die Liebe seines mächtigen Vaters den zerstreuten Überbleib deines Volkes in Europa sammelt und in die heiligen Wohnplätze unseres Ägypterlandes zurückführt. Also weine nicht, das macht dir die Augen trübe, ich will ja nichts 'andres, als was dir lieb ist.» – «Aber wie soll ich von ihm ein Kind kriegen?» fragte Bella. «Wird er es mir gleich ohne Umstände aus dem Brunnen holen, von dem mir der Vater erzählte, wo eines immer muß die Leiter halten, während das andre heruntersteigt?» – «Liebes Kind», sagte Braka mit verschmitzter Bosheit, «wenn du mit ihm allein bist, mußt du ihn recht dringend darum bitten; wenn er gerade in recht gnädiger Stimmung, so gewährt er es dir vielleicht im Augenblicke, und du wirst immer stark genug sein, ihm dabei die Leiter zu halten!» – «Ach, mein Karl ist gewiß gut, das sagte mir sein Auge, seine Stirn, als er im Vorbeireiten das Barett vor einem alten einbeinigen Kriegsknecht abnahm, er tut's mir gewiß zu Gefallen», rief Bella, «wir wollen es ihm durch den Kleinen sagen lassen.» – «Um unsrer lieben Jungfrau harte Haut am Fuße bitte ich dich», sprach Braka und hielt ihr den Mund, «sage dem kein Wort, denn sieh, der würde es dir in seiner Bosheit nicht vergeben, daß du dich bisher stelltest, als sei er dein Schatz.» – «Mein Schatz, nein, das war er nie», sagte Bella, «aber er war mir bis zu dieser Stunde lieb; jetzt wollte ich, wir hätten ihn oben stehen lassen beim Meerrettich, er scheint mir jetzt recht unmenschlich, ich weiß nicht, warum?» – «Nun, Kind», fuhr Braka fort, «darin kann ich dir nicht unrecht geben; ich hab mich lange gewundert, wie du so schmeichelnd zuweilen den garstigen Kniehoch auf deinen Knien reiten ließest, während er dir alles gebrannte Herzeleid antat, deine Zeichenbücher zu Papierknallen zerriß, Suppe auf deine Kleider schüttete. Aber sei klug, folge mir, laß dir nichts merken, wenn ich ihm die verfluchten Augen hinten einmal packen kann, reiß ich sie ihm aus, daß er das nicht entdeckt. Er muß uns Geld und Gelegenheit schaffen, daß wir den Erzherzog sehen; schmeichle ihm recht, daß du ihn liebst.» – «Aber ist das nicht unrecht?» fragte Bella. – «Wie dumm», rief Braka, «wenn es ein Mensch wäre, ei nun, aber eine alte Wurzel, was kann man da für Unrecht tun, eine andre wird mir nichts, dir nichts klein geschnitten und gekocht; Ehre genug für diese, daß wir mit ihr wie mit einer Puppe zuweilen umgehen. Nun weiß ich wohl, es wird uns nicht leicht werden, seiner los zu werden, aber da hab ich mein Plänchen mit dem Bärnhäuter, der ist des Dienens zum Verzweifeln satt und müde und möchte sich gern wieder zu Grabe legen, der mag ihn mit dem Schatze nehmen. Hat dich der Erzherzog lieb, so brauchen wir keine solche Schätze, der wird uns nicht Hungers sterben lassen.» –

Bella, in ihrer Ungeduld nach dem Erzherzoge, ging alles ein, sie wollte sich gegen den Kleinen zärtlich stellen, und sie hatte in den nächsten Tagen schon Gelegenheit dazu, als er von dem Erzherzoge heimgekehrt war und ihr zum erstenmal von der Zukunft redete, wie sie sich in Gent vermählen und niederlassen wollten. Braka war gegenwärtig und fragte ihn listig, wie es denn mit seinem Kriegshandwerk jetzt stehe, ob er bald General oder Korporal sein würde. – Er lächelte selbstzufrieden und gab zu verstehen: seine Anstellung sei ziemlich unfehlbar, er vermöchte alles über den Erzherzog; dann erzählte er ihnen, wie er mit diesem eine Zusammenkunft in Buik zur Kirmes verabredet hätte, sie möchten sich doch bei Frau Nietken einige artige Zimmer bestellen. – Braka war heimlich erfreut, wandte aber scheinbar ein, daß die Frau sie kenne und sie verraten möchte, doch freilich sei dies in Gent ebenso möglich, und mit Geld ließe sie sich leicht in ihr Interesse ziehen. Die Lustfahrt wurde also beschlossen und gleich die Schneiderinnen zu einem rechten Feststaate in Bewegung gesetzt; es entstand ein Geschicke nach allen Seiten, daß selbst der arme Bärnhäuter, trotz seiner kalten Leichennatur, schwitzen mußte. Dieser gute Kerl tat wirklich alles, was man nur von einem lebenden Menschen erwarten konnte, dabei aß er aber so gewaltig, daß seine irdische Natur ein frisches Leben gewann und er sich immer mehr überzeugte, er werde sie nicht mehr so geruhig zu Grabe bringen, wie sie sonst darin gelegen, auch erhob sich zuweilen ein solcher Streit zwischen dem lebenden und verstorbenen Körper in ihm, daß es ihm über der ganzen Haut zuckte und juckte. Ebensolcher Zwiespalt war in seiner Meinung von der Herrschaft: sein verstorbener Leib rechnete sich zu Herren Cornelius, sein neulebender war ganz der Frau Braka und der schönen Bella ergeben und achtete den Herren nicht mehr als einen Glückspilz. Wie nun die eine oder die andre dieser Seiten hervortritt, werden wir ihn bald für den einen, bald für den andern tätig sehen; doch verriet er keinen dem andern.

Alles war endlich zur Fahrt bereit. Der Wagen hatte dreifach bezahlt werden müssen, solch eine Menge Leute, die sonst im stillen Gewerbe lebten, hatten diesen Tag zum Auslüften sich erwählt. Da traten so viele verlegne Kleider ans Licht, da lärmten die Kinder so früh im Hause; aber nur die wenigsten konnten sich der Bequemlichkeit eines Wagens erfreuen, die meisten mußten sich in langen Reihen einen Weg durch das Korn drängen, um nicht im Staube des Fuhrweges zu ersticken; doch zogen andre diesen vor, weil viele die reichen, geputzten Kaufleute und den Adel nicht früh genug zu sehen meinten, wenn sie dort alle versammelt wären, sondern sie einzeln auf dem Wege dahin zu mustern wünschten. Insbesondere war aber die Schaulust durch die allgemein verbreitete Nachricht gespannt worden, daß selbst der Erzherzog im großen Staate des Vliesordens mit allen seinen Edelknaben und allen Rittern die Lustbarkeit der Buiker Kirmes mit seiner Gegenwart beehren werde, eine Herablassung, die ohne Beispiel war und die Vorsteher des Orts zu der gewaltigsten Anstrengung an Reden und Ordnungsgesetzen, Ehrenpforten und Blumenopfern begeistert hatte. Von einem sichtbaren Punkte zum andern waren Bauern mit Fahnen ausgestellt, durch deren Wink der Ausritt des Erzherzogs kundgetan werden konnte; bei jeder Fahne hatte sich ein Haufe Wanderer gesammelt. Dieser Prinz, der weniger mit dem Feste als mit seiner Liebe beschäftigt sein wollte, täuschte aber die allgemeine Neugierde, indem er sich ganz einsam mit Cenrio und Adrian in einer bedeckten Gondel einschiffte, um unmittelbar am Hause der Frau Nietken, wo Cenrio ihnen Zimmer bestellt hatte, abzutreten. Unterweges nahm er zum erstenmal einigen willigen Unterricht in der Dialektik bei Adrian, dem es eine Freude war, als der Prinz den Schluß erfunden hatte: Alle junge Männer sind verliebt, Cajus ist ein junger Mann, also ist Cajus verliebt. Der genannte Cajus war aber unser Erzherzog selbst, der dabei heimlich mit Cenrio lachte. Der Erzherzog war in den bloßen Gedanken an die schöne Unbekannte, die er an dem Tage sehen sollte, so verliebt, daß es ihm wie eine Überfahrt auf dem langsamen Styx zu einem neuen Leben schien, wo alles freier, wunderbarer, lieblicher und schrecklicher ihm erscheinen sollte. Adrian dachte heimlich an das Buch des Petrus Lombardus, wovon ihm Cenrio erzählt, daß er es bei einer Trödlerin gesehen, Cenrio an die künftige Gunst, die seiner warte, wenn der Erzherzog zur Regierung gekommen.

In solchen Gedanken landeten sie im Hofe von Frau Nietken, die, ungeachtet sie von Cenrio wohl unterrichtet war, doch sich stellte, als kennte sie ihre hohen Gäste nicht, und es bedauerte, daß ein paar Familien aus Gent ihr Haus in Beschlag genommen hätten. Adrian fragte, ob sie nicht in der Bibliothek unterkommen könnten, aber Frau Nietken lachte, daß ihr der Kader* schwoll, sie hätte nur ein paar alte, wurmstichige Schwarten, die lägen in einer Bodenkammer, wo sich knapp ein Mensch umdrehen könnte. Adrian ließ nicht nach, bis sie dahin geführt wurden; erst dort sagte er ihr, daß ihrem Hause die Gnade heut geworden sei, den Erzherzog zu beherbergen, die Familien aus Gent würden wohl aus Achtung gegen ihn ein paar Zimmer nach der Straße frei machen. Das dicke Weib schien beinahe in die Knie zu fallen aus Verwunderung und Demut, küßte die Zipfel der erzherzoglichen Feldbinde und eilte in das Zimmer der Frau von Braka, um ihr anzuzeigen, daß der Erzherzog gekommen, daß sie ihm die benachbarten Zimmer einräumen und die Türen offen lassen wolle.

Der Kleine war in der Zwischenzeit mit dem Bärnhäuter schon auf den Jubelplatz in der Mitte des Orts gegangen, um den Erzherzog zu erwarten, von dem er sich recht viel Ehre versprach. Zu seinem Leid mußte er dessen Abwesenheit von Edelknaben des Prinzen erfahren, die vor dem Rathause, dessen prachtvoller alter Bau mit großen Fenstern und Türmen der einzige Rest von der ehemaligen Größe des Ortes war, alle Reden der Gemeindevorsteher, die auf den Prinzen berechnet waren, abhörten. Er wollte gleich nach Hause, um die fehlgeschlagene Erwartung mit dem Prinzen seinen Frauen anzukündigen; aber ein paar Vertraute Cenrios, die ihn auch kannten, nahmen ihn beiseite und sprachen ihm vor, warum er sich jetzt keine ansehnliche Stelle unter dem neuerrichteten Fähnlein vom Prinzen erbitte, den er so gut kenne und der ihm so gewogen. Der Kleine wurde ganz heiß vor eitler Lust bei diesem erwünschten Vortrage, der seinen Lieblingsgedanken zutage förderte, er ließ sich wohlgefällig mit den beiden in ein Gespräch ein, und als sie ihn auf ein Glas Wein in ein nahgelegenes Haus nötigten, schickte er den treuen Bärnhäuter an seine Frauen mit der Nachricht zurück, daß sie den Erzherzog nicht unnütz erwarten möchten, er sei ausgeblieben, einige wichtige Geschäfte hielten ihn mit Edelleuten des Hofes zurück, nachher wollte er ihnen die Zeit vertreiben. Die Zeit verging dem Kleinen sehr schnell, denn außer den schmeichelnden Freunden und dem guten Weine wirkte auf ihn der Rausch einer unendlichen Volksmenge, die sich mit Leib und Seele diesen drei lustigen Tagen aufopfern wollte und deswegen auch nicht die kleinste Zeit in dem angefangenen Werke zu verlieren strebte. Welche Vorräte an Fleisch, Kuchen und Brot wurden da teils von den Ankommenden ausgepackt, teils aus den Wirtshäusern geholt; es war ein Frühstück, wie sonst ein erstes Mittagsbrot nach dem Fasten, und sicher wäre den Heißhungrigen mancher der ungeheuren Bissen im Halse stecken geblieben, wenn sie nicht eine künstliche Schleuseneinrichtung mit Wein und Bier gemacht hätten, wodurch alles glücklich an seinen Ort hinuntergeschwemmt wurde. Die Niederländer verstehen so etwas vortrefflich, und die Städter waren in dieser Zeit so übermächtig reich durch Handel und Wandel mit aller Welt, daß ihnen alles einländische, unmittelbare Landeserzeugnis fast unbedeutend wenig kostete. Einem Reichen war es eine Kleinigkeit, Tausende durch Wohltaten zu sättigen, darum gab es eigentlich keine Notleidende in den Städten und nur Bettler, die in dem müßigen Leben ihre Freude fanden. Aber auch diese entzogen sich zu solchen öffentlichen Festen ihren Lumpen und trieben als Schauspieler in Königstracht ihren Mutwillen vor der Welt, deren Mitleid sie sonst anflehten. Einige Fässer, die mit Brettern überlegt waren, dienten ihnen zum Theater, ein Platzknecht, ein langes, ausgestopftes Kissen an der

Peitsche, hieb auf die Kinder, die in ihrer Neugierde an das Theater heranklettern wollten; zugleich hatte er eine Schellenkappe mit Eselsohren auf dem Kopfe, sprach als Narr im Stücke und mit den Zuschauern. Unser Kleiner war ganz entzückt von dem Schauspiele. Die Geschichte des Menschen, der, von seiner Frau in einen Hund verwandelt, soviel vergebliche Versuche macht, sich den Leuten als ein vernünftiger Mensch zu beweisen, zog ihn so an, daß er so nahe kletterte, bis ihm der Platzknecht einen derben Schlag über den Rücken zog. Unser Kleiner glaubte sich vor den Augen aller Welt grimmig beschimpft, er zog seinen Degen und ging gegen den Schalksnarren an, der sich sehr lächerlich mit seiner ausgestopften

Wurst gegen ihn verteidigte; alles schrie vor Vergnügen. Viele, weil sie den Spaß zwischen dem kleinen und dem großen Manne für eine verabredete Posse hielten, munterten beide auf; die Kinder kletterten auf die Schultern der Erwachsenen, andre stiegen auf Tische und auf die eisernen Stangen zwischen den Bogen des Rathauses, auf die Bäume, woran sie wie seltsame Früchte hingen. Die beiden Edelleute sahen diesem Ritterzug ihres Schutzempfohlnen eine Zeitlang mit ungemeiner Freude zu, als er aber dem Narren ein kleines Loch in die Wade mit seinem Degen gestochen, da fürchteten sie für ihn, denn die Zuhörer waren mit dieser Störung gar nicht mehr zufrieden, und ein Bauer sprach schon davon, ihm Nase und Ohren abschneiden zu wollen. Sie griffen ihn deswegen, steckten ihn unter ihre Mäntel und trugen ihn, so heftig er sich sträuben mochte, in das erste beste Haus, was sich ihnen öffnete. Der Zufall wollte, daß es das Haus der guten Frau Nietken war, die wegen einer Zahl feiler Stadtjungfern, die ein paar Zimmer gemietet hatten, diese Türe stets offen lassen mußte, damit die Menschen so unbemerkt wie möglich einschlüpfen konnten. Welch eine Freude dieser Jungfern über die beiden schönen Edelleute und über den kleinen Zwerg, denn so nannten sie ihn, bis er grimmig auf sie einging und sich als einen jungen Offizier ihnen kund gab. Es gab tausend Spaß mit ihm, wir wollen ihn nicht wiederholen; aber der Mutwille der Edelleute, die Frechheit der Weiber und der Hochmut des Kleinen trieb sich wie Kreisel und Peitsche, und wurde der Kleine ungeduldig und wollte ausreißen, da schrien ein paar, als stände der Narr mit den Bauern noch vor der Türe und wollte ihm die Ohren abschneiden.

Wie benutzten diese Zeit die Verliebten? Der Erzherzog hatte kaum sein Zimmer betreten, so horchte er an der Türe und merkte, daß die beiden Frauen im Nebenzimmer wären; er bat Cenrio, ihm einen Bohrer zu verschaffen. Dieser holte in aller Eile den Anbrechbohrer eines Weinküpers, der im Hofe ein Ohmfaß abgezogen hatte: das ging vortrefflich; ganz leise konnte er durch die Türe dringen, bis der erste feine Punkt der Spitze hindurch sah, während sein Auge sich in die breite Höhlung einlegen konnte. Schade war's, daß die Mühe unnütz, denn die Türe war seinetwegen offen gelassen. Wie pochte sein Herz, und er wußte doch nichts davon, als er nun zum erstenmal hindurchblickte, und wie fuhr er zurück und fühlte sich an den Kopf, als ihm das verschönerte Bild desselben Geistes, der ihn damals im Landhause geneckt hatte, vorüberschwebte. «Cenrio», sagte er, «wir sind in den Händen von wunderbaren Geistern, wir glaubten mit ihnen zu spielen und sie spielen mit uns; ich möchte fliehen, aber ich kann nicht, sie ist zu schön!» – Cenrio war verwirrt. –

«Es ist derselbe Geist, der mich schon damals im Anfange des Winters im Landhause verjagte, aber er ist menschlich gewachsen, und ich widerstehe ihm nicht mehr; schaff Rat, wie ich sie sprechen kann, ich könnte ihr jetzt alles sagen.» – «Ich hab es wohl gedacht», sprach Cenrio, «zum Glück können wir frei schalten mit der Zeit; Adrian sitzt eben in der hitzigsten Arbeit, um zu beweisen, daß der von mir geschmiedete Anhang zum Lombardus nicht echt sei; zum Überfluß habe ich noch die Türe seines Vorzimmers zugeschlossen, so daß er uns nicht überraschen kann. Nun will ich Euch, mein Prinz, meinen Vorschlag sagen: das junge Mädchen leidet an Kopfweh, Ihr müßt den Arzt vorstellen, so seid Ihr allein bei ihr, und die Worte werden sich im Pulsfühlen schon finden.» –

Wirklich war Bella durch die Vorbereitungen zur Fahrt, durch die schlaflose Nacht und die Hitze unwohl geworden, und Frau Nietken hatte eigentlich diese Erfindung gemacht, die beiden Sehnsüchtigen zusammen zu bringen. Der Erzherzog hatte sehr bald einen großen, schwarzen Doktormantel und darüber Aderlaßkram, Pflasterzeug und Klistierspritze gehängt, so trat er zagend in das Zimmer, von Frau Nietken geführt, die ihn für einen spanischen Doktor ausgab. Bella erkannte ihn beim ersten Blicke, und Neigung und Beschämung drückten sie ebenso nieder, wie Braka die Einwirkung der fürstlichen Gegenwart; jene ver-

barg ihr Angesicht im Schleier, diese schlüpfte mit einer tiefen Verbeugung in ein Nebenzimmer. Die beiden Liebenden waren nun allein, und alles konnte sich schnell und glücklich erklären und entscheiden; der Erzherzog, welcher aber mit keinem Mädchen vertraulich geworden, brachte kein andres Wort als Pulsfühlen heraus, «Pulsfühlen» wiederholte er, «Pulsfühlen» sagte er zum drittenmal. Bella reichte ihm den weißen, runden Arm, er fühlte an einer Fingerspitze, dann spielte er mit dieser, wollte wieder etwas sagen, wahrscheinlich von der Erscheinung in dem Landhause, brachte aber nichts heraus als: «Geist, Geist gesehen»; dabei schob er ihr einen Ring an den Finger, welches wir als den Triumph seiner Überlegung ansehen müssen. Hier endete sein ruhiges Glück, denn mit großem Gepolter brach der verfluchte kleine Wurzelmann, der sich bei den Mädchen bespitzt hatte und der Aufsicht der Offiziere entflohen war, ins Zimmer, sprach verwirrt von seinem künftigen Regiment und erkannte nicht Bella, die auf dem Sofa lag. Der Erzherzog bekam aber im Augenblicke seine ganze Fassung wieder, er bat ihn, daß er eine Kranke nicht stören möchte, insbesondre da sein Aussehen verriete, er werde nicht lange mehr zu den Lebendigen gehören. Der Kleine stutzte, die Edelleute traten herein und bestätigten ihm, er sei sehr verändert und müsse wohl von der Pest angesteckt sein, weil er sich heute unter so mancherlei Leuten umhergetrieben habe. Bei dieser Vermutung wurde er ganz hinfällig, die Kraft des Weines und seine Beine wollten ihn nicht mehr

halten; der Erzherzog warf ihm geschickt ein großes Pflaster, das er in seinem Doktorapparate fand, über das Gesicht; der Kleine behauptete, ihm werde ganz dunkel vor den Augen. Die Edelleute versprachen ihm in geheucheltem Mitleiden, ihn nach Hause zu tragen, denn bis jetzt hatte er weder das Zimmer noch seine Geliebte erkannt, und schleppten ihn wirklich aus dem Zimmer. – Braka war in der Zeit auf der Folter gespannt gewesen. Die Liebe des Erzherzogs hatte sich noch nicht erklärt und seine Freigebigkeit war nicht so weltkundig, im Gegenteil hatte sie von Frau Nietken erfahren, daß er etwas im Rufe der Knauserei stehe; der Alraun dagegen konnte so viel Schätze entdecken, als irgend in der Welt verborgen wären, er kümmerte sich durchaus nicht, wie das Geld verwendet würde, solange es ihm selbst nicht fehlte. Störten die beiden Liebhaber einander gegenseitig, so entgingen ihr vielleicht alle Hoffnungen für die Bequemlichkeit ihres künftigen Lebens, und die großen Absichten für ihr Volk wurden auch nicht erfüllt. Der Erzherzog war jetzt wieder allein mit Bella, er hatte mehr Mut gewonnen, sie aber war besorgt und erzürnt, wie es ihrem Kleinen gehen möchte; sie äußerte das, und er nahm es nicht ohne eine kleine Eifersucht auf. Er fragte mit einem gewissen Stolze, ob es ihr Bräutigam wirklich sei, und verlor in Erwartung ihrer zögernden Antwort so gänzlich alle Haltung, daß er seine vorgebliche Doktorrolle aufgab und sich ihr als Erzherzog darstellte. Sie konnte sich zu wenig verstellen, um sich darüber zu verwundern, und so waren sie miteinander in einem Vertrauen, ehe sie einander etwas vertraut hatten. Endlich sagte Bella, daß die Vermählung mit ihrem Vetter nur ihrer Mutter, nicht ihr Wille sei. Der Erzherzog beschwor sie jetzt, dem Willen ihrer Mutter nicht so gänzlich nachzugeben, daß sie Lebensglück und Schönheit der Trauer einer unglücklichen Verbindung hingebe; von seiner Liebe schwieg er. Bella stotterte, wie es ihr vorgeschrieben war, daß ihr Vermögen ganz in der Gewalt dieses reichen Vetters sei, daß sie dem Wunsche ihrer Verwandten sich ergeben müsse, insbesondre da sie niemand in der Welt kenne, der sie gegen den Zwang derselben schützen möchte. Der Erzherzog versicherte ihr jetzt, daß jede Kränkung, die sie erfahren würde, unerbittlich von ihm bestraft und gerächt werden sollte. Diese Worte führten eine Liebeserklärung herbei, die nicht nur die beiden Verklärten, sondern auch die horchende Braka von einer schweren Last befreite. Wie schwer fiel es aber plötzlich auf das Herz der Alten, als Bella, die von der Liebe zum Erzherzog durchdrungen, jede Falschheit verfluchte, ihm zu Füßen fiel und ihn bei seiner Liebe beschwor, sie nicht zu verachten, wenn sie ihn betrogen, sie sei nicht, wofür sie sich ausgegeben, die Tochter ihrer Begleiterin, sie sei die Tochter – hier erstickte die Stimme in einem Tränenstrom. Einer der Edelleute, die den Kleinen begleitet hatten, trat herein und meldete dem Erzherzog, er möchte sich in sein Zimmer zurückziehen, der Kleine lasse sich nicht mehr halten; sie führten ihn durch Umwege in dasselbe Haus zurück, woraus sie ihn fortgeführt, er halte sich für todkrank. Der Erzherzog sprang fort, entrüstet, in seiner ersten Neigung betrogen zu sein. Bella ging in das Nebenzimmer, weil es in ihrem Gemüte noch von den Blättern nachregnete, nachdem der erste Gewitterschauer verzogen.

Der Kleine ließ sich die Treppe vom Bärnhäuter hinauftragen, der ängstlich nach der gnädigen Frau rief, weil er das Ende seines guten Dienstes fürchtete. Als Braka kam, rief der Kleine ihr mit schwacher Stimme entgegen, er sei von der Pest so schwach, daß er auf seinen Füßen nicht mehr zu stehen vermöge, alles gehe mit ihm herum, er sehe gar nichts mehr, und seinen Gedanken hinke er mit der Zunge so weit nach, daß er es fast aus den Augen verloren, was er eben sagen wolle. Braka stellte sich sehr mitleidig und erschrocken; Bella hatte bei seiner sichtbaren Blässe einiges Bedauern. – «Ach», seufzte der Kleine, «wenn ich nur den Doktor festgehalten hätte, der mir die Pest gleich angesehen, vielleicht weiß er auch ein Mittel dagegen.» – «O», sprach Braka, «die Pest habe ich oft schon kuriert, ich lege ein Kraut in lauwarmes Wasser, und davon trinkst du alle fünf Minuten eine Tasse, so wird alles glücklich vorübergehen.» – «Schnell, schnell», sprach er und versank in einen dumpfen Rausch, währenddessen ihn der Bärnhäuter auszog und auf den Sofa legte, mit Decken wohl verhüllt. Braka flößte ihm von Zeit zu Zeit eine Tasse heißes Fenchelwasser ein, wie die kleinen Kinder zu bekommen pflegen. Entsetzliche Übelkeiten erweckten ihn, endlich erleichterte sich die Natur von dem Überflusse des Weines, womit die Ehre des Zutrinkens sie überfüllt hatte; schluchzend und stöhnend sprach er: «Wo mag der Doktor jetzt sein, den ich im anderen Hause sah, wäre der Mann nur zu finden, er könnte mir wohl noch helfen, ich habe so ein Zutrauen zu ihm, da er mir die Krankheit gleich angesehen; macht doch die Türe auf», fuhr er fort, «es wird hier so heiß.» – «Die Türe ist verschlossen», sagte Bella, «der Erzherzog ist dort eingezogen.» – «Der Erzherzog!» Bei diesem Worte sprang der Kleine, wie er war, aus dem Bette, konnte sich aber taumelnd nicht halten, sondern sank in das Waschbecken. – «Der Erzherzog ist hier, und ich kann ihn nicht um meine Hauptmannsstelle ansprechen, ich versäume mein ganzes Glück, wenn ich sterbe.» – Der Bärnhäuter rollte ihn wieder ins Bette, aber der Kleine weinte bitterlich und jammerte nach dem Arzte, den er unterwegs gesehen. Braka entschloß sich endlich, indem sie ihm versprach, alle Sorgfalt anzuwenden, den Mann zu entdecken, zu Frau Nietken zu gehen und durch diese den Prinzen noch einmal als Arzt kommen zu lassen. Der Erzherzog zog aber sein Messer gegen diese Frau und befahl ihr mit drohender Stimme, ihm zu sagen, was sie von den Fremden wüßte, die vielleicht von einem

Feinde seines Hauses zu seinem Verderben gesendet wären. Frau Nietken ließ ohne Rückhalt alle Geheimnisse von sich gehen; sie sagte, daß Braka eine alte Zigeunerin sei, die sie lange gekannt, daß diese in einer Nacht mit der schönen Bella und dem Kleinen zu ihr gekommen und sich nach Gent habe fahren lassen, wo sie bekanntlich viel Geld ausgegeben. Ihr Kind sei Bella gewiß nicht, dafür wolle sie stehen, ob aber das Mädchen aus einem hohen Hause, dafür wolle sie nicht einstehen, doch sei es so ihre Philosophie. Geraubt sei das Mädchen aber nicht, denn sie habe mit der Alten zugleich befehlend und doch mit Liebe gesprochen, unter sich in einer fremden Sprache, die sie für französisch gehalten. – Dies verwandelte die ganze Ansicht des Prinzen, erst glaubte er sich in der Falle einer Buhlerin, jetzt meinte er ernstlich, daß es die französische Prinzeß sein könnte, deren Heirat mit ihm von dem französischen Hofe gegen den Willen seines Großvaters betrieben wurde. Es ist bekannt, daß sein späteres politisches Talent in seinen früheren Jahren, die sich ganz zur körperlichen Ausbildung hinneigten, wenig durchschien, er hielt so manches für möglich, was ein andrer bezweifelt hätte, und Cenrio war eben mit Adrian zu beschäftigt, um ihm zu raten, er nahm also die Bitte, als Arzt wieder zu erscheinen, mit einer gewissen Ehrfurcht an, welche die zitternde Frau Nietken sehr überraschte.

Er machte sich jetzt durch einige Züge mit Kohle in den Augenbrauen und vor der Stirn unkenntlicher und ließ sich in das Krankenzimmer führen. Der Kleine war entzückt, ihn zu hören; der Erzherzog befragte ihn sehr ernstlich nach allen Kennzeichen. Der Kleine erzählte von dem wüsten Kopfschmerz, von der Übligkeit, vom Aufstoßen, von der gänzlichen Dunkelheit seiner Augen und wie er über sein ganzes Gesicht einen Ausschlag spüre (seine Augen im Nacken hervorzubringen schämte er sich vor den Leuten, auch hatte er sich ihrer in der guten Gesellschaft längst entwöhnt); endlich sagte er, daß er sein ganzes Glück versäume, wenn er nicht bald hergestellt wäre, weil der Erzherzog im Nebenzimmer seinetwegen angekommen sei und die Stellen im neuen Fähnlein wahrscheinlich in diesen Tagen vergebe: – «Ach, lieber Herr Doktor», rief er in seiner militärischen Begeisterung, «wenn ich so wegstürbe, hätte mich die Welt nie in dem Glanze und der Herrlichkeit gekannt, wozu meine Abstammung und mein Mut mich berechtigen; oft kommt es mir vor, als wenn böse Zauberer der wahren Verwandlung meines Lebens entgegenstreben.» – Der Erzherzog hörte ihn geduldig an und konnte sich das alles wiederum nicht mit der fremden Prinzessin reimen, es sei denn, daß er ein von der alten Fee verzauberter Prinz sei, wie damals die Geschichten in spanischen Romanen häufig umliefen. Dieser Gedanke, zusammengehalten mit der Erscheinung im Landhause, setzte ihn in ein gewisses Staunen, was ihn leicht hätte verraten können, wenn der Kleine nicht allzu berauscht gewesen wäre und seine ahndenden Augen hätte brauchen dürfen. Endlich faßte doch der Erzherzog einen Entschluß, sagte ihm, das Mittel der gnädigen Frau sei wohlerdacht, er müsse sich jetzt ganz mit Decken überspannen und einwickeln lassen, um in einer recht gewaltsamen Dünstung den Kern des Übels auszutreiben. Vergebens seufzte der Kleine, er erschrecke vor sich selbst, als wenn er einen glühenden Ofen anfasse; Braka warf ihm mit beredter Zunge eine Decke nach der andern über, band sie zusammen und entfernte sich mit dem treuen Bärnhäuter unter dem Vorwande, als ob sie dem Kleinen etwas zu seiner Erfrischung schaffen wolle. Der Erzherzog war jetzt wieder mit Bella allein, doch mußten sie aus Rücksicht gegen den eingepackten Kranken jedes laute Wort vermeiden; auch war Bella noch sehr beschämt, als der Erzherzog sich auf ein Knie niederließ und zu ihr sprach: «In welchem schönen Bekenntnisse sind Sie gestört worden, Angebetete, ich ahnde, Sie sind eines edlen Fürsten Tochter, ich ahnde alles, was Sie mir zu sagen haben, aber ich wünschte die Gewißheit aus Ihrem Munde, die Gewißheit Ihrer Liebe, die allen Glanz Ihres Standes aufgegeben hat, um dem verhaßten Zwange der Politik zu entgehen. Nichts soll uns scheiden, ich kenne meine Niederländer, sie kennen ihre Freiheiten und werden auch meine Freiheit schützen, und selbst wenn die Gewalt über uns siegte, trägt uns das Meer zu einer neuentdeckten reicheren Welt!» – Wer könnte es Bella verdenken, die von aller Politik Europas nichts wußte, als daß der Fürst ihr Vater in derselben nicht geachtet, sondern verfolgt worden, daß sie bestimmt glaubte, der Erzherzog habe ihre Abstammung erfahren und erwähle sie zu seiner Gattin. Sie stand mit gerührtem Blicke vor ihm, blickte auf und nieder und sprach dann gebrochen: sie habe sich nur einmal verstellen können und nimmermehr wieder, sie leugne nicht ihre Abkunft, sie leugne nicht ihre Zärtlichkeit, die er schon früher in ihrem heimlichen Aufenthalte in ihr erweckt, die sein Anblick ihr bestätigt habe. – Sie senkte ihr holdes Angesicht, der Erzherzog wollte eben den Rand ihrer Lippen berühren, als der Kleine unter den Decken Bewegungen machte, entsetzlich über den Magen klagte und zuschwor, er müßte ersticken, ehe er kuriert sei. Der glücklich Liebende duldet keinen Leidenden, der Erzherzog sprang hinzu und öffnete das Gebinde, es dampfte, als wenn man die Serviette öffnet, worin ein Pudding gekocht worden; der Erzherzog sah ihn an, schob das Pflaster leicht von dem triefenden Gesichte und versicherte, er sei schon kuriert; er eile jetzt, um ihm noch ein paar stärkende Mittel zu senden, er möchte sich inzwischen ruhig halten.

So eilte er fort, und der Kleine, dem allmählich der Rausch verflogen, der wieder um sich sehen konnte, lag auf dem Bette mit dem seligen Gefühle eines vom Tode Erretteten, der sein Leben sehr lieb hat; er nahm Bellas Hand, drückte sie und sprach, daß ihm der Gedanke des Todes darum lästig gewesen sei, weil er sie hätte verlassen müssen. Er schien so sanft und zärtlich, daß Bellas alte, gleichsam mütterliche Zuneigung zu ihm nicht erlaubte, ihn zum Vertrauten ihrer neuen Liebe und ihres neuen Glücks zu machen. Er küßte sie, wie er gewohnt war, und der Erzherzog, der wieder an seiner Türwarte, an dem künstlich gebohrten Loche, lauerte, ergrimmte, weil er sich von neuem verraten glaubte, doppelt verraten, weil er in seiner Leichtgläubigkeit gegen Bella unverzeihlich kindisch und gutmütig sich erschien. Der Kleine versuchte sich jetzt auf seinen Beinen, und er konnte wieder gehen und stehen, ordnete seine Kleider und sagte Bella, sie möchte jetzt recht artig sein, er werde den Erzherzog zu ihr führen, und wenn dieser in recht heitrer Stimmung schiene, sollte sie um die Hauptmannsstelle für ihn anhalten, sie möchte aber recht schmeicheln, das Glück seines Lebens hänge daran; auch wolle er sie dann sicher heiraten. Sie schwieg verlegen. Er vergaß über seine kriegerischen Aussichten so ganz alle Krankheitsfurcht und alles Übelbefinden vom Trunk, daß er wie vor tausend Mann in dem Zimmer auf- und niederstolzierte und Braka zur Tür hinaustrieb, als diese mit ihrem heißen Wasser ihm in die Quere kam. So sind die meisten kleinen Leute, das Herz ist ihnen so nahe am Kopf, daß es in den Kopf überkocht oder überdampft.

Unser Wurzelmännlein konnte sich nicht mehr halten, er bürstete sich bald rechts, bald links; gleich wollte er dem Erzherzoge seine Aufwartung machen und fiel diesem, der in einem Anfalle der heftigsten Eifersucht Tag und Stunde verfluchte, ins Zimmer. Kaum hatte er sein Anliegen vorgebracht, so überhäufte ihn der Erzherzog mit Schimpfreden, nannte ihn einen lächerlichen, kleinen Wurzelburzius, einen Dukatenmacher, ein Alraunchen, daß der Kleine in die größte Verwunderung geriet, wie er diese seine Entstehung erfahren habe, und sich eilig davon machte, indem er verlegen ausrief: «Gnädiger Herr, woher wissen Sie das?»

Als er zurückgekommen, sagte er nichts von diesem Empfange, nur sah es ihm Braka an seinem ganzen Wesen an, daß er gedemütigt worden. Er sprach nur, daß er den Erzherzog nicht getroffen, daß er sich bald fort von dem Orte wünsche, wo ihm in jetziger Pestzeit jeden Augenblick eine neue Gefahr drohe; zugleich erkundigte er sich, ob der Arzt nichts gesendet. Braka, um ihren Aufenthalt zu sichern, ging selbst über die Straße in den Laden eines reisenden jüdischen Doktors, kaufte die stärksten Tropfen, welche manchen Sterbenden schon belebt hatten, und brachte sie dem Kleinen als etwas, das der belobte Arzt im Hause abgegeben. Kaum hatte der Kleine diese Höllentropfen eingenommen, so kam ihm der alte Mut wieder zurück. Er hätte rasend werden mögen, daß er dem Erzherzoge nicht derb geantwortet hatte; ihm fiel so viel Beißendes ein, daß er, bloß um es ihm oder einem seines Gefolges aufzuhängen, sich leicht bereden ließ, den Tag noch im Orte zuzubringen.

Es war jetzt die Zeit des höchsten Tumultes herangerückt. Die Rennen auf ungesattelten Pferden, wo der Reiter einer Gans, um sie zu gewinnen, den Faden, der sie an einem Seile aufgehängt hält, mit der Schere abschneiden muß, hatten angefangen; das Wiehern der Pferde, das Lachen der Menge über die getäuschte Zuversicht, die sich im Sande erniedrigt fand, rief alles herbei; auch unser Wurzelmännlein führte seine Damen zu diesem Schauspiele. Kaum war er dort, so verlor er aus Eifer die beiden Frauen fast ganz aus dem Gesicht, so daß Braka ihre Pflegetochter etwas überhören konnte. Bella erzählte ihr, daß der Erzherzog sie heiraten wolle; Braka sagte, das hätte seine schlimme Seite, sie könnte darüber ins Zuchthaus kommen, aber sie möchte ihm nur dreist und ohne Umschweife zu verstehen geben, daß sie ein Kind von ihm haben möchte, daß dies ihres Volkes Glück sei, so würde sich alles von selbst ohne weitere Einsegnung finden. Bella versprach, nach ihrer Vorschrift ihm alles zu sagen, wenn die Gelegenheit käme. Diese wurde aber durch den Zorn des Erzherzogs auf eine wunderliche Art herbeigeführt. Er hatte seine rasende Eifersucht ohne alle Zögerung seinem Freunde Cenrio verraten, dem sogleich ein trefflicher Einfall gekommen war. Er hatte bei einem

Guckkasten einen gelehrten Juden aus Polen wiedergefunden, der ihm schon früher durch seine Kunst, Golems zu machen, manche Ergötzlichkeit verschafft hatte. Diese Golems sind Figuren aus Ton nach dem Ebenbilde eines Menschen abgedruckt, über welche das geheimnisreiche und wunderkräftige Schemhamphoras* gesprochen worden, auf dessen Stirn das Wort Aemaeth, Wahrheit, geschrieben, wodurch sie lebendig werden und zu allen Geschäften zu gebrauchen wären, wenn sie nicht so schnell wüchsen, daß sie bald stärker als ihre Schöpfer sind. Solange man aber ihre Stirn erreichen kann, ist es leicht, sie zu töten, es braucht nur das Ae vor der Stirne ausgestrichen zu werden, so bleibt bloß das letztere Maeth stehen, welches Tod bezeichnet, und im Augenblicke fallen sie wie eine trockene Tonerde zusammen. – Der alte Jude wurde herbeigeholt, der Erzherzog verlangte ein solches Bild der schönen Bella und er wolle ihn fürstlich lohnen. Der Jude warnte ihn, er möchte sich mit solchem Bilde nicht abgeben, in seinem Vaterlande sei manches Unglück damit geschehen: einem Vetter sei der Golem, den er zu häuslichen Diensten gebraucht, so hoch gewachsen, daß er ihm nicht mehr an die Stirn habe langen können, um das Ae auszulöschen; da habe er befohlen, er sollte ihm die Stiefeln ausziehen, und während sich der Golem danach gebückt, habe er ihm listig das Ae von der Stirne gewischt, aber die ganze Last der Erde sei auf den armen Vetter gefallen, und er sei davon erdrückt worden. Der Erzherzog schwor, daß ein solcher Unfall dem nicht schade, dem er ihn bereiten solle, doch eine neue Schwierigkeit sei zu überwinden, wie das Bild der schönen Bella ähnlich zu machen sei. Der Jude verlangte, sie nur einmal in seinen Kunstspiegel einsehen zu lassen, so bleibe ihr Bild darin festgemalt. Der Kunstspiegel steckte in einem Guckkasten, und die ganze Kunst war, Bella zu demselben hinzulocken. Cenrio, der den Wurzelmann kannte, übernahm diese Besorgung, ihn und seine Schöne zu dem Guckkasten zu führen, während der Erzherzog verkleidet hinter dem Guckkasten versteckt war; alle eilten an ihren Posten. Cenrio traf den Kleinen noch bei dem Pferderennen; er sagte ihm heimlich ins Ohr, er solle sich den Zorn des Prinzen nicht zu Herzen nehmen, ein geheimer Feind von ihm habe dem Prinzen eine verhaßte Erzählung von seinem Betragen gegen die Schauspieler gemacht; doch sei dieser Eindruck noch zu überwinden, wenn er behaupte, daß er einmal von einem tollen Hunde gebissen sei. Der Kleine wurde froh und nötigte ihn, bei der Gesellschaft zu bleiben, indem er ihm seine Braut vorstellte. Cenrio sagte ihr manches Artige und bat sie, doch ja einem Guckkasten nicht vorbeizugehen, der eine Welt im Kleinen, alle Städte, Völker in bunten Bildern zeigte. Sie gingen dahin, Bella sah zuerst hinein, ungeachtet der neugierige Kleine nur mit Mißgunst diese Artigkeit erlaubt hatte; sie war überrascht von aller Herrlichkeit und hätte gern die ganze Vorstellungsreihe noch einmal übersehen, wenn nicht des Kleinen Ungeduld sie von dem Glase zurückgerissen hätte. Er war ganz außer sich über alles, was er erblickte: in jeder Stadt dachte er sich als Fürst; sah er fremde Soldaten, so prüfte er sich, wie er als Heerführer in der Tracht sich ausnehmen würde.

In dieser Zeit hatte sich der Erzherzog leise in ein Gespräch mit Bella eingelassen. Er warf ihr die schändliche Falschheit vor, mit der sie ihm Liebe geheuchelt, um dem kleinen Bräutigam eine Hauptmannsstelle zu verschaffen. Bella brach in Tränen aus und schwor ihm, es sei alles anders, ihre Liebe zu ihm sei ungeheuchelt, ja, es sei ihr edelster Wunsch, von ihm ein Kind zu haben, das ihrem Volke Glanz und Freiheit gebe. Diese Freimütigkeit setzte den Erzherzog in einige Verlegenheit (sie war tiefinnerlich unschuldig, er aber war nur unschuldig aus Stolz); er schwor stammelnd, daß er alles Mögliche tun wolle, ihren Wunsch zu erfüllen, der auch seinem politischen Verhältnisse angemessen sei. – Unter solchen Versicherungen führte er sie, ohne daß es der Kleine merkte, während Braka ihnen Zeichen zum Abzuge gab, ungestört von dannen.

Der Kleine hatte diese Welt im kleinen schon

zweimal angesehen, und sie gefiel ihm viel besser als die wirkliche, während der Jude unter allerlei Gesprächen mit Cenrio das Ebenbild der feldflüchtigen Bella bearbeitete. Cenrio bat den Juden, ihm doch nur eine Möglichkeit anzugeben, wie solch ein Bild belebt werden könne. – Der Jude sprach: «Herr, warum hat Gott die Menschen erschaffen, als alles übrige fertig war? Offenbar, weil das in ihrer Natur lag, als diese von Gott sich losgedacht hatte. Liegt das in ihrer Natur, so bleibt's auch in ihrer Natur, und der Mensch, der ein Ebenbild Gottes ist, kann etwas Ähnliches hervorbringen, wenn er nur die rechten Worte weiß, die Gott dabei gebraucht hat. Wenn es noch ein Paradies gäbe, so könnten wir so viel Menschen machen, als Erdenklöße darin liegen; da wir aber ausgetrieben aus dem Paradies, so werden unsre Menschen um so viel schlechter, als dieses Landes Leimen sich zum Leimen* des Paradieses verhält!» – Als er das gesprochen, hatte der alte Jude sein Werk beendigt, er hauchte die Bildsäule an, schrieb das Wort auf ihre Stirn, das sich unter Haarlocken versteckte, und eine zweite Bella stand vor beiden, die alles durch jenen Spiegel wußte, was Bella bis dahin erfahren, die aber nichts Eignes wollte, als was in des jüdischen Schöpfers Gedanken gelegen, nämlich Hochmut, Wollust und Geiz, drei plumpe Verkörperungen geistiger, herrlicher Richtungen, wie alle Laster; daß diese hier ohne die geistige Rich-

tung in ihr sich zeigten, das unterschied sie selbst vom Juden, überhaupt aber von allen Menschen, die sie übrigens so wunderbar täuschen konnte, wie jenes alte Bild von Früchten* alle Vögel, daß sie an die Leinewand flogen und davon zu naschen suchten. So naschten auch Cenrio und der alte Jude an dem Bilde, jeder gab ihr einen Kuß, ehe sie dieselbe an den Arm des Kleinen hingen, der endlich sich satt gesehen hatte und mit seiner Bella durch die übrige Lust des Abendgewühls, wo jetzt schon manches Messer unter den trunkenen Bauern gezogen wurde, sich nach Hause zurückzog. Braka war des Austausches der beiden Gestalten so wenig inne geworden wie der Kleine. Sie speisten alle drei in einer gewissen Stummheit miteinander, die nach den geräuschvollen Abwechselungen eines so wunderlichen Tages sehr natürlich war. Als sie abgegessen hatten, kam der Bärnhäuter mit einem halbzerkratzten Gesicht ins Zimmer und sprach: «So hat mich das verfluchte Weib, die Frau Nietken, zugerichtet, die in ihrer Trunkenheit ein Auge auf mich geworfen hatte und mich nicht loslassen wollte, da ich doch so dringende Neuigkeiten mitzuteilen habe. Sie hat mir verraten, daß der Erzherzog einen Anschlag auf unser Fräulein vorhaben müsse, weil er sich so heftig nach ihr erkundigt habe.» – Golem Bella, die nur bis zu dem Punkte etwas von der wirklichen Bella wußte, wo sie in den Spiegel gesehen, rief ganz laut: «Wie lieb ist mir das, da werde ich ein Kind bekommen, das mein Volk frei machen wird!» – Braka erschrak über diese laute Vertraulichkeit, und der Kleine sprang wie ein Rasender auf: «Also, du weißt davon, Bella, liebst ihn?» – «Freilich», antwortete Golem Bella. – Der Kleine riß sich die Hirsenhaare aus und erstickte fast in gekränkter Eitelkeit, endlich brach sein Jammer, nach der Vorschrift seines rhetorischen Lehrers bearbeitet, in folgenden Worten aus: «Warum hast du mich zum Menschenleben

aus dem sichern Schoße meiner Vorwelt durch höllische Künste herausgerissen? Ohne Falsch bestrahlten mich Sonne und Mond; ruhig sinnend stand ich da am Tage und faltete abends meine Blätter zum Gebete; ich sah nichts Böses, denn ich

hatte keine Augen, ich hörte nichts Böses, denn ich hatte keine Ohren, aber die Anlage zu allem, die ich in mir fühlte, machte mich so sicher und reich. Meine Augen werde ich mir ausweinen und werde sie vermissen, mein Leben werde ich aufgeben und werde es ewig suchen, aber dieses Suchen soll deine Qual sein; wenn du mich fern von dir glaubst, werde ich bei dir sein. Du kannst mich nicht zerstören, wie du mich leichtsinnig spielend geschaffen hast; ich bleibe bei dir, werde die Wünsche deiner Habsucht nach Geld befriedigen, werde dir Schätze bringen, soviel du verlangst, aber es wird dein Verderben sein. Du wirst mich von dir werfen, mich vernichten wollen, aber doch bleibe ich bei dir, dir bin ich gebannt, bis eine andre mit noch größerem Verrat, als du gegen mich verübt, mich an sich kauft. Wehe allen kommenden Geschlechtern! Du brachtest mich zur Teufelei in die Welt, von der ich mich bis zum Jüngsten Tage nicht frei machen kann!» – Golem Bella sprach ihm ganz in der Gesinnung der echten Bella von ihrer Zärtlichkeit vor, die sie trotz aller Liebe zum Erzherzoge für ihn hegte. Der Kleine sah sie verwundert an und sprach: «Du könntest mich wieder belügen, Bella; wer weiß, was diese Nacht mit dem Erzherzog verabredet ist. Gib mir ein Zeichen der Aufrichtigkeit. Der Mond scheint helle, wir fahren in der herrlichsten Kühlung bis zum nächsten Morgen nach einem Dorfe, wo wir in aller Stille getraut werden können, so kehren wir verbunden nach Gent zurück, um es bald auf immer zu verlassen, daß der glattzüngige Erzherzog uns nicht mehr versuchen kann. Wir reisen nach Paris, und ich erbiete meinen kriegerischen Mut dem Könige von Frankreich, der tapfere Männer, wenn sie auch klein von Gestalt sind, doch zu schätzen weiß.» – Golem Bella schwieg still, sie hatte keinen Willen und keine Redensart auf diesen Fall. Der Kleine legte sich das zu seinen Gunsten aus, und als Braka noch etwas dazwischen reden wollte, zog er seinen Degen und schwor, ihn mit ihrem Blute zu färben, wenn sie sich seinem Glücke widersetzte. Braka

schüttelte sich vor Schrecken; sie konnte keinen Bissen essen. Der Kleine befahl dem Bärnhäuter, zusammenzupacken und einen Fuhrmann, es koste was es wolle, anzuschaffen, der sie nach dem nächsten Pfarrdorfe führe, da in Buik, wegen der Nachtmessen, wohl kein Pfarrer zu einer Trauung bereit sein möchte. Der Bärnhäuter betrieb alles, aus Furcht vor der trunkenen Wirtin, mit dem größten Eifer und mit der lobenswertesten Verschwiegenheit. Der Wagen stand vor der Türe, alle saßen darin, ehe Frau Nietken etwas merkte. Ihrem widersinnigen Geschrei zu entgehen, wurde ihr das Dreifache, was sie fordern konnte, zugeworfen; und die sonderbare Gesellschaft, eine alte Hexe, ein Toter, der sich lebendig stellen mußte, eine Schöne aus Tonerde und ein junger Mann, aus einer Wurzel geschnitten, saßen in feierlicher Eintracht, hegten große Gedanken vom Glück des Lebens, das sie eben zu begründen fuhren, von Schätzen, Heldentaten und Biergeldern, auf die der Bärnhäuter bei dieser Festlichkeit ungemein rechnete. Wie vergebens quält uns das Verhältnis zu manchen Menschen; könnten wir uns einbilden, er sei ein Toter, eine Erdscholle, eine Wurzel, unser Kummer und unser Zorn müßte verschwinden, wie aller Gram über unsre Zeit, wenn wir nur endlich gewiß wüßten, daß wir bloß träumten.

Wenn es sich in stürmender Nacht zuweilen in Blumenbeeten ereignet, daß ein paar getrennte Blumenkelche zusammengebeugt werden und sich nicht erkennen, bis der Mond wieder hervortritt, so ist die Freude stumm, die Grillen singen aber davon die lange Nacht bis zum Morgen, wo die Vögel sie ablösen. Der Erzherzog wollte sich rächen wegen des Verrats an seiner Liebe, das machte ihn gegen jede Sorglichkeit Bellas taub, die nicht wußte, was mit ihr vorgehe, als er sie heimlich auf sein Zimmer in sein Bette gebracht. Beide waren eingeschlafen, als der Gesang: *De profundis clamavi ad te, Domine: Domine, exaudi vocem meam* in der Kirche, die nicht fern lag, sie erweckte: ein Gesang, in den die Haufen auf den Straßen, die darin nicht mehr Platz finden konnten, einstimmten. Es war eine helle Sommernacht, und beide eilten ans Fenster. Bella erwachte erst jetzt aus ihrem Taumel: «Heiliger Gott, ist es schon so tief in der Nacht, wie soll ich in mein Bette kommen, wo bin ich, was ist mir geschehen, was soll aus mir werden?» – Der Erzherzog hatte sie zu lieb gewonnen, seine Freude war ihm zu neu, um sie durch eine

Erinnerung an ihre Falschheit zu kränken: «Du sollst nun auf immer bei mir bleiben, wir verlassen uns nicht, wie Leib und Seele!» – «Ist es wahr?» fragte Bella treuherzig, «da bin ich sehr glücklich!» – Der Erzherzog verwunderte sich: «Aber deine Heirat mit Cornelius, willst du die aufgeben?» – «Bin ich nicht dein?» fragte sie, «soll ich nicht ein Kind von dir haben, das mein Volk zur Heimat führt?» – «Welchem Volke gehörst du, liebes Mädchen?» fragte der Erzherzog, «betrüge mich nicht; fürstlich muß ich dich nennen, aber ich möchte wissen, ob das Schicksal dir gerecht war und dich einem Fürstenstamme einsegnete?» – «Mein Vater war Fürst Michael von Ägypten», sagte Bella gerührt, «ich bin der letzte Zweig des alten Geschlechtes, das sich bei allen Umwälzungen oft siegreich, oft fliehend, doch in steter Unabhängigkeit erhalten hat, so sagte der Vater. Ich bin das letzte Kind aus meinem Stamme; mein Vater starb in den Verfolgungen, die über unser Volk ausbrachen; eine alte Wahrsagung bestimmt, daß ein Kind von mir und einem Weltbeherrscher die letzten Unglücksscharen unserer verfolgten Untertanen zum segensreichen Nil würde führen.» – «Ich traue deinen Worten ganz», sprach Karl, «doch sage an, wie war es möglich, da dich so großer Sinn trug, dich gegen mich mit deinem kleinen Freunde zu verbinden? Wie konntest du dich mir hingeben wollen, ihm eine Anstellung zu schaffen? Nun ich dich hier so schön und heilig sehe vor mir stehen in dem Mondenscheine, da möcht' ich meine Ohren Lügen strafen; doch hörte ich es, als ich nach deiner Schönheit durch die Türe lauschte, und wollte im Genuß mich an dir rächen; doch hat mich diese Lust bezwungen, und ich bekenne dir jetzt meine Wut!» – Bella verstand ihn nicht, er schien ihr lauter Güte. Sie lachte seines Argwohns und erzählte ihm so natürlich alles, wie sie durch Braka zu einer Nachgiebigkeit gegen die wunderlichen Launen des Kleinen beredet worden sei; zugleich vertraute sie ihm unter dem Versprechen der Verschwiegenheit dessen geheimnisvolle Entstehung. Der Erzherzog, aus der gewohnten folgerechten Natürlichkeit in alle Wunder der Lust und der geheimen Kräfte in einer Nacht hineingerissen, versank in ein tiefes, ernstes Nachdenken; er stand innerlich, wie ein Stern hinaufgerissen, über der Welt, mit der er bis dahin fortvegetiert hatte; was er künftig täte und spräche, alles schien ihm bedeutsam. Er hatte ein reiches Geheimnis, das er sich bewahren wollte und dessen er selbst seinen Cenrio nicht würdig achtete: wie er seine Liebe fortführen sollte, beschäftigte ihn mit stillem Ernste. – «Bist du nicht glücklich wie ich?» fragte Bella; «alles ist mir so merkwürdig, und wie alles hat so kommen müssen. Denn wie ich mit dir gegangen, ahndete ich von allem dem nichts; und sieh, wie die Spinnweben am Baum im Mondschein sichtbar glänzen, während ich das Tauwerk des Schiffes dort im Dunkel nicht unterscheiden kann: so fühle ich höhere Wege und ahnde doch nichts, was mir in den nächsten Tagen bevorsteht. Der Kleine ist böse, merkt er, daß ich mich ganz zu dir wandte, von ihm kommt unser Reichtum, er wird uns alles versagen, kannst du mich dann ernähren?» – Der Erzherzog ließ eine Träne fallen: «Ach, liebes Kind, durch die Härte meiner Eltern bin ich sehr beschränkt; für die törichte Lust an Pferden habe ich mich tief verschuldet, meine Lehrer dürfen mir gar kein Geld mehr einhändigen, sondern sie bezahlen, was ich brauche. Aber für dich schaffe ich Geld, und sollte ich mein künftiges Reich verpfänden.» – Bella küßte ihm die Augen und schwor, es sei nur ein Nachsprechen von ihrer Tante gewesen, wenn sie über ihre Zukunft sich so bedenklich gestellt hätte; wenn sie aus ihrem Herzen spreche, so sei ihr die Art Staat, die sie in Gent um sich gesehen, lästig, ihr Anzug quäle sie, und jede Stunde sei zu allerlei Beschäftigungen, die ihr verhaßt wären, abgemessen. «Was soll ich Spanisch und Latein sprechen? Was bedarf ich's, Amo, ich liebe, Amas, du liebest, zu lernen? Ich weiß ja nichts andres, als daß ich dich liebe und daß du mich liebest.» –

Sie umarmten sich still traulich, als Cenrios Stimme plötzlich an der Türe schallte; er sagte, daß Adrian von dem Orte forteile, weil er ein wunderbares Sternzeichen entdeckt. Gleich darauf hörte der Prinz Adrians heftiges Husten, trieb Bella in das Seitenzimmer, wo der Kleine krank darnieder gelegen hatte, und eilte den eigensinnigen Adrian zu besänftigen. Dieser war aber außer Fassung; er schwor, daß diese Nacht den wunderbarsten Sohn der Venus und des Mars gezeugt habe, er müsse zu seinen Büchern, um die Beobachtungen weiter zu vergleichen; er meinte im Erzherzoge gleiches Interesse für die Beobachtung und hörte dessen Einwürfe kaum. Er war ein echter Hofmeister, der in seinem Schüler seine Gedanken voraussetzte und durch ihn seine Zwecke verfolgte. Der Prinz war aber seiner Willkür ganz überlassen und mußte endlich folgsam sich anziehen, um mit ihm nach Gent zurückzukehren. Gern hätte er seiner lieben Bella noch ein Lebewohl ins Seitenzimmer gerufen; doch fürchtete er dadurch ihre Verbindung den Ihren zu verraten, da er so wenig von dem Schicksale der Golem Bella wie von der Abreise seiner Nachbarn in der Eile durch Cenrio unterrichtet werden konnte. Sorgen machte er sich am wenigsten heute, wo sein Herz in den ersten Freuden der Liebe schwebte und nachschwelgte. Die ganze Welt war ihm aufgegangen, er dachte weder an Pferde noch an Jagdhunde, zum erstenmal war ihm die zärtliche Saite seines Herzens angeklungen, die noch im späten Alter im Lager bei Regensburg bei den Tönen einer schönen Harfenspielerin nachklang, als Krankheit und Sorge um seine Lieblingswünsche ihn schon von der Welt loslösten. Vielleicht wäre aus ihm nie der Unermüdliche, der nach allem griff, alles zu verbinden strebte, geworden, wenn ihn nicht das Geschick so rasch aus diesem Verhältnisse, das seine ganze Seele befriedigen konnte, herausgerissen hätte.

Nachdem das Geräusch seiner Abreise vorübergegangen, währenddessen Bella kaum durch die Scheiben ihm trübe nachzublicken wagte, als das Schiff im Dunkel anfing zu schwanken, die weißen Segel sich ausbreiteten und die Ruderer endlich das Wasser anregten: Ach, dachte sie, die mächtige Gewalt des Tauwerks, das sich vorher unserm Blicke verbarg, tritt so schnell hervor, uns zu trennen, wird es auch eine unsichtbare Gewalt geben, die uns wieder verbindet? – Als sie sich in den Gedanken an ihn recht ersättigt und gestärkt hatte, öffnete sie leise das Nebenzimmer, wo sie mit Braka schlafen sollte, war aber verwundert, die Fenster offen, die Betten geschlossen und den Reisekoffer nicht mehr an Ort und Stelle zu sehen. Sie nahte sich dem Bette der Alten, rief sachte, endlich lauter; aber alles blieb still, und sie sah jetzt im Mondenscheine, daß keine Spur ihrer Anwesenheit mehr zu sehen als schmutziges Wasser im Becken und einige nasse Handtücher, über die Stühle gehängt. Bella konnte sich das alles nicht erklären; aber sie hatte auch kein Schrecken darüber. Sie ging endlich in das dritte Zimmer, das

Cornelius bewohnen sollte, schüchtern und leise, fand aber auch hier niemand. Erst jetzt machte sie ihre Verlassenheit ängstlich, sie kannte niemand im Hause als die widrige Frau Nietken; doch lieber wollte sie heimlich entlaufen, ehe sie ihre Zuflucht zu der genommen hätte.

Aber Zufall führte sie ihr entgegen. Es wollten sich ein paar alte Edelleute bei Wein und Spiel mit Mädchen erlustigen, und sie hatte keine andre Zimmer frei als diese von der Brakaschen Familie und von dem Erzherzoge verlassenen. Sie kam mit einem Licht, alles darin aufzuräumen, und erschrak wie vor einem Gespenste, als sie Bella vor sich erblickte. – «Was ist Euch, Frau Nietken, wo ist meine Mutter?» – «Ei, Jesus Maria», seufzte die Alte, «da muß ich doch gleich was auf meinen Schreck nehmen; haben Sie was vergessen gehabt, liebes Fräulein? ei, ei, das muß Sie so lange aufhalten! wie weit waren Sie denn schon? bei mir wär's so sicher aufgehoben, und wenn's ein Scheffel mit Gold gewesen.» Bella konnte sich diese Reden nicht erklären; sie fragte nach ihrer Mutter, wohin sie gefahren, und kam dabei in Verlegenheit, wie sie es ihr erklären solle, daß sie nichts davon wisse. Dadurch ward Frau Nietken, die sich sogleich der Ausfragerei des Erzherzogs erinnerte, klug genug, irgendein geheimes Einverständnis mit diesem anzunehmen, und da sie von diesem oder vielmehr von Adrian, der die

Kasse führte, schlecht bezahlt worden, so suchte sie sich durch diese Entdeckung schadlos zu halten. «Ei», schloß sie ihre Rede mit einem wunderlich ernsthaften Gesichte, «das hätte ich von einem gnädigen Fräulein mein Seelen nicht gedacht, daß Sie sich so schlecht aufführen würden. Pfui Teufel, mein guter Ruf leidet es nicht, die Jungfer Demut muß in die Wache; sie soll ausgestäupt werden auf öffentlichem Markte zur Warnung!» – Bella zitterte in Scham und Ärger. Sie sah und hörte nichts mehr, so aus dem Glücke in die entsetzlichste Hilflosigkeit und Verachtung gestoßen, ohne irgendeine Welterfahrung; kaum konnte sie glauben, daß sie dieselbe sei, so schauderte ihr vor ihrem Zustande. Nicht das Unglück, aber die Schande, die ihr so unvermeidlich nahe schien, konnte die Sicherheit ihres fürstlichen Gemütes vernichten; sie weinte und warf sich auf einen Stuhl.

Frau Nietken ließ diese Verzeiflung noch tiefer in ihre Seele fressen, um sie zu dem Vorschlage, hier zu bleiben und ein paar alten guten Edelleuten die Zeit zu vertreiben, vorzubereiten. Bella, als sie ihn erfuhr, ahndete nichts Schlimmes, sie meinte allenfalls, daß sie ihnen aufwarten, den Tisch dekken solle, und entschloß sich gern dazu, um ungekränkt am andern Tage zur alten Braka zurückzukommen. Aber alles, was sie an Unmut in sich spürte, setzte sie heimlich in Reden um, die sie der alten Braka recht scharf ans Herz legen wollte.

Frau Nietken war sehr vergnügt, sie so willig zu finden. Als die beiden alten Herren hereintraten, sperrten sie beide über die wunderbare Schönheit der Bella ihre Augen weit auf und entschuldigten sich, daß sie in ihr Zimmer gekommen wären: wer konnte sich einbilden, in der Gewalt der Frau Nietken eine so junge, blühende Schönheit zu treffen. Als aber dieser Irrtum berichtiget war, indem Bella ihnen schüchtern sagte, daß sie zu ihrer Aufwartung bestimmt wäre, so erwachte in dem raschen Liebesfeuer, das Nasen und Wangen der beiden Alten durchglühte, eine Eifersucht, den Besitz dieser seltenen Jugend einander nicht zu gönnen, dergestalt, daß jeder seine Stirnfalten hinaufrückte und einer List nachsann, den andern zu entfernen oder bei der Frau Nietken zu überbieten. Während sie nun aus hohen Gläsern den Wein tranken und miteinander im Brett spielten, benutzte es der eine nach dem andern, während jener am Zuge, mit Frau Nietken heimlich ein Wort zu reden, die in seliger Erwartung, wie hoch sie die arme Bella in dieser Versteigerung hinauftreiben werde, sehr viele Schwierigkeiten in Hinsicht ihres Besitzes aufzuzählen wußte. Bella war in ihres Stammes Natur zu klug, um die Gefahr nicht einzusehen, worin ihre Liebe und ihre Freiheit schwebten; die alten Herren erlaubten sich schon manche unbequeme Zudringlichkeit, und sie sann auf einen Anschlag, wie sie dem Hause entkommen möchte. Aber was sie auch erfinden mochte, sie war zu strenge belauscht, und niemand gestattete ihr unter irgendeinem Vorwande das Zimmer zu verlassen. Die beiden Alten, je mehr sie tranken, wurden immer heftiger, sie sprachen von ihren Kriegszügen und fingen an sich zu streiten.

Die Wirtin fürchtete, sie möchten zu den alten rostigen Degen greifen und ihre Tassen und Gläser zerschlagen; sie war deswegen sehr erfreut, als sie eine Musikantenbande, wie sie damals häufig auf den Kirmessen der Niederlande anzutreffen waren, die vor dem Fenster mit Küchenmörseln auf Rosten zum Gesange klapperten, in das Zimmer rufen konnte. Das lustige Völkchen, unter großen Mänteln und Larven versteckt, trat ins Zimmer, sah sich um und sang, wie sie die beiden alten Herren so zärtlich gegen das junge Mädchen erblickten, vom Glück des Alters, das noch lieben kann und geliebt wird:

Väterchen, saug Jugendmut
Aus der Lippen rotem Blut,
Mische Honig zu dem Wein,
Und er wird dir lieblich sein;
Zünde auch ein Feuer an,
Daß sich Amor wärmen kann:
Sieh, der lose kleine Bub
Kommt auf Stelzen in die Stub'.

Bella stellte sich bei diesen Worten, als ob sie den alten Herren den guten Willen durch Zuvorkommen erwecken wollte, sie trat zu den Musikanten und sagte, daß sie mit ihnen singen wollte, sie sänge recht hübsch, doch müßten sie ihr Tracht und Larven leihen. Frau Nietken war seelenvergnügt, daß sie sich so leicht in ihr Schicksal gegeben: «Herzchen, tanz», sagte sie, «daß die Röcke übern Kopf fliegen, den Herren will ich ein Glas Malaga einschenken.» – Bella benutzte diese Zeit, einer Musikantenfrau jene kostbare Demanthalskette, die Cornelius damals in dem Stiefel entdeckte und ihr umhing, anzubieten, wenn sie unter ihrer Larve entfliehen könnte und jene an ihrer Stelle zurückbleiben wollte. Das Weib war mit dem Gebot sehr zufrieden, sollte es darüber auch Händel geben; die Musiker waren ihrer sechse, die an Raufereien, wie andere Menschen ans Kämmen, gewöhnt waren, und weil sie nichts als einige alte Lumpen zu verlieren hatten, nur immer dabei gewinnen konnten. Die Umkleidung war hinter dem Schirme bald vollendet, und Bella entwich, während ihre reiche Haube von Gold und ihre Halskette an dem verlarvten Weibe den alten verliebten Toren herrlich entgegenglänzte; das Weib tanzte, und ihre Sprünge schienen ihnen so reizend, daß einer nach dem andern aufsprang und ihr um den Hals fiel. Endlich entfiel ihr bei diesem abwechselnden Zugreifen die Larve, und die alten Herren erschraken nicht wenig, ein fremdes, abgelebtes Gesicht zu sehen, das sie mit rechter Bosheit verlachte. «Wo ist Bella, ihr Spitzbuben?» schrie Frau Nietken, und statt der Antwort warf sie ein derber Faustschlag des einen Musikanten darnieder. Die alten Herren sprangen zu, aber mit ihnen wurden die rüstigen Kämpfer noch schneller fertig; sie knebelten sie, nahmen ihnen die vollen Geldbeutel, mit denen sie Frau Nietken bestechen wollten, aus den Händen, verschlossen die Türe und flüchteten sich aus dem stillen Hause, wo alles von den Rasereien des Tages im Frühmorgen darniederlag, in das Freie; sie hatten genug gewonnen, um allen Untersuchungen aus dem Wege zu gehen.

Bella hatte sich unterdes mit einer Schnelligkeit auf den ihr wohlbekannten Fußpfad nach Gent begeben, daß sie sich nach einer Stunde ganz erschöpft hinter einen Dornstrauch versteckte, um ein wenig sich zu erholen. Es zog allerlei betrunknes Volk vorüber, was auch von der Kirmes kam, aber keiner bemerkte sie, nur die Hunde schnupperten und bellten sie an; da aber der Dornstrauch als Grenze einer Feldmark sie versteckte und auch mancherlei Knochen den gewöhnlichen Gebrauch dieses Ortes verrieten, so gab lange Zeit niemand auf sie Achtung. Sie verfiel in einen tiefen Schlaf, aus dem ihr das Bewußtsein erst am folgenden Abende wiederkam. Nun konnte sie zwar in dem krampfhaften Zustande, der sich ihrer bemächtigt hatte, selbst dann noch nicht ein Glied erheben oder die Augen aufschlagen, doch hörte sie in einzelnen Momenten, was ringsumher auf dem Wege gesprochen wurde. Sie hörte das Bellen eines Hundes, wie in dichter, nebeldunkler Nacht der verirrte Schiffer davon überrascht wird, aus einem unbemerkt angenäherten Schiffe; jetzt hörte sie auch Stimmen, und sie merkte aus der Art, wie sie sprachen, daß es ein paar Flurschützen von den beiden aneinanderstoßenden Dörfern wären. Der eine sprach: «Hör, Peter, das tote Weib liegt auf deinem Grund und Boden.» – «Soll es gelten», antwortete der, «und wir müssen sie auf unsere Kosten begraben lassen, so leg ich hier einen großen Stein in die Erde, und das Stück gehört unser, und die Grenze kommt jenseits.» – «Den Teufel nein», sagte der andre, «du bist verflucht gerieben und bist noch ein halbwachsener Bengel, ich hätt' sie euch gern aufgeladen, ja da werden wohl beide Gemeinden die Leichenbestattung zusammen bezahlen müssen, das macht viel Mühe und Kosten und gibt sicher noch Streit.» – «Hör, Alter», sagte der andre, «ich hab ein Kunststückchen vom vorigen alten Flurschützen, dem rothaarigen Benedikt, gelernt, der sagte immer: wenn ich einen Toten finde, so seh' ich's ihm gleich an, er sieht so grämlich aus, bei uns will er nicht gern begraben sein: ei nun, sein Wille geschehe, ich mache ein Kreuz über die Schelde, werf ihn hinein, und wo er ans Land treibt, da will er gern hin – aber, Bub, es muß niemand sehen.» – «Hör, Peter, der Gedanke ist so dumm nicht; siehst du niemand, wir fassen zusammen an und tragen sie ins Wasser.» – Bella wollte rufen, aber sie vermochte auch nicht die kleinste Lebensäußerung zu zeigen; schon griffen die beiden Leute sie an, als der junge Flurschütz rief: «Halt, laß liegen, was führt der Teufel da für einen struppigen Kerl vom Galgenberge herunter, laß uns nach den Wiesen gehen, in zwei Stunden ist's dunkel, da sieht uns niemand.» –

Bei diesen Worten gingen sie miteinander die Grenze herunter, und Bella war von der unsäglichen Angst in einen wunderlichen Traumzustand übergegangen, in welchem sie den Vater mit herrlicher Krone auf der ägyptischen Pyramide, die er ihr oft gezeichnet hatte, sitzen sah; seine Beine waren aber aneinander gewachsen und seine Hände an den Leib gelegt, und sie fragte ihn ganz ruhig: «Deine Hand kannst du mir wohl nicht mehr reichen wie sonst?» – «Nein», sagte er, «sonst hätte ich dir eben beigestanden; sonst hätte ich dich früher zurückgehalten, als du den Alraun gegraben: sei froh, du bist frei von ihm! Du bist gesegnet, ein Kind zu tragen, das unser Volk heim führt. Du aber wirst noch Trauer erleben, sei aber furchtlos wie ein Nachttau, welcher der Sonne entgegengeht und sie anblickt, auf daß sie ihn von hinnen nehme.» –

Nachdem dies Traumgesicht ihr entschwunden, wachte sie auf. Die Sonne war im Sinken, und sie konnte sich erheben und fühlte nur Ermattung noch in allen Gliedern. Sie schlich langsam der Stadt zu und ging mit einem Seufzer bei dem verlassenen Landhause vorüber, das ihre Jugend geschützt hatte: es war ihr jetzt zu eng, zu klein, und sie eilte nach dem Hause, wo sie vor drei Tagen mit wunderlichen Erwartungen ausgefahren war. Zutraulich bewegte sie den Klopfer der Tür, es trat ihr die bekannte Magd entgegen, sie fiel ihr um den Hals; diese aber trat zurück und kannte sie nicht. Als sie sich nannte, schrie das Mädchen auf, ließ den Blaker* fallen und lief hinauf zur Herrschaft und schrie, daß sie es hören konnte: «Jesus Maria, da ist noch eine Bella!» – Braka, Cornelius und seine junge Gemahlin, die Golem Bella, stürzten zum Zimmer hinaus, die Ankommende zu beschauen. Wie läßt sich alles gegenseitige Erstaunen malen? Braka wußte durchaus sich nicht zu fassen; Golem war gleichgültig, als wäre sie ihrer Sache zu gewiß, um sich in ihrer eignen Person zu irren. Bella weinte; von der Müdigkeit, vom Hunger erschöpft, hatte sie kaum die Kraft aufzublicken. Cornelius, der sich auf einmal im Besitze zweier Frauen sah und durchaus jetzt nicht begreifen konnte, wozu er überhaupt eine genommen, sprang wie ein brennender Frosch, so nennen es die Feuerwerker, zwischen allen herum, fluchte und schimpfte und wußte eigentlich selbst nicht, was er sagen sollte. Die Magd und Braka kamen zuerst darauf, unsere Bella möchte doch wohl die echte sein, aber Cornelius widersprach heftig, weil ihm die geschmückte Golem besser gefiel als Bella in den alten Lumpen der Dorfsängerin. Bella bat nur um ein Nachtlager und Nahrung, weil sie erschöpft sei von Müdigkeit; wenn sie am Morgen nicht mehr geduldet werden sollte, könnte sie leicht weiterziehen. Aber auch dies wollte Golem nicht leiden, die, wie wir wissen, außer den wenigen Gedanken, welche der Spiegel von Bella zu ihr übergetragen und die ihr eine auswendig gelernte Form waren, ein echtes Judenherz in ihrem Körper bewahrte und jetzt in der Furcht, die Fremde könnte sie verdrängen oder Geld kosten, schrie: daß, wenn sie nicht freiwillig gleich das Haus verließe, wenn sie ihre trügliche Ähnlichkeit mißbrauchen wollte, ihres Mannes Liebe zu teilen, so würde sie ihr das falsche, lügenhafte Antlitz mit den Nägeln zerreißen. «Du, Mann», rief sie und wendete sich drohend gegen ihn, «daß du noch so dastehst und ihr nicht schon längst das Genick gebrochen, das beweist mir deine Schlechtigkeit, du hast dich auch mit ihr abgegeben, und ich will euch dafür die Köpfe zusammenstoßen, daß euch das Küssen auf ewig vergehen soll, ihr Ehebrecher!» – Cornelius fürchtete sich gewaltig vor ihrer Stärke; er stellte sich darum grimmiger, als er es eigentlich meinte, erhob sein Stöckchen und rief: «Erbärmliches Fräulein, ich will dich strafen.» – Braka mußte über sein närrisches Hahnreigesicht fast lachen, wie er sich so grimmig anstellte; aber Bella schlich einsam hinunter, Cornelius hieb auf das Geländer, trat zurück und sagte: «Der habe ich ein paar aufgezogen, daran soll sie ihr Lebtag gedenken.» Golem küßte ihn dafür und nannte ihn ihren lieben Mann, und er ahndete nicht, daß er die herrliche Bella für eine Lehmpuppe verworfen, denn leider hatte ihm Golem Bella in der Nacht der Hochzeit die beiden ahndenden Augen, die er noch immer im Nacken bewahrt hatte, unwissend, weil sie da keine Augen vermutete, eingedrückt. Solch Unglück ist leicht bei außerordentlichen Eigenschaften; ich erinnere mich eines außerordentlich begeisterten Redners, der diese Eigenschaft ganz verloren, seit die Zuhörer, um einen

Versuch mit ihm zu machen, ihn einmal während dieser Begeisterung mit kaltem Wasser übergossen. –

Bella war jetzt entschlossen, beim Erzherzoge eine Zuflucht zu suchen; sie kannte sein Schloß, das über die andern Häuser hervorragte, aus der Ferne, und so heftig ihr das Herz klopfte, ihre Knien zitterten und ihre Sprache fast versagte, sie brachte es endlich doch beim Türsteher an, daß sie den Erzherzog notwendig sprechen müsse. Der Türsteher, ein alter Mann, war ganz in dem Interesse des alten Adrian, der ängstlich die Unschuld seines Prinzen bewachen ließ, um seine Lebensdauer zu verlängern. Der alte Türsteher ließ Bella in ein Zimmer treten, ging heimlich zu Adrian und hinterbrachte ihm, daß ein verdächtiges Mädchen nach dem Erzherzoge gefragt habe. Adrian saß eben bei seinem Nachtessen, einem feisten Hahnenbraten, auf seinem Studierzimmer, wie er da abends allein zu essen gewohnt war; er befahl mit zornigen Augenbraunen, das Mädchen hereinzuführen. Bella wurde eingeführt, aber nach dem Erschrecken über die Abwesenheit des Prinzen machte ihr der Anblick des kräftigen, würdigen Adrian einen sehr beruhigenden Eindruck. Er sah sie an und sprach nichts als: «Kurios, kurios!» – Sie sah den Braten, und vom langen Hunger getrieben, rückte sie einen Stuhl ihm gegenüber zum Tisch, schnitt sich ein Stück ab und aß mit dem

Heißhunger eines armen Leibes, der seit zwei Tagen nichts genossen. Adrian schüttelte mit dem Kopfe, sagte wieder: «Kurios, kurios», legte ihr dann gekochte Früchte vor, die dem Braten zugesellt waren, und schenkte ihr ein Glas Wein ein. «Du bist ein wunderliches Mädchen», sagte Adrian, «sprich, wann bist du geboren? ich möchte deine Zeichen erforschen.» – «Ach, würdiger Herr», sagte Bella, «ich weiß es mir nicht mehr recht zu erinnern, ich muß zu der Zeit noch sehr dumm gewesen sein.» – «Kurios, kurios», sagte Adrian, «wie hieß aber dein Vater?» – «Ach, mein armer Vater», sagte Bella, «wenn der das gewußt hätte!» – «Kurios, kurios», sagte Adrian; «nun, ich will deine Geheimnisse nicht wissen.» – «Aber kommt denn der Erzherzog nicht bald?» fragte Bella. – «Kurios, kurios», sagte Adrian, «du meinst wohl gar, ich soll dich zu ihm führen, das geht nicht.» – «Ei, Väterchen», schmeichelte Bella, «tu's doch, ich muß ihn sprechen, führ mich zu ihm, es macht ihm sicher Freude, ich hab ihn so lieb.» – «Ein wunderliches Mädchen», flüsterte Adrian vor sich, «macht mich zu ihrem Liebesboten; wer weiß, ob ich mit dieser Liebschaft nicht des Prinzen leichten Sinn an einen Menschen binden könnte; es wird nicht lange mehr gelingen, ihn von dem Umgang mit den Frauen abzuhalten, gar viele mühen sich um ihn, die ihn auf eitle Wege führen könnten, und diese scheint noch schuldlos jung.» Die Religion war in ihm beim Lesen der alten römischen Dichter zu einer Art klugen Naturkunde geworden. – «Was sprichst du vor dir, lieber Vater?» fragte Bella. – «Ich will dich bald zum Erzherzog führen», sagte Adrian, «wart nur etwas, und bist du müde, ruhe aus auf meinem Bette und sprich recht zutraulich, woher du bist, ich will es treu behalten.» – Bella fand ihre ganze Seele gegen ihn erschlossen; sie erzählte ihm aufrichtig ihr ganzes Schicksal, nur eins konnte sie ihm nicht sagen, wie sie mit dem Prinzen in Buik zusammengetroffen, sie sagte, daß sie sich im Gedränge von der alten Braka verloren hätte. Nach dieser Erzählung versank Adrian in ein tiefes Nachdenken und in mancherlei Rechnerei, worüber Bella einschlief. Sowie er wieder etwas Merkwürdiges über sie herausgerechnet zu haben meinte, trat er an ihr Bette, lehnte sich sachte über und sah sie verwundert an; überhaupt war es ihm merkwürdig, wie ein Mädchen auf seinem harten, geistlichen Lager schlafe.

Endlich hörte er den Erzherzog, der bei dem Grafen Egmont zu Nacht gegessen hatte, im Schlosse einreiten; er wartete noch einige Zeit und ging dann fort, ohne daß es Bella bemerkte, ihn in seinem Schlafzimmer aufzusuchen. Cenrio, von seiner Ankunft sehr überrascht, winkte ihm, leise aufzutreten, weil der Prinz sehr müde gewesen und gleich in einen tiefen Schlaf gesunken sei. Adrian ging an das Bette, sah das hellblonde Haar des Prinzen, wie er es gewöhnlich mit einem goldenen Netze umspannte, und zog sich auf den Zehen, mit der Hand Ruhe winkend, zurück. Cenrio biß sich lachend auf einen Finger und krümmte vor Lustigkeit den Leib und hob ein Bein auf; der gefährliche Betrug war gelungen, und Adrian hatte die ausgestopfte Puppe für den wahren Erzherzog gehalten, der inzwischen seine lebendige Bella versäumte, um bei der leblosen Puppe Golem Bella an dem Nachgenusse der Liebe, die ihn das erstemal so reich entzückt hatte, zu verzweifeln. Er hatte nämlich schon am Morgen jene Golem Bella, die außer den Liebesgedanken der wirklichen Bella noch ein gemeines jüdisches Gemüt hatte, durch Cenrio bestimmt, seinen Besuch in der Nacht anzunehmen, nachdem das Wurzelmännlein mit einem Schlaftrunke, den er ihr mitgeteilt, zur Ruhe gebracht sei. Auch Braka wußte darum und sollte in ihrem Bettplatze vikariieren*, weil der Kleine so eifersüchtig war, daß er selbst schlafend einen Finger von ihr in Händen hielt; dies war seine einzige Art, ihr zu liebkosen, daß er diesen Finger zuweilen küßte. Der Erzherzog war in das Haus geschlichen, als der Kleine, über die zweite Bella noch immer sehr verwundert, kaum zur Ruhe gebracht worden; er mußte lange harren, ehe Golem Bella sich losmachen und zu ihm kommen konnte, und jetzt war seine Neugierde aufs höchste gespannt, wie es ihr ergangen und wie sie dem Herrn von Cornelius vermählt worden, was aus der Golem geworden sei, die er vom Juden habe nachbilden lassen, um ihren Mann zu täuschen. Golem Bella antwortete auf das alles so natürlich, daß er keinen Argwohn schöpfte, sie selbst möchte diese Puppe sein: insbesondre, da er die täuschende Kunst der Sinne für unfähig achtete, sein scharfes Auge zu täuschen. Sie sagte ihm, daß Cornelius aus Argwohn gegen sie, als ob sie mit dem Erzherzoge ein Verständnis habe, erst sehr böse gewesen und sie dann gezwungen hätte, sich ihm im nächsten Dorfe zu vermählen, wofür sie in der Liebe des Erzherzogs eine Entschädigung zu finden hoffe. Die geheimnisvolle Stunde war nicht zu langen Erörterungen geschaffen; der Erzherzog hatte die Zauberei spielend herausgefordert, seine Lüste zu begünstigen, diesmal täuschte sie ihn um seine Lust; in der Liebe ist alles so ehrlich, daß jeder Betrug, wie ein falscher Stein in dem prachtvollsten Ringe, das freie Zutrauen stören kann, und betrog nicht der Erzherzog Bella, als er sie durch sein Kunststück in seine Gewalt brachte? es war nicht Liebe allein, es war der Wunsch in ihm, sich zu rächen, weil er sich betrogen glaubte, daß er sie so wild und rasch seiner Lust opferte.

Als der Morgen dämmerte und die Krähen, die einzigen Singvögel großer Städte, schrien, als ihn Cenrio erweckte, da konnte er nicht begreifen, was ihm mitten im Genusse gefehlt hatte; sein ganzes Herz war traurig und schwer, weil es nicht jubeln konnte, wie damals, als er sich von Bella in Buik trennte; ja es war ihm, als sei es ein anderes Wesen gewesen, die bei ihm geschlummert, und wäre sie nicht früher fortgeschlichen gewesen, er hätte sicher die dunkeln Locken von der Stirn erhoben, um das Wort des Todes zu entdecken. Er verfluchte die Nacht und schwor sich, nie wieder diesen Weg zu gehen, auf welchem er sich verkleidet in sein Schloß schlich, wo ihm Cenrio erst erzählte, welche Gefahr er gelaufen, von dem alten Adrian entdeckt zu werden.

Der alte Adrian war unterdessen in einer viel ärgern Verlegenheit gewesen; gleich nachdem er den ausgestopften Erzherzog verlassen, hatte er sich ernste Vorwürfe gemacht, daß er auf den Gedanken gekommen, die Liebschaft des Erzherzoges zu begünstigen. Er hätte Bella ohne Barmherzigkeit verstoßen, wenn er nicht vorher schon dem Türsteher hätte sagen lassen, das Schloß zu verschließen, er habe das verdächtige Mädchen schon zur Hinterpforte hinausgelassen. Die Nachtposten waren jetzt auf den Gängen verteilt, und es hätte ohne ein böses Gerede nicht endigen können, wenn er so spät noch ein Mädchen aus seinem Zimmer entlassen hätte; er mußte sich also in zagender Geduld fügen und der armen, müden Bella sein eignes Bette zum Nachtlager anweisen, während er sich selbst vornahm, sich durch ein hartes Bußlager von jeder Versuchung frei zu halten. Seine Verlegenheit ging aber bald an, als ihm unwiderstehlich nach dem Wasserglase verlangte, das sich Bella an ihr Bett gesetzt: es war das einzige, und es drängte ihn der Durst, daß er aufstehen mußte und Bella, vom festen Schlafe rötlich angewärmt, schnell atmend in schöner Lage erblickte. Ihm war nie solch ein Anblick vorgekommen, und er konnte es selbst nicht recht begreifen, warum er so langsam trinken mußte und gar nicht fertig werden konnte, die einzelne Fliege abzuwehren, die immer zu dem schlafenden Engel zurückkehrte; endlich stach ihn selbst eine Art Götterverehrung, die bis dahin nur ganz äußerlich aus den römischen Dichtern in seine Rhetorik übergegangen war. Venus war jetzt Fleisch geworden, er rief sie in Horazens Versen leise an, und wer weiß, wozu ihn diese läppische Schulweisheit verführt haben möchte, wenn er nicht mitten in seiner Adonisrolle seine Tonsur und sein graues Haar im Spiegel gesehen hätte. Ihm schauderte, es war ihm, als habe er einen Heiligen gesehen, der sich im Nachtmahlwein vor seinem Tode betrunken. Er legte sich seufzend auf die harten Dielen, konnte aber nicht schlafen, denn seine Gedanken waren immer beschäftigt, bald reuig, bald sündig, bald wie er sich aus der Verlegenheit ziehen sollte, wie er Bella fortschaffen und doch für sie sorgen könnte; auch war es ihm zumute, als

könnte er sie nicht von sich lassen. Allmählich verweilte sein Auge bei den Kleidern eines Knaben, der ihm lange aufgewartet hatte, und den er wegen seiner Tücken endlich fortgejagt hatte; diese schienen ihm geschickt, das Mädchen unbemerkt aus dem Hause zu führen. Als Bella aufwachte, sich die großen Augen rieb und erschreckend fragte, wo sie sei, und fast weinte, hatte der gute Alte erst genug zu trösten. Er betete ihr ein Ave Maria, das sie ihm fromm nachsagte, dann erst erzählte er ihr, daß sie sich in Geduld fügen müsse, er könne sie nicht zum Erzherzoge führen, das sei gegen sein Gewissen; aber er wolle für sie sorgen, ob sie ihm nicht einen Rat geben könne, wo sie unterzubringen, da er niemand kenne. Sein voriger Knabe, der habe bei armen Verwandten gewohnt und sei morgens und abends gekommen, um sich zu erkundigen, ob er für ihn etwas zu laufen oder sonst zu verrichten habe; wenn sie dessen Kleider anlegen wolle, könne sie ihm dieselben Dienste, welche ihm die vornehmen Hoflakaien immer unordentlich versorgten, in den Kleidern des Knaben verrichten. Bella nahm alles an, was ihr der Alte riet, denn sie sah die Möglichkeit, den Erzherzog in dieser Verkleidung zu sehen, und das war jetzt ihr einziges Verlangen; sie eilte zum Ankleiden des neuen Staates, aber ihr fehlte alle Kenntnis, wie sie diese verschlitzten und vielfach mit Haken und Ösen verbundenen Beinkleider und den Wams anlegen sollte, so daß ihr der alte geistliche Herr nicht ohne Lachen dabei helfen mußte. Sie erzählte ihm, daß sie wieder nach dem Landhause zurückkehren und sich dort verstecken wolle; ihre Haut wisse sie durch Pflanzensäfte so zu bräunen, daß niemand sie für ein Mädchen halten sollte. Adrian sah wohl die Klugheit ihres Volks bei allen ihren Äußerungen, aber er fürchtete sich doch vor Verrat und war gar sehr erleichtert, als er sie aus dem Schloß entlassen über den Platz hinschreiten sah, wo die Buben, welche einen Reifen trieben, ihr in der Meinung zuriefen, es sei ihr alter Kamerad, der vorige Knabe Adrians.

Das war seine letzte Angst für diesen Tag; nachher eilte er zum Erzherzoge, und als er ihn noch schlafend fand, der die Nacht versäumt hatte, schüttelte er ihn auf und hielt ihm eine lange Strafrede über die Trägheit, daß in ihr, wie in einem bodenlosen Meere, kein Anker der Tugend fassen könne, sondern verloren gehe. Den Abend habe er ihn nicht stören wollen, denn die Stunden vor Mitternacht seien der edelste Schlaf, wo eine einzige für Körper und Seele mehr wert als zwei nachher; jetzt aber, wo ihm die Sonne in die Naselöcher scheine, sei das Schnarchen etwas ganz Ungeziemendes. – Er konnte stundenlang so fortreden und brachte diesmal den Erzherzog aus einem Schlaf in den andern, so daß der alte Herr endlich unmutig aufstand und Cenrio die Beweise vortrug, daß jenes vermeinte Werk des Petrus Lombardus, was er in Buik aufgefunden, entweder erdichtet oder aus einer Zeit des Verfassers sei, wo er seinen Geist und seine Grundsätze schon aufgegeben hätte. Cenrio tat verwundert; heimlich lachte aber der Schelm, daß die alte Scharteke dem gelehrten Manne so viel Studium gekostet; er fragte ihn dann nach der merkwürdigen Sternenjunktur, die er in Buik beobachtet, worauf ihm

Adrian deutlich machte, daß in der Nacht ein mächtiger Herrscher im Morgenlande gezeugt sei, wo aber, das könne er nicht herausbringen. Auch hierin fand sich Cenrio heimlich wieder viel besser unterrichtet, ungeachtet ihm einige Dinge im Kopfe herumgingen, die er nicht bequem reimen konnte, vielleicht weil die Natur bloß Assonanzen machen wollte, er hatte nicht herausbringen können, wo die Golem Bella geblieben; auch wußte er nicht, wie Bella wieder zur alten Frau von Braka zurückgekommen, nachdem sie von dieser in den Armen des Erzherzogs zurückgelassen, Dinge, die er aus Zeitmangel und aus Überfluß an Zeugen mit dem Erzherzoge noch nicht überlegen konnte. Nachdem der Alte das Zimmer verlassen mit den Worten: «Kurios, kurios, ich gäbe was darum, dies Wunderkind zu entdecken!» – so wendete Cenrio seine Fragen an den Erzherzog, der nicht wenig erstaunt war, da er selbst in seiner Lust nach einer verlornen Bella geschmachtet hatte. – «Gewiß ist jene verloren, die ich liebte, die im Tor meines Lebens wie die zarte Morgenröte vor der hellen Sonne verschwunden ist, statt des Götterbilds habe ich eine irdische Gestalt umarmt, die mich in niederer Glut an sich zieht, und vor der mein Herz zurückweicht. Ach, daß Millionen auf mich blicken! Dürft' ich ein armer Pilger werden, wie wollte ich die Welt durchirren, meine Klagen allen Winden singen und sie aufsuchen, der ich ewig gehöre, und wenn ich sie nicht fände, als Einsiedler in den stillen Kapellen des Monserate vertrauern: Cenrio, das wäre, was ich mir wünschte, und da ich es nicht erreichen kann, da werde ich auch vieles nicht erfüllen, was die Welt von mir will.» – Cenrio gehörte zu den verkehrten Fürstenhofmeistern, die jeden ernsten Gedanken wie eine Zugluft von dem verehrten jungen Leben abhalten möchten. Sie wollen sie im Genusse bilden, und der Genuß eines Fürsten ist so beschränkt und die Entsagung so überschwenglich; der Scherz bleibt vor ihrer Tür stehen, und der Ernst herrscht wie ein alter Geist im Schlosse. Cenrio versprach dem Erzherzoge, in Buik alle Erkundigungen einzuziehen, um das Rätsel zu erklären, und eilte dahin.

Unterdessen wurde der Herr von Cornelius bei dem Erzherzoge angemeldet, und dieser nahm ihn an, weil er der Golem zur Sicherheit ihres Verhältnisses versprochen hatte, ihm eine Anstellung zu schaffen, insofern er von vielen Herren seines Standes ein Zeugnis brächte, daß er ein Mensch sei.

Der kleine Kerl war schon den ganzen Morgen herumgelaufen und hatte sich die Meinungen der Herren, ob er ein Mensch wirklich sei, aufschreiben lassen, sah aber zu seinem Erstaunen, daß bei allen mehr oder weniger Zweifel darüber obwalteten. Die Zeugnisse waren immer nur bedingungsweise ausgestellt, so sagte von ihm der Baron Vanderloo: Wenn er hinter einem Tische säße, würde man ihn schon für einen ordentlichen Menschen passieren lassen, er dürfe aber niemals aufstehen wegen unverhältnismäßiger Kürze seiner Beine, welche ihm Ähnlichkeit mit einem verkleideten Dachshunde gebe. – Herr von Meulen erklärte, er würde durchaus untadelhaft sein, aber seine Mutter müsse einen zu heißen Leib gehabt haben, darüber sei er, wie ein allzu scharf gebakkenes verbranntes Brot, aufgerissen und zusammengekrochen. – Graf Egmont schrieb auf den Umlaufzettel: Da es eine Hauptkunst sei, dem Feinde in gewissen Kriegsfällen seine Stärke zu verbergen, so könnte er sehr nützlich in einer Hosentasche jedes tüchtigen Soldaten angestellt werden, die Muskete auf dessen Hosenknopf anlegen und den Feind durch einen ganz unerwarteten Schuß aus den Hosen des Soldaten erschrecken. – Diese und ähnliche Meinungen, die jeder ihm, als sehr günstig für seine Anstellung, eingeredet hatte, brachte der Kleine jetzt dem Erzher-

zoge, der sie mit verbissenem Lachen durchlas und ihm dann eine ihm angemessene Anstellung in einem Regimente versprach, das er bald errichten wolle, und wozu er neue Art von Helmen erfunden, die durch eine Schelle sich hörbar und durch zwei lange Ohren sichtbar machten. Der Kleine war über die nahe Erfüllung seiner Wünsche entzückt; er hatte noch nie einen Schalksnarren gesehen als in Buik, und da hatte er ihn für eine militärische Person gehalten und die Gewalt seiner Waffen gegen ihn versucht. Er war deswegen auch sehr bereitwillig, den Erzherzog bei sich zu empfangen, der sich nach seiner jungen Frau erkundigte und sie kennen zu lernen wünschte. Derselbe Tag noch wurde zu einem Feste bestimmt, das Herr von Cornelius in seinem Hause geben sollte. Der Erzherzog fühlte, trotz der unbefriedigten Nacht, trotz der Vermutung, eine Zaubergestalt treibe ihren Spott mit seiner Liebe, eine unwiderstehliche Begierde zu diesem Golem. Es war ein Drang andrer Art, als er geahndet, aber er konnte ihn doch nicht abstreiten, nicht zurückweisen; auch konnte er nicht leugnen, daß diese Empfindung etwas Bestimmtes, etwas Mögliches forderte, während jene sich vielleicht ins Unendliche traumartig ausblühte; ja in diesem Zwiespalte seines Gemütes schien ihm das Wesenlose, das Ungewisse in jenen hohen Freuden leer und verächtlich gegen diesen erkannten Sieg seiner Sinne.

Bella war am Morgen traurig den Weg nach dem Landhause gewandelt, wo sie durch einige bekannte Löcher in der Gartenmauer unbemerkt einzuschlüpfen hoffte. Es begegnete ihr aber in der Nähe des Kirchhofes der arme Bärnhäuter, der sich beim Überzählen seines verdienten Schatzes im Sarge etwas zu lange verweilt hatte; als er Bella erblickte, konnte er sich der Tränen nicht enthalten, sondern faßte ihre Hand und fragte, was die liebe, junge Herrschaft mache, er habe es gleich bemerkt, daß sie von einer falschen, nachgebildeten Figur verdrängt sei, aber aus Furcht, seinen Dienst zu verlieren, habe er nichts zu sagen gewagt. Bella bat ihn zu schweigen: seit dem Empfange in dem Hause habe sie einen unwiderstehlichen Widerwillen gegen Braka, Cornelius und alle bekommen, daß sie sich nie entschließen könnte, ihre fürstliche Freiheit dem Zwange der Stadt zu unterwerfen; sie wolle wieder in ihrem alten Hause leben, bis sie freie Leute ihres Volkes antreffe. Dann fragte sie ihn aus, wie sich alles begeben, und warum er an dem Abende nicht erschienen. Da erzählte er ihr, daß er von der falschen Bella ausgestellt worden sei, um den Erzherzog durch die Hintertüre einzuführen, der erst spät anlangen konnte. Bei diesen Worten verschloß Bella den Mund des Bärnhäuters; sie wollte nichts mehr hören, nachdem diese unselige Betrügerin ihr auch das letzte, was sie auf Erden reichlich tröstete, die

Liebe des Erzherzogs, entwendet hatte. Der Jammer füllte ihre Seele, und es fiel ihr wie ein Stein vom Herzen, als sie weinen konnte; sie hing sich an den Bärnhäuter und ließ ihn wohl eine Stunde nicht los; ein Glück, daß den Weg wenig Leute gingen, es hätte sonst Aufsehen gemacht. Der Bärnhäuter war bald in ein neues Rechnen in Gedanken gekommen, wie lange er noch dienen müsse, und so ließ er die Tränen an sich vorübergehen, wie eine Mühle den schönsten Wasserfall, sie ist zufrieden, daß nur ihr Rad dabei gehen kann. Zuletzt, als er fürchtete, zu spät zu kommen, wußte er sich nicht anders loszumachen, als daß er eine Pflaume, die wurmstichig vom nahen Baume gefallen war, aufdrückte und sprach: «Wieviel glücklicher ist doch solch eine Made als wir Menschen, je länger sie lebt, je süßer wird die Frucht am Baume; was ich aber als eine Undankbarkeit an dem Tiere betrachte, ist wohl, daß sie alles in ihr Zimmer macht und sich dadurch ihren eignen Lebensgenuß verdirbt.» – Der einfältige Kerl dachte nicht, daß sein eignes Sammeln im Leben nichts anders gewesen war, als was die Maden in der edlen Frucht anhäufen. Bella war zu traurig, um ihn darauf aufmerksam zu machen, sie ließ ihn aber los, und er verließ sie eilig mit den heiligsten Versicherungen, er wolle für eine Kleinigkeit jede Nacht zu ihr kommen und einholen, was sie brauche.

Sie dachte nicht, was sie noch brauchen könne; ihr fehlte alles. Gleichgültig gegen alle Welt ging sie, ohne eine Vorsicht zu brauchen, nach dem Gespensterhause und öffnete die Türe in der ihr bekannten Art. Keine Betrachtung über die Veränderlichkeit ihres Schicksals störte sie; ganz entehrt fühlte sie sich, seit der Erzherzog sie nicht mehr liebte, ohne Sicherheit und Würde; sie wollte ihn vergessen, und doch war es ihre Angst, wo er eben sein möchte. Auch war es dieser Gedanke mehr als der Hunger, der sie abends nach dem Schlosse zurückführte, wo sie aber diesmal Adrians Zimmer verschlossen fand, weil er mit einigen Geistlichen darin disputierte. Als sie unbestimmt auf dem dunklen Gange des Schlosses stand, kam der Erzherzog und hielt sie in der schwachen Beleuchtung für den ehemaligen Knaben Adrians, den er sich durch kleine Geschenke lange zu eigen gemacht hatte; er rief ihm zu, eine Fackel zu nehmen und ihm nach dem Hause des Herrn von Cornelius vorzuleuchten. Bella erfüllte eilig seinen Befehl, zündete eine Fackel und ging voran. Der Erzherzog war in heftiger Bewegung: ein geheimer Freund war aus Spanien mit der sichern Nachricht angekommen, sein Großvater könne nur wenige Tage noch mit dem ihn lange bedrohenden Tode kämpfen; umsonst suche er dem Tode zu entfliehen und ziehe aus einer Stadt in die andre, wie andre Kranke aus einem Bett in das andre. Carvajal, Zapara und Vargas* hätten ihm endlich die Nähe seines Todes vorgestellt, und er hätte, sein Unrecht gegen Karl zu verbessern, statt Ferdinands den Kardinal Ximenez* zum Reichsverweser ernannt und die rechtmäßige Erbfolge Karls unangefochten gelassen. Der magnetische Kreis der nahen Herrschaft bewegte Karls herrschendes Gemüt so unruhig wie ein Nordlicht die Magnetnadel; dabei war er so in sich versunken, daß er keinen Blick auf Bella warf, sondern, ohne darauf weiter zu achten, dem Schein der Fackel nachlief und Bella befahl, vor dem Hause bis zu seiner Heimkehr zu warten.

Die arme Bella! sie löschte ihre Fackel wie ein guter Genius, der nicht mehr helfen kann. Der ernste Blick und Ton des Erzherzogs hatte allen ihren Mut, ihn anzureden, niedergeschlagen; sie gab ihn ihrer Liebe verloren und war in sich still versunken, als sie das Geschrei einer Musikantenbande aus ihrer Schmerzenstiefe erweckte. Sie hörte nichts von dem Liede, womit sie sich eine Gabe aus dem erleuchteten Hause zu erflehen suchten; die Erinnerung ihrer Retter aus den Händen der Alten stieg in ihrem Herzen auf, zugleich die Erinnerung jener überstandnen Angst; sie zagte für ihre Zukunft und wußte doch nicht, was sie noch verlieren könnte. Es wohnt aber in den Menschen, die zu einer großen, allgemein wirkenden Äußerung, von hoher Hand vorbereitet, sie noch nicht erkennen, eine erhaltende Kraft, die ihnen im gewöhnlichen Kreise das Ansehen der Zaghaftigkeit geben kann; ihren großen Lauf ahndend, scheuen sie die hemmende Kraft des Schlechten, und nur ein ganz erfassender Glaube kann ihnen in den Unbedeutendheiten des Lebens die Zuversicht und Dreistigkeit geben, die ihnen im großen nie fehlt. Bella fühlte ungeachtet ihrer Vernichtung einen erhaltenden Wunsch in sich. Ihre Hilflosigkeit, und was ihr im Gedränge der Menschen, die nachts in der Hauptstadt umherschwärmten, geschehen könnte, erschreckte sie; sie verkroch sich zwischen den Säulen einer kleinen Kapelle der heiligen Mutter, die neben ihrem ehemaligen Hause ganz verlassen unerleuchtet stand. Diese Bande von Musikern, welche sich vor dem Hause hören ließ, unterschied sich aber gar herrlich von jenen rohen Sängern auf der Kirmes. Es waren weder Bettler noch Diebe, sondern junge Leute aus allen Ständen, die sich abends zusammenfanden mit ihren Lauten und allerlei Lieder, so gut ein jeder sie wußte, absangen. Was sie einnahmen, verjubelten sie entweder zusammen gegen Morgen, ehe sie voneinander schieden, oder sie schenkten es den Mädchen, die sie mitzugehen beredet hatten. Diese Sänger waren in den Städten so beliebt, daß die Eltern ihre Kinder abends nicht eher zu Bette bringen konnten, bis der Zug vorübergegangen, und wenn auch die Knaben den Trommelschlag vorzogen und ihm nachliefen, der abends den Torschluß verkündigte, die kleinen Mädchen hörten lieber die Sänger und folgten ihnen bis an die Straßenecke. Mancherlei freche und traurige Lieder waren unbemerkt vor Bellas Ohren vorübergegangen, als ein junger fahrender Schüler sich vor der heiligen Mutter hinstellte, daß die hellerleuchteten Fenster des Hauses sein trauriges Gesicht erleuchteten; dann sang er ein Lied, das damals allgemein gesungen wurde und in seinen Schicksalen vielleicht eine besondre Rührung vorfand:

Die freie Nacht ist aufgegangen,
Unsichtbar wird ein Mensch dem andern,
So kann ich mit den Tränen prangen
Und hin zu Liebchens Fenster wandern.
Der Wächter rufet seine Stunden,
Der Kranke jammert seine Schmerzen,
Die Liebe klaget ihre Wunden,
Und bei der Leiche schimmern Kerzen.

Die Liebste ist mir heut gestorben,
Wo sie dem Feinde sich vermählet,
Ich habe Lieb' in Leid geborgen,
Ihr Tränen mir die Sterne zählet.
Wie herzhaft ist das Licht der Sterne,
Wie schmerzhaft ist das Licht der Fenster,
Ein dichter Nebel deckt die Ferne,
Und mich umspinnen die Gespenster.

Im Hause ist ein wildes Klingen,
Die Menschen mir so still ausweichen,
In Mitleid mich dann fern umringen:
So bin ich auch von euresgleichen?
Mich hielt der Wald bei Tag verborgen,
Die schwarze Nacht hat mich befreiet.
Mein Liebchen weckt ein schöner Morgen,
Der mich dem ew'gen Jammer weihet.

Wie oft hab ich hier froh gesessen,
Wenn alle Sterne im Erblassen,
Ach, alle Welt hat mich vergessen,
Seit mich die Liebste hat verlassen:
Nichts weiß von mir die grüne Erde,
Nichts weiß von mir die lichte Sonne,
Der Mondenglanz ist mir Beschwerde,
Die Nacht ist meiner Tränen Bronne.

Hier hielt er inne, schlug seinen Mantel über die Arme, zog eine kleine Laterne hervor, holte eine brennende Kerze heraus und stellte diese vor das Bild der heiligen Mutter; dann sang er in verändertem Ton:

Nichts weiß von mir die liebe Mutter,
Nichts weiß von mir der gute Vater,
Doch zünd ich ein Licht der heil'gen Mutter,
Doch glaub ich an einen himmlischen Vater.

Als das Licht den jungen Mann erhellte, da erinnerte sie sich, ihn mehrmals vor ihrem Hause erblickt zu haben, wenn sie zufällig nach der Straße gesehen. Nicht ohne Grund glaubte sie *sich* die Ursache seiner Trauer, weil er sie vermählt glaubte. Welche treue Liebe war ihr unbekannt geblieben, während der Liebling ihres Herzens, dem sie sich so ausschließlich hingegeben, sie in leichtsinniger Täuschung verlassen hatte. Sollte sie sich ihm wie ein Almosen hingeben? Sie war sich nichts mehr wert! sie konnte ein frommes Leben mit ihrer Liebe retten. Schon wollte sie zu dem Betenden hinspringen und sich ihm zu erkennen geben und ihrem Hause und ihrem Volke entsagen, als der Mond an dem hohen, pyramidalen Kirchturm, der vor ihr wie ein Schatten stand, wie das Licht eines Leuchtturms emporstieg, und sie dachte der Pyramiden Ägyptens und ihres Volkes, und die Gedanken machten sie ihres Schicksals fast vergessen. Inzwischen trat ein Knabe, der mit einem Teller, worauf ein Licht geklebt war, im Kreise herumgegangen war, auch zu ihr; sie sah auf dem Teller außer einigen Birnen und Äpfeln, Gaben der Kinder, kleine Ersparnisse vom Abendbrot, nichts liegen. Sie fühlte einen quälenden Durst und meinte, es werde ihr geboten, nahm einige Birnen und führte sie zum Munde. Der Knabe sah sie verwundert an, dann sagte er ihr, sie möchte bezahlen. Sie griff in Verlegenheit nach den Taschen und meinte darin Geld zu finden; es war aber nur ein abgerissener Knopf, den der vorige Knabe darin vergessen. Als sie ihn auf den Teller legte, lachte der Knabe und rief die lustige Bande herbei. Da hieß es gleich, wenn er kein Geld zum Zahlen habe, müsse er ein Lied zum besten geben. Bella verging fast in Angst; kein Lied wollte ihr einfallen, sie wurde gezogen und bedrängt. Endlich stieß sie an einen Stein, und da sang sie im Schmerz:

Wer sich an den Stein gestoßen,
Springt in die Höh
Mit Ach und Weh:
Wollet ihr das Tanzen nennen?
Wen die Liebe hat verstoßen,
Singt in die Höh
Mit Ach und Weh:
Wollet ihr das Singen nennen?
O Schmerz, wie soll ich dich singen,
Du bist mir zu schwer!
O Herz, wem soll ich dich bringen,
Dich will keiner mehr;
Verlorn ist Lieb' und Ehr'.

Bella hatte diese Worte mit solcher Angst ihrer Kehle entpreßt, daß der traurige Sänger vom Gebete aufgestanden war und, ohne sie anzusehen, den Teller mit Früchten und Geld in ihr Barett schüttete, das sie schüchtern halb vor ihr Gesicht wie ein Becken mit Weihwasser hielt, ihre Tränen waren hineingeflossen; hätte er sie erkannt, er hätte ihr mehr, er hätte ihr alles gegeben, denn er war ihr eigen. Aber so schön ist eine fromme Neigung, daß sie selbst da wohl tut, wo ein höheres Geschick ihr keine Erfüllung gestattet. Der arme Schüler fühlte sich durch die kleine Wohltat, er wußte nicht wie, erleichtert. Seine Bescheidenheit erlaubte ihm nicht, dem er wohl getan, ins Auge zu sehn, darum zog er die Bande mit seinem schönen Gesange weiter, daß sie den armen Burschen, dafür hielt er Bella, nicht weiter mit Anforderungen zum Singen ängstigten.

Als Bella allein war, warf sie sich an die Stelle nieder, wo der arme Schüler im Staube gekniet hatte, wo er sein Licht und einen Blumenstrauß zurückgelassen. Die Blumen dufteten so angenehm zu ihr, und die heilige Mutter sah so liebreich zu ihr herab, daß sie fühlte, die Sünde ihres Volkes sei vergeben: «Heilige Mutter», seufzte sie, «hast du verziehen unsre Missetat, nimmst du uns auf, nachdem wir dich verstoßen?» – Da glaubte sie, die heilige Mutter nicke ihr freundlich zu, und ihr Herz schwamm in Andacht so selbstvergessen, daß sie den Schwarm der Gäste kaum wahrnahm, die um Mitternacht das Haus verließen.

Ein paar trunkene Edelknaben des Erzherzogs erzählten, daß sie den kleinen Cornelius, als er vom Mohnsafte eingeschlafen, unter den Ofen gesteckt und ihn an den vier Ofenfüßen mit Armen und Beinen schwebend angebunden; es sei schade, daß man noch nicht einheize, er würde sonst den Gesang der Männer im feurigen Ofen sehr natürlich anstimmen können. So gingen sie vorüber, ohne Bella zu bemerken, die sie ebenfalls nicht beobachtete und endlich, als das kleine Licht des Schülers erloschen war, gleichsam mit offenen, sehenden Augen in eine andre Welt getragen wurde. Sie sah ein Kind in ihrem Schoße, das dem Erzherzoge gleich, vor dem sich zahlreiche Völker beugten; sie war ganz verloren in dem Anblick.

Aber mitten aus diesem Entzücken weckte sie die geliebte Stimme des Erzherzogs mit den Worten: «Wach auf, Knabe, zünde deine Fackel und leuchte mir vor!» – Sie taumelte auf und sah Golem Bella, die mit einem Lichte ihn bis vor die Türe begleitet hatte. Sie war in einen schwarzen Mantel gehüllt. Der Erzherzog, den die sinnliche Gewohnheit mehr ergriffen, den die höheren Forderungen der Liebe in der Unruhe weniger gestört hatten, näherte sich ihr und sprach: «Also morgen abend bin ich wieder bei dir und übermorgen wieder, und so alle Nächte, ja auch die Tage, wenn ich erst ganz frei der Herrscher eines mächtigen Volkes bin, das wie wir die Torheiten des Lebens in freudigem Genusse vergessen soll!» – «Vergiß nicht die Perlen, die du mir versprochen», sagte Golem. Bella hatte jetzt an ihrem Lichte ihre Fackel ent-

zündet. Ihr Barett lag noch mit den Früchten in der Kapelle, und da ihre Knabenkleidung vom Mantel bedeckt war, so erschrak der Erzherzog, der sie ganz wie am Frühlichte in Buik wiedererkannte, fuhr mit seiner Hand gegen seine Stirne und rief: «Heiliger Gott, es sind ihrer zwei!» – «Muß ich dich wiedersehen, du Vorgeschaffene Gottes, muß ich an dir schaudern, daß ich nicht lebe?» schrie Golem und stach mit einer pfeilförmigen, goldnen Haarnadel nach ihr. Der Erzherzog aber, dem alles im Augenblicke schrecklich klar wurde, was er sich bisher abgestritten hatte, hielt Golem Bella bei den Haaren zurück, deren Flechten niederfielen; er sah die Schrift auf der Höhe der Stirn, das Aemaeth, löschte die erste Silbe rasch aus, und im Augenblicke stürzte sie in Erde zusammen. Der Mantel lag über der formlosen Masse, als ob eine Magd, die in der Stadtsandgrube sich Sand ausgegraben hat, weggerufen wird und ihren Mantel darüberlegt, damit kein andrer ihr den Haufen wegnimmt.

Aber weder der Erzherzog noch Bella hatten ein Verlangen nach diesem irdischen Schatze. Der Erzherzog hob Bella rasch auf, daß ihr die Fackel aus der Hand fiel, und trug sie in seinem Mantel nach dem nahen Brunnen, wo er des klaren Wassers reinigende Kraft über sein Antlitz und seine Hände hingehen ließ, gleichsam um jede Spur dieser falschen Berührung mit der Erde zu tilgen. Und als er sich in Unschuld gewaschen, küßte er die geliebten Lippen der echten Bella, bekannte ihr, wie diese Irrungen veranlaßt worden wären, und bat sie, ihm ihr Geschick, und was sie in diese Kleider gebracht, zu bekennen. Bella sah sich wieder in dem Besitze des verlornen Schatzes, und doch atmete sie noch schwer und hätte doch gern ganz froh und heiter sich angestellt. Es waren dieselben geliebten Züge, aber ohne den farbigen Fruchtstaub, den das Anfassen der neugierigen Welt so leicht von dem unschuldigen Leben hinwegwischt, was uns Weintrinkern wie ein edles Faß vorkommt, das mit einer geringeren Menge unedlen Gewächses aufgefüllt worden: der Wein ist darum doch klar, edel, aber nicht mehr rein. Karl war heiter, aber er wollte es auch sein, um seine Verirrung auszutilgen, der er doch zuweilen nachgähnte, und als ihm Bella ihre Geschichte erzählte, da wurde ihm das Ereignis mit dem alten Adrian so hervorstechend in seiner absichtlichen Laune, daß Bella ihm ihre unsägliche Trauer und ihr Entsagen und ihren Wunsch nach Ägypten nicht mitteilen konnte. Karl, den mitten in Liebkosungen die Freuden naher Herrschaft beunruhigten und erkalteten, beschloß, dem Adrian, den er zur Bewachung des Ximenez nach Spanien senden wollte, nach dieser feierlichen Bestallung einen lustigen Streich zu spielen, damit er das Ende seiner Hofmeisterschaft deutlich fühle.

Es sollte nämlich in dieser Nacht ein großer Staatsrat gehalten werden, worin Adrian präsidierte; am Schlusse desselben sollte Bella hereintreten und ihn verklagen, daß er sie verlasse, und ein Gericht der Liebe über den Kardinal verlangen. Bella, die den Erzherzog so heiter sah, wollte gern an ihres Karls Seite ihre überstandene Trauer vergessen, wenn sie gleich zu diesem Scherz allzu beklommen war; sie glaubte es aber ihre Schuldigkeit, alles Kränkende zu vergessen, insbesondre da der Erzherzog ihr versprochen, für sie und für ihr zerstreutes Volk nachher etwas Bedeutendes zu tun.

Nach dieser Verabredung gingen sie still ins Schloß zur Hintertür ein. Der Erzherzog gönnte Bella auf seinem Bette einige Ruhe, gab ihr Erfrischungen und verließ sie endlich recht ungern, um über die Schicksale der Welt zum erstenmal einen Rat zu hören und eine Tat auszuführen. Die Versammlung bestand aus Adrian, Chievres, Wilhelm von Croy*, dessen Neffen, und Sauvage. Als der Erzherzog eintrat, bemerkte er, nicht ohne Regung seiner Eitelkeit, die verschiedne Art, wie sie ihn jetzt begrüßten. Jeder spekulierte in seinem Herzen, welche Vorteile ihm aus diesen nahen Veränderungen erwachsen möchten. Für sie war Ferdinand, der Großvater, nicht bloß krank, sondern schon tot, begraben und vergessen; alle bemühten sich, den jungen Erzherzog, der ein blindes Vertrauen in ihren guten Willen setzte, gegen die Spanier einzunehmen, die nur ihre Rechte und ihren Dünkel, nicht den Ruhm und die Macht ihrer Könige zu fördern suchten. Der Erzherzog ließ sich leicht von etwas überreden, was er immer geglaubt hatte; der früher von Chievres ersonnene Rat, den festen und treuen Adrian dem Ximenez an die Seite zu setzen, wurde angenommen, und Adrian sollte schon am nächsten Morgen sich nach Spanien einschiffen, ohne die sichre Nachricht von dem wirklich erfolgten Tode des alten Königs abzuwarten.

Als dieses abgetan und alle sich entlassen glaubten, sagte Karl ernsthaft, daß er jetzt, wo er sein eigner Herr werde, ein Strafgericht über seinen gewesenen Hofmeister Adrian eröffnen müsse, insbesondre, ob derselbe seine geistlichen Gelübde der Keuschheit gewissenhaft erfüllt habe. Alle sahen sich verwundert an, und Adrian, der einen solchen Ton im Erzherzoge nicht gehört hatte und seiner Unschuld sich bewußt glaubte, verlor so gänzlich sein kaltes Blut, daß er zornig ein geistliches Gericht verlangte, um sich der strengsten Prüfung zu unterwerfen. – «Wir wollen nicht richten», sagte Karl, «sondern nur die Zeugen verhören, denn diese könnte uns die geistliche List entziehen!» – Bei diesen Worten gab er das verabredete Zeichen, und Bella trat in der Livrei des Kardinals schüchtern in die Versammlung. Der Kardinal wird im Augenblicke sichtbar rot; die übrigen wissen nicht, was der Knabe vorzubringen habe, bis der Erzherzog den Kardinal auf sein Gewissen frägt: Ob dieses sein Diener? ob es ein Knabe? ob er es gewußt, daß es ein Mädchen? ob dieses Mädchen nicht in seinem Bette geschlafen? – Adrian hatte seine Fassung so ganz verloren, daß er kein Wort vorbringen konnte; keine von den vielen Spitzfindigkeiten, die er in seinem Leben durchdisputiert hatte, fiel ihm zu seinem Schutze ein. Er sagte endlich, daß er nichts antworten wolle, es sei eine Verschwörung gegen ihn, seine Gutmütigkeit werde hart bestraft. Länger konnten weder der Erzherzog noch Bella seine Verlegenheit ansehen. Der Erzherzog nahm Bella lachend in seinen Arm und rechtfertigte ihn vor der Versammlung, indem er sagte, daß er ihn angeführt habe, daß er ihm eine Geliebte zur Aufwartung gegeben, um sie sich selbst näher zu rücken. Adrian atmete wieder nach dieser Rede; die Versammlung rühmte das frühe Liebesgeschick des Erzherzogs.

Chievres, der Karl gern zum Liebhaber seiner Frau gemacht hätte, um ihn desto mehr in seine Gewalt zu bekommen, versicherte laut, er würde seine Frau nicht mehr mit ihm allein lassen. Der Erzherzog bat unterdessen Bella, daß sie zur Frau von Chievres, die im Schlosse wohnte, gehen und sich recht kostbar möchte ankleiden lassen, dann sollte sie mit derselben in die Versammlung zurückkehren, noch habe er einige Akten für Adrians Abreise zu unterzeichnen.

Diese Ausfertigungen waren nur ein Vorwand, sich selbst eine Zeit der Überlegung zu verschaffen; streitige Wünsche teilten seine Seele: was er der Liebe, was er seinem Stande schuldig, ob er eine Herzogin von Ägypten heiraten dürfe, ob es nicht seinen Thron unsicher mache. Diese Beratung in ihm war noch nicht beendigt, als Bella in einem prachtvollen, silbernen Kleide, das mit roten Blumen bestreut zu sein schien, auf ihrem Haupte eine kleine goldne Krone, an der Seite der Frau von Chievres ins Zimmer trat und die Bewunderung aller durch ihren sichern Anstand gewann, so daß Sauvage und Croy einander zuflüsterten, es müsse wahrscheinlich eine Fürstin sein, die Karl heimlich zu heiraten beschlossen habe. Karl beugte sich vor ihr, führte sie auf seinen hohen Stuhl und versuchte zu sprechen, aber die innere Bewegung machte es ihm unmöglich. Chievres bemerkte diese Unbestimmtheit und glaubte, ihm einen Gefallen zu tun, wenn er ihm Zeit verschaffte; darum trat er zu ihm und erzählte, daß Adrian fortgegangen sei, weil ihm der Schreck über seinen gefährdeten Ruf auf seinen Magen gewirkt hätte. Dieser lächerliche Erfolg seines Mutwillens löschte für einen Augenblick das tiefere Gefühl Karls. Der Streit schien ihm geschlichtet, er schien ihm unnütz. Vielleicht wirkte auch die Erschöpfung der tätigen Nacht, als er zur Versammlung sagte: «Ich erkenne öffentlich Isabella, die Tochter des Herzogs Michael von Ägypten, als einzige Erbin dieses Lands, als Fürstin aller Zigeuner in allen Ländern diesseit und jenseit des Meeres und gebe ihr die Freiheit, sie alle nach Ägypten zurückzuschicken, insofern sie selbst nur unsrer Liebe bleiben will.» –

Bella, die von der Rede nur wenig vernommen hatte, weil sie sein herrliches Ansehen dabei, seine Würde mit freundlichen Blicken bewacht hatte, fiel ihm nach deren Ende um den Hals; das befreite Karl von aller Sorge, daß sie eine Heirat mit ihm fordern möchte, und er küßte sie mit doppelter Zärtlichkeit. Die Versammelten baten um den Handkuß, und Chievres, der gern den Neigungen seines Herrn zuvorkommen wollte, erflehete seiner Frau die Gunst, daß die Prinzeß von Ägypten künftig bei ihr wohnen sollte, bis ihr ein eigner Palast geschafft worden sei. Karl bewilligte aus Gnade, was er früher für eine Gnade der Frau von Chievres sich erbeten hätte. Bella ging mit ihrer neuen Mutter nach der andern Seite des Schlosses, Karl sprach noch einige Worte mit den Versammelten. Es war schon spät am Morgen, als sie auseinandergingen. Die Vögel sangen ihr Lied, und die politischen Menschen gingen zu Bette. Karl aber streckte sich auf eine Rasenbank im Schloßgarten, wo ihn Bella aus ihrem Zimmer ersah und nicht einschlafen mochte. –

Schon war in dem Hause des Herrn von Cornelius die größte Verwirrung ausgebrochen; sein Toben unter dem Ofen, nachdem er den ärgsten Rausch ausgeschlafen hatte, rief alle Bewohner in den abenteuerlichsten Nachtkleidern zusammen. Alle waren mehr oder weniger betrunken gewesen, daß sich niemand um den Herrn bekümmert hatte, sogar der Bärnhäuter, daß er diese Nacht vergessen, nach seinem Schatze im Sarge zu sehen. Der Kleine, der schwebend angebunden hing und unter sich die Fliesen sah, die ein Meer mit Schiffen darstellten, glaubte in seinem Halbrausche, er fliege über dem Meere, und wollte sich damit sehen lassen. Als ihm aber die Bande gelöst wurden und er mit der Nase auf dieses Meer fiel, da glaubte er sich verloren. Diese Ideen verwirrten ihn immerfort, als er schon aufgehoben und gereinigt war. Endlich sah er alles ein und verlangte in sein Schlafzimmer; aber neue Verwirrung entstand, als nichts von seiner Frau zu sehen war als das verwirrte Bette. Das war allen ein Rätsel, selbst der alten Braka und der Magd, die recht gut wußten, daß nicht alles sei, wie es sein sollte. «Sie ist wegen ihrer Tugend gen Himmel gefahren, mein Six, das Fenster ist offen», rief Braka, und das staunende Wurzelmännlein sah ihr an dem Fenster nach, ob nicht ein Paar Beine am Himmel zu sehen. Braka tröstete sich mit dem Gedanken, daß der Erzherzog für ihr gutes Unterkommen gesorgt haben möchte. Das Wurzelmännchen, dem eine Schwalbe etwas in den Mund fallen lassen, sprang in liebender Verzweifelung vom Fenster zurück, um in tausend lächerlichen Sprüngen wie unsinnig durchs ganze Haus zu laufen. Als er die Türe noch offen fand, tobte er gegen den Bärnhäuter; als er aber den Mantel der Geliebten und darin eine Masse ordinären Leimen fand, da wußte er nicht, warum, aber diese Erde gewann er so lieb, als sei es die Verlorne; er sammelte sie sorgfältig, trug sie in sein Zimmer, küßte sie unzähligemal und suchte sie wieder in eine Gestalt zu formen, die der Verlornen ähnlich wäre. Die Beschäftigung tröstete ihn, während unzählige Boten von ihm den Auftrag erhielten, das Land zu durchsuchen, um von ihrem Aufenthalt, wenigstens von dem Wege, auf dem sie entflohen, Nachricht zu bringen. Aber keiner wußte ihm eine Auskunft zu geben, bis endlich Braka, die sich alles Vorteils beraubt glaubte, der ihr aus der Liebe des Erzherzogs zur Golem Bella noch zuwachsen sollte, ihm die Nachricht brachte, Isabella, die Fürstin von Ägypten, welche auf dem Schlosse angekommen und der zu Ehren alle Zigeuner Freiheit erhalten, sich öffentlich wieder zu zeigen und ihr Brot zu erwerben, sei seine verlorne Frau. Der kleine Mann stand in Verwunderung wie erstarrt, dann gürtete er sich mit seinem Schwerte und eilte nach dem Schlosse, um vom Erzherzog hierüber eine Auskunft zu fordern.

Der Erzherzog ließ ihn gern vor sich kommen, hörte ihn an, sprach, daß er die Fürstin vor seinen Richterstuhl fordern wolle, und versammelte deswegen mehrere Herren um sich her. Der Kleine war nicht wenig eitel, daß seinetwegen solch ein Aufsehen gemacht würde; er stand so ritterlich in den Schranken, machte so stolze Augen, daß er, wie durch eine doppelte Brille sehend, Isabella kaum erkennen konnte, als sie in einem roten Samtkleide, mit Hermelin besetzt, Frau von Chievres in einem weißen Damast, auf dessen vorderer Fläche Adam und Eva unter dem Apfelbaume gewebt waren, in das Zimmer traten und die für sie bestimmten Plätze einnahmen. Der Erzherzog verlangte jetzt von dem Herren von Cornelius Nepos, daß er seine Klage vortrage. Dieser hatte nicht umsonst Stunden in der Rhetorik genommen, das wollte er allen zeigen und bewähren; sehr pathetisch ergriff er die ehelichen Mitgefühle der Versammelten, sprach von dem ersten Glücke der Vermählten und von der seligen, sorglosen Ruhe, in welche es alles Streben auflöse, um in dem Erstgebornen das Herrlichste darzustellen, was die ungeschwächte Kraft in ungestörter Leidenschaft hervorbringen könne, weswegen auch die Menschheit alles, was sie unteilbar erblich verliehe, nicht dem zweifelhaft größeren Talente unter den Kindern eines Vaters überlassen möchte, sondern dem Erstgebornen, der in den allgemeinen Gesetzen der Natur das Übergewicht seines Lebens begründet finde. Auch diesen seinen künftigen Erstgebornen, die Freude des Landes Hadeln, wolle ihm der Leichtsinn seiner entlaufenen Frau entziehen, nicht zu gedenken, wie diese jetzige Unruhe schon seinem ersten, keimenden Leben nachteilig sein müsse. – «Der Teufel hat aus dem kleinen Kerl gesprochen», sagte Chievres leise, «mich rührt doch sonst so leicht nichts, aber er macht einem seine Not so plausibel.» – Der Kleine fuhr fort: «Wie soll ich aber mein Unglück beschreiben, als ich in jener Nacht, wo das Glück meines Lebens mir entführt wurde, selbst in bangem Bette auf weitem Ozean segelte und an einem andern Bette Schiffbruch litt – gewiß eine Vorbedeutung der Schicksale meines Ehebettes –, was mich dann aufweckte; worauf ich mich wie einen Adler mit ausgebreiteten Flügeln über dem Meere zur Sonne schwebend erblickte, welches doch sicher die Herstellung meines Glückes bezeichnet.» –

«Ja, wahrhaftig», fiel hier Frau von Braka ein, die als Zeugin gerufen worden, «es war doch ein schlechter Streich von den jungen Windbeuteln, die ihn unterm Ofen angebunden hatten, denn sehen Sie ihn nur an, es ist doch immer nur ein schwacher, verbogener Mensch, wie leicht hätte er sich einen Schaden tun können, daß ihm das Hinterste nach vorne umgedreht worden wäre.» – Diese gutmütige Rede versetzte die Versammlung in ein allgemeines Gelächter, und der Kleine erboste, daß er seinen Degen gegen sie zog, der ihm aber noch frühzeitig genug von einem Hellebardierer abgenommen wurde. Jetzt ward er in aller Form des Gerichts von Cenrio verhört, ebenso Braka, bis sie eingestanden, daß sie unter einem angenommenen Namen in der Stadt gelebt. Von den Anforderungen an Bella wollte aber keiner abgehen; sie baten, den Priester kommen zu lassen, welcher die Vermählung eingesegnet hätte. Länger konnte sich Bella nicht halten; sie fragte sie mit Unwillen, ob sie es vergessen, wie sie von ihnen zum Hause hinausgetrieben worden, nachdem sie von ihnen in Buik den Händen einer verruchten Kupplerin überlassen geblieben; sie fragte, ob sie das an dem Kleinen verdient, als sie ihn aus einer unförmlichen Wurzel zu einem kleinen Menschen emporgetrieben?

Der Kleine und Braka gerieten in die größte Verlegenheit; Braka hatte indessen bald ihre Überlegung flott gemacht; sie setzte schnell zur Partei der Bella über und sagte: was sie gesprochen, sei aus Furcht vor dem kleinen Männchen ihr in den Mund gekommen, sie müsse jetzt eingestehen, daß irgendeine falsche Gestalt unter dem Namen Bella dem Alraun vermählt worden sei, die jetzt, sie wüßte nicht wie, verschwunden sei; diese echte Bella müßte sie aber als Fürstin verehren, wie sie ihr seit frühern Jahren gedient habe. Dabei heulte sie wie eine Meute Hunde, die ihr Fressen erwarten, und warf sich vor Bella nieder.

Der kleine Wurzelmann tobte jetzt wie ein Rasender, warf seinen Handschuh hin und schwur, daß er mit jedem fechten wolle, der ihm seine Frau

streitig machen oder ihn für einen Alraun erklären wollte. Chievres erklärte jetzt, daß erst dieser letzte Punkt berichtigt sein müsse, ob er ein Mensch, um ihm ritterlichen Zweikampf einzuräumen, ferner ob er ebenbürtig und christlicher Religion sei. Der Kleine behauptete, er habe einen Diener, Bärnhäuter genannt, der dies alles, was ihm hier abgestritten, bescheinigen würde, man möchte nur erlauben, daß er den herbeiholte. Dies wurde ihm bewilligt.

In der Zwischenzeit kam durch Brakas Geschwätzigkeit an den Tag, wie der Alraun alle verborgnen Schätze zu heben wisse und allerorten dergleichen angetroffen habe. Chievres horchte auf und sagte zum Erzherzoge: «Gott segnet Ihre Hoheit mit einem Finanzminister in der kleinen Person dieses Alrauns, der Ihre künftige Größe fest begründen kann; unabhängig von den Launen der Stände schafft er Eurer Hoheit künftig die Mittel, jede Tätigkeit für sich zu benutzen. Er wird die Seele des Staates; sein Genie wird göttliche Rechte und menschliche Wünsche, die ewig einander widersprechen, ausgleichen können. Lange lebe der Erzherzog und sein Reichsalraun!» – Dem Erzherzoge wurde in diesem Augenblick die künftige Klugheit, die ihn in allen Verhältnissen leitete, vorahndend; er nickte Chievres wohlgefällig zu und sann darauf, wie er das kleine, nützliche Wesen sich verbinden könne. Chievres stieg in seiner Gnade und in seinem Zutrauen durch die unerschöpfliche Erfindungskraft seiner Klugheit.

Der Erzherzog begrüßte diesmal den Kleinen sehr freundlich, als er mit dem Bärnhäuter hereintrat, der die zurückgelassenen Kleider und das angefangene Bild der Golem Bella trug. Der Kleine hatte dem armen Kerl den ganzen Rest des Schatzes auf einmal zu geben versprochen, insofern er ein recht kräftiges Zeugnis ablegte, daß es nur eine Bella gebe, daß diese ohne alle Veranlassung nach ihrer Verheiratung aus dem Hause entwichen und eine Masse Leimen, von ihren Kleidern und ihrem Mantel umhüllt, zurückgelassen habe; zugleich solle er beschwören, daß er des Alrauns Eltern gekannt, die im Lande Hadeln als gute Christen und alter Adel bekannt gewesen. Der alte, tote geizige Bärnhäuter hatte ihm das alles versprochen; er trat vor und begann die verabredete Lügengeschichte. Wie aber Braka oder Bella ihn zur Rede setzten, so antwortete der neuangefressene Teil seines Leibes, gleichsam die verbesserte Ausgabe seiner Natur, ganz entgegengesetzt mit einer helleren Stimme: Mensch – Nichtmensch, Bella verheiratet – Bella aus dem Haus gejagt, durchkreuzte sich so gewaltig, daß sein Zeugnis, nachdem die Richter mehrere Bogen beschrieben, in Null aufging. Der kleine Mann wurde fast unsinnig aus Ungeduld, entriß dem armen, ganz in sich zerrissenen Bärnhäuter die Kleider und das Lehmbild, jagte ihn mit Fußtritten zur Tür hinaus und schwur ihm, daß er den Schatz jetzt, statt ihn auszuliefern, in alle Welt als Almosen zerstreuen wolle; daß der Bärnhäuter umsonst bis zum Jüngsten Tage von einem Herren zum andern sich verdingen solle, um ihn zusammenzubringen; daß er umsonst für einen alten Taler einen Herren dem andern verraten werde, umsonst im Kriege von einem zum andern übergehe, um das Werbegeld zu stehlen; seine bessere frische Natur werde das schändlich gewonnene Geld zur großen Qual seines alten Leibes verschenken und verschleudern, und so werde er am Jüngsten Tage noch so arm, abgerissen und trostlos wie im gegenwärtigen

Augenblicke erscheinen[1]. Nachdem der Kleine diesen Fluch ausgesprochen, wendete er sich in trostlosem Ärger zu der Lehmfigur. Chievres fragte ihn, wen diese Gestalt bezeichne. Der Kleine wies auf Bella und weinte bitterlich; wer hätte aber in der langen Gurke, welche die Mitte des breiten Erdenkloßes bezeichnete, die feine, zierlich geschwungene Nase der schönen Bella erkannt. Seiner Art Liebe genügte aber vorläufig dieses Bild; es war zum Erstaunen, wie zärtlich er den von seinen Tränen angefeuchteten Ton berührte. Der arme Prometheus! Oft sah er Bella so grimmig an, daß der Erzherzog fürchtete, er möchte ihr das Feuer ihrer Augen ausstechen, um es seinem Erdenkloße einzupropfen. Dann fürchtete wieder der Erzherzog, er möchte mit seinen Händen in dem Ton einwurzeln und seine geldbringende Weisheit in der Rückkehr zur Wurzelnatur aufgeben. Er und Bella hatten längst erraten, daß dies der irdische Rest des Golems sei, und ihnen graute davor[2].

[1] Der Fluch war etwas lang, aber er gehörte ausführlich hieher, wenn sich etwa ein solcher Bedienter oder ein solcher Soldat, mit falschen Zeugnissen versehen, irgendwo melden sollte; ein jeder kann ihn leicht aus der zweierlei einander widersprechenden Rede erkennen und meiden.

[2] O ihr kunstschwatzenden Menschen, die ihr in alles sinnige Treiben unserer eigentümlichen Natur mit ewig leerem Widerhall von griechischer Bildung hineinschreit, euch muß ich, der Erzähler, hier anreden! Ihr dünkt euch wohl hoch über die Arbeit des Alrauns erhaben, aber ich schwöre euch, eure leeren Augen, mit denen ihr vor den alten Götterbildern steht, euer leeres Herz,

Bella lachte nicht des Bemühens im Kleinen, dies Bild ihr ähnlich zu schaffen. Die gutmütige Bella fühlte Mitleiden; sie bat, diese öffentliche Versammlung zu endigen, denn sie müsse sich endlich doch sein Unglück wieder selbst vorwerfen, denn ihr Vorwitz habe ihn aus dem ruhigen Schoß der Erde gerufen. «Den Kuckuck mag's da ruhig gewesen sein», sagte der Kleine, indem er sich aus Widerspruchgeist verschnappte, «die Maulwürfe, die Reitwürmer*, die Ameisen haben mich da noch viel ärger geschoren als ihr alle zusammen.» – Chievres sagte, daß diese Anerkennung hinreiche, und verließ mit den übrigen Herren vom Hofe das Zimmer. Der Erzherzog klopfte nun dem Kleinen auf die Schulter und sagte ihm: er möchte jetzt an den Unterschied, welchen die Geburt, die ihn aus einer Wurzel, Bella aus einem Fürstenstamme hervorgehen lassen, mit ernstem Gemüte denken; eigentlich der Mann von Bella zu sein, wäre ihm nun unmöglich, denn wie in der Bibel stände: und

das sich in tausend abgelebten Worten darüber ausläßt, sieht in den herrlichsten Schöpfungen des Altertums viel weniger als der arme Kleine in seiner halbgebildeten Masse; denn was sie ist, das wurde sie durch ihn, und wie er bis dahin gelangt, so wird er weiter dringen. Von euch ist aber nichts übergegangen zu den Göttern und von den Göttern nichts zu euch. Euch sind die kunstlebendigen Götterbilder Golems, und lösche ich euch die Worte aus, so sind sie euch in nichts zerfallen. Leugnet ihr das? Auf, so schafft etwas Eigenes, das ihr zu jenen stellen könnt, ohne daß ihr selbst darüber lacht – aber eure Hände sind stets arm an Werken und euer Mund voll von Worten.

der Mann soll dein Herr sein, so würde das Volk, das ihr gehorchte, ihn nie an ihrer Seite dulden; was aber möglich wäre und schon viel wert, er sollte ihr an der linken Hand angetraut werden und mit ihr in einem Hause unter dem Titel ihres Feldmarschalls wohnen, doch von Tisch und Bett geschieden sein; nur müßte er geloben, um sich dieser Auszeichnung würdig zu machen, mit unermüdlichem Fleiße alle verborgenen Schätze aufzusuchen und ihm, als dem Schützer des künftigen Zigeunerreichs, zu überliefern. – Der Kleine besann sich, endlich rief er: «Bravo, so ist's mir ganz recht, und ich möchte Eurer Hoheit um den Hals fallen, wenn Sie nicht so groß wären. Habe ich mein eignes Schlafzimmer, so werde ich ruhig liegen; ich weiß so nicht, wozu das Schlafen soll. Meine verlorene Frau, wenn es diese nicht ist, ließ mir keine Ruhe und hat mir ein Paar ganz neue Augen gekostet, die ich noch im Nacken sitzen hatte und mit denen ich voraussehen konnte, wenn ich sie vorzubringen vermochte. Das Zusammenessen hat mir auch bei meiner vorigen Frau, wenn es diese nicht ist, niemals sonderlich behagt: ich mochte schreien, soviel ich wollte, sie nahm die besten Stücke, und wenn ich nicht ruhig sein wollte, schlug sie mir mit den heißen Knochen, item mit dem Suppenlöffel ins Gesicht.»

Als Bella sich dem Vorschlage ebenfalls gefügt hatte, so schickte der Erzherzog zu demselben

Pfarrer, der den Alraun schon einmal getraut hatte, und ließ drohen, ihn bei Wasser und Brot wegen der heimlich vollzogenen Einsegnung gefangen zu setzen, wenn er eine zweite feierliche Einsegnung zu verrichten sich weigerte. Die arme Seele war zu allem bereit, und abends in einer Versammlung von wenigen Vertrauten des Erzherzogs wurde die Vermählung an der linken Hand gefeiert, welche sowohl die untergeordneten Seelen, wie Braka, Cornelius Nepos und den geizigen Pfarrer, als auch die Häupter unsrer Geschichte, den Erzherzog und Bella, miteinander in ein ruhig begründetes Verhältnis zu setzen versprach. Doch Bella weinte während der Vermählungsfeier so heftig, so unwillkürlich, daß sie keine Einwilligung geben konnte; umsonst fragte Karl zärtlich nach der Ursache ihrer Tränen, aber sie wußte keine, als daß ihr eine kleine Katze eingefallen, die sie einmal des Alrauns wegen ersäuft hatte: diese Sünde hätte sie vergessen zu beichten. Da sie keine Einwendung gegen diese Hochzeitzeremonien machte, so wurde die Hochzeit als beendigt angesehen, und der Kleine bezeigte noch an dem Abend seine Dankbarkeit gegen den Erzherzog, indem er aus einer zugemauerten Nische des Schlosses einen Schatz an Münzen und goldnen Ketten befreite, der über zweihundert Jahre darin geruht hatte.

Der Erzherzog, als er am Abende mit Bella

allein war, fühlte sich ganz unerwartet durch die Erinnerung an die Golem Bella, wie sie in Erde zerfallen, so gestört, und Bella konnte die alte, ganz hingebende Vertraulichkeit so wenig in sich finden, daß beide froh waren, ihre Betten einander nicht so nahe wie in Buik gestellt zu sehen. Der Erzherzog versank in einen schönen Traum: es war ihm, als sähe er mit den prachtvollen Goldketten, die ihm der Alraun gefunden, die spanischen Großen, die selbst vor dem Könige mit bedecktem Haupte zu erscheinen wagten, zur Erde gedrückt; es war ihm, als könnte er viele tausend Soldaten mit diesen Ketten ziehen, und überall, wohin er mit ihnen zog, wurde ihm gehuldigt. Sein Nebenbuhler unterdessen, der doch aus einer Regung seines Blutes nicht schlafen konnte, fühlte sich wieder zu dem Leimen, der jetzt seines Wurzelherzens einziger Schatz geworden war, zurückgetrieben, und in der Begeisterung über sein Glück gelang es ihm diesmal besser: alles bildete sich unter seinen Händen so ähnlich, daß er entzückt den Besitz dieses selbstgeschaffnen Weibes jedem von Gott geschaffenen vorzog, das sich unmöglich den wunderlichen Gedanken eines solchen am Sonntage Quasimodogeniti gebornen fügen konnte. Bella aber genoß wohl in dieser Nacht des höchsten Glückes von allen, als ein wunderbarer Klang sie in der Mitternachtsstunde ans Fenster rief. Sie hörte die Sprache ihres Volkes, dessen zerstreute Führer, nachdem der Erzherzog ihnen eine Freiheit des Aufenthalts in den Niederlanden gewährt hatte, zu der anerkannten Fürstin ihres Volkes geeilt waren, sie mit einem Gesange nächtlich zu begrüßen, ihr Treue und Liebe bis in den Tod zu schwören. Wir wollen es versuchen, diese herzliche Begrüßung in einer Übersetzung wiederzugeben, nachdem wir vorher noch über die Einrichtung ihres Tanzes gesprochen haben. Sie hatten ihre Hände und Kleider mit einer Phosphorauflösung getränkt, die in jener Zeit nur ihnen bekannt war; sie leuchteten in Dampfwolken, und wo sie einander berührten oder aneinander strichen, wurde dies Leuchten zu einem hellen Glanze, der einige Zeit nachwährte und währenddessen der Gesang einfiel:

Gebüßt sind alle Sünden!
Wir steigen aus den Flammen
Und werden uns zusammen
Bei unsrer Fürstin finden;
Wir wecken die Schöne
Mit leisem Getöne,
Es klinget die Krone,
Vom Szepter berühret,
Der endlos regieret
Vom Vater zum Sohne
Im Herrschergeschlechte
Nach göttlichem Rechte.

Es füllt des Herbstes Odem
Das Aug' mit heißen Tränen,
Das Herz mit heil'gem Sehnen
Nach unsres Landes Boden.
Jetzt sinken die Wogen,
Die alles umzogen;
Die schaffende Stunde
Durchspielet die Felder,
Und blühende Wälder
Entsteigen dem Grunde,
Und zahllose Kinder
Besingen den Winter.

Komm, Bella, führ die Deinen,
Wir schwören dir die Treue,
Komm, eil mit uns ins Freie,
Vom Schloß aus toten Steinen;
Wie schwarz sind die Mauern,
Da wohnet das Trauern,
Wie klirren die Waffen
Der lauernden Wachen;
Wie freundlich wird lachen
Des Morgens Erschaffen,
Wir folgen im Zuge
Den Vögeln im Fluge.

Wohl gehörte auch Bella zu einem Geschlechte der Zugvögel, die trotz aller zärtlichen Pflege und Liebe durch den Menschen, wenn sie die Stimme ihrer Brüder aus den Lüften vernehmen, nicht widerstehen können. Gibt es doch arme Völker am Eispol, denen die Freuden und Erfindungen unserer Zone kein Gefallen abgewinnen, und die beim Anblick eines Schwanes sich ins Wasser stürzen und mit ihm nach ihrer Heimat zu schwimmen wähnen; wieviel mächtiger wirkt die eigentümlich überlegene Natur in dem stolzen Herrschersinne nach, aus welchem Bella hervorgegangen. Sie war doch in Europa wie die fremde Blume, die sich nächtlich nur erschließt, weil dann in ihrer Heimat der Tag aufgeht. Ihre Sehnsucht, ihre Wehmut überströmten sie grenzenlos, sie konnte nicht bleiben und wußte doch nicht, warum; sie liebte den Erzherzog, wie sie ihn jemals geliebt, aber sie fühlte, seit er eine andre wie sie geliebt, daß sie seine erste Liebe mit sich trüge in die Ferne, und erst jetzt gestand sie sich, daß diese scheinbare Vermählung, so wenig dabei die Reinheit ihrer Sitte leiden konnte, sie tief gekränkt habe, weil ihr Karls Gesinnung, sich nicht heilig und ewiglich, wie ihr fürstlicher Sinn gemeint, mit ihr zu vermählen, deutlich daraus hervorgegangen sei. Was galt ihr seine Klugheit, wie er den Reichtum sich verbinden und benutzen wollte; sie kannte nur die Herrlichkeit der Armut, die alles besitzt, weil sie alles verschmähen kann: sie kannte nur ihr Volk, das jede Bezahlung von ihren Herrschern verschmähte und jede Tat für sie als schönsten Gewinn achtete. Sie nahete sich im innern Kampfe dem Bette des Erzherzogs, sie küßte ihn; wäre er erwacht, sie hätte nicht von ihm lassen können; aber er stieß sie im Schlaf von sich: ihm träumte, als ob die goldne Kette, worin er die Völker führte, ihm selbst, der sie hielt, immer enger sich um den Fuß wickelte, daß er dadurch zu fallen fürchtete; darum stieß er sie von sich. Sie aber fühlte das im bewegten Gemüte anders und sprang leicht aufs Fenster und zu den Ihren herab, ohne zu denken, ob ihr Sprung hoch oder nieder; aber das Glück ihres Volkes wollte sie unverletzt erhalten. Ihre Zimmer waren im ersten Geschoß, und der fahrende Schüler, den seine Liebe und Traurigkeit, nachdem er sie im Schlosse erkannt, des Nachts unter ihr Fenster getrieben, fing sie in seinen Armen auf. Die Zigeuner erkannten sie, setzten ihr die Krone auf, gaben den Szepter ihr in die Hand und zogen, ohne daß die Wachen etwas bemerkt hatten, stillschweigend mit ihr und dem fahrenden Schüler, daß er sie nicht verraten konnte, vors Tor, wo sie auf leichten Pferden, auf verborgenen Pfaden aller Nachforschung entgingen.

Als der Erzherzog aus dem bänglichen Schlusse seines Herrschertraumes zum Lichte aufwachte, das allen Träumen mit den kecken Worten entgegenzutreten scheint: ihr seid nicht wahr, denn ihr besteht nicht vor mir! – da meinte auch er, alles

Traurige, was ihn bedroht, sei ein Hirngespinst gewesen. Wer spinnt aber im Innern unsres Hirnes? Der die Sterne im Gewölbe des Himmels in Gleichheit und Abwechselung bewegt! Der Schatz der Erzherzogs lag unversehrt vor dem Bette, er spielte leise damit, um Bella nicht zu erwecken. Aber der geschäftige Drang des Tages nahte immer tosender auf allen Straßen, und Bella erwachte immer noch nicht; er rief, er sah nach ihrem Bette, aber er fand sie nicht. Er durchlief ängstlich das Haus; aber Bella war nicht zu errufen. «Pflückt sie mir einen Blumenstrauß, unsern Morgen zu schmükken? Ist sie in der Frühmesse und dankt Gott für ihr Geschick?» – Beides widerlegte die nächste Stunde, und der Erzherzog befragte ohne Erfolg die Wachen, ließ Braka vergebens rufen. Die alte Braka weinte ernstlich um die schöne Bella, alle schöne Aussichten schwanden ihr. Wie aber Weiber im Unglücke sind, der vornehme Stand hält die Zunge ihres Unwillens nicht zurück, ihr Kopf füllt sich so ganz mit einem Gefühle, daß sie jeder Rücksicht vergessen: statt den zornigen, ungeduldigen Erzherzog zu fürchten, machte sie ihm die bittersten Vorwürfe, daß seine Grausamkeit, Bella mit dem Kleinen zu verheiraten, sie zur Flucht veranlaßt hätte. Der Erzherzog schwieg beschämt, er fühlte, daß sie recht hatte, daß seine törichte Klugheit ihm das Köstlichste entrissen, was sein ganzes Leben ausgestattet hätte; er fühlte sich so verächtlich vor den Augen der Alten, als der kleine Alraun nimmer vor seinen Augen gestanden. Er befahl Braka, sich zu entfernen, und gebot ihr nachher, ein Gnadengehalt anzunehmen und es in der Nähe seines Hofes zu verzehren, damit er jemand hätte, mit dem er von seiner Bella reden könnte. Seine unzähligen Boten, die Deutschland durchstreiften, kamen ohne Nachricht zurück; sein Großvater Maximilian*, der etwas von seiner Leidenschaft vernommen, hatte sie allerorten abweisen lassen. Erst sehr spät, nachdem Isabella mit den Ihren längst weitergegangen, erfuhr er, daß sie im Böhmerwalde von einem Prinzen entbunden worden, der in der Taufe den Namen Lrak (der umgekehrte Name des Vaters Karl) erhalten hätte, und daß der fahrende Schüler, der mit den Zigeunern entwichen, durch Bellas Gunst, unter dem Namen Sleipner, einer ihrer Anführer geworden sei.

Das Warten auf diese Nachrichten war die Ursache seines unbegreiflichen Zögerns, ehe er aus den Niederlanden nach Spanien ging, wo sein Großvater inzwischen gestorben war und die gewaltsame Klugheit des Ximenez, ohne seine Gegenwart, leicht bürgerliche Kriege veranlassen konnte. Als er diese Kunde von Isabellen erhalten, wäre er ihr gern nachgezogen, aber wo sollte er sie treffen? Wie sollte er den Jugendträumen seiner Herrscherlust entsagen? Doch ward ihm die Krone, die er bis dahin bloß als Schmuck angesehen, zu einem drückenden Gewichte, und die Feierlichkeiten, die ihm bis dahin die Zierde der Tage geschienen, zu einer verlornen Zeit, wie das Stundenschlagen, das mit seinem Klange die ruhige Folge sehnender Gedanken unterbricht. Irren wir nicht, so läßt sich manche seiner Launen, an denen seine wichtigsten Unternehmungen scheiterten, aus diesem ersten Mißgriffe seiner Klugheit erklären: diese Gleichgültigkeit, womit er das Regierungswesen zuerst behandelte, wie er Chievres und die Seinen in der verächtlichsten Bestechlichkeit Spanien verderben ließ; die Sinnlichkeit, in der er sich oft zu vergessen suchte und worin er die Stärke seines Leibes früher erschöpfte; alles Unbefriedigte und Unbefriedigende in seinem Leben. Er bedurfte der Zeit, großer Ereignisse, wie die Eroberung von Neuspanien* und seine Ernennung zum Kaiser, und eines unermüdlichen Gegners, um nicht früher in einen Überdruß gegen alle Regierungsgeschäfte zu versinken; endlich bedurfte er auch des Alrauns, um seine übereilende Tätigkeit in Wirkung zu setzen.

Was wurde aus diesem Nebenbuhler seiner Liebe? Der Kleine hatte nach allen Kräften seiner nun doppelt verlornen Gattin nachgeforscht, aber vergebens; doch fand er früher als Karl eine Be-

ruhigung, indem er mit rastloser Tätigkeit an der Beendigung des Bildes der schönen Bella arbeitete. In seiner unruhigen Betrübnis kam Karl eines Morgens auf sein Zimmer, begrüßte das ähnliche Bild mit einem Schrei der Verwunderung und trug es, ohne der Bitten und Drohungen des Kleinen zu achten, auf sein Zimmer. Während er es da mit Blumen bekränzte und kniend es begrüßte, vernahmen die Bewohner des Schlosses ein unerträgliches Lärmen im Zimmer des Kleinen; mit Fluchen des Kleinen hatte es angefangen, bald waren immer mehr Stimmen darin gehört worden. Als die Wachen das Zimmer erbrachen, geschah ein heftiger Schlag, das Zimmer roch nach Schwefel, der kleine Wurzelmann lag zerrissen und ohne Bewegung auf dem Boden. Als er heimlich begraben, glaubte sich Karl von ihm befreit, die Menschen glaubten ihn gänzlich zerstört, er aber war in seiner Wut dämonisiert, und der Kaiser wußte bald, daß er ohne eine große Buße von seiner überlästigen Gegenwart nicht wieder los und ledig werden konnte.

Umsonst wechselte er Wohnort und Kleider, umsonst versuchte er sogar den afrikanischen Himmel*; wenn er ihn auf immer gebannt glaubte und es bewegte irgendein böser Wunsch sein Gemüt, gleich war der Alraun ihm nahe, bald in der Gestalt eines Heimchens, das hinter dem Ofen ihm zurief, wo er Geld und Gelegenheit dazu finden könnte, bald als eine Spinne, die von der Decke des Zimmers sich auf seine Schreibereien herabließ, bald als eine Kröte, die ihm im Gartengange entgegentrat, oft schnurrte er ihn auch an als ein fliegender Käfer, abends und nachts schrie er wie ein wilder Vogel. Karl horchte und gehorchte nur zu oft dieser Stimme, wehe uns Nachkommen seiner Zeit. War ihm vieles durch diesen geldbringenden Geist möglich, so mußte er dagegen früher seine Herrscherbahn schließen, um in heiligem Leben, in Buße und Gebet jeden bösen Wunsch zu bannen.

Zu Gent, von den Erinnerungen seiner ersten Liebe und ihres Untergangs abgetötet, beschloß er seinen eignen Sonnenuntergang zu feiern: hier entließ er seinen Sohn Philipp mit vielen Tränen, auch von den Gesandten nahm er Abschied und lebte bis zu seiner Abfahrt nach Spanien in der tiefsten Einsamkeit eines gesonderten Lebens. An seinem Geburtstage nahm er Besitz von dem für ihn eingerichteten Hieronymitenkloster St. Just in Spanien: er dachte, daß dieser Tag den Alraun auch auf die Welt gesetzt, der seine irdische Bahn verletzt hatte, und sprach, daß er an eben dem Tage, da er auf Erden sei geboren worden, auch dem Himmel wolle wiedergeboren sein. Sein ernstes Gebet ist ihm erfüllt worden, seine blutige Geißel, die nach seinem Tode als ein Heiligtum bewahrt worden, bezeugt, wie schwer es ihm geworden, sich den gewohnten Lieblingsgedanken zu entschlagen; wir aber, deren Voreltern durch sein politisches Glaubenswesen so viel erlitten, die von des Alrauns schnöder Geldlust fort und fort gereizt und gequält worden, und endlich selbst noch an der Trennung Deutschlands untergingen, welche er aus Mangel frommer Einheit und Begeisterung, indem er sie hindern wollte, hervorbrachte, wir fühlen uns durch das erzählte Mißgeschick seiner ersten Liebe, durch diese Reue mit seiner Natur versöhnt und sehen ein, daß nur ein Heiliger auf dem Throne jene Zeit hätte bestehen können.

So fühlte er sich selbst auch gerechtfertigt, als er, um sein Herz zu prüfen, ob er bereit sei zu dem großen Übergange, der selbst dem abgelebten Alter überraschend ist, mag es sich durch Betrachtung vorgewöhnen oder in erkünstelter Tätigkeit ihn übersehen wollen, sich ein prächtiges Grabmal in der Klosterkirche nach eigenem Plane bauen ließ, das in kunstreichen Galerien, welche mit den Bildnissen seiner Vorgänger bedeckt, zur Spitze anlief, wohin sein eigener Sarg gestellt werden sollte. Er fühlte sich gerechtfertigt, als er sich nun lebend in diesen Sarg legte, von Trauergesang, Glockengeläut und schwarzen Kerzen begleitet, sich einsam hinaufstellen ließ und durch die irdisch geschlossene Decke der Kirche Isabella erblickte, wie sie ihm tröstend und liebend an den

Gefilden der ewigen Gedanken begegnete, wo die Irrtümer des Menschen mit der Last seines Leibes in Staub zerfallen. Sie winkte ihm, und er folgte ihr bald und sah ein helles Morgenlicht, worin Isabella ihm den Weg zum Himmel zeigte, und fragte die Anwesenden, ob es schon so hoch am Tage sei. Der Erzbischof sagte aber, es sei Nacht. Da befahl er seinen Geist in Gottes Hände und starb. –

Befragen wir unser Herz, wie wir sterben möchten: sicher wie Karl, die Geliebte unsrer Jugend als einen heiligen Engel zwischen uns und der Sonne, von der wir scheiden, weil sie uns blendet; gleichsam wie einen farbigen Vorhang, daß selbst die Schatten der blumenpflückenden und nichts fassenden Hände gefärbt erscheinen. Jenes Leichenbegängnis Karls muß uns nicht wie eine wunderliche Schauspielerei erschrecken. Derselbe Gedanke, der bei dem Beherrscher einer Welt zur Tat wurde, bewegt viele Gemüter, die ein ernstes Leben geführt haben; aber er bleibt Gedanke und verwandelt sich sonst häufig in eine Sorgsamkeit in der Anordnung des wirklichen Leichenbegängnisses, worin sich selten Eitelkeit, häufiger der Wunsch äußert, ein Leben, das nach gewissen festen Grundsätzen geführt, in derselben Gesinnung zu schließen. Unsre eitle Zeit verachtet jede Leichenfeier, bei unsern frommen Voreltern war oft ein anständiges Leichentuch einzige Mitgabe der Braut, und ein prachtvoller Sarg schloß ein bescheidnes Leben. Wer wagt das Sonderbarkeit zu schelten? Es war Nebenäußerung jener Einheit, die uns in aller ihrer Geschichte anspricht, aber noch lebendiger in den Denkmalen ihrer vielhundertjährigen Andacht, die in den Kirchengebäuden alter deutscher Zeit vor uns steht. Welche Einheit und Ausgleichung aller Verhältnisse, wie fest begründet alles an der Erde und doch alles dem Himmel eigen, zum Himmel führend, an seiner Grenze am herrlichsten und prachtvollsten geschlossen. Zum Himmel richtet die Kirche wie betende Hände unzählige Blütenknospen und Reihen erhabener Bilder empor, alle zu dem Kreuze hinauf, das die Spitze des Baues als Schluß des göttlichen Lebens auf Erden bezeichnet, das als die höchste Pracht der Erde, die sich dadurch zu unendlichen Taten begeistert fühlt, einzig mit dem Golde glänzt, womit kein andres Bild oder Zeichen neben ihm in der ganzen heiligen Geschichte, die der Bau darstellt, sich zu schmücken wagt. –

Nicht nur über Kaiser Karls Leichenbegängnis, auch über sein Leben hat die Nachwelt ein langwieriges Totengericht gehalten, aber nur die Mitlebenden können einen Herrscher am Ende seiner Laufbahn würdigen, und wie lehrreich scheinen darin die Totengerichte der alten Ägypter, sie gehören aber nicht in unsre europäische Welt. Noch jetzt finden wir sie in Abessinien, noch jetzt werden die Nachkommen unsrer Isabella auf dem Throne den Tag nach ihrem Tode in dem Eingange der Pyramide, die ihnen als Grabstätte dient, öffentlich ausgestellt, und jeder ist verpflichtet, auszusagen, was er über den Verstorbenen denkt. Auch über Isabella hat dieses Totengericht gesprochen; noch jetzt sprechen die Abessinier von diesem Totengerichte, das sie bei ihrem Leben noch über sich halten und aufzeichnen ließ; sie zeigen noch jetzt ihr Bild bei den Quellen des Nils, wie sie da alle in einem Siebe vereinigt, durch das sie als unzählige Quellen zur Erde laufen, zum Zeichen, wie sie zwar die getrennten Völkerstämme der Abessinier oder Zigeuner vereinigte, aber nicht hindern konnte, daß sie durch innern Streit auseinanderliefen. Wir danken diese Nachrichten dem berühmten Reisenden Taurinius*, dessen eigene Worte wir hier mitteilen wollen: «Isabella, die berühmte Königin, berief ihren Sohn Lrak, den sie von Karl nach der Voraussagung Adrians empfangen, ihren Feldherren Sleipner, der als ein armer fahrender Schüler aus Gent mit ihr fortgezogen war, ferner alle Ehrenmänner und Vorsteher des Volks, nach dem Eingange der großen Pyramide an den Quellen des Nils, welche sie sich zum Grabmal erbaut hatte. Es war am 20. August 1558, an demselben Tage, wo ihr geliebter Karl sein Leichenbegängnis bei lebendem Körper mit offenen Augen feierte, gleichsam in einer heimlichen Ahndung, als wollte sie mit einem gleichen ernsten Vorbilde vom Leben scheiden. Sie erklärte dort, indem sie von allen freundlichen Abschied nahm und den trostlosen Sleipner auf den Himmel verwies, wo seine Liebe eine reiche Belohnung finden würde, und ihren Sohn an ihr Herz drückte. Da, sage ich, denn also habe ich es mehrmals erzählen hören, erklärte sie, daß sie sich zu krank und hinfällig fühle, um der Regierung länger vorzustehen, und weil sie jetzt aufhöre zu herrschen und gleichsam aus der Welt gehe, so wäre es ihr sehnlicher Wunsch und ihre letzte Bitte, daß die alte heilige Sitte des Totengerichts nicht bis zu ihrem wirklichen leiblichen Tode ausgesetzt bleibe, sondern daß ein jeglicher jetzo gleich, während sie sich in ihrem Sarge ausstrecke, vorübergehe und seine Meinung nach geleistetem Eide wahr und unverhohlen über sie ausspreche. So hatte sie sich erklärt, und da keine Bitten, keine Tränen ihr diesen Entschluß auszureden vermochten, so schritt man also gleich zur Eidesleistung. Die Königin legte sich unter unzähligen Tränen in ihren Sarg, und ein jeglicher trat seiner Würde gemäß, wie er pflegte, vor ihr hin und ließ sein wohlüberdachtes Urteil, also, daß sie es deutlich vernehmen konnte, in das königliche Buch eintragen. O welch ein seliger Tag für die Reine! Wie leicht war der Tadel gegen die Vorwürfe, die sie sich selbst gar oft soll gemacht haben. Der Priester, der mir das Ausführlichste darüber mitteilte, las mir, wie ihr dabei geschehen und wie selig sie während des Totengerichts verstorben sei, wie folget, aus einer alten Pergamentrolle vor, woraus ich es sogleich in unsre deutsche Muttersprache zu übersetzen wagte, wobei mir aber zuweilen copia verborum* gefehlet hat, weswegen ich es nochmals von Magister Uhsen* wieder übersehen und sehr verbessern lassen: Sie versank während des Totengerichts in ein freudiges Anschauen. Aus dem Nebel, der das herrliche Land, das sie geschaffen, bisher noch gedeckt hatte, traten ihr erst die nahen seligen Gärten hervor, darinnen die glücklichen Kinder ihres umgetriebnen Volkes wieder ruhig spielten; darinnen die Brunnen sprangen, wo sonst die Krokodile im dürren Sande sich gesonnt hatten; darinnen rote und blaue Vögel sangen, wo sonst die Schlangen gezischt hatten. Weiterhin erschien ihr die grüne Wiese voll Blumen, und die Lämmer mit ihren Glocken bewegten sich langsam klingend zwischen den Halmen, wo sonst der Tod unter dem grundlosen Moraste auf alles Lebende lauerte. Dann aber strömte der Fluß, der Fluß aller Flüsse vorüber, das unschuldige Metall der Oberwelt glänzend poliert wie ein Schwert; von den Rudern der Schiffer fleißig gehämmert, wo sonst nur der Fisch in seichter Fläche zu schwimmen wagte. Aber das Herrlichste lag drüben und jenseits, und wie sie in tiefer Seele an dem Gedanken sich entzückte, ihrem geliebten Volke in unablässigem Bemühen alle einzelnen Steine zu den Palästen künftiger Macht behauen zu haben, da glänzten ihr drüben schon die Schlösser und Kirchen künftiger Herrlichkeit im aufgehenden Lichte. Sie näherte sich verwundert dem Strome und sah nur nach drüben, wo sich die geahndete Erfüllung in sichrer Wirklichkeit zeigte, und so stürzte sie in den Strom und ward von ihm hinübergeführt und war drüben – mit diesem Bilde suchte ein frommer Zeuge ihres Todes die Seligkeit ihres sterbenden Angesichtes auszudrücken und zu erklären.»

*

Liebreiche Isabella! wir haben dich schuldlos erfunden im kleinen Kreise deiner Jugendliebe, warum sollten wir zweifeln an den Erzählungen der Reisenden, daß du auch auf der Höhe eines Thrones im Überblick einer Welt dir selbst treu geblieben bist; denn was ist diese Welt gegen diese Treue, die unwandelbar bleibt, wo sie einmal bewährt ist. Deine Liebe ist nicht untergegangen in ihrer Verschmähung, der eine sollte sie nicht begreifen, nicht würdigen, nicht bewahren, daß sie übergehe zu einem Volke, welches in deiner Liebe sich befreite. Kein Leiden, keine Reue, kein Zweifel wird deinen Blick zurückgewendet haben zu dem, den du verlassen, weil er dich aufgegeben hatte; was in reiner Seele die Begeisterung eines

Augenblickes tut, bleibt ihr notwendiges Gesetz in Ewigkeit. Reines Bild des jugendlichen Lebens, wir blicken zu dir und flehen: Reinige uns von eingebildeten Leiden der Liebe und von angebildeten Sünden der Zeit; das Totengericht der Menschen soll uns nicht schrecken, aber wer scheut nicht die Totenrichter in sich selbst, die unerbittliche Strenge der Gedanken, die sich nicht täuschen lassen, wo wir andern genügen, aber nicht der eignen Kraft; heilige Isabella, wehe Himmelsluft auf meine heiße Stirne, wenn ich Gericht halte über mich selbst! – Am Himmel steht ein drohender Komet und glühet den Herbst zum Sommer, wozu wird er den Frühling entbrennen? Sei getrost, liebe Seele, sei getrost, du Welt, dir ist viel vom Herren verheißen.

MISTRIS LEE

Ich überzeuge mich jeden Tag, den ich in den Gerichtshöfen zubringe, daß die Engländer einen Naturtrieb, eine reine Begeisterung zum Gesetzgeben haben; wir Deutsche, in denen die besten Tätigkeiten selten zu einer allgemein geltenden Form gelangen, sollten uns von ihnen die Gesetzgeber, wie die französischen Mamsellen aus Neufchâtel oder wie die Kastraten aus Neapel, erkaufen, haben wir doch dazu die fleißigen Bergleute, die mit ihrem Bergleder die Gänge der Unterwelt durchkriechen, um alles dazu nötige Erz an die ungeduldige Sonne zu bringen. Selbst das flüchtige Vergnügen, das sonst wie eine Feder in der Luft schon von dem Gewichte einer Fliege umschlagen kann, muß sich die strenge Form einer großen, bürgerlichen Ordnung gefallen lassen, wenn es in England geduldet werden will; die Langeweile, die sich sonst wohl verschweigen, aber nicht verbergen läßt, läßt sich auf diesem Wege sehr gut dahinter verstecken. Der Zeremonienmeister in den Bädern, die ängstliche Übereinstimmung im Erscheinen der jüngsten Leute fällt dem Fremden sehr auf, der sie, nach dieser strengen Erziehung zu Hause, im Auslande wie im Tummelplatze ihres

Mutwillens gesehen. Sah ich doch in der katholischen Kirche zu Dresden junge Lords ihre schmutzigen, gestiefelten Beine auf das Pult für die Gesangbücher legen, bis endlich die riesenhaften, graugelben Kirchendiener sie mit ihren Stäben berührten. Damit vergleiche man das Gesetz bei der großen italienischen Oper in London, nur Männern in Schuh und Strümpfen und im Rock den Eingang in das Parterre zu gestatten. Welche Umständlichkeiten für einen Fremden, der sich den ganzen Tag zum Sehen befleißigt und abends noch auf sich selbst sehen muß. Zu dem Gesehenwerden der Zuschauer ist das Opernhaus auch viel besser eingerichtet als zum Sehen; die Dekorationen sind meist abgerieben, das Haus so wie im Innern so von außen ohne bedeutende Verzierung, aber zahlreiche Lichter besternen die Logen, und die schönen Frauen wie Sternbilder ruhen im Kreise umher, und die Engländer von Welt, als eine schiffahrende Nation, kennen alle diese Sternbilder, weil sie teils durch ihre Schönheit, teils durch ihre Männer öffentliche Charaktere sind; manche sind auch öffentlich selbst und finden sich wie gefallene Sternschnuppen im Parterre.

Heute trat fast mitten im Stück – es wurde «Die schöne Müllerin»* gegeben – noch eine neue Schönheit hervor, wie einer von den Sternen, deren Licht noch nicht angekommen ist; das erregte die Aufmerksamkeit, als würden die Siegskanonen in

Hydepark gelöst; sei die Stimme der Sängerin noch so eindringend, die Zudringlichkeit der Neugierde ist stärker, die Liebe, ach die Liebe hat sie so weit gebracht. Die lächelnd eintretende Frau war etwas stark, aber ohne Beschwerde, Fülle ohne Überfluß, ohne jugendlich zu sein doch noch jung, die Haut sehr klar und schön gefärbt, die Augen etwas tief und verwirrt, ihr Haar blond

und künstlich gelockt, aber sehr dick; sie trug einen roten Schal. Das sah ich alles genau an, und um nicht immer wieder hinzusehen, drehte ich ihr den Rücken zu und ließ mich von dem anziehenden Sange aufzehren. Ich durstete am Ende des Stücks, als wär es ein heißer Tag gewesen; ich eilte fort, aber im sogenannten Kneifsaale, wo das Vorfahren der Wagen erwartet wird, stopfte es sich, und der Strudel riß mich endlich ganz dicht auf die vielbeschaute Schöne hin; was so viele sehnlich gesucht, das trat mir wie ein Hindernis entgegen. So unangenehm mir dies Drängen war, sie schien sehr behaglich dabei. Ich machte einen Engländer meiner

Bekanntschaft, der ihr recht fest in die Augen sah, aufmerksam auf sie; ich erschrak, als er mir fast laut sagte: «Kennen Sie noch nicht die berühmte, schöne Mistris Lee?» Engländer lassen sich nur sehr selten zum ganz leisen Sprechen herab, wie sie sich auch nur selten zum Schreien erheben; was aber das Wort berühmt anlangt, so heißt es dort meist nichts mehr, als daß es mehrmals in den Zeitungen gestanden, wie bei gewissen deutschen Gelehrten, und dann meinen sie, daß es die ganze Welt wissen müßte. Ich fragte ihn deswegen im Scherz, ob es nicht die Schwester von Lukas Cranachs Eva sei? sie hätten Familienähnlichkeit miteinander. – «Unmöglich», meinte er, «kein Mensch in England hat das je vermutet, das muß in ausländischen Blättern gestanden haben.» – Ich lachte und ging mit ihm durch manche Hand der Versuchung, weil ich die Gewohnheit habe, die Musik, die in meinem Kopfe lustwandelt, vor mir hinzusingen, was in ganz London abends nur ein Betrunkener tut. Wir traten in Neubondstraße ins Kaffeehaus und setzten uns zusammen in eine Bucht und tranken einige Gläser Nigus*; da kamen wir notwendig auf die schöne Frau, er wußte ihre Geschichte sehr umständlich von ihren Entführern, ich will sie im Auszuge ihm nacherzählen:

Ich möchte Ihnen voraus meine Ansicht von dem Charakter der drei wunderlich Verschlungenen und Verfeindeten, der Mistris Lee und der beiden Brüder Laudon und Lockhart Gordon, geben. Über die beiden letztern bin ich ganz einig; Laudon ist durchaus gutmütig, vielleicht etwas zu unentschlossen, dabei von seinen Schicksalen früher gebeugt. Lockhart könnte böse sein für jeden andern; dem er gut wäre, dem könnte er auch schlechten Rat geben, weil er ihm seine eigne Überlegenheit zur Ausführung nicht mitteilen kann. Er hat das schlechte Leben der Hauptstadt mitgemacht, ohne gerade schlechter zu sein als die übrige Schar; von allen Leidenschaften war ihm eigentlich nur die Jagd geblieben, Weiber und Spiel dienten ihm nur zur Ausfüllung müßiger Stunden. Tätigkeit war ihm Bedürfnis; er war allen dienstfertig, ohne einem dienen zu wollen. Beide trugen ihren Charakter im Gesichte und in ihrer Haltung; Lockhart, kräftiger und streng gezeichnet, reizte doch viel weniger die Frauen als die sanfte Schwermut in dem verbrannten Gesichte des Bruders, dessen Anstand durch das Soldatenleben sich auch besser entwickelt hatte. Mistris Lee wurde als Miß Daschwood mehrere Jahre bei der Mutter der beiden Gordons auferzogen; ihren Charakter zu entwickeln, mag die Geschichte dienen; Sie werden bald finden, daß sie in die allgemeine Abteilung von gut und böse nicht passen will, denn beides hat doch einen festen Grund, aber das Wunderbare in ihr, diese Mischung von Talent und Beschränktheit, von scheinbarer Bosheit und mitleidiger Güte, so etwas ist nur in einer Frau unsrer Tage zu finden, wo der Enthusiasmus früherer Jahre an der kalten Gleichgültigkeit der Mehrzahl aufbrennt, und die Luft, die daraus sich entwickelt, ist nun einmal wie alle Luft gestaltlos und unatembar, weil sie verbrannt ist. Sie war sehr früh entwickelt und gehörte zu den Mädchen, die man immer schon erwachsen gesehen zu haben glaubt; Richardsons Bücher erhöhten ihre Lebendigkeit zum festen Ideale; sie suchte sich einen bildsamen Stoff, dem sie die zugehörige Rolle übertragen konnte, und keiner war so geschickt dazu als der nachgebende schöne Laudon, den sein Bruder deswegen oft neckte. So trieben sie in gegenseitiger Vertraulichkeit ihr unschuldiges Liebeswesen so lange, bis Laudon, der ohne Vermögen war, in die Militärschule zu Woolwich gebracht wurde und Miß Daschwood fast erwachsen zu ihrer Mutter zurückkehrte. Sie hatte schon zuweilen in ihrer kleinen Geschichte mit Laudon Anfälle von kleiner Teufelei mitten in höchster Empfindung gehabt, in der ihr alle Wichtigkeiten ihres Zusammenhaltens lächerlich vorkamen, aber gerade diese Unsicherheit, dieses Umschlagen entwickelte sich jetzt sehr auffallend: sie trat in einen größeren Kreis sehr gewöhnlicher Menschen, die solche Übergänge wie eine Überlegenheit des Verstandes anstaunten und ihre ärgsten Unarten sehr anmutig fanden. Die Tage wurden gleichgültig ausgefüllt, und es kostete ihr wenig, sich einem Herrn Lee zu vermählen, der, alt und abgelebt, ihr wohl durchaus unangemessen, aber durch ein bedeutendes Vermögen sie in die Welt einzuführen versprach. Sie kannte ihn sehr bald und alle seine Schwächen, und um ihren Krän-

kungen vor allen Leuten zu entgehen, trennte er sich durch Übereinkunft von ihr, ohne Scheidung, und setzte ihr zweitausend Pfund Sterling jährlich aus. Laudon war inzwischen im sechzehnten Jahre in die Artillerie eingetreten und nach Westindien geschifft, wo er bis zum vorigen Jahre blieb. Einer strengen Sorgfalt in seinen Angelegenheiten war seine Nachlässigkeit unfähig; früh durch die hohen Verbindungen seines Hauses in der Gesellschaft reicher Leute, hatte er den Sinn für eine ordentliche Haushaltung verloren; ohne zu verschwenden, machte er Schulden und mußte wegen einer solchen Schuld das Regiment verlassen. Er kam im Oktober vor zwei Jahren nach London, um diese Angelegenheit einzurichten; das Regiment gab ihm das Zeugnis eines braven Offiziers. Er wohnte bei seinem Bruder, der inzwischen eine geistliche Pfründe bekommen und sich bei guter Jagdbewegung und gutem Leben gar stattlich ausgewachsen und gefüllt hatte; doch hatte Laudons verbranntes, trocknes Gesicht viel Reiz für die meisten Frauen der Gesellschaft; eine seiner ersten Fragen war aber nach Miß Daschwood, an wen sie verheiratet, wovon er nur ein unbestimmtes Gerücht vernommen, doch wußte Lockhart ungefähr, daß sie verheiratet, getrennt und in Wolford lebte. Ein unbedeutendes Magenübel führte ihn zu Herrn Blankett, der lange seiner Mutter Apotheker gewesen war, er erkundigte sich bei ihm gleichfalls; der erzählte ihm mehrere Umstände ihres Lebens und daß sie jetzt nach Piccadilly gezogen wäre. Das war im Dezember, er suchte sie auf, sie nahm ihn mit Vergnügen an, die ersten Ausdrücke hatten die alte Vertraulichkeit; erst nachher, wie sie einander gegenübersaßen, sahen sie, wie sie sich beide entwickelt hatten; der sanfte Laudon hatte viel ertragen müssen und, erst dreiundzwanzig Jahre alt, doch eine gewisse Sicherheit, die ihr in den wunderlichen Launen ihres Witwenstandes verloren gegangen, in denen sie jeden einmal darauf angesehen, ob er sie wohl aus dem langweiligen Alleine befreien könnte, wenn er sie auch nicht liebte; sich hinzugeben einer Liebe, hatte sie wohl in der Ehe verlernt. So saßen sie einander gegenüber, ihm fiel nichts auf, als wie das kleine Mädchen so schön zugenommen und stark geworden; ihre Hand war so voll und weich, er wog sie in der seinen, es war noch derselbe Eindruck, aber stärker, den bei mehreren hundert Meilen mehrjähriger Entfernung die schreckliche, senkrechte Sonne nicht hatte ausbrennen können, fast vergaß er der zwischenliegenden Zeit. Mistris Lee schien auch an alle älteren Verhältnisse erinnert zu werden, fragte nach Gordons Mutter, nach Lockhart, den sie sehr zu sehen wünschte bei seinem nächsten Besuche. Dann sprach sie mit Tränen von Gordons in Westindien verstorbener Schwester, ließ von ihrem Kammermädchen, der Davidson, einen erhaltenen Brief bringen, den sie wenig Tage vor ihrem Tode geschrieben, zeigte auch ihr Bildnis dem Bruder; sie fühlten sich ordentlich gezwungen, einander alles nachzuholen, was ihnen einzeln begegnet, und als er nach zwei Stunden sehr zärtlichen Abschied nahm, machte sie es ihm zur Pflicht, recht bald wiederzukommen.

Als er das nächste Mal kam, schien sie ihm doch im ersten Begrüßen fremdartig; er hatte sich in der

Zwischenzeit alles Störende andrer Gewohnheiten weggedacht, er meinte schon, sie wäre nur mit ihm beschäftigt. Nun fragte sie gleich nach Lockhart, warum der nicht mitgekommen; er sagte, sie wüßte wohl seine Jagdliebhaberei, die ihm zu Besuchen wenig Zeit und Lust übrig lasse. Sie kamen bald auf Bücher; hier war es ihm überraschend, wie er so manches in Westindien versäumt hatte, was ihr besonders lieb, sie führte fast allein das Gespräch, wünschte sein Urteil über Vaillants* Reisen unter anderm und lieh sie ihm. Er wünschte auch etwas Gelehrtes zum Gespräche zu geben, und ihm fiel nichts Besseres als eine Übersetzung des Anakreon ein; sie versicherte, daß es der einzige Dichter wäre, den sie liebte, er sollte das Buch schicken. Sie versicherte ihm, sie hätte erst nach Bath in diesen Tagen reisen wollen, aber nun könnte sie ihn nicht so bald verlassen. Das nächste Mal kam er wieder ohne Lockhart, sie sagte: «Ich errate den Grund, warum er nicht kommt, ich bin für skeptisch bekannt, doch sagen Sie ihm, daß ich nicht von Religion sprechen will.» Er versicherte ihr, daß sein Bruder wahrscheinlich nichts davon wisse und daß er zu liberal über diese Dinge denke, um daran Anstoß zu nehmen, er hätte aber so viele Bekannte. Sie versicherte ihm darauf, daß sie seit zwei Monaten nicht aus dem Hause gewesen. Laudon fürchtete in ihr einen hypochondrischen Zustand, so erschienen ihm ihre Religionsuntersuchungen, riet ihr Bewegung und schlug vor, die Christmeßpantomime zu besuchen. «Recht gern», äußerte sie, «nur fürchte ich Beleidigungen im Theater.» Laudon versicherte ihr, daß er sie wohl schützen wollte; es kam ihm aber ganz sonderbar vor. Sie lachte und sagte, daß sie einen Traum gehabt hätte, was der wohl bedeute; kurz vor dem letzten Meteor, ob er wohl damit im Zusammenhange? Das kam ihm noch sonderbarer vor, davon hatte weder Clarissa noch Westindien etwas gewußt. Er bat sich das Blatt aus, worauf sie den Traum geschrieben; er versprach, es niemand als seinem Bruder zu zeigen. Als sie ihn hierauf an einen bestimmten Tag wiederbestellte, war es ihm gar wunderlich, er versicherte, daß er mit seinen Freunden nie so gestanden, sondern wie es der Zufall beschert; – aber sie war schön und immer schöner.

Zu Hause las er gleich, den Hut noch auf dem Kopf, diesen Traum seinem Bruder vor:

«Es mochte ungefähr drei Uhr morgens sein, wie ich nachher vom Wächter erfuhr, da sah ich nach Südost sich die Sonne glorreich durch die Wolken brechen, deren Ränder vergoldet waren. Indem ich so hinsah, so herrlich hatte ich es nie gesehen, da dachte ich und rief: ‹Es ist erst drei Uhr und auf unsrer Erdseite noch dunkle Nacht, und doch bricht die Sonne durch.› Indem ich darüber nachsann, wendete ich mich Nordost und sah den Mond bleich und bewölkt, aber an seinen beiden Seiten waren zwei leuchtende Kugeln wie Sonnen, die ihn allmählich erleuchteten und zu einer Feuersäule erhoben, und indem ich ihn so mit Vergnügen betrachtete, erhebt sich daraus das köstlichste Gebäude, was menschliche Kunst nie nachbilden kann. Die Säulen waren ungeheuer und rauh aufgebuckelt mit köstlichen Steinen, der Flur gläsern, aber so hoch, daß ich den obern Teil nicht unterscheiden konnte, die Architektur so zusammengesetzt, daß ich sie nicht benennen konnte, aber alles durchdrungen von einer übermenschlichen Schönheit, Größe und Macht. Ich war in tiefer Betrachtung versunken, als mich der Wächter, der dreie ausrief, aus dem Schlaf weckte; ich konnte noch lange nachher den Traum deutlich vor mir sehen, allmählich verschwand erst das Gebäude.» –

Der Bruder lachte und machte eine zotenhafte Auslegung davon, aber Laudon wurde sehr böse, versicherte ihm, es sei viel eher eine religiöse Schwermut darin. Da setzte sich Laudon hin und meinte mit Siegsgeschrei, alles gefunden zu haben, schrieb auch gleich an die schöne Träumerin:

«*Beste Frau. Ehe ich meine Auslegung des Traumes Ihnen mitteile, den Sie mir übergaben, erkläre ich voraus, daß, so christlich meine Deutung, ich durchaus nicht als ein Ritter für das Christentum auftreten möchte, das durch Mißdeutung seiner heiligen Wahrheiten eher könnte gefährdet werden. – Die aufgehende frühzeitige Sonne ist das erste Erscheinen unsres Herrn Jesus Christus in Judäa, wie oft ist er genannt das Licht der Welt und die Sonne der Gerechtigkeit. Die mit Gold verbrämten Wolken zeigen die Dunkelheit der damaligen Welt mit Ausnahme weniger. Der Mond in Nordost bezeichnet die erste Bekanntmachung des Evangeliums, der Nord ist immer zuerst genannt, er bezeichnet das Beginnen, sein Dunkel die Erniedrigung und die Marter unsres Herrn, die beiden Feuerkugeln sind Vater und Heiliger Geist, die allmähliche Erleuchtung und Vergrößerung des Mondes zeigt den Fortschritt des großen Werks der Erlösung. Daher die Wonne bei diesem Anblick, der mit dem großen Gebäude des Christentums schloß, das kein Mensch überschauen kann. Die kostbaren Steine bezeichnen die eingeborene Schönheit der Tugend, der gläserne Flur die Heiterkeit eines wahren Christen. Die Architektur war freilich allzusehr zusammengesetzt, um in die Säulenordnungen der Menschen sich zu fügen, denn die Engel streben in ewiger Seligkeit darnach, sie zu kennen, die*

Teufel selbst glauben daran und zittern davor. Möge diese Betrachtung Ihr Gemüt beruhigen, dem ich gleiche Überlegenheit über menschliche Zweifel wünsche, als Ihr Geist über den Verstand anderer Menschen ausübt; dies ist der Wunsch Ihres ergebenen Laudon Gordon.

N.S. Ihrer artigen Aufforderung gemäß werde ich Ihnen mit meinem Bruder nächsten Freitag meine Aufwartung machen.» –

Die Brüder wurden den Freitag angenommen mit den herzlichen Begrüßungen, die zwischen alten Bekannten herkömmlich, sie sagte aber kein Wort von dem Traume und der Deutung, überhaupt erschien sie Laudon nach den ersten Begrüßungen anders, sie wandte sich viel gegen Lockhart, und was sie ihm sagte, hatte immer eine gewisse Beziehung zu dem. Lockhart sagte, daß er furchtsam gewesen, den Tag zu ihr zu kommen, da er seine Stiefeln sehr beschmutzt. Sie sagte lachend: «Ich dachte nicht, daß Sie je furchtsam wären, da Sie ein Christ sind»; dann fuhr sie fort: «Niemand soll wohl so wie ich an eine Vorsehung glauben, ich bin unglaublich unterstützt worden, als ich jede Art Not, selbst Geldnot erlitt.» – Laudon war verwundert, wie sie so sehr unglücklich gewesen, wovon sie ihm nichts bekannt, doch schob er es auf Rechnung ihres Zartgefühls, ihn nicht betrüben zu wollen. Darauf fragte sie nach Gordons Mutter, und als sie hörte, daß sie noch wohl sei, erwiderte sie: «Ich freue mich, es zu hören, es ist eine ausgezeichnete Frau, aber gestehen Sie, ihre Grundsätze sind allzu streng.» – «Wenn Grundsätze je zu streng sein könnten!» meinte Lockhart. Ohne bestimmt zu sagen, daß sie beide hier von ihrer Trennung sprachen, fuhr sie doch fort, als wenn sie sich verstanden, ihren Schritt zu entschuldigen; sie erzählte sehr rührend, wie sie von allen verlassen gewesen, welche die Natur ihr verbunden, seit sie Herrn Lee geheiratet; seine üble Sitten hätten alle zurückgeschreckt, es hätte jeder wohl gefühlt, daß sie recht täten, sich zu trennen, eben deswegen hätte es ihr niemand raten wollen, sie hätte ihre Tage in Tränen zugebracht, um nachts mit dem verhaßten, harten Manne ein freudeloses Lager zu teilen, ihrer Zärtlichkeit und ihrer Verzweiflung hätte er gleich gespottet, ein Rudel Hunde wären seine Vertrauten gewesen! Sie wurden beide gerührt, das drückte ihr Lockhart sehr lebhaft aus; da erinnerte sie ihn an die glücklichen Tage ihrer Kindheit, wo sie ohne Ursach stundenlang miteinander gelacht, sie erinnerte ihn, wie er immer so kurz angebunden gewesen, wie er sie immer kurzweg Dasch genannt, wie er an die Tür gedonnert, wenn er aus der Schule gekommen, die sie zu öffnen den Auftrag hatte, und geschrien: «Dasch, fix, ich will hinein!» Lockhart, wie alle rauhe Leute, wenn sie einmal erweicht, so bedauern sie es, nicht immer so gewesen zu sein, er mäßigte seine Stimme und versicherte: es täte ihm herzlich leid, wie rauh und plump er damals nach Schulbubenart sie behandelt, es wäre aber von ihm gar nicht so böse gemeint gewesen, wenn er sie zuweilen geschlagen, er hätte es ihr nicht anders sagen können, daß er ihr gut gewesen. – Mistris Lee antwortete: «Sie haben mich nie übel behandelt, ich habe auch alles gut aufgenommen und Sie nie verklagt, ich nahm alles als ein Zeichen von Zuneigung, ich hielt Sie für einen großmütigen, offenherzigen Knaben.» – Laudon erinnerte sie an ihr Richardsonsches Verhältnis, sie schwieg, als wäre es ihr fast vergessen, endlich wiederholte sie, daß sie zu jeder Zeit Lockhart sehr gern sehen würde. Die Brüder nahmen Abschied, Laudon wollte zuletzt im Zimmer bleiben, sie sah ihnen nach durch die Türe. Lockhart meinte auf der Straße zu seinem Bruder, es sollte ihn recht ärgern, wenn sie glaubte, er hätte sie bis dahin absichtlich vernachlässigt, er wolle künftig gelegentlich immer Karten bei ihr abgeben.

Laudon erhielt darauf folgenden Brief von Mistris Lee, es war der erste, er untersuchte erst alles daran, er war mit dem Hoffnungsanker besiegelt, die Form war etwas unregelmäßig, dann riß er ihn schnell auf und las:

«Ihre Traumdeutung ist voll Geist und gesunder Vernunft, jener in dem Durchschauen der phantastischen

Welt, diese in dem Bekenntnis, daß es nur Wahrscheinlichkeit. Hier muß ich Sie aber warnen gegen dramatische Phantasie, die sich in verschiedne Verhältnisse setzt, was der Eitelkeit schmeichelt, aber den einen natürlichen Eindruck aufhebt. Der Ausdruck: die Sonne der Gerechtigkeit für Christus, wenngleich nicht neu, ist doch sehr schön, für viele seiner Nachfolger war sie es, aber der größere Teil war unwissend und lasterhaft. Einige mystische Schriftsteller nennen ihn den Tagsquell. Ihre Auslegung von der großen Säule machte mir ein inniges Vergnügen, auch glaube ich, daß Tugend dem Menschen eingeboren, aber im jetzigen Zustande der Welt ist die Heiterkeit, die der Tugend notwendig, fast unerreichlich. Die natürliche Anziehung zu allen, die unsre Kindheit erfreuten, veranlaßt mich, um Ihren Besuch noch diese Woche zu bitten.» –

Er versäumte sie darauf ein paarmal, einmal wegen Beschäftigung, vielleicht auch aus Absicht, weil sie ihn einmal so kurz entlassen; sie schrieb ihm nochmals zu kommen, und sie kamen acht Tage darauf zusammen. Die Träume und ihre Auslegung beschäftigte sie beide lange, Laudon hatte sich von Lockhart allerlei Gelehrsamkeit dazu gefischt, er versicherte ihr, daß ihr Traum sicher wahr werden müsse, da Horaz nach der Mitte der Nacht die Zeit wahrer Träume setzt; dann erinnerte er an die schönen Worte Ovids über Träume, die alles wiedergeben, was die Abwesenheit genommen. Er kam auf Brutus, daß der sicher geschlafen, als er das Phantom gesehen; endlich auf Alexander, der vor dem Anfange des persischen Krieges träumte, ein alter Mann in fremder Kleidung komme ihm vor einer ihm unbekannten Stadt entgegen, aber er werfe sich aus Ehrfurcht vor ihm nieder. Vor Jerusalem sah er diesen alten Mann des Traums, es war der Hohepriester der Juden, und er warf sich vor ihm nieder. – Mistris Lee fügte sich endlich in die Meinung, daß Träume wohl zu guten Zwecken ausgesendet sein können, und fuhr fort: «Wenn das ist, so habe ich Ihnen etwas Eigenes mitzuteilen, was mir träumte.» Laudon fragte. Sie hielte es für Schuldigkeit, fuhr sie fort, Laudon in Zeiten zu warnen, sich nicht in sie zu verlieben, sie verlangte deswegen, so oft er käme, möchte er sie gleich als ganz alt und häßlich denken; da sie wenig ihrer selbst bewußt wäre, so möchte ihr Reiz ihm um so gefährlicher sein. Laudon ergriff ihre Hand, sah ihr in die Augen und sprach: «Es ist zu spät diese Vorsicht, ein Glück für mich, sie ist zu spät; mein Glück ist in Ihrer Hand und war von meiner Kindheit nur in Ihnen und bei Ihnen. Gedenken Sie, wie ich halbe Nächte vor der Tür Ihrer Schlafkammer Ihnen vorgelesen, wie ich für Sie mit dem starken Lockhart mich oft geschlagen, und wahrlich, es war der traurigste Tag meines Lebens, der mir anzeigte, daß Sie die Arme eines andern umschlossen.»

Sie fragte: wie er diese Nachricht empfangen? es wäre ja nur kindische Anhänglichkeit gewesen zwischen ihnen, wie sie sich darauf hätte verlassen sollen. Laudon: «Und doch ist diese ganze Anhänglichkeit noch in mir, und tausendfach andre von diesen Tagen.» – Lee: «Nun wohlan, so mag ich's gestehen, ich liebe Sie noch wie immer», und da legte sie sich über den Tisch und deckte ihre Augen, ergriff aber Laudons Hand: «Was haben Sie sich vorgenommen? Wollen Sie mit mir in diesem Hause zusammenleben? Auch wenn Sie es wünschten, es geht nicht, mein Mann wohnt nur zwei Straßen von hier.» – Laudon sprang von seinem Stuhle auf und küßte sie vielfach und sagte, er habe keinen Plan, aber was ihr lieb, das wollte er unternehmen. Sie schien sehr zufrieden, es war der unschuldigste Augenblick ihres Lebens, es hatte sie alles überrascht, ohne sie zu erschrecken; der Zufall wollte es gut, aber der Mensch tut meist etwas zu viel. So fragte sie, was die Welt zu ihrer Verbindung sagen würde. Laudon: «Die Liebe ist nicht umsonst leicht geschwingt, um sich über menschliche Bande zu erheben.» – Und da wurde sie unendlich freundlich, legte ihre Hand unter sein Kinn: «So ist es wirklich dein Ernst, daß ich deine kleine Frau werde?» – Laudon seufzte: «Noch verbieten die menschlichen Bande, daß du etwas anders als meiner Seele Herrscherin bist.» Da beweinte sie herzlich ihre unbesonnene Heirat und sprach

von Entführung; sie wurden immer lebendiger miteinander, und sie brach mit einer Art Erschrecken ab, ging zum Bücherschrank und holte ein geschriebenes Buch heraus, worin sie manches aus Browns Gedicht* von der Unsterblichkeit abgeschrieben, sie las daraus vor und gab es ihm. So schwer es ihm wurde, nahm er Abschied, er ging nach Hause, hatte aber keine Ruhe, er wollte lesen, hatte aber keine Achtsamkeit, er meinte, daß er etwas versäumt habe, und lobte sich doch, daß er ihre Güte nicht mißbraucht. Der Tag verging, da sah er, Lust an Lust gedrängt, Männer und Frauen auf den Straßen, diesen heimlich, jenen öffentlich, er wollte nur vor ihr Haus schleichen, um zu sehen, ob sie noch wachte. Ganz leise schlich er hin, da sah er Licht, es war eilf Uhr; er klopfte an, der Bediente sagte, die Frau wäre zu Bett. Er wollte es nicht glauben, er sagte, er habe ihr eine wichtige Neuigkeit zu sagen. Der Bediente kam zurück, daß sie schon schliefe; er sagte, daß er den Morgen wiederkommen würde, durchlief die Straßen nach allen Richtungen und warf sich angekleidet auf sein Bette. Am Morgen war er wieder bei ihr, die Magd öffnete die Tür und gab ihm gleich ein Briefchen in die Hände, er öffnete es heftig und las:

«Ich kann Ihre Übereilung der vorigen Nacht nur aus Trunkenheit erklären, ehe Sie sich nicht entschuldigt, kann ich Sie nicht wiedersehen; wenn Sie mich nicht als Freund meiner Kindheit wiedersehen können, so ist es besser, wenn wir alle persönliche Bekanntschaft abbrechen.» –

Er konnte nicht antworten und ging taumelnd zur Türe hinaus; am Abend gab er im Flur einen Brief ab, der unter hunderten, die er zur Entschuldigung geschrieben, der letzte und der schlechteste war:

«Verehrte Frau. Mit Recht schreiben Sie meinen späten Nachtbesuch der Trunkenheit zu – meine Seele war trunken von einem köstlichen Trank, den meine Lippen auf Ihren Lippen eingesogen. Den Wein verschmähten sie seitdem, kein Tropfen war über meine Lippen gekommen, ich aß zu Hause. Vergeben Sie diese einzige Handlung meines Lebens, die Sie geängstiget; bringen Sie mich nicht zur Verzweiflung, sehen Sie mich und mögen Sie mich wie einen Negersklaven, wie einen Hund behandeln, ich will es dulden, ich habe es verdient, aber sehen muß ich Sie.» –

Sie las dies und bat Laudon, heraufzukommen, die Magd war hinausgegangen; Laudon kniete zu ihren Füßen und sah sie ernst an. Sie lachte bei dieser tragischen Stellung und meinte: «Laudon, es war doch nicht recht von Ihnen, so spät zu kommen, warum nicht früher?» Laudon sah jetzt ihre gute Stimmung, küßte ihre Hand und stand auf und erzählte ausführlich, wie ihn seit den Küssen ein eigner Geist umfangen und er seiner fast nicht mächtig gewesen; es wäre der Wein, der so viel Jahre in dem Keller seines Herzens gereift, der sich den Abend Luft machen wollen. Ein Tisch stand zwischen ihnen, sie sagte, er möchte seinen Stuhl rücken; er rückte ihn dicht zu ihr, sie näherte sich ihm auch, sie drängten sich aneinander, und ein Entführungsplan entwickelte sich allmählich zwischen ihnen, von dem eigentlich keiner sagen konnte, wem die Ehre der Erfindung gebührte; nur zeigte sie, was nie sein sollte, mehr Überlegung und Zuversicht dabei als er, kleine Hindernisse brachten ihn gleich außer Übersicht. Er schlug Wallis zu ihrer Zuflucht vor, sie wollte aber in kein Walliser Wirtshaus; er versprach, ein Landhaus dort zu verschaffen. Nun fragte er sie, ob sie ihre Leute mitnehmen wollte? – «O nein», rief sie, «ich kann ohne Bedienung reisen, und nachher nehmen wir welsche Mädchen an.» Besonders, meinte sie, müßte die Entführung ihrem Mädchen, der Davidson, verheimlicht werden, die wäre lange im Hause des Herrn Lee gewesen, sie glaubte, daß die ein Spion von Herrn Lee, doch sie hätte sie gerade angenommen, damit niemand ihr einen Vorwurf wegen ihrer Lebensweise machen könne. Die Vorsicht brachte sie auf Betrachtung ihrer künftigen Einnahme, ihr Haus schien ihr zu kostbar; sie nahm ein Buch, Laudon meinte, es wäre vielleicht ihr Rechnungsbuch, sie suchte darin und zeigte ihm dann eine Stelle, da stand von ihrer Hand geschrieben: «Es ist mein Entschluß, den Rest meines Lebens in Gesellschaft eines Mannes zu verleben und mit ihm einer Sekte in Deutschland zu folgen, die mit Ausnahme der Heiratlosigkeit ein mönchisch Leben führt, denen Herrnhutern.» – Sie wollte ihm damit beweisen, daß es überlegter Entschluß, kein Taumel; darauf sprach sie: «Sie sehen, wie notwendig es in diesem Falle ist, Haus und Diener abzuschaffen.» – Dann fügte sie hinzu, daß sie bis zum Februar kein Geld zu einem solchen Unternehmen habe; Laudon, dem sein Bruder Geld versprochen, sagte, daß er damit versehen, und sie möchte auf morgen den Anfang ihres Glückes setzen. – «Warum so im Sturz?» fragte sie, «haben Sie Ahndung von einem Übel, das mir bevorsteht?» – «Keine, als daß die längere Vorbereitung zu diesem Unternehmen Ihnen Sorge macht und unser Glück stört.» – «Aber ich möchte noch einen treuen Ratgeber fragen, und ich bin so ganz verlassen.» – «Legen Sie Ihr Haupt auf meine Brust, und die Sorge wird sich teilen zwischen zwei Herzen, und Sie sind erleichtert.» – Sie fiel ihm um den Hals und rief: «Ja, wohl ist dies Auslegung meines Traums, es muß eine wesentliche Änderung meines Schicksals folgen; Sie werden das Haus mir werden, wo Schönheit, Größe und Macht mich ganz erfüllt, und die Dreie ist Ihre Treue. Aber was wird Ihre Mutter, was wird Lockhart sagen? Die Mutter würde es sicher verdammen, sie las immer gegen jeden bösen Willen aus dem Neuen Testamente vor.» – «Ist es denn böser Wille?» – «Also soll ich wirklich Ihre kleine Frau werden?» – «Aber ein Zeichen muß ich haben von Ihrem festen Willen zur Entführung!» – Erst schien sie nicht darauf zu hören, nachher gab sie ihm ihr Halstuch: «Es ist mit neun bezeichnet, eine vollkommene Zahl.» – Nach mancher Rede wurde alles auf den zwölften festgesetzt; zwei Tage sollte er nicht wiederkommen, um Argwohn zu entfernen. Um eilf Uhr ging Laudon reich an Küssen und an Hoffnungen von ihr fort, das mystische Halstuch vor seinem Munde, um die fremde Luft, die er einatmete, sich wert zu machen. Das absichtlich Geheimnisvolle ist ein schrecklicher Abgrund dem, der sich nicht mit seiner ganzen Natur darin versenken kann, und den Eingängen der Kohlenschachte zu vergleichen, wo man ersticken müßte, wenn das Sinken der Herabgelassenen durch die verdorbene, ausströmende Luft nicht so schnell wäre, daß jeder noch zur rechten Zeit in der Tiefe anlangt, ehe er das Bewußtsein ganz verloren. War es doch auch ein Tuch, was Othellos ganzes Gemüt verwilderte, ein Tuch, das ganz der Liebe ergeben machen sollte. Kaum war Laudon zu Hause, so schrieb er ungeduldig:

«Du setzest meine Standhaftigkeit auf zu strenge Proben, zwei Tage von dir getrennt zu leben; flieht, ihr langsamen Stunden, ich unterwerfe mich eurem Joche, aber ich kann es nicht lassen, darunter zu seufzen und dich zu begrüßen, du einzig Anbetungswürdige, deren Willen ich mich unterworfen habe.» –

Sein Brief war kaum mit der Fußbotenpost angekommen, da überraschte ihn bald eine Antwort von Mistris Lee, die wir uns sehr leicht erklären können. Wir würden ihm gesagt haben: Wer noch lebendige Hoffnungen in sich nährt, kommt leicht zu einem Entschluß, aber nur die Gewohnheit der Tätigkeit und des Handelns gibt ein sicheres Durchführen; eine Frau, die meist durch Hilfe andrer die Geschäfte gelenkt hat, kann nicht gut für sich allein bleiben, wo sie auf eine neue Art erregt ist, sie sucht die alten Freunde auf, deren Rate sie sich durch manchen guten Erfolg unterworfen. – Sie ging zu ihrem Sachwalter, der ihre Ehetrennungssache besorgt hatte; wir entschuldigen sie, sie war verheiratet, sehr unglücklich verheiratet gewesen, und die Kraft der Unschuld schützte sie nicht mehr. Der Sachwalter sah die Begebenheit einzig aus dem Gesichtspunkte ihres künftigen Unterhalts, ihr eignes Vermögen war nicht groß, Gordon hatte nichts, und das Jahrgehalt von ihrem getrennten Manne mußte notwendig nach einem solchen Schritte aufgegeben werden; er fragte nachher besorgt, ob sie Gordon näher kenne, kindische Neigung täusche, sechs Jahre unter fremdem Himmel ließen wenig vom alten Menschen übrig, es wäre die Frage, ob er sie nicht einzig zu gewinnen suche, um aus dem Bedrängnis seiner Schuld zu kommen und nachher, wenn er ihren ersten Reiz genossen, wieder als Soldat in die neue Welt zu gehen. Sie zweifelte und war schwach genug, diesen Brief von ihm an Laudon sich diktieren zu lassen:

«*Sie haben an jenem Abend meine bedrängte Lage treu aufgefaßt, aber Ihr Mittel, sie zu erleichtern, scheint mir jetzt sehr sonderbar: Sie gewinnen viel dabei, und ich verliere das wenige, was mir übrig geblieben; weder Ihre Lage noch Ihr Alter versprechen mir den Schutz, der mir notwendig. Fragen Sie Ihr Herz, Ihren Verstand. Wäre Vergnügen meine Absicht, jetzt wäre weder Geist noch Körper dazu aufgelegt; wir beide müssen das Urteil der Welt höher achten. Sie nennen sich meinen Freund, zeigen Sie es durch Aufopferung Ihrer Leidenschaft. Als Knabe sah ich Großmut in Ihnen aufkeimen, zeigen Sie mir, daß die Zeit und der fremde Himmel sie nicht zerstört haben, sondern gereift. Sie unterwürfen sich meinem Urteile, sagen Sie, ich fordere die Erfüllung Ihres Versprechens. Mein Entschluß ist gefaßt, und wer ihn nicht unterstützt, kann mein Freund nicht sein, dies teilen Sie Ihrem Bruder mit und glauben Sie, daß ich bin Ihre ergebene Lee.»* –

Ein kleiner tückischer Geist spielt zuweilen mit den menschlichen Worten und macht oft gerade die zuschanden, die ihr Leben mit Wortabwägen und Wortverdrehen zugebracht haben. Der Schluß dieses Briefes, den der Sachwalter so deutlich meinte, den Entführungsplan kurz abzubrechen, brachte gerade in dem scharfsinnigern Kopfe des Liebhabers alles zur Ausführung; der Anfang war ihm wunderlich, aber er erklärte ihn aus einer Vorsicht, wenn der Brief in fremde Hände fiele, vielleicht aus einem Wunsche, ein schriftliches Versprechen seines Entschlusses und der Mitwirkung seines Bruders zu haben, in dessen Charakter sie großes Zutrauen setzte. Hätte im Schlusse nur ein Wort gestanden, daß die Entführung nicht stattfinden könnte, daß er den Tag nicht zu ihr kommen sollte, so wäre noch alles zu retten gewesen. Laudon, dem die Angelegenheit im ganzen neu war, drängten sich nun mancherlei Schwierigkeiten vor, er teilte diese und den Brief dem Bruder mit und bat um seine Beihilfe. Lockhart sagte: «Ich habe dich die ganze Zeit beobachtet und finde jetzt den Entschluß in dir fast rätselhaft; was ich dir helfen kann, das bleibt dir sicher, aber bedenke wohl, daß Beihilfe nicht alles allein tun kann, und daß da nicht gut helfen ist, wo nicht einer so etwas auch ohne Hilfe vollbringen kann.» – Laudon wurde böse. – Lockhart fuhr fort: «Du erinnerst mich an den kleinen Laudon, der sich immer so wild gegen die andern Buben anstellte und den ich doch endlich immer aus der Patsche heraushelfen mußte, das ist bei dem erwachsenen Laudon – der Teufel hol mich – nicht möglich, denn – Schwerenot – mit dem Manne, mit dem Bruder und vor den Gerichten mußt du deine Sache doch allein ausmachen. Ich will dir nicht raten, da müßte ich ja Tinte gesoffen haben, aber was du nun willst, ich bin dabei.» – Laudon ging zweifelhaft im Zimmer umher: «Es ist zu weit, sie will es, sie schreibt mir, daß sie entschlossen, du mußt mit.» – «Gut, Hand darauf», sagte Lockhart, «das Abmahnen von einem tollen Streiche ist so nicht meine Sache, das treibt mir einmal das Blut in andre Adern.» Da rieb er sich die Hände, ging auf sein Zimmer, brachte ein Paar Pistolen mit einem Zettel dabei an seinen Bruder, der eben einen Brief an seine schöne Herrin geschrieben:

«Meine teuerste Frau. Mein Glück liegt in deiner Beistimmung, das Vorurteil hast du überwunden. Der Schutz, den ich dir erbiete, ist die Stärke meines Körpers und meiner Seele, die der Gefahren gewohnt. Mein Alter hat das Unglück gereift. Meine Glücksumstände, unangemessen meiner Geburt, sind durch ein reines

Bewußtsein erträglich. Mein Herz hab ich befragt, ich würde es ausreißen wäre es dir nicht ganz ergeben, mein Verstand billigt die Wahl des vollkommensten Wesens. Lust ist nicht die Triebfeder meiner Handlung, aber die Einigung gleichgeborener Geister wird nur in der körperlichen Vereinigung vollkommen; gehorche dem ersten Gesetze Gottes und der Natur. Die Welt ist deiner unwürdig, was solltest du ihre Meinung fürchten; nein, die darf nicht deine Treue erschüttern. Mein Bruder wird selbst dir zusprechen; kaum kann ich ausdrücken, was ich selbst für dich fühle.» –

Lockhart setzte sich hin und schrieb gleich darunter:

«Geehrte Frau. Ich billige von ganzer Seele, was mein Bruder Ihnen sagt. Betrügt Sie Laudon, so schlag ich ihm den Grind ein, und dann sind wir beide verdammt, wie wir es dann auch verdient hätten. Starkes Gefühl bricht die Bande des Zeremoniells und wählt die ungebildete Sprache der Natur. Sie finden in Lockhart einen Freund, der einen Kopf zum Begreifen, ein Herz zum Fühlen und eine Hand zur Ausführung hat, wo irgendwas zu Ihrem Glücke geschehen soll. Lockhart.»

Laudon brachte die beiden Briefe selbst. Nachdem sie gelesen, wurde er zur Frau hinaufgerufen. Wie überraschte es ihn als er von ihr mit einer halben, zitternden Stimme hörte, sie hätte ihren Ratgeber gesprochen, der hätte ihr die Entführung sehr abgeraten; sie sollte auf ihrem Grund und Boden halten und bestehen bleiben, würde sie fliehen, so würden sicher alle Höllenhunde auf sie losgelassen. – Doch seine Gegenwart unterdrückte den guten Rat so bald, daß sie bei seinen ersten Vorstellungen ihren Entschluß ganz vergaß und zum Montag die Entführung verabredete. Laudon sprach freier, es schien ihr heimlich zu gefallen. Sie sagte, eh er das nächste Mal sie besuche, sollte er ihr Bild beim Maler Cosway* sehen. Laudon war wieder verwundert, daß sie noch für den Tag an so etwas dachte; er schwur ihr, daß sie ihn nie wiedersehen würde, wenn die Entführung nicht erfolgte. Sie versprach alles und spielte mit seinen Fingern; für den Sonntag bat sie ihn zum Essen, er sollte Lockhart mitbringen, alles sollte dann ins Geleise kommen.

Er sprach nachher mit seinem Bruder, der die Sonderbarkeiten geradezu für kleine weibische Ziererei hielt, die nie etwas vollständig zu tun gestattete. Lockhart selbst war in allem, was er einmal ergriffen, sehr eifrig, er sagte seinem Bruder, daß er durch Nachgiebigkeit gegen solche Grillen ihr Narr würde, er müßte Sonntag dem Faß den Boden ausstoßen, sie müßte entweder Sonntag entführt werden, oder das wäre ein Hund, der ihm nachsagte, daß er weiter was damit zu tun habe. Sonntags um vier kamen die Brüder zum Essen, die Stille der Stadt, die Erinnerung, wie sie mit der kleinen Dasch sonst in die Kirche gehen mußten, machte sie alle recht vertraulich. Mistris Lee öffnete ein Fenster, sie fand den Tag ungewöhnlich frühlingsluftig, es müsse eine seltene Sternenjunktur am Himmel sein. «Hat Sie sehr überrascht», fuhr sie zu Lockhart fort, «was Ihnen Laudon gesagt?» – Lockhart versicherte, er wäre schon ein paarmal bei solchen Geschichten gewesen. – «Aber», sagte sie zweifelnd, «wird Laudon in einem Jahre andern Weibern nachlaufen?» – Laudon fiel ein, daß ihre Schönheit die beste Sicherheit dagegen bleibe. Lockhart, der gar nicht daran dachte, daß noch irgendein Zweifel sein könnte, behauptete jetzt: es wäre durchaus das Beste, noch diesen Abend in einer Postchaise die Stadt zu verlassen. Mistris Lee lachte, sie hielt es für Scherz; das Essen war fertig, und während des Essens konnte wenig über die Hauptsache gesprochen werden, da der Bediente immer gegenwärtig blieb. Mistris Lee trank Lockhart einen Freimaurergruß zu und wiederholte ihn mit Laudon, auch gab es mancherlei Anspielung, man trank mit Lust und also viel; sie saßen bis sieben und sprachen meist über Kleinigkeiten, da zog Lockhart seine Uhr heraus und sagte: «Die Postchaise wird gleich hier sein.» – «Welche Postchaise?» fragte sie. – «Die Postchaise, in der Sie mit Laudon nach Wales reisen.» – Sie lachte ungläubig-mädchenhaft: «Ist es Ernst damit?» – Laudon: «Wie froh bin ich, daß es Ernst ist, unsrer beiden Wünsche werden erfüllt, aber Entschlossenheit ist jetzt durchaus Pflicht.» – Lockhart: «Gib doch dein kleines Geschenk unsrer schönen Wirtin.» – Laudon hatte schon etwas den Kopf verloren, er hielt einen Ring in Händen und wußte nicht, was er damit machen sollte; Lockhart steckte ihr den Ring an und sagte: «Es ist für jetzt das einzige Zeichen seiner Anhänglichkeit.» Mistris Lee, zwar in heftiger Bewegung, schob doch den Ring zurück, er lag auf dem Tische, sie sprach von Schutzlosigkeit. Lockhart: «Wir sind völlig bereitet zu unsrer Reise, wir haben Pistolen zu Ihrem Schutze.» – Die Verwirrung der armen Frau stieg aufs höchste; der ganze Entführungsgedanke war in ihr mehr ein bloßes Rettungsbild gewesen, sie hatte nie an die Gefahren der Ausführung gedacht. Sie griff in Lockharts Tasche, holte ein Pistol heraus, besah es und steckte es wieder hinein, dann fühlte sie an Laudons Taschen. Lockhart bat seinen Bruder nach dem Wagen herunterzugehen, die Frau bat er ein Reisekleid und etwas Leinen mitzunehmen. Sie wollte es nicht und klingelte dann und ging in ihr Schlafzimmer; die Davidson war darin, sie sagte ihr in höchster Verwirrung, fast als wäre ihre Seele vor Schreck auswendig herausgegangen und sie spräche mit sich: «Da ist ein Plan, mich wegzuführen, sie haben auch Pistolen!» Zerstreut kam sie zurück, das Mädchen wußte nicht, was sie daraus machen sollte. Lockhart ging herunter, als der Wagen in der Nähe hielt.

Laudon stand einen Augenblick unten in Gedanken, er sagte ihm, daß er Mistris Lee nicht sollte allein lassen, um alle Unvorsichtigkeit zu vermeiden. Er trat ins Zimmer und fand sie kniend auf einem Stuhl, das Gesicht gegen die Lehne, sie betete, um ihr Gemüt zu sammeln; es war aber nicht möglich, ihre Glieder flogen vor Überraschung, sie hatte kaum Atem. Er umarmte sie und bat, daß sie ihr Kleid anzöge, sagte auch, was ihm sonst für den Moment wichtig schien. Hätte er sie doch nicht in ihrer Andacht gestört! Sie sagte ihm: «Ich kann noch nicht, ich bin noch nicht vorbereitet!» – Er faßte ihre Hand, als Lockhart ins Zimmer trat und zurief: «Alles ist fertig, kommen Sie, Mistris Lee.» Die Davidson und der Bediente stellten sich in den Weg; jene sagte: «Unsre Frau soll nicht aus dem Hause gehen.» Laudon führte sie aber neben den beiden Leuten vorbei, und als die hinter ihnen Lärm machen wollten, drehte sich Lockhart um und beschwichtigte sie augenblicklich, indem er ein Pistol vorzog. Indem Laudon sie zum Wagen führte, der etwa hundert Schritt vom Hause hielt, begegnete sie einem Mann, der sie anblickte, sie fragte ihn erschrocken: «Wer seid Ihr, kennt Ihr mich?» Laudon beruhigte sie, sie stiegen in den Wagen; da fragte sie, ob ihre Haustür zugemacht. Laudon antwortete: «Lockhart ist noch dort.» Der aber kam mit Laudons Überrock, den der vergessen, und indem er das Geschrei der Diener wieder erwachen hörte, sagte er nach seiner Jägerart: «Fahr zu, Schwager, oder ich schieß dich nieder.» – Mistris Lee wußte wenig von sich; bald fiel es ihr ein, sie müßte sich stärker zeigen, und fragte: «Hab ich nicht meine Gegenwart des Geistes gezeigt?» Dann fragte sie wieder, ganz als wäre nichts vorgefallen, ob wohl Feuer im Wohnzimmer angemacht wäre? – Ihr Zittern löste sich allmählich in eine fieberhafte Wärme auf; sie umarmte Laudon sehr oft und suchte den Ring von seinem Finger zu ziehen, den sie vorher auf dem Tisch liegen lassen. Er kam ihr zu Hilfe und steckte ihn an ihren Finger. «Gott behüte», sagte sie, «du steckst ihn an die unrechte Hand.» Sie nahm ihn selbst und steckte ihn an die Linke, wo Trauringe getragen werden: «Ich muß mich in die Gewohnheit der Welt fügen.» – Lockhart: «Ich hoffe, er paßt gut.» – Mistris Lee: «Recht gut.» – Lockhart: «Ein gutes Zeichen.» – Mistris Lee: «Da hab ich noch einen Ring, eine Schlange, die sich in den Schwanz beißt, es ist eine alte Freundschaft, er wird diesem nichts zuleide tun.» – Sie ließ darauf ein Fenster nieder. Lockhart: «Ich glaube, Sie warfen etwas weg?» – Mistris Lee: «Mein Halsband, woran eine Kampferbüchse hing mit Zeichen, geweiht gegen alles sinnliche Vergnügen, nun brauch ich sie nicht mehr; hab ich nicht recht, sie wegzuwerfen?» – Laudon meinte gern, daß sie recht hätte. – Lockhart sprach darauf von seiner Rückkehr nach London. Mistris Lee, die ihn gar nicht aus den Augen ließ, behauptete, es würde schändlich sein, wenn er sie so verließe, die Welt würde es ihm nie verzeihen. Lockhart: «Es war nie im Plan, mit Ihnen zu gehen, ich habe keine Kleider, ich habe ein wichtiges Geschäft in London und muß morgen auf einem Ball erscheinen, allen Verdacht zu entfernen.»

Mistris Lee: «Ich meine, da werden Sie allen hübschen Mädchen erzählen, daß ich mit Laudon davongegangen.» Lockhart: «Wie können Sie so scherzen, es ist ja außerdem viel zu sehr mein eigner

Vorteil, daß alles geheim bleibe.» – Sie stritten sich lange, aber Frauen in Not hören selten Gründe; sie hatte sein festes Gesicht so notwendig zu ihrer Ruhe, daß er endlich nachgeben mußte, so sehr es ihn in Ungelegenheit setzen konnte. Als er das zugegeben, wurde sie so aufgeräumt, daß sie jeden

darauf ansah, der im Dunkel vorüberstiefelte, was er von ihr denken mochte; dann versteckte sie sich wieder, wenn sie der Laterne von Chausseehäusern sich nahete, sie drückte sich so eng an Laudon, daß es Lockhart ärgerte, der heilig schwur, er sähe so was im Fahren durchaus nicht gern. Das gleichförmige Rollen des Wagens erregte endlich allgemeines Nachdenken und Stille, sie schlief über die Stille ein und erwachte in Tetsworth, wo die Wirtsleute schon zu Bette waren. Laudon suchte ein Schlafzimmer aus, zwei Betten in mäßiger Entfernung, ein einzig Bild in dem ganzen Zimmer, Hoffnung mit dem Anker, Glaube mit dem Buche, Liebe mit dem Kinde; gottlob, daß es wenig Zimmer in Altengland gibt, wo nicht eine dieser Gottheiten ihren Altar hat. – Das Abendessen war gut, aber sie waren einander zu nahe und doch zu wenig geübt, um über ihre Angelegenheiten sich auszureden, das Fernste war ihnen das Liebste, und so sprachen sie von ägyptischen Pyramiden, von Hieroglyphen, und die drückten ihnen manches aus. Es ist etwas Wunderliches, die Erwartung kann dem Menschen oft überlästig werden, und er möchte im Buche seines Lebens dann nur erst einmal blättern, eh er es ausführlich zu lesen braucht. Sie gingen auseinander. Mistris Lee wollte Lockhart etwas Artiges sagen, er sah sie aber so hart an, daß es ihr nicht möglich war.

Sie ging in ihr Schlafzimmer; wie erschrak sie,

als sie sich allein fand, sie hatte nie allein geschlafen und abends vor jedem einsamen Zimmer eine Furcht: nun hier in der Fremde wieviel mehr Schrecknis! Die Davidson hatte nach ihrer Ehetrennung in ihrem Zimmer geschlafen; sie fragte die Magd, ob sie bleiben wollte, der war es unmöglich, weil einige Postkutschen nachts einsprächen. Sie setzte sich unentschlossen aufs Bett, die Magd ging heraus, um in dem Zimmer der Herren aufzuwarten; Laudon sagte ihr, sie möchte nur die gnädige Frau fragen, ob sie etwas beföhle. Die Magd bestellte dies im Namen ihres Mannes, sie glaubte, er wäre es, und die arme Mistris, welche die ganze Zeit im Schrecken der Einsamkeit zugebracht, wußte nichts zu antworten, als daß sie noch nicht zu Bett wäre, weil sie nicht allein schlafen könnte. Als Lockhart die Antwort hörte, sagte er zu seinem Bruder: «Gehst du nun nicht gleich, so schieß ich dich nieder!» – Da sprang Laudon herunter; wie war es beiden so wunderbar, und kein Mensch im Hause gab darauf Achtung und neidete die Glücklichen, die für alte Eheleute gehalten wurden. – Da Laudon sehr spät aufwachte, so ließ sich Lockhart Tinte und Feder geben, arbeitete eine schöne Trauungsrede aus, die er erst gegen Mittag den beiden zu halten Gelegenheit fand. Mistris Lee dankte ihm errötend: «Ich habe heute schon früher Ihre Klugheit zu bewundern Gelegenheit gehabt; ich besah Laudons Pistolen und fand

dabei diesen Zettel, Ihr Rat wird uns immer wie Ihre Gesellschaft willkommen sein.» – Auf dem Zettel stand geschrieben: «Zum Schutz deiner Ehre und einer beleidigten Frau schenke ich dir diese Pistolen, sie opfert dir alles, gib ihr alles in deiner Liebe und Achtung, vermeide den ersten Streit wie den ersten Überdruß, schlaft in abgesonderten Betten, zieht Euch nicht im selben Zimmer an, sei auch im Sprechen zarter als ich, brauche, aber miß-brauche nicht die geheimnisvolle Freude: dies sind die Resultate mancher Beobachtungen.» – Mistris Lee verteidigte gegen ihn das Schlafen in *einem* Bette, weil es in ganz Altengland für das Zeichen glücklicher Ehen angenommen wird; Lockhart widerlegte und wurde fast unhöflich, sie aber tief gekränkt, als er nun fort wollte nach London, äußerte wieder den Verdacht, er wolle auf ihre Unkosten die hübschen Mädchen unterhalten. – Lockhart konnte sie nicht begreifen, fast wollte sich Laudon ein Ansehen über sie geben, er wurde aber abgeführt; wir wollen das Rätsel lösen. Erst hier hatte sich Mistris Lee gestanden, nachdem sie mit Laudon verbunden, daß sie eigentlich von Jugend auf Lockhart geliebt, aber bei seiner Ungeschliffenheit mit Laudon von je die Liebe nur gespielt habe; sie seufzte jetzt über dem Abgrunde wunderbarer, tiefer Irrung, in den sie immer tiefer hinabsank; da war kein Ausgang, sie wünschte sich, beleidigt zu sein, um sich rächen zu können. Die Launen sind des Teufels Gewalt auf Erden, sie sah voraus, daß sie ohne einen schnellen Entschluß für immer von Lockhart getrennt sein würde, der eine Reise nach Ostindien sich vorgesetzt hatte; ihr Gram hatte keine Grenzen, die Ähnlichkeit mit seinem Bruder, und daß er es doch nicht war, machte ihr den hübschen Laudon zum Schreckbild, zur Geistererscheinung. Sie ging verwirrt zur Wirtin, zu Mistris Edmonds, sie konnte vor einer Frau sich nicht schuldig angeben, sie sagte, daß sie gewaltsam entführt sei. «Entführt», ruft eine Stimme, sie hatte niemand im Zimmer bemerkt, «entführt? Mistris, sind Sie Herrn Lees Frau, der Sie im andern Wirtshause gegenüber sucht?» Mit den Worten springt er zur Tür hinaus, sie will die Brüder retten, den Liebsten und den Vertrautesten, da dringen mit ihr zugleich Herr Lee und mehrere Gerichtsdiener herein. Lockhart glaubt sich von ihr verraten, als der Gerichtsdiener ihr zuruft: «Sind das die gewaltsamen Entführer, über welche Sie sich beklagen?» Lockhart ergreift sein Pistol, drückt es gegen Mistris Lee ab, aber das Pulver brennt von der Pfanne. Er und sein Bruder sind von der Menge überwältigt, sie werden gebunden und nach dem Gefängnis gebracht, Mistris Lee fährt mit Herrn Lee wie im Triumphe nach London, von ihrem Hause wie eine Befreite empfangen, und wie hart liegt sie gefangen! Ihr verhaßter Mann ist durch das Auffallende des Vorgangs ihr neu verbunden, sie darf ihn nicht aus dem Wahne reißen, daß alles mit ihrem Wissen geschehen, will sie dem Lockhart nützlich sein, der durch den bestimmten Vorsatz, sie zu ermorden, das Leben verwirkt hat. Was wollen wir die verwickelten Ratschlagungen der besten Rechtsgelehrten durchgehen? soviel Wahrscheinlichkeit die Aussage der Brüder hatte, daß sie mit eigener Einstimmung ihnen gefolgt, so waren das doppelte Bekenntnis der Frau an die Davidson und an die Wirtin sowie Lockharts Pistolenziehen im Ausfahren und nachher allzu strenge Beweise gegen sie. Nur durch Herrn Lees Vermittelung (seine Frau veranlaßte ihn dazu nach tausend Liebkosungen) veränderte die königliche Gnade Lockharts Todesstrafe in eine mit seinem Bruder gemeinschaftliche Verbannung nach Botany-Bay*. Wie Mistris Lee seitdem gelebt hat – es ist wahr, aber kaum glaublich: nach den ersten Schmerzen schien die Freude die Hoffnungen ihrer Jugend ausgekämpft zu haben; was sie je mit höherer Gewalt getrieben, ist mit einem Kinde ausgeboren, dem sie alle ihre Zärtlichkeit zugewendet, sie gefällt sich jetzt in der Gewöhnlichkeit ihrer Welt und ihres Mannes. Sie sahen ihr behagliches Wesen in der Oper, sie war zum ersten Male darin. Ihr Mann ist selig bei ihrer gleichen, unveränderlichen Unempfindlichkeit, die Trennung hörte gleich auf, sie hat ihm dies Kind geboren, ungefähr neun Monat nach ihrer Entführung, was ihn sehr freut, da er vorher drei Jahre ohne Kinder mit ihr zusammengelebt; ihr Mann hat sich in diesem bessern Verhältnis zu ihr gebildet, sie ist fast geistlos geworden. Von den beiden Brüdern gehen wunderbare Gerüchte, sie sollen kurz nach ihrer Ankunft in Botany-Bay mit andern Verbannten entflohen sein und eine Insel unabhängig beherrschen; sie sollen gegen die Gewohnheit jener Länder eine furchtbare Sittenstrenge eingeführt haben, um mit ihrem warnenden Geschicke ein ganzes

Volk zu bilden. Da sie einmal der Gegenstand allgemeiner Aufmerksamkeit in London geworden, fabelte jeder über ihr Schicksal; ich aber, weil ich sie lieb hatte (wir saßen unzähligemal hier zusammen, wie wir beide hier sitzen), ich bin über den schmählichen Prozeß, in dem ich als Zeuge mehrmals verhört bin, wie über eine gefährliche dünne Stelle im Eise leise hinübergeeilt ohne Umsehen, ob es hinter mir nachbreche. Ich rede nicht gern davon, das Grübeln der Rechtsgelehrten kann den besten Menschen, wie alles Grübeln und Reflektieren, zum schlechtesten Kerl machen; und so kam es, was unglaublich scheinen möchte bei so treu bewahrter Anhänglichkeit, daß Laudon in Mistris Lee endlich nichts als die schändlichste Wollust sah, die genießen wollte, ohne abhängig zu werden, und wie *die alten Amazonen der Fabelwelt nach dem Genusse mordete*. Mistris Lee dagegen behauptete gegen ihre Vertrauten, daß Laudon sie einzig zur Bezahlung seiner Schulden entführt habe; warum hätte er sonst die Entführung so gewaltsam beschleunigt, ehe ihr Entschluß gereift, warum hätte er gleich das erste Wiedererwachen kindischer Schwärmerei so gemißbraucht! –

Es ist ein entsetzliches Geschlecht, die Weiber, so schloß der Engländer, und wie sie so prangen in Gesellschaft mit prächtigen Zeugen, leuchtenden Metallen und Steinen, erkennt und seht nur an den schwarzen Haaren, sie mögen sie noch so herrlich mit Perlen durchwinden, die fleischfressenden Raben, die über dem Meeresstrudel schweben und in anscheinender Gleichgültigkeit auf Opfer warten, die ihnen die Gesellschaft herbeizieht!

FRAU VON SAVERNE

Der amerikanische Krieg hatte England gedemütigt und den Ruhm der französischen Waffen hergestellt, ganz Frankreich jubelte und besang die Weisheit seines Königs Ludwig des Sechzehnten. Weil das weibliche Geschlecht dort etwas mehr als in andern Ländern an den öffentlichen Angelegenheiten teilnahm, so wurde auch manche Frau von der Begeisterung für den König ergriffen, nur hielt sich diese mehr an die Gestalt und Person als an die Weisheit, die nur eine allegorische Figur sein kann. Es war nichts Seltenes in Frankreich, des Königs Brustbild, mit Blumen geschmückt, wie einen Hausgott in den Schlafzimmern reicher Frauen zu finden, wo sonst nur Haubenstöcke und Modepuppen gesehen wurden. Allmählich war dieser Enthusiasmus, wie alles in der unruhigen, tadelsüchtigen Hauptstadt verschwunden; der König wurde um schlechtes Wetter, verdorbenes Mittagessen und langweilige Liebhaber verlästert, erst schwanden die Blumen, dann wurden die Brustbilder als Haubenstöcke gebraucht, bald erschienen Karikaturen, während entferntere Provinzen noch in Ehrfurcht und Bewunderung zu dem fernen Könige verharrten.

Niemand war so eifrig in ihrer Verehrung wie Frau von Saverne, die reiche Witwe eines päpstlichen Beamten zu Avignon. Als eine geborne Französin – sie war Tochter des reichen Seidenfabrikanten Lonny in Lyon – hatte sie das Recht, in dem Könige den Landesvater zu ehren; sein Brustbild war ihr höchster Schatz, zum Ärger des Beichtvaters, der lieber das Bild ihres Schutzpatrons an die Stelle gesetzt hätte. Sie vergaß alle Freunde und Verehrer bei dem Wunsche, in Paris die Strahlen der königlichen Huld in der Nähe mitzugenießen.

Vergebens suchte ihr Beichtvater diesen Entschluß zu hindern, er sprach zu ihr von der Neigung seines damals abwesenden Bruders, des päpstlichen Hauptmanns, aber Frau von Saverne wollte wenigstens einmal den König sehen, sie glaubte sonst nicht ruhig leben zu können und meinte, der Wunsch sei so unschuldig so natürlich, und wenn sich andre Frauen der Gegend nach Paris begäben, um dort ungezwungen mit Liebhabern zu schwärmen, so sei es wohl ihr vergönnt, der reinsten Schwärmerei etwas zu erlauben, welche die Anhänglichkeit an den Vater ihres Vaterlandes erzeugt habe. Der Beichtvater aber blieb dabei: kein Mensch müsse in guter Absicht nach Paris gehen, sonst werde er betrogen; habe einer etwas Böses vor, nun, so fände er da seinen Spielraum.

Unterwegs erinnerte sie sich oft des Gesprächs und mußte des Erbfeindes von Paris lachen, der, ohne sie zu kennen, eine halbe Million Menschen verdammte; aber unangenehm blieb ihr immer sein letztes Wort, als sie des Königs Büste sauber einpackte: «Jetzt beschweren Sie Ihren Wagen mit dem Bilde, und werden die Kiste sorgsam wie ein Kind auf Ihrem Schoß wiegen, aber wenn Sie zurückkommen, nehmen Sie kein Geldstück mit dem Bilde ohne Schauder in die Hand; so werden Sie Ihre Lust büßen.» Aber sie schob das alles auf den Ärger, den der Mann empfunden, daß sie ihr dortiges Vermögen einkassiert habe, statt es dem Kloster zu vermachen, noch mehr auf den Verlust des guten Tisches in ihrem Hause. Am verdrießlichsten war es ihr, daß er ihrem Mädchen abgeredet hatte, sie nach der Frevelstadt zu begleiten; sie mußte nun eine Pariserin mitnehmen, welche gleichfalls den Wunsch gehegt hatte, dahin zurückzukehren. Dies Mädchen hieß Manon, war längst über die Jugend hinaus und hatte im Auslande die Kinderlehrerin gespielt; sie wußte viel von ihren Schicksalen zu erzählen, aber es war immer, als ob der Faden fehlte, der all das Seltsame verbinden sollte; Frau von Saverne konnte ihr nicht recht vertrauen. Übrigens wußte das Mädchen in Paris Bescheid, nannte die Straße, durch welche sie einfuhren, ließ den Wagen bei einem Hotel stillehalten, wo die Wirtin sie freundlich bewillkommte, auch sogleich die gewünschte Wohnung einräumte. Ehe noch die schwere Schatulle und die Büste, auch alle andre mitgebrachten Sachen aufgestellt worden, wollte Frau von Saverne nach den Tuilerien eilen, unter Führung ihrer Wirtin, um keinen Augenblick zu verlieren, wo sie vielleicht den geliebten König erblicken könne. Als die Wirtin diesen Grund ihrer Reise herausgebracht hatte, schüttelte sie mit dem Kopfe und versicherte, bei ihnen stände kein Mensch mehr auf, wenn er warm säße, um den König zu sehen; er hätte dies und jenes getan, könne auch wohl noch dies und jenes tun. Frau von Saverne verstand keinen Scherz über so etwas, sie gebot ihr zu schweigen, aber die Frau lachte höhnisch und versicherte, sie werde den König doch nicht sehen, denn er sei in Versailles. Kaum hatte die gute Saverne das gehört, so eilte sie mit Ungeduld, Pferde zu bestellen, und trotz dem Verdruß ihrer Kammerjungfer reiste sie nach Versailles noch an demselben Tage, nachdem sie eine Monatsmiete der Wirtin geschenkt hatte. Sonderbar war es ihr, daß ein Reiter den Wagen bis nach Versailles begleitete, den niemand kannte und der auch mit ihr an demselben Hotel abstieg; inzwischen war ihr manches wichtiger, doch behielt sie sein Gesicht in Gedanken. Die Leute in dem Hotel kamen ihr in seltsam neugieriger Art entgegen, sie schienen zu wissen, daß sie den König sehen wolle, und sagten ihr, daß er wegen Unwohlsein jetzt selten den Garten besuche. Sie beklagte mit Lebhaftigkeit seine Krankheit; die Leute lächelten und sagten, es habe keine Gefahr. Frau von Saverne fand den Ort reizend und ganz nach ihrem Geschmacke; sie sprach davon, sich da anzukaufen, besah Häuser in der Nähe des Schlosses, war aber verwundert, daß keiner der Besitzer mit ihr einen Handel eingehen wollte, obgleich sie ansehnlich über den wahren Wert bot. Ihre Lebensweise richtete sie sehr einfach ein; die Buchhandlungen lieferten ihr einen Reichtum an Büchern über die Geschichte Frankreichs und des letzten Krieges, die Wirtin sorgte für ihren Tisch, die Kammerjungfer blieb ihre einzige Gesellschaft, da sie bei ihrem verstorbenen Manne, der sehr einsam lebte, sich des Umgangs entwöhnt und am wenigsten Verlangen danach in der Fremde hegte, die ihr Beichtvater als höchst verderbt und betrügerisch schilderte; morgens waren es die Bücher, nachmittags der Schloßgarten, der sie anzog und beschäftigte.

Da im Garten eben eine neue Terrasse angelegt wurde, so waren stets viele Arbeiter versammelt, die einmal in den Ruhestunden miteinander über ihre Geschicke sprachen, als Frau von Saverne in der Nähe auf einer Bank saß. Sie hörte, wie der eine die Gefahren beschrieb, welche er als Gefangener im letzten Kriege unter den Wilden überstanden, und wie er nun für das alles keinen Lohn empfange. Das ergriff sie; sie trat zu dem Manne, drückte ihm ein Goldstück in die Hand und sagte: «Euer gerechter König wird für Euch sorgen, nehmt indessen die Kleinigkeit an!» – Der Mann dankte und sah ihr verwundert nach, und die nächsten Tage fand sie sich von manchen Arbeitern um Geld angesprochen, die alle ihre Taten im Kriege und ihr Unglück berichteten. Sie gab jedem etwas gegen die Erinnerungen ihrer Kammerjungfer, welche alle die Leute Lügner schalt. «Hätten sie auch gelogen», sagte Frau von Saverne, «wozu gab mir der Himmel Vermögen und einen genügsamen Sinn, wenn ich meinen Überfluß nicht verschenken dürfte?» Die Kammerjungfer klagte, daß sie auf diese Art ihr Vermögen verschwenden würde, doch Frau von Saverne verwies sie auf den Spruch der Bibel, daß jeder sich Freunde machen müsse mit dem ungerechten Mammon, damit er aufgenommen werde in den ewigen Hütten. – «Ich sehe Sie schon in einer Hütte, in einer recht armseligen Hütte noch hier auf Erden!» antwortete das vorwitzige Kammermädchen. Allmählich wurde der guten Frau das Einreden dieser Person unleidlich, sie sollte fort, behauptete aber, sie könne nicht fortgeschickt werden; auch brachte sie einen Polizei-Offizianten zu ihr, der versicherte, das dürfe nicht vor dem Ablauf einer gewissen Zeit geschehen, da sie keine gegründete Ursache zur Klage habe. Frau von Saverne kannte die Gesetze nicht, der Polizei-Offiziant war ein Musterbild aller grobdreisten Gemeinheit, die damals noch den meisten anklebte, die sich zu dieser widerlichen Beschäftigung hergaben; sie beschloß aus Furcht vor den Ungezogenheiten des Mannes, die Zeit geduldig abzuwarten, obgleich sie ihr sehr lang wurde.

Das Mädchen war noch in ihrem Dienste, als es hieß, der König werde an einem Abend zum ersten Male den Garten besuchen, um seine Herstellung zu feiern. Das war ein Tag der Freude; Frau von Saverne schmückte die Büste des Königs am Morgen und war nachmittags die erste in der Nähe der Türe, aus welcher der König heraustreten sollte. Bald sammelten sich Leute, und sie bemerkte in ihrer Nähe eben den Menschen, der sie von Paris nach Versailles begleitete, dessen hähernes Gesicht mit ungeheurem Munde ihn einem Nußknacker ähnlich machte; sie mußte ihn späterhin immer so nennen. Die Schweizer gaben das Zeichen, daß der König komme, Frau von Saverne beugt sich vor und wird von einigen weitergestoßen, in dem Augenblicke aber von dem Nußknacker zurückgerissen, mit dem Bedeuten, es sei einer Frau nicht anständig, sich dem Könige so in den Weg zu drängen. Sie antwortet, aber der Mann zieht sie unerbittlich fort, während die Menge ihr Vive le Roi! schreit und der lang ersehnte Anblick ihr auf diese Weise entzogen wird. Die Menge folgt jetzt unbändig dem Könige, der Augenblick ist

versäumt, kaum kann sie ihre Tränen mäßigen, sie fühlt sich gekränkt und wird von mehreren Leuten, die sich zu jenem gesellten, noch verspottet. Als sie trostlos nach Hause kam, fand sie einen Unglücklichen, der ihr Mitleid ansprach, weil sie wegen ihrer Milde bekannt sei, er im Kriege ein Bein verloren habe und sich jetzt in seinem Handwerk niederlassen und heiraten wolle, sie möchte ihm ein Kapital leihen, er bringe ihr die besten Zeugnisse über seinen Fleiß und sein Geschick. Sie vergaß ihren Gram, meinte, daß sie zu dieser Wohltat von dem Feste in höherer Fügung entfernt worden sei, und gab dem Menschen tausend Livres mit der Erinnerung, es ihr ohne Interessen wieder zu zahlen, wenn er einmal sich reich gearbeitet hätte, heute aber dem Könige zu Ehren ein Glas zu trinken, da er dessen Herstellung die Wohltat danke. Der Mann wollte ihr zu Füßen fallen, aber sie sprang in ihr Schlafzimmer. Gleich darauf hörte sie ein heftiges Zanken im Vorsaale, die Kammerjungfer rang mit dem Stelzfuß und schrie immer, ihre Herrschaft habe nichts zu verschenken, sie sei unter Aufsicht; bald kam auch der Polizei-Offiziant und suchte das Geld zu nehmen. Frau von Saverne trat hinaus und sprach für den Stelzfuß; die Leute gaben auch nach, aber sie wurde so fremdartig angeblickt, daß sie bald betroffen auf ihr Zimmer ging und des Beichtvaters, sie wußte nicht warum, denken mußte. Sie betete an dem Tage sehr viel und mußte sich wieder über das Kammermädchen ärgern, die ihr auseinandersetzte, sie möchte lieber eine Komödie des Molière zu ihrer Zerstreuung lesen, lieber zweitausend Livres für ein gesticktes Kleid als eintausend an Arme ausgeben.

Am nächsten Tage trat der Nußknacker in einem gerichtlichen Kleide mit einem anderen Manne herein, der sie halb lächelnd, halb scheu ansah. Er sagte ihr, daß er vom Gerichte abgeschickt sei, Erkundigungen über ihr Vermögen einzuziehen, weil mehrere Anzeigen gegen sie eingelaufen wären; der andere tat, als ob er ihre Hand küssen wolle, befühlte ihr aber den Puls. Befangen und überrascht setzte sie keinen Zweifel in die Richtigkeit des Geschäfts, und da ihre Angelegenheiten sehr einfach waren, so konnte sie dem Antrage mit einer leichten Übersicht ihrer Papiere genügen. Nachher wurde von gleichgültigen Dingen gesprochen, doch brachte der andre die Rede auf den König, und sie verhehlte nicht in ihrer südlichen Lebhaftigkeit, welche große Erwartungen sie noch für das Wohl ihres Vaterlandes von der Güte und Einsicht des Königs hege. Die beiden Leute sahen sich bedenklich an und nahmen dann Abschied mit der Versicherung, noch an dem Tage wiederkommen zu wollen. Nach Tische wollte Frau von Saverne den gewohnten Spaziergang nach dem Schloßgarten unternehmen, aber vor der Tür kam ihr der Nußknacker allein entgegen und versicherte, sie müsse sogleich in den Wagen steigen, den er eben habe kommen lassen, um dem Gerichte noch selbst Rede und Antwort zu geben.

Vergebens wandte sie ein, daß er keinen schriftlichen Befehl bringe, daß sie ihm ohne einen solchen und ohne Beratung mit einem Advokaten nicht folgen werde; er drohte, sie mit Gewalt fortzuschaffen, wenn sie die Güte nicht benutze. Bei dieser Drohung ergriff er ihre Hand, sie schrie um Hilfe, es eilten mehrere herbei, aber auch der Polizei-Offiziant trat hinzu. Einige der Umstehenden sprachen für sie, aber sobald der Nußknacker ihnen etwas zugeflüstert hatte, traten sie mit Achselzucken zurück; sie bat flehentlich alle, ihr nur zu sagen, was man mit ihr beginne. Als sie die Umstehenden so jammernd anredete, daß vielen die Tränen in die Augen traten, packte der Polizeimann sie um den Leib, um sie in den Wagen zu tragen, wobei ihm der Nußknacker sogleich beistand. Die Indignation aber gab der kleinen Frau eine seltene Kraft, sie rang, alles wurde ihr zur Waffe; unter dem Zujauchzen des Volks waren die beiden Feinde blutig gezeichnet zurückgeschlagen, und sie trat erschöpft, atemlos taumelnd in ihr Zimmer zurück. Aber fremde Männer sprangen bald in ihr Zimmer und blieben da, ohne ein Wort auf ihre Fragen zu antworten, verließen sie auch nicht, als es Nacht wurde. Jetzt bedauerte sie, keine Bekanntschaft gemacht zu haben, sie rief nach dem

Wirte, niemand kam; sie wollte hinausgehen, wurde aber von den Männern mit Achselzucken zurückgewiesen. Sie zog sich nicht aus, sie schrieb einige Briefe an den Beichtvater und an väterliche Verwandte nach Lyon, die Briefe waren unverständlich, denn sie wollte ihre Lage nicht deutlich machen, nur ihre Freunde reizen, ihr zu Hilfe zu kommen; ja sie wußte eigentlich selbst nicht, in welcher Lage sie sei, und wessen man sie beschuldige. Ehe sie die Briefe beendete, fuhr ein Wagen vor, es stiegen Männer aus, kamen zu ihr und banden sie mit seltsamen Binden, während sie bemerkte, daß einer ihre Schatulle nahm, ein anderer ihre Schränke verschloß und ihre Briefe durchlas. Sie wollte schreien, aber im Augenblicke war ihr der Mund zugebunden. Nun gab sie allen Widerstand auf, ein Schleier deckte ihre Augen, sie wurde in einem Männermantel die Treppe hinuntergetragen und in einen Wagen gesetzt, der dann in gewaltiger Eile mit ihr fortrollte. Die Ermattung versenkte sie oft in Schlaf, aber das heftige Stoßen des Wagens erweckte sie wieder, doch konnte sie nicht berechnen, wie lange sie gefahren, als der Wagen stillehielt und sie mehrere Treppen hinauf in ein Zimmer getragen wurde, wo alle Binden ihr abgenommen und ihr ein Bett in der Nähe von zwei andern Bettlagern angewiesen wurde, aus denen seltsame, überkluge weibliche Gesichter hervorstierten. Sie fragte, wo sie wäre? Niemand antwortete; mit bedeutender Gebärde verwies man sie zur Ruhe. Darauf wurde sie mit den beiden andern allein gelassen, die nun anfingen zu reden und dreist behaupteten, sie sei am Hofe, wobei sie sich ihrer Anstellung freuten. Am Morgen faßte sie sich im Gebet, bezwang ihre Heftigkeit, suchte ihre Klugheit obenauf zu bringen und war sehr

gefaßt, als derselbe fremde Herr eintrat, der damals mit dem Nußknacker sie besucht hatte. Von seinen Begleitern wurde er Doktor genannt, diese sahen aus wie Schüler, welche sich vor Kranken ein Ansehen von Erfahrenheit geben wollten. Der eine trat zu ihr und fragte: ob nicht der König der schönste Mann in ganz Frankreich sei? – Sie antwortete: «Nicht nur der schönste, sondern auch der beste, aber er hat viele schlechte Diener.» Als sie das gesagt hatte, winkte der Doktor; sie wurde von starken Männern in ein Rad gesetzt und schrecklich gedreht, daß sie zu sterben meinte. Kaum herausgebracht, fragte man sie wieder nach dem König, da antwortete die Erschöpfte: «Er kann seine vielen Kinder nicht schützen, Gott sei uns gnädig!» Es hat schon geholfen, sagte der Doktor, fahren Sie alle Tage so fort, der Wahnsinn ist durch die sitzende Lebensart, politische Schwärmerei und unbefriedigte Liebe entstanden. Nun stürzte die unglückliche Frau jammervoll zusammen, sie sah, daß sie des Wahnsinns beschuldigt worden, daß ihr darum Vermögen und Freiheit genommen. Wer hatte diese Gerüchte verbreitet? Sie dachte umsonst nach, doch fiel ihr die boshafte Kammerjungfer ein; oder strebte jemand nach ihrem Vermögen? Sie bemerkte bald aus dem Reden der läppischen Schüler des Doktors, daß ihre Verehrung für den König den Schein gegeben, daß ihre Freigebigkeit ihn vermehrt und ihre Einsamkeit jedermann darin bestärkt hatte. Aber war es denn nicht möglich, alles dem Doktor deutlich vorzustellen? Sie versuchte es oft, aber kaum hatte sie einige Worte gesprochen, so lächelte der Doktor selbstgefällig und schickte sie in das schreckliche Drehrad. Ihr Mut wuchs mit der Verzweiflung, kein Drehen vermochte mehr ihre laute Anklage zu ersticken; sie wurde in Wasser getaucht, nichts überwand ihre Klage über Grausamkeit; der Doktor erklärte den Schülern, die Frau sei unheilbar und sprach dabei recht herzliche Worte voll Mitleid über ihren Zustand aus. Sie konnte ihm nicht zürnen; er wäre vielleicht ein tüchtiger Vieharzt gewesen, das böse Geschick hatte ihn über Menschen gesetzt. Mit Schauder sah sie den Folgen dieser Erklärung entgegen; eine ewige Gefangenschaft schien ihr bevorzustehen, und schon jetzt entbehrte sie aller Bequemlichkeiten und wurde nur spärlich und schlecht genährt. Der Entschluß, ihrem Leben ein Ende zu machen, reifte in unsäglicher Seelenangst; sie stützte eben tiefsinnend ihren Kopf mit beiden Händen, als eine fremde und doch bekannte Stimme sie erschreckte. Sie fuhr auf; es war der Nußknacker, der, wie er sagte, dem Interesse nicht länger widerstehen konnte, sie zu sehen. Er bedauerte ihr Schicksal, sie faßte Vertrauen und bat ihn um ein Mittel zum Retten; er warf hin, daß es nur *eines* gebe, wenn sie ihn heiraten wolle; der

Polizeichef und der Doktor wären seine Freunde und beide gute dumme Teufel, er könne sie zu allem bereden, ihre Schönheit habe ihn bei dem ersten Anblicke gerührt. – «Und mein Vermögen?» fragte, ihm Hoffnung gebend, die Schlaue, um nur

zu wissen, wo es bliebe. – «Ihr Vermögen», fuhr er fort, «setzt mich in den Stand, mein unangenehmes Geschäft aufzugeben.» – «Ich kann nicht leben in Paris, mir ist hier zu Schreckliches begegnet», sagte die Frau von Saverne, «kommen Sie mit mir nach Avignon; haben Sie wohl von Petrarks Höhle* gehört?» – Der Nußknacker schrie in Wonne auf, der Süden sei seine Sehnsucht, und Petrark sein Liebling. – Frau von Saverne war erfreut, sie schlug ihm vor, dort ihre Vermählung zu feiern, aber er müsse auch den Doktor bereden, sie dahin zu begleiten, da er eigentlich unwissend ihre Vereinigung bewirkt habe. Der Nußknacker erklärte sich zu allem bereit, er rechnete ihr vor, welch ein Haus sie machen könnten, denn er hatte ihr Vermögen genau untersucht; er war so eitel, daß er nicht glauben konnte, eine solche Frau wolle ihn täuschen. – Bald holte er Frau von Saverne als gänzlich unheilbar fort – aber nicht in das Haus für die Blödsinnigen führte er sie, wie er vor den Leuten sagte, sondern nach Versailles, daß sie ihre Sachen durchsehen und alles schnell zusammenpacken könnte.

Sie fand alles wieder, nur nicht ihre Schatulle; sie packte alles ein, nur nicht die Büste der Königs, die sie ohne ein inneres Schrecken nicht anblicken konnte. Ihr Vermögen, meistens sichere Papiere, hatte der Nußknacker zu sich genommen; dies verhinderte sie an der Ausführung ihres ersten Planes, gleich ohne ihn zu entfliehen, aber es machte auch ihre Rache vollständiger. Schon nach einer Woche kam der Nußknacker mit dem Äskulap und zeigte sich bereit zur Fahrt; der letztere eignete sich ihre Herstellung als eine Nachwirkung seiner Heilmethode und des herrlichen Drehrades zu, das er als seine Erfindung ihr anpries. Sie dankte und versprach ihm zum Lohne in Avignon das schönste Los aus dem Glücksrade: eine junge, reiche Schwägerin. Übrigens sah sie bei der Abreise genau zu, wohin ihre Schatulle gestellt wurde, und ließ sie selten aus den Augen. Unterweges unterhielt sie sich in größter Ruhe über die Polizei; der Nußknacker setzte ihr gleichgültig auseinander, daß diese Gewalt seit dem Sinken aller Verfassung als die einzige Macht im Staate anzusehen sei, daß selbst der Herrscher nur so lange bestehe, als sie es wolle, alle Wirte, alle Bediente und Kammermädchen wären in deren Solde. Die Eröffnungen beängstigten die arme Frau von neuem; wie ward ihr so wohl, als sie das päpstliche Wappen wieder erblickte, als sie in ihrem Hause wieder abgestiegen war. Ihre Begleiter mußten in ihrem Hause wohnen, sie versicherte verschämt, daß sie noch heute mit ihrem Beichtvater reden wolle, um ihre Hochzeit zugleich feiern zu können. Der Nußknacker sang die lieblichsten Arien in seliger Erwartung, er kam sich selbst wie ein Petrarka vor und sprach nur von seiner Laura; er kümmerte sich nicht mehr um die Schatulle, welche sogleich in Sicherheit gebracht wurde. Als der Beichtvater kam, weinte Frau von Saverne heftig und nannte ihn einen Propheten. Er zeigte ihr ein Geldstück mit König Ludwigs Bilde, sie mochte es nicht ansehen. «Unter der dreifachen Krone ist besser wohnen als unter der einfachen», sagte der Mönch, «ich weiß alles; ein Bruder, der Sie in Paris aufsuchte, aber zu spät kam, hat mir alles berichtet; führen Sie die Herren heute abend nach dem Kloster, sagen Sie ihnen, daß ich in meiner Kirche die Ehe nach hier gewöhnlichem Gebrauche noch heute einsegnen wolle; sagen Sie mir kein Wort dagegen, Sie können denken, daß ich Sie lieber dem Teufel als einem dieser Bösewichter vermählen würde; aber ich will nicht nur die guten Herren, ich will auch Sie überraschen.»

Wie war der Bräutigam so froh, als er die Nachricht von der nahen Vermählung erhielt, zugleich erzählte er, daß er Hoffnung habe, die Polizei in Avignon auf französischen Fuß einzurichten, er versprach dem Doktor schon die Medizinal-Aufsicht über das ganze Ländchen. Wie ging er so stattlich neben der schönen Frau in das Kloster und sprang zum Beichtstuhl, als ob es ein Unterbureau der Polizei sei. Wie wußte er so gar keine Sünde von sich dem Beichtvater zu beichten, die Geschichte mit der Frau von Saverne nannte er eine wohlgelungene Zärtlichkeit; ihm wurden dafür sechs Vaterunser an einem dunklen Orte zu beten aufgegeben. «Er meint, ich bin ein Kind», sagte er vor sich hin, «daß mich ein dunkler Ort schrecken könnte!» Er lachte fast, als er den Doktor noch zur Gesellschaft in der dunklen Kammer bekam. Sie traten in einen Verschlag, der nach Eseln roch, eine Tür wurde hinter ihnen zugeschlossen. «Hier mag schon mancher Esel gebetet haben», scherzte der Doktor, «ich singe den Marlborough* sechsmal statt

dessen. Aber was ist das», sagte der Doktor, «der Boden bewegt sich, Hilfe, Hilfe!» – «Ein Erdbeben», rief der Nußknacker. Aber unaufhaltsam schneller mit jedem ihrer Schritte bewegte sich der Boden fort, sie selbst trieben ihn zur Bewegung, denn sie standen im Tretrade der Ölmühle des Klosters, in der sonst mehrere Eselpaare sich in dem Geschäfte ablösten. Sie mußten laufen, um nicht überzufallen; die Mühle regte sich, und wie alles in schönster Bewegung war, die beiden atemlos keuchten, erhellte sich alles durch das Gitter der

Mühlenseite. Der Beichtvater stand da mit Frau von Saverne und fragte, ob sie mit ihrem Gebete noch nicht fertig wären? Frau von Saverne sagte, wenn sie länger auf ihren Bräutigam warten sollte, da nähme sie lieber einen andern Mann, der sie gegen List, Gewalt und Langeweile schütze. Der Nußknacker wollte antworten, aber in dem schrecklichen Laufen brachte er nur wilde, lächerliche Töne zusammen; die Mönche in der Mühle tanzten lachend umher, sie sahen in der Sache nur den Scherz, nicht das Leiden der armen Saverne, das von dem Beichtvater so passend gerächt wurde. «Wenn das nicht hilft, so sind Sie unheilbar dumm», rief er zum Doktor; «wenn Sie das nicht bessert», sagte er zum Nußknacker, «so sind Sie unheilbar böse.» – Jetzt erschien ein junger Offizier, der Bruder des Beichtvaters, von welchem er der Frau von Saverne vorgestellt wurde. Sie verwunderte sich, errötete und sprach: «Wir kannten uns wohl, aber warum ließen Sie nichts von sich hören nach dem Tode meines Mannes? Solange er lebte, konnte ich freilich Ihre Zudringlichkeit nicht dulden.» – «Ich glaubte, daß Sie mich haßten», sagte der Offizier, «und wagte nicht, mich Ihnen wieder zu nahen.» – «Die Bescheidenheit war dumm», sagte der Beichtvater, «ihr wolltet beide mich nicht hören und habt beide viel darum gelitten, folgt mir jetzt und vermählt euch heute zur Buße, wenn der Herr da keine Einwendung macht.» – Der Mann im Tretrade schrie: «Nein! Nein!» – «Er will es noch nicht zugeben», sagte der Beichtvater, «er muß noch länger treten.» – «Ja, ja, geb's zu!» brachte der Nußknacker heraus. – «Wohlan», rief der Beichtvater, «die gnädige Frau ergibt sich in ihr gutes Schicksal, ihr beiden Sünder sollt Zeugen ihres Glückes sein und noch heute abend von unsern Landreitern über die Grenze gebracht werden, wenn Frau von Saverne sich von allen ihren Leiden ausruht. Als Dank für eure Bemühung erhaltet ihr die zu Versailles zurückgelassene Büste, wir wollen statt derselben das Bild des heiligen Petrus in das Zimmer der gnädigen Frau stellen.»

Wie kamen die beiden Zeugen aus dem Rade zum Vorschein! Wie war dem Nußknacker sein seidner Hochzeitstaat zerplatzt! Der Doktor gestand, daß er nun erst wisse, warum den Wahnsinnigen die Drehmaschine so unbequem sei, er wolle sie nie wieder brauchen.

Die Hochzeit der Frau von Saverne, die Fortschaffung der beiden Zwangzeugen über die päpstliche Grenze* erfolgte, wie es der Beichtvater eingerichtet und angezeigt hatte. «Nun», sagte er am andern Morgen zur Schwägerin, «die Polizei eines Beichtvaters ist doch wohl noch erträglicher als die Polizei gewissenloser Staatsbeamten? Unsre Fasten sind doch noch erträglicher als die Mittelchen, die so ein Doktor für andre erfindet, ohne sie je an sich zu versuchen.» – Möchten doch alle Scharlatans, alle Gesetzgeber die Wirkung ihrer dummen Einfälle so an sich erst einmal versuchen, wie diese Herren, ehe sie damit alle Welt in Versuchung und Verzweiflung führen!

DER TOLLE INVALIDE
AUF DEM FORT RATONNEAU

Graf Dürande, der gute alte Kommandant von Marseille, saß einsam frierend an einem kalt stürmenden Oktoberabende bei dem schlecht eingerichteten Kamine seiner prachtvollen Kommandan-

tenwohnung und rückte immer näher und näher zum Feuer, während die Kutschen zu einem großen Balle in der Straße vorüberrollten und sein Kammerdiener Basset, der zugleich sein liebster Gesellschafter war, im Vorzimmer heftig schnarchte. «Auch im südlichen Frankreich ist es nicht immer warm», dachte der alte Herr, und schüttelte mit dem

Kopfe, «die Menschen bleiben auch da nicht immer jung, aber die lebhafte gesellige Bewegung nimmt so wenig Rücksicht auf das Alter wie die Baukunst auf den Winter». Was sollte er, der Chef aller Invaliden, die damals (während des Siebenjährigen Krieges) die Besatzung von Marseille und seiner Forts ausmachten, mit seinem hölzernen Beine auf dem Balle, nicht einmal die Leutnants seines Regiments waren zum Tanze zu brauchen. Hier am Kamine schien ihm dagegen sein hölzernes Bein höchst brauchbar, weil er den Basset nicht wecken mochte, um den Vorrat grüner Olivenäste, den er sich zur Seite hatte hinlegen lassen, allmählich in die Flamme zu schieben. Ein solches Feuer hat großen Reiz; die knisternde Flamme ist mit dem grünen Laube wie durchflochten, halbbrennend, halbgrünend erscheinen die Blätter wie verliebte Herzen. Auch der alte Herr dachte dabei an Jugendglanz und vertiefte sich in den Konstruktionen jener Feuerwerke, die er sonst schon für den Hof angeordnet hatte, und spekulierte auf neue, noch mannigfachere Farbenstrahlen und Drehungen, durch welche er am Geburtstage des Königs die Marseiller überraschen wollte. Es sah nun leerer in seinem Kopfe als auf dem Balle aus. Aber in der Freude des Gelingens, wie er schon alles strahlen, sausen, prasseln, dann wieder alles in stiller Größe leuchten sah, hatte er immer mehr Olivenäste ins Feuer geschoben und nicht bemerkt, daß sein hölzernes Bein Feuer gefangen hatte und schon um ein Dritteil abgebrannt war. Erst jetzt, als er aufspringen wollte, weil der große Schluß, das Aufsteigen von tausend Raketen, seine Einbildungskraft beflügelte und entflammte, bemerkte er, indem er auf seinen Polsterstuhl zurücksank, daß sein hölzernes Bein verkürzt sei und daß der Rest auch noch in besorglichen Flammen stehe. In der Not, nicht gleich aufkommen zu können, rückte er seinen Stuhl wie einen Piekschlitten mit dem flammenden Beine bis in die Mitte des Zimmers, rief seinen Diener und dann nach Wasser. Mit eifrigem Bemühen sprang ihm in diesem Augenblicke eine Frau zu Hilfe, die, in das Zimmer eingelassen, lange durch ein bescheidenes Husten die Aufmerksamkeit des Kommandanten auf sich zu ziehen gesucht hatte, doch ohne Erfolg. Sie suchte das Feuer mit ihrer Schürze zu löschen, aber die glühende Kohle des Beins setzte die Schürze in Flammen, und der Kommandant schrie nun in wirklicher Not nach Hilfe, nach Leuten. Bald drangen diese von der Gasse herein, auch Basset war erwacht; der brennende Fuß, die brennende Schürze brachte alle ins Lachen, doch mit dem ersten Wassereimer, den Basset aus der Küche holte, war alles gelöscht, und die Leute empfahlen sich. Die arme Frau triefte vom Wasser, sie konnte sich nicht gleich vom Schrecken erholen, der Kommandant ließ ihr seinen warmen Rockelor* umhängen und ein Glas starken Wein reichen. Die Frau wollte aber nichts nehmen und schluchzte nur über ihr Unglück und bat den Kommandanten, mit ihm einige Worte insgeheim zu sprechen. So schickte er seinen nachlässigen Diener fort und setzte sich sorgsam in ihre Nähe. «Ach, mein Mann», sagte sie in einem fremden, deutschen Dialekte des Französischen, «mein Mann kommt von Sinnen, wenn er die Geschichte hört; ach, mein armer Mann, da spielt ihm der Teufel sicher wieder einen Streich!» Der Kommandant fragte nach dem Manne, und die Frau sagte ihm, daß sie eben wegen dieses ihres lieben Mannes zu ihm gekommen, ihm einen Brief des Obersten vom Regiment Pikardie zu überbringen. Der Oberste setzte die Brille auf, erkannte das Wappen seines Freundes und durchlief das Schreiben, dann sagte er: «Also Sie sind jene Rosalie, eine geborene Demoiselle Lilie aus Leipzig, die den Sergeanten Francœur geheiratet hat, als er am Kopf verwundet in

Leipzig gefangen lag? Erzählen Sie, das ist eine seltne Liebe! Was waren Ihre Eltern, legten die Ihnen kein Hindernis in den Weg? Und was hat denn Ihr Mann für scherzhafte Grillen als Folge seiner Kopfwunde behalten, die ihn zum Felddienste untauglich machen, obgleich er als der bravste und geschickteste Sergeant, als die Seele des Regiments geachtet wurde?» – «Gnädiger Herr», antwortete die Frau mit neuer Betrübnis, «meine Liebe trägt die Schuld von allem dem Unglück, ich habe meinen Mann unglücklich gemacht, und nicht jene Wunde; meine Liebe hat den Teufel in ihn gebracht und plagt ihn und verwirrt seine Sinne. Statt mit den Soldaten zu exerzieren, fängt er zuweilen an, ihnen ungeheure, ihm vom Teufel eingegebene Sprünge vorzumachen, und verlangt, daß sie ihm diese nachmachen; oder er schneidet ihnen Gesichter, daß ihnen der Schreck in alle Glieder fährt, und verlangt, daß sie sich dabei nicht rühren noch regen, und neulich, was endlich dem Fasse den Boden ausschlug, warf er den kommandierenden General, der in einer Affäre den Rückzug des Regiments befahl, vom Pferde, setzte sich darauf und nahm mit dem Regimente die Batterie fort.» – «Ein Teufelskerl», rief der Kommandant, «wenn doch so ein Teufel in alle unsre kommandierenden Generale führe, so hätten wir kein zweites Roßbach zu fürchten; ist Ihre Liebe *solche* Teufelsfabrik, so wünschte ich, Sie liebten unsre ganze Armee.» – «Leider im Fluche meiner Mutter», seufzte die Frau. «Meinen Vater habe ich nicht gekannt. Meine Mutter sah viele Männer bei sich, denen ich aufwarten mußte, das war meine einzige Arbeit. Ich war träumerig und achtete gar nicht der freundlichen Reden dieser Männer, meine Mutter schützte mich gegen ihre Zudringlichkeit. Der Krieg hatte diese Herren meist zerstreut, die meine Mutter besucht und bei ihr Hazardspiele heimlich spielten; wir lebten zu ihrem Ärger sehr einsam. Freund und Feind waren ihr darum gleich verhaßt, ich durfte keinem eine Gabe bringen, der verwundet oder hungrig vor dem Hause vorüberging. Das tat mir sehr leid, und einstmals war ich ganz allein und besorgte unser Mittagessen, als viele Wagen mit Verwundeten vorüberzogen, die ich an der Sprache für Franzosen erkannte, die von den Preußen gefangen worden. Immer wollte ich mit dem fertigen Essen zu jenen hinunter, doch ich fürchtete die Mutter, als ich aber Francœur mit verbundenem Kopfe auf dem letzten Wagen liegen gesehen, da weiß ich nicht, wie mir geschah; die Mutter war vergessen, ich nahm Suppe und Löffel, und ohne unsre Wohnung abzuschließen, eilte ich dem Wagen nach in die Pleißenburg*. Ich fand ihn; er war schon abgestiegen, dreist redete ich die Aufseher an und wußte dem Verwundeten gleich das beste Strohlager zu erflehen. Und als er darauf gelegt, welche Seligkeit, dem Notleidenden die

warme Suppe zu reichen! Er wurde munter in den Augen und schwor mir, daß ich einen Heiligenschein um meinen Kopf trage. Ich antwortete ihm, das sei meine Haube, die sich im eiligen Bemühen um ihn aufgeschlagen. Er sagte, der Heiligenschein komme aus meinen Augen! Ach, das Wort konnte ich gar nicht vergessen, und hätte er mein Herz nicht schon gehabt, ich hätte es ihm dafür schenken müssen.» – «Ein wahres, ein schönes Wort!» sagte der Kommandant, und Rosalie fuhr fort: «Das war die schönste Stunde meines Lebens, ich sah ihn immer eifriger an, weil er behauptete, daß es ihm wohltue, und als er mir endlich einen kleinen Ring an den Finger steckte, fühlte ich mich so reich, wie ich noch niemals gewesen. In diese glückliche Stille trat meine Mutter scheltend und fluchend ein; ich kann nicht nachsagen, wie sie mich nannte, ich schämte mich auch nicht, denn ich wußte, daß ich schuldlos war und daß er Böses nicht glauben würde. Sie wollte mich fortreißen, aber er hielt mich fest und sagte ihr, daß wir verlobt wären, ich trüge schon seinen Ring. Wie verzog sich das Gesicht meiner Mutter; mir war's, als ob eine Flamme aus ihrem Halse brenne, und ihre Augen kehrte sie in sich, sie sahen ganz weiß aus; sie verfluchte mich und übergab mich mit feierlicher Rede dem Teufel. Und wie so ein heller Schein durch meine Augen am Morgen gelaufen, als ich Francœur gesehen, so war mir jetzt, als ob eine schwarze Fledermaus ihre durchsichtigen Flügeldecken über meine Augen legte; die Welt war mir halb verschlossen, und ich gehörte mir nicht mehr ganz. Mein Herz verzweifelte, und ich mußte lachen. «Hörst du, der Teufel lacht schon aus dir!» sagte die Mutter und ging triumphierend fort, während ich ohnmächtig niederstürzte. Als ich wieder zu mir gekommen, wagte ich nicht, zu ihr zu gehen und den Verwundeten zu verlassen, auf den der Vorfall schlimm gewirkt hatte; ja, ich trotzte heimlich der Mutter wegen des Schadens, den sie dem Unglücklichen getan. Erst am dritten Tage schlich ich, ohne es Francœur zu sagen, abends nach dem Hause, wagte nicht anzuklopfen; endlich trat eine Frau, die uns bedient hatte, heraus und berichtete, die Mutter habe ihre Sachen schnell verkauft und sei mit einem fremden Herrn, der ein Spieler sein sollte, fortgefahren, und niemand wisse wohin. So war ich nun von aller Welt ausgestoßen, und es tat mir wohl, so entfesselt von jeder Rücksicht in die Arme meines Francœur zu fallen. Auch meine jugendlichen Bekanntinnen in der Stadt wollten mich nicht mehr kennen, so konnte ich ganz ihm und seiner Pflege leben. Für ihn arbeitete ich; bisher hatte ich nur mit dem Spitzenklöppeln zu meinem Putze gespielt, ich schämte mich nicht, diese meine Handarbeiten zu verkaufen, ihm brachte es Bequemlichkeit und Erquickung. Aber immer mußte ich der Mutter denken, wenn seine Lebendigkeit im Erzählen mich nicht zerstreute; die Mutter erschien mir schwarz mit flammenden Augen, immer fluchend, vor meinen inneren Augen, und ich konnte sie nicht loswerden. Meinem Francœur wollte ich nichts sagen, um ihm nicht das Herz schwer zu machen; ich klagte über Kopfweh, das ich nicht hatte, über Zahnweh, das ich nicht fühlte, um weinen zu können, wie ich mußte. Ach, hätte ich damals mehr Vertrauen zu ihm gehabt, ich hätte sein Unglück nicht gemacht, aber jedesmal, wenn ich ihm erzählen wollte, daß ich durch den Fluch der Mutter vom Teufel besessen zu sein glaubte, schloß mir der Teufel den Mund, auch fürchtete ich, daß er mich dann nicht mehr lieben könne, daß er mich verlassen würde, und den bloßen Gedanken konnte ich kaum überleben. Diese innere Qual, vielleicht auch die angestrengte

Arbeit, zerrüttete endlich meinen Körper, heftige Krämpfe, die ich ihm verheimlichte, drohten mich zu ersticken, und Arzeneien schienen diese Übel nur zu mehren. Kaum war er hergestellt, so wurde die Hochzeit von ihm angeordnet. Ein alter Geistlicher hielt eine feierliche Rede, in der er meinem Francœur alles ans Herz legte, was ich für ihn getan, wie ich ihm Vaterland, Wohlstand und Freundschaft zum Opfer gebracht, selbst den mütterlichen Fluch auf mich geladen, alle diese Not müsse er mit mir teilen, alles Unglück gemeinsam tragen. Meinem Manne schauderte bei den Worten, aber er sprach doch ein vernehmliches Ja, und wir wurden vermählt. Selig waren die ersten Wochen, ich fühlte mich zur Hälfte von meinen Leiden erleichtert und ahnete nicht gleich, daß eine Hälfte des Fluchs zu meinem Manne übergegangen sei. Bald aber klagte er, daß jener Prediger in seinem schwarzen Kleide ihm immer vor Augen stehe und ihm drohe, daß er dadurch einen so heftigen Zorn und Widerwillen gegen Geistliche, Kirchen und heilige Bilder empfinde, daß er ihnen fluchen müsse, und wisse nicht warum, und um sich diesen Gedanken zu entschlagen, überlasse er sich jedem Einfall, er tanze und trinke, und so in dem Umtriebe des Bluts werde ihm besser. Ich schob alles auf die Gefangenschaft, obgleich ich wohl ahnete, daß es der Teufel sei, der ihn plage. Er wurde ausgewechselt durch die Vorsorge seines Obersten, der ihn beim Regimente wohl vermißt hatte, denn Francœur ist ein außerordentlicher Soldat. Mit leichtem Herzen zogen wir aus Leipzig und bildeten eine schöne Zukunft in unsern Gesprächen aus. Kaum waren wir aber aus der Not ums tägliche Bedürfnis zum Wohlleben der gut versorgten Armee in die Winterquartiere gekommen, so stieg die Heftigkeit meines Mannes mit jedem Tage, er trommelte tagelang, um sich zu zerstreuen, zankte, machte Händel, der Oberst konnte ihn nicht begreifen; nur mit mir war er sanft wie ein Kind. Ich wurde von einem Knaben entbunden, als der Feldzug sich wieder eröffnete, und mit der Qual der Geburt schien der Teufel, der mich geplagt, ganz von mir gebannt. Francœur wurde immer mutwilliger und heftiger. Der Oberste schrieb mir, er sei tollkühn wie ein Rasender, aber bisher immer glücklich gewesen; seine Kameraden meinten, er sei zuweilen wahnsinnig, und er fürchte, ihn unter die Kranken oder Invaliden abgeben zu müssen. Der Oberst hatte einige Achtung gegen mich, er hörte auf meine Vorbitte, bis endlich seine Wildheit gegen den kommandierenden General dieser Abteilung, die ich schon erzählte, ihn in Arrest brachte, wo der Wundarzt erklärte, er leide wegen der Kopfwunde, die ihm in der Gefangenschaft vernachlässigt worden, an Wahnsinn und müsse wenigstens ein paar Jahre im warmen Klima bei den Invaliden zubringen, ob sich dieses Übel vielleicht ausscheide. Ihm wurde gesagt, daß er zur Strafe wegen seines Vergehens unter die Invaliden komme, und er schied mit Verwünschungen vom Regimente. Ich bat mir das Schreiben vom Obersten aus, ich beschloß, Ihnen zutraulich alles zu eröffnen, damit er nicht nach der Strenge des Gesetzes, sondern nach seinem Unglück, dessen einzige Ursache meine Liebe war, beurteilt werde, und daß Sie ihn zu seinem Besten in eine kleine abgelegene Ortschaft legen, damit er hier in der großen Stadt nicht zum Gerede der Leute wird. Aber, gnädiger Herr, Ihr Ehrenwort darf eine Frau schon fordern, die Ihnen heut einen kleinen Dienst erwiesen, daß Sie dies Geheimnis seiner Krankheit, welches er selbst nicht ahnet und das seinen Stolz empören würde, unverbrüchlich bewahren.» – «Hier meine Hand», rief der Kommandant, der die eifrige Frau mit Wohlgefallen angehört hatte, «noch mehr, ich will Ihre Vorbitte dreimal erhören, wenn Francœur dumme Streiche macht. Das Beste aber ist, diese zu vermeiden, und darum schicke ich ihn gleich zur Ablösung nach einem Fort, das nur drei Mann Besatzung braucht; Sie finden da für sich und Ihr Kind eine bequeme Wohnung, er hat da wenig Veranlassung zu Torheiten, und die er begeht, bleiben verschwiegen.» Die Frau dankte für diese gütige Vorsorge, küßte dem alten Herrn die Hand, und er leuchtete ihr dafür, als sie mit vielen Knixen die Treppe hinunterging. Das ver-

wunderte den alten Kammerdiener Basset, und es fuhr ihm durch den Kopf, was seinem Alten ankomme: ob der wohl gar mit der brennenden Frau eine Liebschaft gestiftet habe, die seinem Einflusse nachteilig werden könne. Nun hatte der alte Herr die Gewohnheit, abends im Bette, wenn er nicht schlafen konnte, alles, was am Tage geschehen, laut zu überdenken, als ob er dem Bette seine Beichte hätte abstatten müssen. Und während nun die Wagen vom Balle zurückrollten und ihn wach erhielten, lauerte Basset im andern Zimmer und hörte die ganze Unterredung, die ihm um so wichtiger schien, weil Francœur sein Landsmann und Regimentskamerad gewesen, obgleich er viel älter als Francœur war. Und nun dachte er gleich an einen Mönch, den er kannte, der schon manchem den Teufel ausgetrieben hatte, und zu dem wollte er Francœur bald hinführen; er hatte eine rechte Freude am Quacksalbern und freute sich einmal wieder, einen Teufel austreiben zu sehen. Rosalie hatte, sehr befriedigt über den Erfolg ihres Besuchs, gut geschlafen; sie kaufte am Morgen eine neue

Schürze und trat mit dieser ihrem Manne entgegen, der mit entsetzlichem Gesange seine müden Invaliden in die Stadt führte. Er küßte sie, hob sie in die Luft und sagte ihr: «Du riechst nach dem trojanischen Brande, ich habe dich wieder, schöne Helena!» – Rosalie entfärbte sich und hielt es für nötig, als er fragte, ihm zu eröffnen: daß sie wegen der Wohnung beim Obersten gewesen, daß diesem gerade das Bein in Flammen gestanden, und daß ihre Schürze verbrannt. Ihm war es nicht recht, daß sie nicht bis zu seiner Ankunft gewartet habe, doch vergaß er das in tausend Späßen über die brennende Schürze. Er stellte darauf seine Leute dem Kommandanten vor, rühmte alle ihre leiblichen Gebrechen und geistigen Tugenden so artig, daß er des alten Herrn Wohlwollen erwarb, der so in sich meinte: die Frau liebt ihn, aber sie ist eine Deutsche und versteht keinen Franzosen; ein Franzose hat immer den Teufel im Leibe! – Er ließ ihn ins Zimmer kommen, um ihn näher kennen zu lernen, fand ihn im Befestigungswesen wohlunterrichtet, und was ihn noch mehr entzückte: er fand in ihm einen leidenschaftlichen Feuerkünstler, der bei seinem Regimente schon alle Arten Feuerwerke ausgearbeitet hatte. Der Kommandant trug ihm seine neue Erfindung zu einem Feuerwerke am Geburtstage des Königs vor, bei welcher ihn gestern der Beinbrand gestört hatte, und Francœur ging mit funkelnder Begeisterung darauf ein. Nun eröffnete ihm der Alte, daß er mit zwei andern Invaliden die kleine Besatzung des Forts Ratonneau ablösen sollte, dort sei ein großer Pulvervorrat, und dort solle er mit seinen beiden Soldaten fleißig Raketen füllen, Feuerräder drehen und Frösche binden. Indem der Kommandant ihm den Schlüssel des Pulverturms und das Inventarium reichte, fiel ihm die Rede der Frau ein, und er hielt ihn mit den Worten noch fest: «Aber Euch plagt doch nicht der Teufel, und Ihr stiftet mir Unheil?» – «Man darf den Teufel nicht an die Wand malen, sonst hat man ihn im Spiegel», antwortete Francœur mit einem gewissen Zutrauen. Das gab dem Kommandanten Vertrauen, er reichte ihm die Schlüssel, das Inventarium und den Befehl an die jetzige kleine Garnison, auszuziehen. So wurde er entlassen, und auf dem Hausflur fiel ihm Basset um den Hals; sie hatten sich gleich erkannt und erzählten einander in aller Kürze, wie es ihnen ergangen. Doch weil Francœur an große Strenge in allem Militärischen gewöhnt war, so riß er sich los und bat ihn auf den nächsten Sonntag, wenn er abkommen könnte, zu Gast nach dem Fort Ratonneau zu dessen Kommandanten, der er selbst zu sein die Ehre habe.

Der Einzug auf dem Fort war für alle gleich fröhlich, die abziehenden Invaliden hatten die schöne Aussicht auf Marseille bis zum Überdruß genossen, und die einziehenden waren entzückt über die Aussicht, über das zierliche Werk, über die bequemen Zimmer und Betten; auch kauften sie von den abziehenden ein paar Ziegen, ein Taubenpaar, ein Dutzend Hühner und die Kunststücke, um in der Nähe einiges Wild in aller Stille belauern zu können; denn müßige Soldaten sind ihrer Natur nach Jäger. Als Francœur sein Kommando angetreten, befahl er sogleich seinen beiden Soldaten, Brunet und Tessier, mit ihm den Pulverturm zu eröffnen, das Inventarium durchzugehen, um dann einen gewissen Vorrat zur Feuerwerkerarbeit in das Laboratorium zu tragen. Das Inventarium war richtig, und er beschäftigte gleich einen seiner beiden Soldaten mit den Arbeiten zum Feuerwerk; mit dem andern ging er zu allen Kanonen und Mörsern, um die metallnen zu polieren und die eisernen schwarz anzustreichen. Bald füllte er auch eine hinlängliche Zahl Bomben und Granaten, ordnete auch alles Geschütz so, wie es stehen mußte, um den einzigen Aufgang nach dem Fort zu bestreichen. «Das Fort ist nicht zu nehmen!» rief er einmal über das andre begeistert. «Ich will das Fort behaupten, auch wenn die Engländer mit hunderttausend Mann landen und stürmen! Aber die Unordnung war hier groß!» – «So sieht es überall auf den Forts und Batterien aus», sagte Tessier, «der alte Kommandant kann mit seinem Stelzfuß nicht mehr so weit steigen, und gottlob! bis jetzt ist es den Engländern noch nicht eingefallen zu landen.» – «Das muß anders werden», rief Francœur, «ich will mir lieber die Zunge verbrennen, ehe ich zugebe, daß unsre Feinde Marseille einäschern oder wir sie doch fürchten müssen.»

Die Frau mußte ihm helfen, das Mauerwerk von Gras und Moos zu reinigen, es abzuweißen und die Lebensmittel in den Kasematten zu lüften. In den ersten Tagen wurde fast nicht geschlafen, so trieb der unermüdliche Francœur zur Arbeit, und seine geschickte Hand fertigte in dieser Zeit, wozu ein anderer wohl einen Monat gebraucht hätte. Bei dieser Tätigkeit ließen ihn seine Grillen ruhen; er war hastig, aber alles zu einem festen Ziele, und Rosalie segnete den Tag, der ihn in diese höhere Luftregion gebracht, wo der Teufel keine Macht über ihn zu haben schien. Auch die Witterung hatte sich durch Wendung des Windes erwärmt und erhellt, daß ihnen ein neuer Sommer zu begegnen schien; täglich liefen Schiffe im Hafen ein und aus, grüßten und wurden begrüßt von den Forts am Meere. Rosalie, die nie am Meere gewesen, glaubte sich in eine andere Welt versetzt, und ihr Knabe freute sich, nach so mancher harten Einkerkerung auf Wagen und in Wirtsstuben, der vollen Freiheit in dem eingeschlossenen kleinen Garten des Forts, den die früheren Bewohner nach Art der Soldaten, besonders der Artilleristen, mit den künstlichsten mathematischen Linienverbindungen in Buchsbaum geziert hatten. Ihn überflatterte die Fahne mit den Lilien, der Stolz Francœurs, ein segenreiches Zeichen der Frau, die eine geborene Lilie, die liebste Unterhaltung des Kindes. So kam der erste Sonntag, von allen gesegnet, und Francœur befahl seiner Frau, für den Mittag ihm etwas Gutes zu besorgen, wo er seinen Freund Basset erwarte, insbesondere machte er Anspruch auf einen guten Eierkuchen, denn die Hühner des Forts legten fleißig, lieferte auch eine Zahl wilder Vögel, die Brunet geschossen hatte, in die Küche. Unter diesen Vorbereitungen kam Basset hinaufgekeucht und war entzückt über die Verwandlung des Forts, erkundigte sich auch im Namen des Kommandanten nach dem Feuerwerke und erstaunte über die große Zahl fertiger Raketen und Leuchtkugeln. Die Frau ging nun an ihre Küchenarbeit, die beiden Soldaten zogen aus, um Früchte zur Mahlzeit zu holen, alle wollten an dem Tage recht selig schwelgen und sich die Zeitung vorlesen lassen, die Basset mitgebracht hatte. Im Garten saß nun Basset dem Francœur gegenüber und sah ihn stillschweigend an, dieser fragte nach der Ursache. «Ich meine, Ihr seht so gesund aus wie sonst, und alles, was Ihr tut, ist so vernünftig.» – «Wer zweifelt daran?» fragte Francœur mit einer Aufwallung, «das will ich wissen!» – Basset suchte umzulenken, aber Francœur hatte etwas Furchtbares in seinem Wesen, sein dunkles Auge befeuerte sich, sein Kopf erhob sich, seine Lippen drängten sich vor. Das Herz war schon dem armen Schwätzer Basset gefallen, er sprach, dünnstimmig wie eine Violine, von Gerüchten beim Kommandanten: er sei vom Teufel geplagt, von seinem guten Willen, ihn durch einen Ordensgeistlichen, den Vater Philipp, exorzieren zu lassen, den er deswegen vor Tische hinaufbestellt habe,

unter dem Vorwande, daß er eine Messe der vom Gottesdienst entfernten Garnison in der kleinen Kapelle lesen müsse. Francœur entsetzte sich über die Nachricht, er schwur, daß er sich blutig an dem rächen wolle, der solche Lüge über ihn ausgebracht; er wisse nichts vom Teufel, und wenn es gar keinen gebe, so habe er auch nichts dagegen einzuwenden, denn er habe nirgends die Ehre seiner Bekanntschaft gemacht. Basset sagte, er sei ganz unschuldig, er habe die Sache vernommen, als der

Kommandant mit sich laut gesprochen habe, auch sei ja dieser Teufel die Ursache, warum Francœur vom Regimente fortgekommen. «Und wer brachte dem Kommandanten die Nachricht?» fragte Francœur zitternd. «Eure Frau», antwortete jener, «aber in der besten Absicht, um Euch zu entschuldigen, wenn Ihr hier wilde Streiche machtet.» – «Wir sind geschieden!» schrie Francœur und schlug sich vor den Kopf, «sie hat mich verraten, mich vernichtet, hat Heimlichkeiten mit dem Kommandanten, sie hat unendlich viel für mich getan und gelitten, sie hat mir unendlich wehe getan, ich bin ihr nichts mehr schuldig, wir sind geschieden!» – Allmählich schien er stiller zu werden, je lauter es in ihm wurde; er sah wieder den schwarzen Geistlichen vor Augen, wie die vom tollen Hunde Gebissenen den Hund immer zu sehen meinen, da trat Vater Philipp in den Garten, und er ging mit Heftigkeit auf ihn zu, um zu fragen, was er wolle. Dieser meinte, seine Beschwörung anbringen zu müssen, redete den Teufel heftig an, indem er seine Hände in kreuzenden Linien über Francœur bewegte. Das alles empörte Francœur, er gebot ihm als Kommandant des Forts, den Platz sogleich zu verlassen. Aber der unerschrockne Philipp eiferte um so heftiger gegen den Teufel in Francœur, und als er sogar seinen Stab erhob, ertrug Francœurs militärischer Stolz diese Drohung nicht. Mit wütender Stärke ergriff er den kleinen Philipp bei seinem

Mantel und warf ihn über das Gitter, das den Eingang schützte, und wäre der gute Mann nicht an den Spitzen des Türgitters mit dem Mantel hängengeblieben, er hätte einen schweren Fall die steinerne Treppe hinunter gemacht. Nahe diesem Gitter war der Tisch gedeckt, das erinnerte Francœur an das Essen. Er rief nach dem Essen, und Rosalie brachte es, etwas erhitzt vom Feuer, aber sehr fröhlich, denn sie bemerkte nicht den Mönch außer dem Gitter, der sich kaum vom ersten Schrecken erholt hatte und still vor sich betete, um neue Gefahr abzuwenden; kaum beachtete sie, daß ihr Mann und Basset, jener finster, dieser verlegen, nach dem Tische blickten. Sie fragte nach den beiden Soldaten, aber Francœur sagte: «Sie können nachessen, ich habe Hunger, daß ich die Welt zerreißen könnte.» Darauf legte sie die Suppe vor und gab Basset aus Artigkeit das Meiste, dann ging sie nach der Küche, um den Eierkuchen zu backen. «Wie hat denn meine Frau dem Kommandanten gefallen?» fragte Francœur. «Sehr gut», antwortete Basset, «er wünschte, daß es ihm in der Gefangenschaft so gut geworden wäre wie Euch.» – «Er soll sie haben!» antwortete er. «Nach den beiden Soldaten, die fehlen, fragte sie; was mir fehlt, das fragte sie nicht; Euch suchte sie als einen Diener des Kommandanten zu gewinnen, darum füllte sie Euren Teller, daß er überfloß, Euch bot sie das größte Glas Wein an, gebt Achtung, sie bringt

Euch auch das größte Stück Eierkuchen. Wenn das der Fall ist, dann stehe ich auf, dann führt sie nur fort und laßt mich hier allein.» – Basset wollte antworten, aber im Augenblicke trat die Frau mit dem Eierkuchen herein. Sie hatte ihn schon in drei Stücke geschnitten, ging zu Basset und schob ihm ein Stück mit den Worten auf den Teller: «Einen bessern Eierkuchen findet Ihr nicht beim Kommandanten, Ihr müßt mich rühmen!» – Finster blickte Francœur in die Schüssel, die Lücke war fast so groß wie die beiden Stücke, die noch blieben, er stand auf und sagte: «Es ist nicht anders, wir sind geschieden!» Mit diesen Worten ging er nach dem Pulverturme, schloß die eiserne Türe auf, trat ein und schloß sie wieder hinter sich zu. Die Frau sah ihm verwirrt nach und ließ die Schüssel fallen: «Gott, ihn plagt der Böse; wenn er nur nicht Unheil stiftet im Pulverturm.» – «Ist das der Pulverturm?» rief Basset, «er sprengt sich in die Luft, rettet Euch und Euer Kind!» Mit diesen Worten

lief er fort, auch der Mönch wagte sich nicht wieder herein und lief ihm nach. Rosalie eilte in die Wohnung zu ihrem Kinde, riß es aus dem Schlafe, aus der Wiege, sie wußte nichts mehr von sich, bewußtlos wie sie Francœur einst gefolgt, so entfloh sie ihm mit dem Kinde und sagte vor sich hin: «Kind, das tue ich nur deinetwegen, mir wäre besser, mit ihm zu sterben; Hagar, du hast nicht gelitten wie ich, denn ich verstoße mich selbst!»

– Unter solchen Gedanken kam sie herab auf einem falschen Wege und stand am sumpfigen Ufer des Flusses. Sie konnte aus Ermattung nicht mehr gehen und setzte sich deswegen in einen Nachen, der, nur leicht ans Ufer gefahren, leicht abzustoßen war, und ließ sich den Fluß herabtreiben; sie wagte nicht umzublicken, wenn am Hafen ein Schuß geschah, meinte sie, das Fort sei gesprengt und ihr halbes Leben verloren, so verfiel sie allmählich in einen dumpfen, fieberartigen Zustand.

Unterdessen waren die beiden Soldaten, mit Äpfeln und Trauben bepackt, in die Nähe des Forts gekommen, aber Francœurs starke Stimme rief ihnen, indem er eine Flintenkugel über ihre Köpfe abfeuerte: «Zurück!» dann sagte er durch das Sprachrohr: «An der hohen Mauer werde ich mit euch reden, ich habe hier allein zu befehlen und will auch allein hier leben, solange es dem Teufel gefällt!» Sie wußten nicht, was das bedeuten solle, aber es war nichts anders zu tun, als dem Willen des Sergeanten Folge zu leisten. Sie gingen herab zu dem steilen Abhange des Forts, welcher die hohe Mauer hieß, und kaum waren sie dort angelangt, so sahen sie Rosaliens Bette und des Kindes Wiege an einem Seile niedersinken, dem folgten ihre Betten und Geräte, und Francœur rief durch das Sprachrohr: «Das Eurige nehmt; Bette, Wiege und Kleider meiner entlaufenen Frau bringt zum Kommandanten, da werdet ihr sie finden; sagt: das schicke ihr Satanas, und diese alte Fahne, um ihre Schande mit dem Kommandanten zuzudecken!» Bei diesen Worten warf er die große französische

Flagge, die auf dem Fort geweht hatte, herab und fuhr fort: «Dem Kommandanten lasse ich hierdurch Krieg erklären, er mag sich waffnen bis zum Abend, dann werde ich mein Feuer eröffnen; er soll nicht schonen, denn ich schone ihn beim Teufel

nicht; er soll alle seine Hände ausstrecken, er wird mich doch nicht fangen; er hat mir den Schlüssel zum Pulverturm gegeben, ich will ihn brauchen, und wenn er mich zu fassen meint, fliege ich mit ihm gen Himmel, vom Himmel in die Hölle, das wird Staub geben.» – Brunet wagte endlich zu reden und rief hinauf: «Gedenkt an unsern gnädigsten König, daß der über Euch steht, ihm werdet Ihr doch nicht widerstreben.» Dem antwortete Francœur: «In mir ist der König aller Könige dieser Welt, in mir ist der Teufel, und im Namen des Teufels sage ich euch: redet kein Wort, sonst zerschmettere ich euch!» – Nach dieser Drohung packten beide stillschweigend das Ihre zusammen und ließen das übrige stehen; sie wußten, daß oben große Steinmassen angehäuft waren, die unter der steilen Felswand alles zerschmettern konnten. Als sie nach Marseille zum Kommandanten kamen, fanden sie ihn schon in Bewegung, denn Basset hatte ihn von allem unterrichtet; er sendete die beiden Ankommenden mit einem Wagen nach dem Fort, um die Sachen der Frau gegen den drohenden Regen zu sichern, andere sandte er aus, um die Frau mit dem Kinde aufzufinden, während er die Offiziere bei sich versammelte, um mit ihnen zu überlegen, was zu tun sei. Die Besorgnis dieses Kriegsrats richtete sich besonders auf den Verlust des schönen Forts, wenn es in die Luft gesprengt würde; bald kam aber ein Abgesandter der Stadt, wo sich das Gerücht verbreitet hatte, und stellte den Untergang des schönsten Teiles der Stadt als ganz unvermeidlich dar. Es wurde allgemein anerkannt, daß mit Gewalt nicht verfahren werden dürfe, denn Ehre sei nicht gegen einen einzelnen Menschen zu erringen, wohl aber ein ungeheuerer Verlust durch Nachgiebigkeit abzuwenden; der Schlaf werde die Wut Francœurs doch endlich überwinden, dann sollten entschlossene Leute das Fort erklettern und ihn fesseln. Dieser Ratschluß war kaum gefaßt, so wurden die beiden Soldaten eingeführt, welche Rosaliens Betten und Gerät zurückgebracht hatten. Sie hatten eine Bestellung Francœurs zu überbringen, daß ihm der Teufel verraten: sie wollten ihn im Schlafe fangen, aber er warne sie aus Liebe zu einigen Teufelskameraden, die zu dem Unternehmen gebraucht werden sollten, denn er werde ruhig in seinem verschlossenen Pulverturme mit geladenen Gewehren schlafen, und ehe sie die Türe erbrechen könnten, wäre er längst erwacht und der Turm mit einem Schusse in die Pulverfässer zersprengt. «Er hat recht», sagte der Kommandant, «er kann nicht anders handeln, wir müssen ihn aushungern.» – «Er hat den ganzen Wintervorrat für uns alle hinaufgeschafft», bemerkte Brunet, «wir müssen wenigstens ein halbes Jahr warten, auch sagte er, daß ihm die vorbeifahrenden Schiffe, welche die Stadt versorgen, reichlichen Zoll geben sollten, sonst bohre er sie in den Grund, und zum Zeichen, daß niemand in der Nacht fahren sollte ohne seine Bewilligung, werde er am Abend einige Kugeln über den Fluß sausen lassen.» – «Wahrhaftig, er schießt!» rief einer der Offiziere, und alle liefen nach einem Fenster des obern Stockwerks. Welch ein Anblick! An allen Ecken des Forts eröffneten die Kanonen ihren feurigen Rachen, die Kugeln sausten durch die Luft, in der Stadt versteckte sich die Menge mit großem Geschrei, und nur einzelne wollten ihren Mut im kühnen Anschauen der Gefahr beweisen. Aber sie wurden auch reichlich dafür belohnt, denn mit hellem Lichte schoß Francœur einen Bündel Raketen aus einer Haubitze in die Luft und einen Bündel Leuchtkugeln aus einem Mörser, denen er aus Gewehren unzählige andre nachsandte. Der Kommandant versicherte, diese Wirkung sei trefflich, er habe es nie gewagt, Feuerwerke mit Wurfgeschütz in die Luft zu treiben, aber die Kunst werde dadurch gewissermaßen zu einer meteorischen, der Francœur verdiene schon deswegen begnadigt zu werden.

Diese nächtliche Erleuchtung hatte eine andere Wirkung, die wohl in keines Menschen Absicht lag; sie rettete Rosalien und ihrem Kinde das Leben. Beide waren in dem ruhigen Treiben des Kahnes eingeschlummert, und Rosalie sah im Traume ihre Mutter von innerlichen Flammen durchleuchtet und verzehrt und fragte sie: warum sie so leide?

Da war's, als ob eine laute Stimme ihr in die Ohren rief: «Mein Fluch brennt mich wie dich, und kannst du ihn nicht lösen, so bleib ich eigen allem Bösen.» Sie wollte noch mehr sprechen, aber Rosalie war schon aufgeschreckt, sah über sich den Bündel Leuchtkugeln im höchsten Glanze, hörte neben sich einen Schiffer rufen: «Steuert links, wir fahren sonst ein Boot in den Grund, worin ein Weib mit einem Kinde sitzt.» Und schon rauscht die vordere Spitze eines großen Flußschiffes wie ein geöffneter Walfischrachen hinter ihr, da wandte er sich links, aber ihr Nachen wurde doch seitwärts nachgerissen. «Helft meinem armen Kinde!» rief sie, und der Haken eines Stangenruders verband sie mit dem großen Schiffe, das bald darauf Anker warf. «Wäre das Feuerwerk auf dem Fort Ratonneau nicht aufgegangen», rief der eine Schiffer, «ich hätte Euch nicht gesehen, und wir hätten Euch ohne bösen Willen in den Grund gesegelt, wie kommt Ihr so spät und allein aufs Wasser, warum habt Ihr uns nicht angeschrien?» Rosalie beantwortete schnell die Fragen und bat nur dringend, sie nach dem Hause des Kommandanten zu bringen. Der Schiffer gab ihr aus Mitleid seinen Jungen zum Führer.

Sie fand alles in Bewegung beim Kommandanten, sie bat ihn, seines Versprechens eingedenk zu sein, daß er ihrem Manne drei Versehen verzeihen wolle. Er leugnete, daß von solchen Versehen die

Rede gewesen, es sei über Scherz und Grillen geklagt worden, das sei aber ein teuflischer Ernst. – «So ist das Unrecht auf Eurer Seite», sagte die Frau gefaßt, denn sie fühlte sich nicht mehr schicksallos, «auch habe ich den Zustand des armen Mannes angezeigt, und doch habt Ihr ihm einen so gefährlichen Posten vertraut, Ihr habt mir Geheimnis angelobt, und doch habt Ihr alles an Basset, Euren Diener, erzählt, der uns mit seiner törichten Klugheit und Vorwitzigkeit in das ganze Unglück gestürzt hat; nicht mein armer Mann, Ihr seid an allem Unglück schuld, Ihr müßt dem Könige davon Rechenschaft geben.» – Der Kommandant verteidigte sich gegen den Vorwurf, daß er etwas dem Basset erzählt habe, dieser gestand, daß er ihn im Selbstgespräche belauscht, und so war die ganze Schuld auf seine Seele geschoben. Der alte Mann sagte, daß er den andern Tag sich vor dem Fort wolle totschießen lassen, um seinem Könige die Schuld mit seinem Leben abzuzahlen, aber Rosalie bat ihn, sich nicht zu übereilen, er möge bedenken, daß sie ihn schon einmal aus dem Feuer gerettet habe. Ihr wurde ein Zimmer im Hause des Kommandanten angewiesen, und sie brachte ihr Kind zur Ruhe, während sie selbst mit sich zu Rate ging und zu Gott flehte, ihr anzugeben, wie sie ihre Mutter den Flammen und ihren Mann dem Fluche entreißen könne. Aber auf ihren Knien versank sie in einen tiefen Schlaf und war sich am Morgen keines Traumes, keiner Eingebung bewußt. Der Kommandant, der schon früh einen Versuch gegen das Fort gemacht hatte, kam verdrießlich zurück. Zwar hatte er keine Leute verloren, aber Francœur hatte so viele Kugeln mit solcher Geschicklichkeit links und rechts und über sie hinsausen lassen, daß sie ihr Leben nur seiner Schonung dankten. Den Fluß hatte er durch Signalschüsse gesperrt, auch auf der Chaussee durfte niemand fahren, kurz, aller Verkehr der Stadt war für diesen Tag gehemmt, und die Stadt drohete, wenn der Kommandant nicht vorsichtig verfahre, sondern wie in Feindes Land ihn zu belagern denke, daß sie die Bürger aufbieten und mit den Invaliden schon fertig werden wolle.

Drei Tage ließ sich der Kommandant so hinhalten, jeden Abend verherrlichte ein Feuerwerk, jeden Abend erinnerte Rosalie an sein Versprechen der Nachsicht. Am dritten Abend sagte er ihr, der Sturm sei auf den andern Mittag festgesetzt, die Stadt gebe nach, weil aller Verkehr gestört sei und endlich Hungersnot ausbrechen könne. Er werde den Eingang stürmen, während ein andrer Teil von der andern Seite heimlich anzuklettern suche, so daß diese vielleicht früher ihrem Manne in den Rücken kämen, ehe er nach dem Pulverturm springen könne; es werde Menschen kosten, der Ausgang sei ungewiß, aber er wolle den Schimpf von sich ablenken, daß durch seine Feigheit ein toller

Mensch zu dem Dünkel gekommen, einer ganzen Stadt zu trotzen; das größte Unglück sei ihm lieber als dieser Verdacht, er habe seine Angelegenheiten mit der Welt und vor Gott zu ordnen gesucht, Rosalie und ihr Kind würden sich in seinem Testamente nicht vergessen finden. Rosalie fiel ihm zu Füßen und fragte: was denn das Schicksal ihres Mannes sei, wenn er im Sturme gefangen würde? Der Kommandant wendete sich ab und sagte leise: «Der Tod unausbleiblich, auf Wahnsinn würde von keinem Kriegsgerichte erkannt werden, es ist zuviel Einsicht, Vorsicht und Klugheit in der ganzen Art, wie er sich nimmt; der Teufel kann nicht vor Gericht gezogen werden, er muß für ihn leiden.» – Nach einem Strome von Tränen erholte sich Rosalie und sagte: wenn sie das Fort ohne Blutvergießen, ohne Gefahr in die Gewalt des Kommandanten brächte, würde dann sein Vergehen als ein Wahnsinn Begnadigung finden? – «Ja, ich schwör's!» rief der Kommandant, «aber es ist vergeblich, Euch haßt er vor allen und rief gestern einem unsrer Vorposten zu, er wolle das Fort übergeben, wenn wir ihm den Kopf seiner Frau schicken könnten.» – «Ich kenne ihn», sagte die Frau, «ich will den Teufel beschwören in ihm, ich will ihm Frieden geben, sterben würde ich doch mit ihm, also ist nur Gewinn für mich, wenn ich von seiner Hand sterbe, der ich vermählt bin durch den heiligsten Schwur.» – Der Kommandant bat sie, sich wohl zu bedenken, erforschte ihre Absicht, widerstand aber weder ihren Bitten noch der Hoffnung, auf diesem Wege dem gewissen Untergange zu entgehen.

Vater Philipp hatte sich im Hause eingefunden und erzählte, der unsinnige Francœur habe jetzt eine große weiße Flagge ausgesteckt, auf welcher der Teufel gemalt sei, aber der Kommandant wollte nichts von seinen Neuigkeiten wissen und befahl ihm, zu Rosalien zu gehen, die ihm beichten wolle. Nachdem Rosalie ihre Beichte in aller Ruhe eines gottergebenen Gemütes abgelegt hatte, bat sie den Vater Philipp, sie nur bis zu einem sichern Steinwalle zu begleiten, wo keine Kugel ihn treffen könne, dort wolle sie ihm ihr Kind und Geld zur Erziehung desselben übergeben, sie könne sich noch nicht von dem lieben Kinde trennen. Er versprach es ihr zögernd, nachdem er sich im Hause erkundigt hatte, ob er auch dort noch sicher gegen die Schüsse sei; denn sein Glaube, Teufel austreiben zu können, hatte sich in ihm ganz verloren, er gestand, was er bisher ausgetrieben hätte, möchte wohl der rechte Teufel nicht gewesen sein, sondern ein geringerer Spuk.

Rosalie kleidete ihr Kind noch einmal unter mancher Träne weiß mit roten Bandschleifen an, dann nahm sie es auf den Arm und ging schweigend die Treppe hinunter. Unten stand der alte Kommandant und konnte ihr nur die Hand drücken und mußte sich umwenden, weil er sich der Tränen vor den Zuschauern schämte. So trat sie auf die Straße, keiner wußte ihre Absicht, Vater Philipp blieb etwas zurück, weil er des Mitgehens gern überhoben gewesen, dann folgte die Menge müßiger Menschen auf den Straßen, die ihn fragten, was es bedeute? Viele fluchten auf Rosalien, weil sie Francœurs Frau war, aber dieser Fluch berührte sie nicht.

Der Kommandant führte unterdessen seine Leute auf verborgenen Wegen nach den Plätzen, von welchen der Sturm eröffnet werden sollte, wenn die Frau den Wahnsinn des Mannes nicht beschwören könnte.

Am Tore schon verließ die Menge Rosalien, denn Francœur schoß von Zeit zu Zeit über diese Fläche, auch Vater Philipp klagte, daß ihm schwach werde, er müsse sich niederlassen. Rosalie bedauerte es und zeigte ihm den Felsenwall, wo sie ihr Kind noch einmal stillen und es dann in den Mantel niederlegen wollte, dort möge es gesucht werden, da liege es sicher aufbewahrt, wenn sie nicht zu ihm zurückkehren könne. Vater Philipp setzte sich betend hinter den Felsen, und Rosalie ging mit festem Schritt dem Steinwalle zu, wo sie ihr Kind tränkte und segnete, es in ihren Mantel wickelte und in Schlummer brachte. Da verließ sie es mit einem Seufzer, der die Wolken in ihr brach, daß blaue Hellung und das stärkende Sonnenbild sie bestrahlten. Nun war sie dem harten Manne sichtbar, als sie am Steinwalle heraustrat, ein Licht schlug am Tore auf, ein Druck, als ob sie umstürzen müßte, ein Rollen in der Luft, ein Sausen, das sich damit mischte, zeigten ihr an, daß der Tod nahe an ihr vorübergegangen. Es wurde ihr aber nicht mehr bange, eine Stimme sagte ihr innerlich, daß nichts untergehen könne, was diesen Tag bestanden, und ihre Liebe zum Manne, zum Kinde regte sich noch in ihrem Herzen, als sie ihren Mann vor sich auf dem Festungswerke stehen und laden, das Kind hinter sich schreien hörte; sie taten ihr beide mehr leid als ihr eignes Unglück, und der schwere Weg war nicht der schwerste Gedanke ihres Herzens. Und ein neuer Schuß betäubte ihre Ohren und schmetterte ihr Felsstaub ins Gesicht, aber sie betete und sah zum Himmel. So betrat sie den engen Felsgang, der wie ein verlängerter Lauf, für zwei mit Kartätschen geladene Kanonen mit boshaftem Geize die Masse des verderblichen Schusses gegen die Andringenden zusammenzuhalten bestimmt war. – «Was siehst du, Weib!» brüllte Francœur, «sieh nicht in die Luft, deine Engel kommen nicht, hier steht dein Teufel und dein Tod.» – «Nicht Tod, nicht Teufel trennen mich mehr von dir», sagte sie getrost und schritt weiter hinauf die großen Stufen. «Weib», schrie er, «du hast mehr Mut als der Teufel, aber es soll dir doch nichts helfen.» – Er blies die Lunte an, die eben verlöschen wollte, der Schweiß

stand ihm hellglänzend über Stirn und Wangen, es war, als ob zwei Naturen in ihm rangen. Und Rosalie wollte nicht diesen Kampf hemmen und der Zeit vorgreifen, auf die sie zu vertrauen begann; sie ging nicht vor, sie kniete auf die Stufe nieder, als sie drei Stufen von den Kanonen entfernt war, wo sich das Feuer kreuzte. Er riß Rock und Weste an der Brust auf, um sich Luft zu machen, er griff in sein schwarzes Haar, das verwildert in Locken starrte, und riß es sich wütend aus. Da öffnete sich die Wunde am Kopfe in dem wilden Erschüttern durch Schläge, die er an seine Stirn führte, Tränen und Blut löschten den brennenden Zundstrick, ein Wirbelwind warf das Pulver von den Zündlöchern der Kanonen und die Teufelsflagge vom Turm. «Der Schornsteinfeger macht sich Platz, er schreit zum Schornstein hinaus!» rief er und deckte seine Augen. Dann besann er sich, öffnete die Gittertüre, schwankte zu seiner Frau, hob sie auf, küßte sie, endlich sagte er: «Der schwarze Bergmann hat sich durchgearbeitet, es strahlt wieder Licht in meinen Kopf, und Luft zieht hindurch, und die Liebe soll wieder ein Feuer zünden, daß uns nicht mehr friert. Ach Gott, was hab ich in diesen Tagen verbrochen! Laß uns nicht feiern, sie werden mir nur wenig Stunden noch schenken, wo ist mein Kind? ich muß es küssen, weil ich noch frei bin; was ist Sterben? Starb ich nicht schon einmal, als du mich verlassen, und nun kommst du wieder, und dein Kommen gibt mir mehr, als dein Scheiden mir nehmen konnte, ein unendliches Gefühl meines Daseins, dessen Augenblicke mir genügen. Nun lebte ich gern mit dir, und wäre deine Schuld noch größer als meine Verzweiflung gewesen, aber ich kenne das Kriegsgesetz, und ich kann nun gottlob in Vernunft als ein reuiger Christ sterben.» – Rosalie konnte in ihrer Entzückung, von ihren Tränen fast erstickt, kaum sagen, daß *ihm* verziehen, daß *sie* ohne Schuld und ihr Kind nahe sei. Sie verband seine Wunde in Eile, dann zog sie ihn die Stufen hinunter bis hin zu dem Steinwalle, wo sie das Kind verlassen. Da fanden sie den guten Vater Philipp bei dem Kinde, der allmählich hinter Felsstücken zu ihm hingeschlichen war, und das Kind ließ etwas aus den Händen fliegen, um nach dem Vater sie auszustrecken. Und während sich alle drei umarmt hielten, erzählte Vater Philipp, wie ein Taubenpaar vom Schloß heruntergeflattert sei und mit dem Kinde artig gespielt, sich von ihm habe anrühren lassen und es gleichsam in seiner Verlassenheit getröstet habe. Als er das gesehen, habe er sich dem Kinde zu nahen gewagt. «Sie waren, wie gute Engel, meines Kindes Spielkameraden auf dem Fort gewesen, sie haben es treulich aufgesucht, sie kommen sicher wieder und werden es nicht verlassen.» Und wirklich umflogen sie die Tauben freundlich und trugen in ihren Schnäbeln grüne Blätter. «Die Sünde ist uns geschieden», sagte Francœur, «nie will ich wieder auf den Frieden schelten, der Friede tut mir so gut.»

Inzwischen hatte sich der Kommandant mit seinen Offizieren genähert, weil er den glücklichen Ausgang durch sein Fernrohr gesehen. Francœur übergab ihm seinen Degen; er kündigte Francœur Verzeihung an, weil seine Wunde ihn des Verstandes beraubt gehabt, und befahl einem Chirurgen, diese Wunde zu untersuchen und besser zu verbinden. Francœur setzte sich nieder und ließ ruhig alles mit sich geschehen, er sah nur Frau und Kind an. Der Chirurg wunderte sich, daß er keinen Schmerz zeigte, er zog ihm einen Knochensplitter aus der Wunde, der ringsumher eine Eiterung hervorgebracht hatte; es schien, als ob die gewaltige Natur Francœurs ununterbrochen und allmählich an der Hinausschaffung gearbeitet habe, bis ihm endlich äußere Gewalt, die eigne Hand seiner Verzweiflung, die äußere Rinde durchbrochen. Er versicherte, daß ohne diese glückliche Fügung ein unheilbarer Wahnsinn den unglücklichen Francœur hätte aufzehren müssen. Damit ihm keine Anstrengung schade, wurde er auf einen Wagen gelegt, und sein Einzug in Marseille glich unter einem Volke, das Kühnheit immer mehr als Güte zu achten weiß, einem Triumphzuge; die Frauen warfen Lorbeerkränze auf den Wagen, alles drängte sich, den stolzen Bösewicht kennen zu lernen, der so viele tausend Menschen während drei Tage beherrscht hatte. Die Männer aber reichten ihre Blumenkränze Rosalien und ihrem Kinde und rühmten sie als Befreierin und schwuren ihr und dem Kinde reichlich zu vergelten, daß sie ihre Stadt vom Untergange gerettet habe.

Nach solchem Tage läßt sich in *einem* Menschenleben selten noch etwas erleben, was der Mühe des Erzählens wert wäre, wenngleich die Wiederbeglückten, die Fluchbefreiten erst in diesen ruhigeren Jahren den ganzen Umfang des gewonnenen

Glücks erkannten. Der gute alte Kommandant nahm Francœur als Sohn an, und konnte er ihm auch nicht seinen Namen übertragen, so ließ er ihm doch einen Teil seines Vermögens und seinen Segen. Was aber Rosalie noch inniger berührte, war ein Bericht, der erst nach Jahren aus Prag einlief, in welchem ein Freund der Mutter anzeigte, daß diese wohl ein Jahr unter verzehrenden Schmerzen den Fluch bereut habe, den sie über ihre Tochter ausgestoßen, und bei dem sehnlichen Wunsche nach Erlösung des Leibes und der Seele sich und der Welt zum Überdruß bis zu dem Tage gelebt habe, der Rosaliens Treue und Ergebenheit in Gott gekrönt: an dem Tage sei sie, durch einen Strahl aus ihrem Innern beruhigt, im gläubigen Bekenntnis des Erlösers selig entschlafen.

«*Gnade* löst den Fluch der *Sünde*,
Liebe treibt den *Teufel* aus.»

DIE MAJORATSHERREN

Wir durchblätterten eben einen ältern Kalender, dessen Kupferstiche manche Torheiten seiner Zeit abspiegeln. Liegt sie doch jetzt schon wie eine Fabelwelt hinter uns! Wie reich erfüllt war damals die Welt, ehe die allgemeine Revolution, welche von Frankreich den Namen erhielt, alle Formen zusammenstürzte; wie gleichförmig arm ist sie geworden! Jahrhunderte scheinen seit jener Zeit vergangen, und nur mit Mühe erinnern wir uns, daß unsre früheren Jahre ihr zugehörten. Aus der Tiefe dieser Seltsamkeiten, die uns Chodowieckis Meisterhand bewahrt hat, läßt sich die damalige Höhe geistiger Klarheit erraten; diese ermißt sich sogar am leichtesten an den Schattenbildern derer, die ihr im Wege standen und die sie riesenhaft über die Erde hingezeichnet hat. Welche Gliederung und Abstufung, die sich nicht bloß im Äußern der Gesellschaft zeigte! Jeder einzelne war wieder auch in seinem Ansehn, in seiner Kleidung eine eigene Welt, jeder richtete sich gleichsam für die Ewigkeit auf dieser Erde ein, und wie für alle gesorgt war, so befriedigten auch Geisterbeschwörer und Geisterseher, geheime Gesellschaften und geheimnisvolle Abenteurer, Wundärzte und prophetische

Kranke die tiefgeheime Sehnsucht des Herzens, aus der verschlossenen Brusthöhle hinausblicken zu können. Beachten wir den Reichtum dieser Erscheinungen, so drängt sich die Vermutung auf, als ob jenes Menschengeschlecht sich zu voreilig einer höheren Welt genahet habe und, geblendet vom Glanze der halbentschleierten, zur dämmernden Zukunft in frevelnder Selbstvernichtung fortgedrängt, durch die Notdurft an die Gegenwart der Erde gebunden werden mußte, die aller Kraft bedarf und uns in ruhiger Folge jede Anstrengung belohnt.

Mit wie vielen Jahrhunderten war jene Zeit durch Stiftungen aller Art verbunden, die alle ernst und wichtig gegen jede Änderung geschützt wurden! So stand in der großen Stadt ... das Majoratshaus der Herren von ..., obgleich seit dreißig Jahren unbewohnt, doch nach dem Inhalte der Stiftung mit Möbeln und Gerät so vollständig erhalten, zu niemands Gebrauch und zu jedermanns Anschauen, daß es, trotz seiner Altertümlichkeit, noch immer für eine besondere Merkwürdigkeit der Stadt gelten konnte. Da wurde jährlich, der Stiftung gemäß, eine bestimmte Summe zur Vermehrung des Silbergeschirrs, des Tischzeugs, der Gemälde, kurz zu allem dem verwendet, was in der Einrichtung eines Hauses auf Dauer Anspruch machen kann, und vor allem hatte sich ein Reichtum der kostbarsten, ältesten Weine in den Kellern gesammelt. Der Majoratsherr lebte mit seiner Mutter in der Fremde und brauchte bei dem übrigen Umfange seiner Einnahme nicht zu vermissen, was er in diesem Hause unbenutzt ließ. Der Haushofmeister zog der Stiftung gemäß alle Uhren auf und fütterte eine bestimmte Zahl von Katzen, welche die nagenden Mäuse wegfangen sollten, und teilte jeden Sonnabend eine gewisse Zahl von Pfennigen an die Armen im Hofe aus. Leicht hätten sich unter diesen Armen, wenn sie sich dessen nicht geschämt hätten, die Verwandten dieses Hauses einfinden können, dessen jüngere Linien bei der Bildung des großen Majorats völlig vergessen worden waren. Überhaupt schien das Majorat wenig Segen zu bringen, denn die reichen Besitzer waren selten ihres Reichtums froh geworden, während die Nichtbesitzer mit Neid zu ihnen aufblickten.

So ging täglich vor dem Majoratsgebäude zu bestimmter Stunde ein Vetter des jetzigen Besitzers, ihm durch dreißig Jahre überlegen, aber an Vermögen ihm sehr untergeordnet, mit ernsten Schritten vorbei und schüttelte den Kopf und nahm eine Prise Tabak. Niemand war vielleicht so bekannt bei alt und jung in der ganzen Stadt, wie dieser alte, rotnasige Herr, der gleich dem eisernen Ritter an der Rathausuhr durch sein Heraustreten, noch ehe die Glocke angeschlagen, den Knaben zur Erinnerung der Schulstunde diente, den älteren Bürgern aber als wandernde Probeuhr, um ihre hölzernen Kuckucksuhren darnach zu stellen. Er trug bei den verschiedenartigen Klassen von Leuten verschiedene Namen. Bei den Vornehmen hieß er der Vetter, weil seine Verwandtschaft mit den ersten Familien des Reiches unleugbar und er diese einzige, ihm übrig gebliebene Ehre auch gern mit dieser Anrede geltend machte. Unter den gemeinen Leuten hieß er nur der Leutnant, weil er diese Stelle in seinen jungen Jahren bekleidet hatte, sowie sie ihn noch jetzt bekleiden mußte. Es schien ihm nämlich völlig unbekannt, daß der Kleiderschnitt sich in den dreißig Jahren, die seitdem verflossen, gar sehr verändert hatte. Etwas stärker mochte das Tuch damals wohl noch gearbeitet werden, das zeigten jetzt die mächtigen, wohlgedrehten Fäden, nachdem die Wolle abgetragen war. Der rote Kragen war schon mehr verdorben und gleichsam lackiert; die Knöpfe aber hatten die Kupferröte seiner Nase angenommen. Gleiche Farbe zeigte auch der fuchsrote, dreieckige Militärhut mit der wollenen Feder. Das Bedenklichste des ganzen Anzugs war aber das Portépée, weil es nur mit einem Faden am Schwerte, wie das Schwert über dem Haupte des Tyrannen am Haare, hing. Das Schwert hatte leider das Unglück des armen Teufels gemacht und den Lebensfaden eines vom Hofe begünstigten Nebenbuhlers in den Bewerbungen bei einer Hofdame durchschnitten; und diese unglückliche Ehrensache, bei welcher ihm

doch niemand mehr Schuld als seinem Gegner zumessen konnte, hatte seine militärische Laufbahn versperrt. Wie er sich seitdem durch die Welt fortgeholfen, war freilich seltsam, aber es war ihm doch gelungen. Er hatte eine höchst vollständige Wappensammlung mit unablässig dreistem Fordern und unermüdlichem Briefschreiben zusammengebracht, verstand diese in verschiedenen Massen nachzuformen, auch abzumalen, wo jenes nicht gelang, sauber aufzukleben, und verkaufte diese Sammlungen durch Vermittlung eines Buchhändlers zu hohen Preisen, sowohl zum Bedürfnisse der Erwachsenen als der Kinder eingerichtet. Nebenher war es eine Liebhaberei von ihm, Truthähne

und andres Federvieh zu mästen und Raubtauben über die Stadt auszusenden, die immer mit einigen Überfliegenden in die geheime Öffnung seines Daches heimkehrten. Diesen Handel besorgte ihm seine Aufwärterin Ursula, eine treue Seele; ihm durfte niemand von diesem Handel sprechen, ohne sich Händel zuzuziehen. Von dem Erworbenen hatte er sich ein elendes, finsteres Haus im schlechtesten Teile der Stadt, neben der Judengasse, und vielerlei alten Kram gekauft, womit die Auktionen seine Zimmer geschmückt hatten, die er dabei in einer Ordnung erhielt und in einer Einsamkeit, daß niemand wußte, wie es eigentlich darin aussehe. Übrigens war er ein fleißiger Kirchengänger und setzte sich da einer Wand gegenüber, die mit alten Wappen von Erbbegräbnissen geschmückt war, machte aber übrigens alles mit wie andere Menschen, welche in die Kirche zum Zuhören gehen. Nach der Kirche aber pflegte er jedesmal bei der alten Hofdame anzutreten, vor deren Tür er an andern Tagen mit einer Prise Schneeberger Schnupftabak, auf die er wohl fünfzig Male niesen mußte, den geckenhaften, schöntuenden Hahnentritt und Stutzerlauf sich vertrieb, der ihn in das Haus hineinzutreiben drohte, während ihm dabei der Degen, den er nach alter Art durch die Rocktasche gesteckt hatte, zwischen die Beine schlenkerte. Diese alte, hochauf frisierte, schneeweiß eingepuderte, feurig geschminkte, mit Schönpflästerchen beklebte Hofdame übte auch nach jenem unglücklichen Zweikampfe seit dreißig Jahren dieselbe zärtliche Gewalt über ihn aus, ohne daß sie ihm je ein entscheidendes Zeichen der Erwiderung gegeben hatte. Er besang sie fast täglich in allerlei erdichteten Verhältnissen, in kernhaften Reimen, wagte es aber nie, ihr diese Ergießungen seiner Muse vorzulegen, weil er vor ihrem Geist besondere Furcht hegte. Ihren großen, schwarzen Pudel sonntags in ihrer Nähe unter hergebrachten Fragen zu kämmen, war der ganze Gewinn des heiß erflehten Sonntags; aber ihr Dank dafür, dies angenehme Lächeln, war auch ein reicher Lohn – wer ihn nur zu schätzen wußte. Andern Leuten schien dies starre, in weiß und rot mit blauen Adern gemalte Antlitz, das am Fenster unbeweglich auf eine Filetarbeit oder in den Spiegel der nahen Toilette blickte, eher wie ein seltsames Wirtsschild. Sie lebte übrigens sehr anständig von den Pensionen zweier Prinzessinnen, die sie bedient und überlebt hatte, und die Besuche von Hofleuten und Diplomaten an ihrer silbernen Toilette, während welcher sie vielerlei Brühen zur Erhaltung ihrer Schönheit zu genießen pflegte, waren zu einer herkömmlichen Feierlichkeit geworden und zugleich zu einer

Gelegenheit, die Neuigkeiten des Tages auszutauschen.

Es geschah aber an einem Frühlingssonntage, daß die Hofdame durch ein Zusammenlaufen der Leute in der Straße auf eine außerordentliche Neuigkeit aufmerksam gemacht wurde. Diese Außerordentlichkeit war aber diesmal der Leutnant, oder vielmehr sein vom Frühling verjüngtes Laub. Ein neuer, moderner Hut mit einer Feder statt der Wolle, ein glänzendes Degengehenk, eine neue Uniform mit geschmälerten Rockschößen, verkürzten Taschen an der Weste und neue, schwarze Samthosen verkündeten eine neue Periode der Weltgeschichte. Auch trat der Leutnant bald mit frohem Gesichte ins Zimmer und mit dem Berichte ihr entgegen: «Liebe Kusine, der Majoratsherr kommt in diesen Tagen; seine Mutter ist gestorben, ihm ist von einer prophetischen Kranken geraten, hieher zu gehen, wo er seine Ruhe finden werde, nachdem ihn ein heftiges Fieber um seine Gesundheit gebracht hat. Nun denken Sie sich, der junge Mann hat aus den Erzählungen der Mutter einen Abscheu gegen das Majoratshaus; er will durchaus bei mir wohnen und hat mich ersucht, ihm bei mir ein Zimmer recht bequem einzurichten, wozu er mir ein Kapital übermache. Mein Häuschen ist für einen so verwöhnten, reichen Herrn nicht eingerichtet; in unsern hohen Familien ist es leider wie bei den Katzen, ein Junges wird als erstgebornes gut aufgefüttert, und alle andern, jüngern Geschwister werden ins Wasser geworfen.» – «Sie waren einmal schon recht nahe, das Majorat zu erhalten?» sagte die Hofdame. – «Freilich», antwortete er, «ich war dreißig Jahre alt, mein Oheim sechzig und hatte in erster Ehe keine Kinder bekommen. Da fällt es ihm ein, noch einmal ein junges Fräulein zu heiraten. Um so besser», dachte ich, «die Junge ist des Alten Tod. Aber um so schlechter ging's; sie brachte ihm kurz vor seinem Tode einen jungen Sohn, diesen Majoratsherrn – und ich hatte nichts!» – «Wenn der junge Mann stürbe, würden Sie Majoratsherr», sagte ruhig die Hofdame; «junge Leute können sterben, alte Leute müssen sterben.» – «Leider!» antwortete der Leutnant; «der Prediger sprach heute auch davon auf der Kanzel.» – «Was wurde denn gesungen?» fragte die Hofdame, «ich wollte es zu meiner Hausandacht wissen.» – Der Leutnant schlug die Lieder auf; sie sang leise, und er kämmte den Pudel nach Gewohnheit, indem er ihr mit Bewunderung zuhörte. – Als er sich empfahl, trug ihm die Hofdame auf, den jungen Vetter doch gleich, wenn er angekommen, bei ihr einzuführen.

Als der Leutnant zu Hause kam, trat ihm ein großer, bleicher, junger Mann entgegen, in einer Kleidung, wie er sie noch nicht gesehen: seine Haare waren phantastisch ohne strenge Ordnung emporfrisiert, und Figaroslocken in leichten, dünnen Röhren umliefen wie ein Halbkreis die Ohren. Hinten vereinigte ein dicker Katillon die Haare, welche in einer Locke hinübergekämmt waren. Ein streifiger Rock mit prächtigen Stahlknöpfen und große silberne Schuhschnallen verrieten ihm den Reichtum des Majoratsherrn. Auch dieser hatte aus den Briefen an die Mutter gleich den Vetter erraten und berichtete ihm, daß er Tag und Nacht mit

Kurierpferden gereist sei und ihm nicht genug sein Wohlgefallen über das Haus ausdrücken könne, das ganz nach seinem Geschmack sei, nur müsse er ihm erlauben, daß er neben dem für ihn bereiteten großen Zimmer auch ein kleines nehme, das nach der engen Gasse hinaussehe; denn da er nie oder selten ausgehe, so liebe er vor allem diese Beweglichkeit der engen Straßen. – Der Vetter bewilligte ihm gern das schlechte Zimmer an der Judengasse und wollte gleich Anstalt machen, die trüben, von der Sonne verbrannten Fenster durch andre mit großen Scheiben zu ersetzen. – «Mein lieber Herr Vetter!» rief der Majoratsherr, «diese trüben Scheiben sind meine Wonne; denn sehen Sie, durch diese eine helle Stelle seh ich einem Mädchen ins Zimmer, das mich in jeder Miene und Bewegung an meine Mutter erinnert, ohne daß sie mich bemerken kann.» – «Ei, das gesteh ich», sagte der Vetter und setzte sich in die Schultern und fing an, gegen das Fenster zu streichen mit seinem Liebestritt, daß er in Eil eine Prise nahm, nieste und kaltblütig sagte: «Die da ist ein Schickselchen.» – «Mein Schicksal?» fragte der Majoratsherr bestürzt. – «Wie Sie es nennen wollen», fuhr der Vetter fort, «ein Schicksalchen also, ein Judenmädchen; sie heißt Esther, hat unten in der Gasse ihren Laden, eine gebildete Jüdin, hat sonst mit ihrem Vater, der ein großer Roßtäuscher war, alle Städte besucht, alle vornehmen Herren bei sich gesehen, spricht alle Sprachen; das war eine Pracht, wenn sie hier ankam, und die Stiefmutter Vasthi mit den jüngern Kindern ging ihnen in Schmutz entgegen. Es konnte niemand was dagegen sagen; die Ursach, warum? Weil sie mit ihrem Wesen dem Vater gute Käufer anlockte. Aber zuletzt hatte der Vater großes Unglück durch einen Handelsgenossen, der ihm mit dem Vermögen durchging. Da ging's ihm knapp; das konnte er nicht vertragen und starb. Dieser

Tochter erster Ehe, der Esther, hinterließ er ein kleines Kapital, damit sie von der Stiefmutter nicht zu Tode gequält würde; aber das läßt sich die alte Vasthi doch nicht nehmen.» – «Das ist ja entsetzlich», rief der Majoratsherr, «zwei Leute, die sich hassen, die sich totärgern, in *einem* Hause! Ich habe die alte Vasthi auch schon am Fenster gesehen: ein schrecklich Gesicht!» – «Sie wohnen wohl in *einem* Hause», antwortete der Vetter, «aber jede hat ihren besondern Laden und Wohnung.» – «Ich will ihr bald etwas zu verdienen geben», sagte der Majoratsherr. «Es scheinen hier viele Juden zu wohnen.» – «Nichts als Juden», rief der Vetter, «das ist die Judengasse, da sind sie zusammengedrängt wie die Ameisen; das ist ein ewig Schachern und Zänken und Zeremonienmachen, und immer haben sie so viel Plackerei mit ihrem bißchen Essen; bald ist es ihnen verboten, bald ist es ihnen befohlen, bald sollen sie kein Feuer anmachen; kurz, der Teufel ist bei ihnen immer los.» – «Nein, lieber Vetter, Sie irren sich darin», sagte der Majoratsherr und drückte ihm die Hände. «Wenn Sie gesehen hätten, was ich in Paris bei meiner Kranken sah, Sie könnten den Teufel nicht für den Vater des Glaubens ansehen; nein, ich versichere es Ihnen, er ist der *Feind* alles Glaubens! Aller Glaube, der geglaubt wird, kommt von Gott und ist wahr, und ich schwöre Ihnen, selbst die heidnischen Götter, die wir jetzt nur als eine lächerliche Verzierung ansehen, leben noch jetzt, haben freilich nicht mehr ihre alte Macht, aber sie wirken doch immer etwas mehr als gewöhnliche Menschen, und ich möchte von keinem schlecht sprechen. Ich habe sie alle mit meinem *zweiten Augenpaar* gesehen, sogar gesprochen.» – «Ei der Tausend, da erstaune ich», rief der Vetter, «das könnte uns erstaunliches Gewicht bei Hofe geben, wenn wir sie den hohen Herrschaften zeigen könnten.» – «So geht das nicht, lieber Vetter», antwortete jener ernst, «der Mensch, der sie sieht, muß noch mehr darauf vorbereitet sein durch jahrelanges Nachdenken, als jene Geister, die ihm erscheinen sollen; sonst entsetzen sich beide voreinander, und der sterbliche Teil erträgt es nicht. Aber wer auch bis zu der innern Welt vorgedrungen – wenn auch noch scheinbar lebend wie ich –, ist dennoch abgestorben bei ihrem Bestreben, ihrer Tätigkeit. Das wußte meine Mutter von mir und war darum so unruhig auf ihrem Totenbette, was aus mir werden sollte. Sie hatte bis dahin alle Geschäfte mit großer Einsicht und Ordnung betrieben, während ich mich den Studien und der Beschauung hingab. Ich habe meine Zeit mit großer Anstrengung genutzt, ich habe gerungen wie keiner, ich habe erreicht, was wenigen zuteil geworden. Aber verloren war ich, erdrückt, bis zum Wahnsinn zerstreut von den Geschäften, die nach dem Tode der Mutter auf mich eindrangen, ich wollte mich bezwingen, das Höhere dem Niedern

opfern; die Qual brachte mich um meine Gesundheit. Eine Kranke, deren Blick weit reicht, sagte mir zu, daß ich hier Ruhe finden würde bei Ihnen, Vetter; Sie hätten ein seltenes Geschick für das praktische Leben, mein Vermögen würde sich unter Ihrer Spekulation verdreifachen. O Vetter! nehmen Sie mir die Last des Geldes und der Güter ab, genießen Sie des Reichtums, ich brauche wenig, und auch auf den Fall, daß ich den Luftgeist der Erde wieder binden könnte, daß Kinder mein Haus füllten, soll Ihnen die Hälfte meiner Einnahmen für die Besorgung des Ganzen bleiben.» – Bei diesem Vortrage flossen zwei edle Tränen aus den Augen des Majoratsherrn, während die großen Augen des Vetters mit heraufgezogenen Augenbrauen ihn verwunderlich von der Seite anstierten, ohne dem köstlichen Vortrage Glauben beimessen zu können. Dann fuhr der Majoratsherr, um das Gespräch zu ändern, fort: «Als ich mit schwellendem Gefühl, was mir in der Stadt bevorstehe, in welcher der Kreis meines Lebens angefangen, die große Straße herabfuhr, da begegneten mir ausgemergelte Leute, die sich kaum zu den Kaffeehäusern hinbewegen konnten, denn sie wurden fast gewaltsam an den Röcken von unglücklichen Seelen zurückgezogen, die wegen ungeendigter Prozesse nicht zur Ruhe kommen konnten und jammervolle Vorstellungen ihnen nachtrugen. Auch meinen Vater sah ich dabei wegen des einen Konkursprozesses, dessen Ende

wohl keiner erleben wird. Schaffen Sie Ruhe seiner Seele, lieber Vetter, ich bin zu schwach.» – «Wahrhaftig», rief der Vetter, «zu dem Tore gehen sonntags die Räte, Schreiber und Kalkulatoren des großen Gerichts gewöhnlich mit ihren Frauen und Kindern zum Kaffeegarten hinaus.» – «Der Postillon meinte auch, das wären Kinder, die sich ihnen an die Röcke gehangen», fuhr der Majoratsherr fort, «aber solche jammervolle Gesichter haben Kinder nicht, das sind die Plagegeister, die sie wegen ihrer Nachlässigkeit umgeben. Lieber Vetter! befriedigen Sie meines Vaters, Ihres Oheims, arme Seele.» – Der Vetter sah sich ängstlich in dem trüben Zimmer um, ihm war es zumute, als ob die Geister, wie der Schnupfen, in der Luft lägen. «Alles, alles will ich tun, was Sie wünschen, bester Vetter», rief er dann, «ich bin nicht glücklich, wenn ich nicht so etwas zu betreiben habe. Prozesse sind mir lieber als Liebeshistorien, und Ihre Angelegenheiten sollen bald in eine Ordnung kommen wie meine Wappensammlung.» Bei diesen Worten führte er ihn in ein Vorderzimmer und hoffte, den Majoratsherrn durch den Anblick seiner zierlichen, gebohnten Schiebkasten, in welchen die Wappen, zum Teil mit Zinnober abgedrückt, die Namen in Frakturschrift beigefügt, glänzten, zu zerstreuen und zu befriedigen. Der Majoratsherr schien auch hierin, wie in allen Kenntnissen, wohlbewandert; der Vetter mußte seine Bemerkungen achten. Als

er aber den Schrank mit den französischen Wappen eröffnete, da fuhr der Majoratsherr auf: «Gott! welch ein Lärmen! Wie die alten Ritter nach ihren Helmen suchen, und sie sind ihnen zu klein, und ihre Wappen sind mottenfräßig, ihre Schilde vom Rost durchlöchert; das bricht zusammen, ich halte es nicht aus, mir schwindelt, und mein Herz kann den Jammer nicht ertragen!» Der Vetter rückte den unglücklichen Schrank fort und führte den Majoratsherrn ans Fenster, daß er Luft schöpfen möchte. «Und wer fährt dort?» rief er, «der Tod sitzt auf dem Bocke, Hunger und Schmerz zwischen den Pferden, einbeinige und einarmige Geister fliegen um den Wagen und fordern Arme und Beine von dem Grausamen zurück, der sie mit kannibalischer Begierde ansieht. Seine Ankläger laufen mit Geschrei hinter ihm drein; es sind die Seelen, die er vorzeitig der Welt entriß – bester Vetter! ist denn hier keine Polizei?» – «Ich will den Mann rufen, lieber Vetter, daß er Ihren Puls fühle», entgegnete der Vetter, «es ist unser bester Arzt und Chirurgus. Sie haben ihn gewiß an seinem schmalen, einsitzigen Wagen erkannt; sein Kutscher ist freilich mager und seine Pferde abgetrieben, aber die den Wagen umflattern, sind Sperlinge, und die ihm nachbellen, Gassenhunde.» – «Nein», antwortete der Majoratsherr, «um Gottes willen rufen Sie keinen Arzt! Wenn die meinen Puls fühlen, der immer in abwechselnden Takten sich bewegt, dann ganz stille steht, so schreien alle, ich sei schon gestorben; und am Ende haben sie recht, denn mich erhält nur der Gedanke einer guten Seele, die auch krank ist. Übrigens habe ich Sie diesmal ohne Grund erschreckt, lieber Vetter, meine Worte drückten nur die Gefahr aus, worin sich der französische Adel befindet; ich bildete mir die Unruhe ein, die Frankreich in den alten Schlössern von den Geistern erfahren muß; Ihre Sammlung ist Geistlos. Ich kann genau unterscheiden, was ich mit dem Auge der Wahrheit sehen muß oder was ich mir gestalte; wirklich bin ich ein guter Beobachter meiner selbst, und die Physik der Geister war von je mein Lieblingsstudium.»

Der Leutnant, der mit dieser Physik der Geister durchaus nichts zu tun haben mochte, brachte die Rede auf häusliche Einrichtungen. Der Majoratsherr erklärte, daß er nur wenig Aufwartung bedürfe, nur die wenigste um sich leiden könnte und deshalb sich selbst frisiere und rasiere, auch alle Dienerschaft entlassen habe. «Die Aufwärterin hier», sagte er, «ist eine herrliche Seele, sie trägt nicht mit Unrecht diesen Heil'genschein um ihr Haupt.» – «Heil'genschein?» brummte der Vetter vor sich, «das ist wohl das weiße Tuch, womit sie sich den Kopf eingebunden hat!» Dann sprach er laut: «Wenn Gott aus *der* eine Heil'ge schnitzeln wollte, die ginge wohl ganz in die Späne!» Noch berichtete der Majoratsherr, daß er gewöhnlich bei

Tage schlafe und erst, wenn die Sonne im Sinken, aus dem Bette aufzustehen und seine stille Arbeit zu betreiben pflege, wogegen der Vetter heimlich brummte: «Davon kommt der Geisterspuk im Kopfe; er lebt ja wie die Nachteulen.»

Nachdem das Abendessen eingenommen, hatte sich der Vetter mit einer guten Nacht empfohlen. Auch die Aufwärterin war zu Bette gegangen, während der Majoratsherr sein großes Zimmer mit Wachskerzen tageshell erleuchtet hatte, um seine Bücher und Handschriften, auf- und abgehend, mit gleicher Bequemlichkeit zu durchlaufen und die Hauptarbeit seines Lebens, sein Tagebuch, fortzuführen. Dieser glänzende Kerzenschein war eine neue Erscheinung für die Bewohner der Gegend und die erste Unruhe, die er ihnen machte; denn bei der Sparsamkeit des Leutnants mußten sie vermuten, daß dort ein Feuer ausgebrochen sei. Als sie sich aber vor dem Hause sammelten und die klagenden Töne einer Flöte durch das offene Fenster erschallen hörten, beruhigten sie sich wieder und freueten sich des neuen Lichts, das ihnen den Schmutz der Straße deutlich machte. Der Flötenspieler war der Majoratsherr, aber seine Töne sollten sich eigentlich zur Esther hinrichten, die er am Fenster des dunklen Nebenzimmers belauschte, wie sie ihre Kleider abwarf und im zierlichsten Nachtkleide vor einem eleganten Spiegeltische ihre Haare flocht. Der enge Bau jener Gasse, in welche die

Balkenlagen jedes Stockwerks immer weiter hinausragten, um den Zimmern noch etwas Raum zu gewinnen, brachte ihm ihr Fenster so nahe, daß er mit einem kühnen Sprunge zu ihr hinüber hätte fliegen können. Aber das Springen war nicht seine Sache; dagegen übte er die seltene Feinheit seines

Ohres, das auf bedeutende Entfernung ihm hörbar machte, was jedem andern verhallte. Er hörte zuerst einen Schuß oder einen ähnlichen Schlag; da sprang sie auf und las ein italienisches Gedicht mit vielem Ausdruck, in welchem der Dienst der Liebesgötter bei einem Putztische beschrieben wurde; und gleich sah er unzählige dieser zartbeflügelten Gestalten das Zimmer beleben, sah, wie sie ihr Kamm und Bänder reichten und ein zierliches

Trinkgefäß, wie sie die abgeworfenen Kleider ordneten, alles nach dem Winken ihrer Hände, dann aber, als sie sich in ihr Bett gestreckt, wie ein gaukelnder Kreis um ihr Haupt schwebten, bis sie immer blässer und blässer sich im Dampfe der erlöschenden Nachtlampe verloren, in welchem ihm dagegen die Gestalt seiner Mutter erschien, die von der Stirn des Mädchens eine kleine, beflügelte Lichtgestalt aufhob und in ihre Arme nahm – wie das Bild der Nacht, die das Kindlein Schlaf in ihrem Gewande trägt – und in dem Zimmer bis zur Mitternacht damit auf- und niederschwebte, als wenn sie ihm die unruhigen Träume vertreiben wollte, es dann aber über den schwindelnden Straßenabgrund dicht an das Auge des Staunenden trug, der Esthers verklärte Züge in der Lichtgestalt deutlich erblickte, sie aber mit einem Schrei des Staunens unwiderruflich zerstreute. Denn mit diesem Schrei war er aus dem höhern Seelenzustande, aus dem Kern in die Schale zurückgesunken, und kein Wunsch führte ihm diesen seligen Anblick zurück. Er sah Esther in ihrem Bette nicht mehr liegen, ihr Zimmer war dunkel, nichts regte sich in der Gasse als die Ratten, die eine muntere Jagd unter den Brücken der Gossen hielten, auch hustete die alte Vasthi mit hoher Pelzmütze aus einem Fenster und fing an zu beten, als ein Stier in der Nähe ein heftiges Gebrüll erhob. Diesem Gebrüll ging der Majoratsherr im Hause nach und erblickte

durch ein Hinterfenster beim Schein des aufgehenden Mondes auf grüner, mit Leichensteinen besetzten, ummauerten Fläche einen Stier von ungeheurer Größe und Dicke, der an einem Grabsteine wühlte, während zwei Ziegenböcke mit seltsamen Kreuzsprüngen durch die Luft sich über sein Wesen zu verwundern schienen. Hier stand dem Majoratsherrn der Verstand still; diese schreckliche Wirtschaft auf einem Gottesacker empörte ihn, er klingelte der Aufwärterin. Sie erschien bald und fragte ihn, was er befehle? «Nichts, gar nichts», antwortete er, «aber was deutet dieser Spuk?» – Die Frau trat ans Fenster und sagte: «Ich sehe nichts als die Majoratsherren der Juden, das sind die erstgebornen Tiere, welche sie nach dem Befehle ihres Gesetzes dem Herrn weihen, die werden hier köstlich gefüttert, sie brauchen nichts zu tun; wenn sie aber ein Christ erschlägt, so tut er den Juden einen rechten Gefallen, weil er ihnen die Ausgabe spart.» – «Die unglücklichen Majoratsherren», seufzte er in sich, «und warum haben sie nachts keine Ruhe?» – «Die Juden sagen, daß einer aus der Sippschaft stirbt, wo sie nachts so wühlen am Grabe», antwortete die Frau; «hier, wo dieser wühlt, ist der Vater der Esther, der große Roßtäuscher, begraben.» – «O Gott, nein!» rief er und ging in den betrübtesten Gefühlen auf sein Zimmer und suchte sich wieder mit heftigem Flötenspiel zu zerstreuen.

Endlich wurde es Tag; die großen Schatten der Häuser lagerten sich unter dem hellen Himmel, die Mägde sprangen frisch geschuht, als ob sie sich an diesem Tage durchaus nicht beschmutzen wollten, von einem trocknen Stein zum andern, die Schwalben dagegen kreuzten hin zu dem köstlichen Baumörtel, den ihnen der gestrige Regen bereitet hatte, und füllten damit alle Lücken der menschlichen Architektur. Auch an dem Fenster, das zu Esther blickte, hatten sich heute zwei von den zwitschernden Grauröcken eingefunden und wollten ihr Nest gerade da ankleben, wo er durch die einzige helle Scheibe zu Esther hinblickte. Da stand der Majoratsherr zweifelnd, ob er sie stören, ob er alles abwarten solle, was ihm so bedeutend schien. Seine

Sinnesart überwog für das Abwarten. Nun ihm Esther verborgen, konnte er sich an den lieben Geschöpfen, an ihrer Lust, an ihrem Fleiße nicht satt sehen, es war ihm zumute, als ob er sich selbst da anbaue, als hänge sein Glück davon ab, daß sie fertig würden, und ehe er sich zu Bette legte, sang er noch zu seiner Mandoline:

«Die Sonne scheinet an die Wand,
Die Schwalbe baut daran;
O Sonne, halt nur heute Stand,
Daß sie recht bauen kann.
Es ward ihr Nest so oft zerstört,
Noch eh es fertig war,
Und dennoch baut sie wie betört,
Die Sonne scheint so klar!
So süß und töricht ist der Sinn,
Der hier ein Haus sich baut –
Im hohen Flug ist kein Gewinn,
Der fern aus Lüften schaut,
Und ging er auch zur Ewigkeit,
Er paßt nicht in die Zeit,
Er ist von ihrer Freudigkeit
Verschieden himmelweit.»

Den Abend, als er aufwachte, fand er den Vetter schon mit einem guten Abendessen in seinem Zimmer, auch sprach er von einer angenehmen Überraschung, die er ihm gemacht. – Deswegen führte er ihn in das Nebenzimmer, von wo er die Gasse beobachten konnte, und der Majoratsherr fand es mit Sofa und Stühlen, mit Schränken und Tischen geschmückt, auch war das Fenster gewaschen – aber die Schwalben waren herabgestoßen. Meine guten, schützenden Engel sind vertrieben, dachte der Majoratsherr. Ich soll *sie* sehen, meinen Todesengel, soll den ganzen Traum durchleben, der mich plagte; denn eins ist schon erfüllt, was ich im Schlafe sah. – «Warum so traurig, Vetter?» fragte der Leutnant. – «Ich habe unruhig geschlafen», antwortete der Majoratsherr, «und mir träumte von der Esther, daß sie mein Todesengel. Närrisches Zeug! Ihr Kleid hatte unzählige Augen, und sie reichte mir einen Schmerzensbecher, einen Todesbecher, und ich trank ihn aus bis zum letzten Tropfen!» – «Sie hatten Durst im Schlafe», sagte der Leutnant. «Setzen Sie sich zum Essen, da steht guter Wein, echter Unger, ich habe ihn selbst gemacht aus Rosinen und schwarzem Brote. A propos, Sie müssen die gute alte Hofdame bald einmal besuchen; sie hat mich heute halbtot gequält, daß ich Sie zu ihr bringe, sie wäre eine Freundin Ihrer Eltern.» – «Dazu muß ich einen *Tag* leben, und ich verschlafe meine Tage viel lieber», antwortete der Majoratsherr. «Lassen wir das, nehmen Sie meinen Dank für die Ausschmückung des Zimmers! Eins möchte ich mir noch kaufen, seidene Vorhänge vor jenes Fenster; Sie haben die Scheiben so hell polieren lassen, daß ich nicht mehr versteckt bin, wenn ich in die Gasse schaue.» – «Die finden Sie gleich unten bei der schönen Esther», rief der Vetter, «da können Sie ihre Bekanntschaft viel näher machen als durch die Fensterscheiben. Alle unsre Majoratsherren waren verliebter Komplexion, Sie müssen keine Ausnahme machen, bester Vetter! Ich will Sie auch begleiten, damit Sie im Handel nicht betrogen werden, und daß Sie sich nicht abschrecken lassen, wenn das Mädchen sehr spröde tut.»

So gingen beide, der Majoratsherr vom Leutnant fortgezogen, in die Gasse, und der letztere konnte sich eines Schauers nicht erwehren; ihm war's, als wären die hohen, hölzernen Häuser nur aus Pappdeckeln zusammengebaut, und die Menschen hingen wie ein Spielzeug der Kinder an Fäden und regten sich, wie es das Umdrehen der großen Sonnenwalze ihnen geboten. Jetzt fingen sie an, ihre Läden zu schließen, räumten auf, zählten den Gewinn, und der Majoratsherr wagte in dem Lärmen, in dem Dufte nicht aufzublicken.

«Hier, hier!» rief der Leutnant, und der Majoratsherr wollte eben in einen Laden treten, als er statt der Esther ein grimmig Judenweib, mit einer Nase wie ein Adler, mit Augen wie Karfunkel, einer Haut wie geräucherte Gänsebrust, einem Bauche wie ein Bürgermeister, darin erblickte. Sie hatte sich ihm schon mit ihren Waren empfohlen und gefragt, ob sie auf sein Zimmer kommen solle, sie wolle ihm das Schönste zeigen, auch wenn er keine

Elle kaufen möchte, denn er sei ein schöner Herr! – Schon wollte er eintreten, als der Leutnant ihn am Rock zupfte und zuflüsterte: «Hier im andern Laden ist die schöne Esther!» – Da wendete er sich fort und sagte verlegen, er wolle nichts kaufen, er hätte sich nur nach einem Komödienzettel an der

Ecke umgesehen, und mit diesen Worten wandte er sich nach dem Nebenladen, wo er Esther zu sehen erwartete. Aber die alte Jüdin ließ ihn noch nicht los. Sie rief eifrig: «Junger Herr! hier im Winkel ist auch ein Zettel, ich habe vielleicht auch einen im Laden! Treten Sie ein, ich habe auch den Zettel von den spanischen Reitern!» Der Majoratsherr ward dadurch gestört und blickte sich um, erschrak aber, daß die Jüdin einen schwarzen Raben auf dem Kopfe trug, und verweilte. Unterdessen hatte der Leutnant schon ein Gespräch mit Esther angeknüpft, welche ihm ohne Zudringlichkeit Bescheid gegeben. Dieser zog den Majoratsherrn in den Laden der Esther, und nun erschallte hinter ihm ein fürchterliches Rabengekrächze aus dem Munde der alten Jüdin. In halb hebräischen Schimpfreden und im verzerrtesten Judendialekt zeihte sie die arme Tochter der Unkeuschheit, mit der sie Christen in ihren Laden locke, um ihrer eigenen Mutter den Verdienst zu rauben, und verfluchte sie dabei zu allen Martern. Endlich ließ der Atem des wütenden Weibes nach, der trotz der warmen Luft wie im Winter geraucht hatte, und sie hetzte vergeblich ein paar vorübergehende kleine Buben auf, daß sie ihr sollten schimpfen helfen, wofür sie ihnen Kuchen versprach. Esther glühte vor Schamröte, aber sie erwiderte nichts. Endlich lief die Alte fort, weil ein Käufer kam. Der Majoratsherr fragte, wer die grimmige Alte mit dem Raben auf dem Kopfe gewesen? – «Meine Stiefmutter», antwortete Esther, «haben Sie vielleicht das schwarze Tuch mit den langen Zipfeln für einen Raben angesehen?» – Der Klang der Stimme schien dem Majoratsherrn nun erst bekannt, nun er sie so nahe hörte; noch deutlicher als aus dem Fenster durchdrang ihn die Ähnlichkeit mit seiner Mutter. Esther war nicht frischer, aber jugendlicher; eine schmerzliche Blässe hatte das zarte Antlitz, selbst die feingeformten Lippen wie ein schädlicher Frühlingsnebel überzogen; auch ihre Augen schienen dem Lichte zu schwach und verengten sich unwillkürlich, wie Blumen gegen Abend die Blätter um ihren Sonnenkelch zusammenziehen. Während sie mit Eilfertigkeit seidene Zeuge entrollte, suchte sie der Leutnant in ziemlich ungeschickter Art zu trösten, indem er ihr die Hoffnung zusicherte, ihre Stiefmutter werde bald sterben. – «Ich wünsche ihr langes Leben», antwortete die Gute, «sie hat noch Kinder, für die sie sorgen muß. Wer weiß, wer zuerst den bittern Tropfen des Todesengels kosten muß! Ich fühle mich heute in allen Nerven so gereizt und schwach.» – Der Majoratsherr meinte einen Todesengel nicht nur fliegen zu sehen, sondern auch sein Flügelsausen zu hören: «Wie schrecklich seine Flügel sausen!» – Aber Esther sprang nach einer Hintertür, schlug sie zu und entschuldigte sich wegen des heftigen Zuges; ihr kleiner Bruder habe die Tür offen gelassen.

Der Majoratsherr wählte nun unter den Zeugen, fragte aber nach einer Farbe, die nicht im Vorrate war. Gleich sprang Esther zu ihrer Mutter nach dem andern Laden, und diese brachte mit fröhlichem Antlitz den verlangten Stoff, als ob der Gewittervorhang mit einem Hauche fortgezogen worden wäre. Der Leutnant wollte viel abdingen; aber der Majoratsherr warf das Geld hin, was verlangt worden. Da gab ihm Esther einige Taler heraus, denn so viel betrüge ihr Vorschlag; darüber fing die Mutter wieder an zu wettern, aber diesmal ganz hebräisch. Als Esther wieder geduldig die Augen niederschlug, antwortete der Leutnant ihr auf Hebräisch, so daß die Alte, ganz erstaunt über seine seltene Fertigkeit, das Feld räumte und sich in ihr Schneckenhaus verkroch. Esther schien sich darüber noch mehr zu kränken als über den Schimpf, den sie erdulden müssen, und der Majoratsherr zog aus Schonung den Vetter, der schon Triumph ausrufen wollte, mit sich fort, indem er zugleich das seidene Zeug unter dem Arme selbst forttrug.

Als sie zu Hause, fragte er den Leutnant, woher er das Hebräische wisse? – «Das brauchte ich zu meinem Verkehr mit den Juden», antwortete er, «und was es mir kostet an Büchern und Lehrmeistern, hat es mir reichlich wieder eingebracht, denn ich konnte nun alle ihre Heimlichkeiten verstehen. Sehen Sie, Vetter, in dem Schranke sind lauter jüdische Sagenbücher und Beschreibung ihrer Sitten und Gebräuche. Wissen Sie, was die Alte zuletzt sagte? Sie freue sich darauf, wenn Esther stürbe, da würde es eine schöne Auktion geben! Wirklich ist sie auch aus dem Nachlasse ihres Vaters mit allen eleganten Möbeln versorgt, und die Leute erzählen, weil nun die feinen Herren nicht mehr, wie bei ihres Vaters Lebzeiten, zu ihr kommen, daß sie sich abends prächtig anputze und Tee mache, als ob sie Gesellschaft sehe, und dabei in allen Sprachen rede.» – Aber der Majoratsherr hörte wenig mehr darauf, denn er war mit ganzer Seele über die Sagenbücher hergefallen. Der Leutnant wünschte ihm gute Nacht, und kaum hatte er ihn verlassen, so sah der Majoratsherr beim Lesen der alten Bücher in seinem Zimmer alle Patriarchen und Propheten, alle Rabbiner und ihre wunderlichen Geschichten aus den Sagenbüchern hervorgehen, daß die Stube zu eng schien für die ungeheure Zahl. Aber der Todesengel schlug sie endlich alle mit seinen Flügeln hinweg, und er konnte sich nicht satt lesen an seiner Geschichte: «Lilis* war die Mitgeschaffene Adams im Paradiese; aber er war zu scheu und sie zu keusch, und so gestanden sie einander nie ihr Gefühl, und da erschuf ihm der Herr im Drange seines Lebens ein Weib aus seiner Rippe, wie er es sich im Schlafe träumte. Aus Gram über diese Mitgenossin ihrer Liebe floh Lilis den Adam und übernahm nach dem Sündenfalle des ersten Menschen das Geschäft eines Todesengels, bedroht die Kinder Edens schon in der Geburt mit Tod und umlauert sie bis zu dem letzten Augenblicke, wo sie den bittern Tropfen von ihrem Schwert ihnen in den Mund fallen lassen kann. Tod bringt der Tropfen, und Tod bringt das Wasser, in welchem der Todesengel sein Schwert abwäscht.»

Unruhig lief der Majoratsherr bei diesen Worten im Zimmer umher, dann sprach er heftig: «Jeder

Mensch fängt die Welt an, und jeder endet sie. Auch ich liebte scheu und fromm eine keusche Lilis, sie war meine Mutter; in ihrer ungeteilten Liebe ruhte das Glück meiner Jugend. Esther ist meine Eva, sie entzieht mich ihr und gibt mich dem Tode hin!» – Er hielt es nicht aus bei dem Anblick des Todesengels, den er immer hinter sich lauernd zu schauen glaubte; er eilte auf die Straße im Mantel verhüllt, um sich an dem Nachhall des Tages zu zerstreuen. Endlich setzte er sich ermüdet hinter das Fußgestell einer Bildsäule, die in der Nische eines hohen Hauses stand, und sah den eiligen Läufern zu, die mit Fackelglanz einem rollenden Wagen vorleuchteten; die Lilis zog hinter ihm her. Jubelnde Gesellen zogen lärmend aus der Trinkstube nach Hause und klapperten noch mit den Nägeln gegen die Saiten, die sie so lange hatten schwingen lassen; aber auch ihnen zog der Todesengel nach und – blies sie an aus einem Nachtwächterhorn. Und es wurden der Todesengel so viele vor seinen Augen, daß sie zueinander traten und paarweise wie Liebende nebeneinander gingen in traulichen Gesprächen. Und er horchte ihnen zu, daß er wüßte, wie er zu Esther reden müsse, um ihr seine Liebe kund zu tun. Aber die Liebenden wurden von den Geschäftigen verdrängt, und er mochte nicht eher zuhören, bis ihm die Stimme der Vasthi auffiel, die mit einem alten Rabbiner vorüberging und ihm sagte: «Was soll ich die Esther schonen;

ist sie doch nicht das Kind meines Mannes, sondern ein angenommenes Christenkind, der er den größten Teil seines Geldes zugewendet hat.» – «Sei Sie still», sagte der Rabbiner, «weiß Sie denn, wieviel der Mann mit dem Kinde bekommen hat? Alles. Er hatte nichts und konnte damit anlegen großen Handel. Was kann das Mädchen dafür, daß ihm sein Geld ist gestohlen worden?» – Hier kamen sie ihm aus dem Bereich seines scharfen Gehörs, er eilte ihnen nach, aber sie hatten sich schon in irgendein Haus begeben. Auch hier war er wie gewöhnlich zu spät zu einem Entschluß gekommen, doch war ihm der Fingerzeig seltsam bedeutend und führte ihn sinnend hin in sein Haus.

Als er sich kaum ein paar Minuten ausgeruht hatte, hörte er einen Schuß, er sah zum Fenster hinaus, aber niemand schien es gehört zu haben. Beruhigt rückte er auf seine Warte am Fenster und wagte es, einen Fensterflügel zu öffnen, so daß er noch genauer als die Nacht vorher das Zimmer der schönen Esther übersehen konnte. – Da hatte sich vieles verändert, die Kappen der Stühle waren abgenommen, und sie glänzten in weißem Atlas um einen prachtvollen Teetisch, auf welchem eine silberne Teemaschine dampfte. Esther schüttete wohlriechendes Wasser auf eine glühende Schippe, dann sprach sie in die Luft: «Nanni, es ist die höchste Zeit, daß ich meine Locken mache, meine Gäste müssen bald kommen.» Esther antwortete darauf mit veränderter Stimme: «Gnädiges Fräulein, es ist alles bereit.» – Im Augenblicke des Worts stand eine zierliche Kammerjungfer vor Esther und half ihr die Locken ausziehen und ordnen. Dann reichte sie Esther den Spiegel, und diese klagte: «Gott, wie bin ich bleich! Hat es denn nicht Zeit mit dem Erbleichen, bis ich tot bin? Du sagst, ich soll mich schminken. Nein, dann gefalle ich dem Majoratsherrn nicht, denn er ist auch blaß wie ich, gut wie ich, unglücklich wie ich; wenn er nur heute käme, die Gesellschaft macht mir ohne ihn keine Freude.»

Nun war alles im Zimmer geordnet, und Esther, sehr elegant angezogen, legte einige schön gebundene englische Bücher aufs Sofa und begrüßte auch englisch das erste Nichts, dem sie in ihrer Gesellschaftskomödie die Tür öffnete. Kaum antwortete sie englisch in seinem Namen, so stand da ein langer, finsterer Engländer vor ihr, mit der Art Freiheit und Anstand, die sie damals vor allen Nationen in Europa auszeichnete. Mit solchen Luftbildern von Franzosen, Polen, Italienern, endlich auch mit einem kantischen Philosophen, einem deutschen Fürsten, der Roßhändler geworden, einem jungen, aufgeklärten Theologen und einigen Edelleuten auf Reisen belebte sich der Teetisch. Sie war in einer unerschöpflichen Bewegung durch alle Sprachen. Es entspann sich ein Streit über die Angelegenheiten Frankreichs. Der Kantianer demonstrierte, aber der Franzose wütete. Sie suchte sehr gewandt die Streitenden auseinander zu halten und schüttete endlich, als ob sie angestoßen wäre, eine Tasse heißen Tee dem Kantianer auf die Unterkleider, um eine Diversion zu machen. Das gelang auch; es wurde entschuldigt, abgewischt, und sie versicherte, den Tritt des Majoratsherrn zu hören, eine neue Bekanntschaft, die sie erst jetzt gemacht, ein ausgezeichneter junger Mann, der Frankreich erst kürzlich verlassen habe und jene streitigen Fragen am besten beantworten könne. – Bei diesen Worten durchgriff eine kalte Hand den Majoratsherrn. Er fürchtete, sich selbst eintreten zu sehen; es war ihm, als ob er wie ein Handschuh im Herabziehen von sich selbst umgekehrt würde. Zu seiner Beruhigung sah er gar nichts auf dem Stuhle, den Esther ihm hinrückte, aber den andern Mitgliedern der eleganten Gesellschaft mußte sein Ansehen etwas Unheimliches haben, und während Esther zu ihm flüsterte, empfahlen sich diese, einer nach dem andern. Als alle sich entfernt hatten, sprach Esther lauter zu dem leeren Stuhle: «Sie haben mir in aller Kürze gesagt, ich sei nicht, was ich zu sein – scheine, und ich entgegne darauf, daß auch Sie nicht sind, was Sie scheinen.» Darauf antwortete Esther, indem sie zum Staunen des ansprechenden Majoratsherrn seine Stimme täuschend nachahmte: «Ich will mich erklären: Sie sind nicht die Tochter dessen, den die Welt als Ihren Vater nennt, Sie sind ein geraubtes Christenkind, Ihren wahren

Eltern, Ihrem wahren Glauben geraubt, und mein Entschluß, Sie dahin zurückzuführen, hat mich bestimmt, Ihnen meine Aufwartung zu machen. Erklären Sie sich mir jetzt auch deutlicher.» – Esther: «Es sei. Ich bin Sie und Sie sind ich; sollte aber die Sache wieder in Ordnung gebracht werden, so zweifle ich, daß ich dabei gewinnen kann, Sie aber verlören unglaublich viel, und nur der schreckliche, rotnasige Vetter würde zu einer schwindelnden Höhe erhoben.»

Sie schwieg und flehte sich selbst mit der Stimme des Majoratsherrn an, weiter zu reden, denn eine Ähnlichkeit mit der geliebten Mutter enthüllte ihm nun halb das Geheimnis. – Dann fuhr sie fort: «Ist Ihnen denn der Eigensinn eines alten Majoratsherrn, der von seinem Vetter, dem Leutnant, mehrmals gekränkt worden, einem eignen Sohne die geliebten Reichtümer überlassen möchte, so geheimnisvoll? Nehmen Sie an, daß die Erfüllung dieser Hoffnung ihm nahe bevorstand, da seine Frau in Wochen kommen sollte, daß ihn aber die Furcht quälte, die Geburt eines Mädchens könne alles vereiteln. Wenn diese oft geäußerte Furcht eine listige Hofdame benutzt, um ihm einen Knaben aufzuschwatzen, den sie eine Woche früher insgeheim geboren: bedarf es da mehr als einer oft bestochenen Hebamme, wenn nun die Furcht erfüllt wird, und ich statt eines Knaben geboren werde? Ich werde einem dienstbaren Juden über-

liefert, der, außer dem Vorteil, auch seiner *Religion* dadurch etwas zuzuwenden hofft. Haben Sie Nathan den Weisen gelesen?» – Majoratsherr: «Nein!» – Esther: «Nun gut, Sie werden der Mutter an die Brust gegeben, wie die Nachtigall auch Kuckuckseier ausbrütet, doch es versteht sich, ohne etwas Böses damit sagen zu wollen. Und daß ich dies alles weiß, danke ich der Sterbestunde meines Pflegevaters; er versicherte mir noch dabei, daß jenes Kapital, was er mir zurücklasse, mehr betrage, als was ich nach der Stiftung des Majorats fordern könne; er habe aber wohl das Dreifache vom alten Majoratsherrn empfangen, um das Geheimnis zu bewahren, es sei die Grundlage seines großen Handelverkehrs geworden. Sie verstummen, Sie zweifeln, was zu tun sei? Sie verfluchen die Eitelkeit des männlichen Geschlechts, seinen Namen allein in Ansehen erhalten zu wollen? Aber was ist zu tun? Lassen Sie den alten, lächerlichen Vetter Ihres Reichtums mit froh werden, wie Sie schon jetzt getan; meine Bahn ist bald durchlaufen, und ich ertrage keinen großen Wechsel der Witterung. Aber Sie lieben mich, sagen Sie. Ach, ich habe Ihre Augen beim ersten Blick verstanden, aber unsre Liebe ist nicht von dieser Welt; diese Welt hat mich mit aller ihrer Torheit zerstört. Freund, nicht alle Männer meinten es mit mir so ehrlich wie Sie, und sie umstrickten mich mit jeder Eitelkeit des kindischen Verstandes. Scheiden wir für heute, denn

es kostet mir viel, Ihnen zu sagen, daß ich Ihnen kein ganzes Herz mehr schenken kann; es brach, es ging in Stücken, und nur dort heilt sich der Riß.» – Bei diesen Worten verfinsterte eine Tränenflut die Augen des Majoratsherrn. Als er aufblickte, lag Esther, nachdem sie das Nachtlicht ausgelöscht, in ihrem Hemdchen im Fenster und atmete heftig die kalte Nachtluft ein; dann ging sie zu Bette, und er setzte sich zu seinem Tagebuch, um alles Wunderbare, so treu er vermochte, aufzuzeichnen.

Gegen Mittag kam der Vetter wie gewöhnlich vor sein Bette und fragte ihn, ob er nicht endlich Lust habe, die Hofdame zu besuchen. Der Majoratsherr überraschte ihn mit einem vernehmlichen Ja, hätte aber gern hinzugefügt, daß er lieber allein den Besuch gemacht hätte. Er kleidete sich schnell an und machte sich mit dem Vetter auf den Weg, der sich darüber freute, daß sie jetzt gewiß noch allein sei. Wie sie sich dem Hause näherten, pochte dem Majoratsherrn das Herz. «Was ist das für ein schrecklich großer Menschenkasten dort», fragte er, «mit den Spiegelscheiben? In dieser Nische habe ich einmal nachts hinter der Statue in der Nische gesessen!» – «Kennen Sie noch nicht Ihr eignes Majoratshaus?» fragte der Vetter, «da ließe es sich besser wohnen als in meinem kleinen Neste!» – «Bewahre der Himmel», antwortete der Majoratsherr, «ich wollte, daß ich es nie gesehen hätte; die großen Steine scheinen mit Hunger und Kum-

mer zusammengemauert.» – «Freilich, der es baute, hat sich kaum satt zu essen gewagt, und Ihr Vater war nicht auf sonderliche Ausgaben eingerichtet, hat mir einmal, als ich knapp von einem Tage zum andern lebte, einen Prozeß gemacht, weil ich eine Schneiderrechnung, die er für mich ausgelegt, am festgesetzten Tage ihm nicht wieder gezahlt hatte.» – «Gott, das ist hart», sagte der Majoratsherr, «das kann den Erben keinen Segen bringen!»

Unter solchen Gesprächen waren sie in das Vorzimmer der Hofdame getreten, die darum bitten ließ, daß die Herren eine halbe Stunde warten möchten, sie hätte noch einige Worte zu schreiben. Der Vetter sah an seiner Uhr, daß er nicht so lange warten könne, wegen seines regelmäßigen Spaziergangs, und ließ den Majoratsherrn allein. Diesem ward sehr unheimlich in dem Zimmer. Der schreiende Laubfrosch auf der kleinen Leiter schien von einem fatalen Geiste beseelt; auch die Blumen in den Töpfen hatten kein recht unschuldiges Ansehen; aus dem Potpourri glaubte er ein Dutzend abgelebte Diplomaten heraufhorchen zu sehen. Aber mehr als alles quälte ihn der schwarze Pudel, obgleich sich dieser vor ihm zu fürchten schien; er hielt ihn für eine Inkarnation des Teufels. Als nun endlich die Hofdame wie ein chinesisches Feuerwerk mit dem steifen Wechsel ihrer Farben aus dem andern Zimmer hervortrat, da vergingen ihm fast die Sinne, denn ihm stand's vor der Seele, daß die

Abscheuliche seine Mutter sei. «Mutter», sagte er und sah sie scharf an, «deinem Sohn ist sehr wehe!» Er dachte, sie würde erschrecken, ihn für einen Toren erklären; aber sie setzte sich ruhig zu ihm und sagte: «Sohn, deiner Mutter ist sehr wohl.» Sie wollte ihm ein emailliertes, großes Riechfläschchen reichen, aber er scheute sich davor und sagte: «Da seh ich eine Seele eingesperrt!» Sie legte es beiseite und sagte: «Wenn darin eine Seele, so ist es die Seele deines Vaters, des Schönen; ich reichte es ihm, als er vom Leutnant, dem Vetter, durchstochen ward, im unerwarteten Zweikampf vor meiner Türe.» – «Ich lebe mit dem Mörder meines Vaters unter einem Dache, und du bist seine geliebte Freundin?» – «Du weißt zu viel, mein Sohn», fuhr sie fort, «als daß du nicht alles wissen solltest, wieviel du mir zu danken, was ich für dich getan habe. Dein Vater hieß der schöne … in der ganzen Stadt; dieser Ruf machte, daß ich gegen ihn alle Vorsicht vergaß. Unser Liebeshandel blieb zwar heimlich; aber bei den Folgen, die ich trug, mußte ich auf Verbannung vom Hofe gefaßt sein, wenn ich diese Folgen nicht verheimlichen könnte, nachdem dein Vater erstochen war, ehe er sein Versprechen, mich zu heiraten, erfüllen können. Das gelang mir.» – «Ich weiß es.» – «Und zugleich rächte ich deinen Vater an seinem Mörder, indem ich dir das Vermögen zuwandte, was jenem mit allem Rechte zugefallen wäre. Ich tat noch mehr. Durch meinen

Einfluß am Hofe hemmte ich jeden seiner Versuche, sich in Ehren fortzuarbeiten, und erhielt ihn dabei in den Netzen meiner Reize. Weder seinem Verstande noch seinem Mute wurde gerechte Anerkennung; so veraltete er in sinnlosem Treiben und quälenden Nahrungsspekulationen, ein lächerliches Spottgesicht aller Welt, während die ältern Leute noch mit Entzücken von der Schönheit deines Vaters reden, ihn noch als Sprichwort brauchen, um Schönheit zu bezeichnen. Wenn ich dich in deinem Reichtum edel, sorgenfrei aufgewachsen sehe, allem Höheren zugewendet, und den Vetter denke, wie er da täglich unter schielenden Seitenblicken der Alten und mit Hohnlachen der Gassenbuben in lächerlichen Hahnentritten vor meinem Fenster vorübertrippelt oder sonntags meinen Hund kämmen muß, dann fühle ich, daß ich deinen Vater gerächt, ihm ein rechtes Totenopfer gebracht habe. Oder soll ich noch mehr tun, um den Vetter zu kränken, soll ich ihn heiraten, ihn in seinem Stundenlauf durch die Stadt stören, seine Wappensammlung zusammenwerfen?» – Der Majoratsherr hatte auf das alles nicht gehört, sonst möchte sein Widerspruch sie früher unterbrochen haben. Er sprach halbträumend in sich hinein: «Also ward ich der Edlen nur als ein Dieb an die Mutterbrust gelegt. Und wo ist das unglückliche Kind, das meinetwegen verstoßen wurde? Ich weiß es, Esther ist es, die unglückliche, geistreiche, von der Gemeinheit der Ihren, von dem Fluch ihres Glaubens niedergebeugte Esther!» – «Darüber kann ich dir keine Antwort geben», sagte die Hofdame, «der alte Majoratsherr allein führte die Sache aus; ich war beruhigt, als ich dich aus der Schande unehelicher Geburt zu dem glänzendsten Schicksale erhoben sah. Du dankst mir nicht dafür?» – Er saß in sich versunken und hörte nicht, sondern sprach halblaut: «Ich sollte reich sein auf Unkosten einer Armen? Hab ich nicht manches gelernt, was mir einen Unterhalt verschaffen kann? Ich spiele mehrere Instrumente, so fertig wie irgendeiner; ich male, ich kann in mancher Sprache Unterricht geben. Fort mit der Sündenlast des Reichtums, sie hat mich nie beglückt!» – Die Hofdame hörte ihm aufmerksam zu und sprach mit ihrem Pudel, der seine Vorderpfoten auf ihre Knie stützte und ihr ans Ohr den Kopf ausstreckte, dann nahm sie die Hand des Majoratsherrn und sagte: «Du bist deiner Mutter wenigstens Gehorsam schuldig, und was ich fordere, ist nicht unbillig; nur vierundzwanzig Stunden bewahre das Geheimnis deiner Geburt und schiebe jeden Entschluß auf, den es in dir erregen könnte; darauf gib mir Hand und Wort!» – Der Majoratsherr war froh, daß er in vierundzwanzig Stunden zu keinem Entschluß zu kommen brauchte, schlug ein, küßte die Hand, empfahl sich ihr und eilte nach Hause, um zu einer ruhigen Fassung zu gelangen.

Aber eine neue Veranlassung zur tiefsten Beunruhigung seines Gemüts mußte er dort vorfinden. Er sah vor dem Hause der Esther eine große Versammlung von Juden und Jüdinnen, die heftig miteinander redeten. Weil er sich nicht darunter mischen wollte, so ging er in sein Haus und befragte die alte Aufwärterin. Sie berichtete ihm, daß der Verlobte der schönen Esther vor einer Stunde ganz zerlumpt von einer Reise nach England zurückgekommen sei; er habe alles das Seine verloren. Die alte Vasthi habe ihm darauf erklärt, daß er ihre Schwelle nicht betreten, an ihre Stieftochter nicht denken solle; aber Esther habe laut versichert, daß sie gerade jetzt ihre Zusage erfüllen wolle, den Unglücklichen zu heiraten, weil er ihrer bedürfe, sonst hätte sie wegen ihrer Kränklichkeit das Verlöbnis aufgelöst. Darüber sei eine schreckliche Wut der Mutter Vasthi ausgebrochen, die kaum durch das Zwischentreten der ältesten Nachbarn beschwichtigt worden sei. Jedermann gebe ihr laut schuld, daß sie nicht aus Vorsorge für die Stieftochter, sondern aus Verlangen, sie zu beerben, weil sie sehr kränklich, die Heirat zu hindern suche.

So war nun ein Mittel der Ausgleichung, wenn er selbst, der Majoratsherr, die verstoßene Esther geheiratet hätte, fast verloren, und seine Neigung schien ihm jetzt sträflich. Er sah Esther, die bleich und erstarrt wie eine Tote auf ihrem Sofa lag, während der Verlobte, ein jammervoller Mensch, ihr seine unglücklichen Begebenheiten erzählte. Es wurde Licht angezündet; sie schien sich zu erholen, tröstete ihn, versprach ihm ihren Handel zu überlassen, wenn sie verheiratet wären, aber er dürfe dann nie ihr Zimmer betreten. Er beschwor alle Bedingungen, die sie ihm machen wolle, wenn sie ihn aus dem Elend reißen und vor dem Zorn der grausamen Vasthi bewahren wolle. «Sie ist der Würgengel, der Todesengel», sagte er, «ich weiß es gewiß; sie wird abends gerufen, daß die toten Leute nicht über Nacht im Hause bleiben müssen, und saugt ihnen den Atem aus, daß sie sich nicht lange quälen und den Ihren zur Last fallen. Ich hab's gesehen, als sie von meiner Mutter fortschlich, und als ich ans Bette kam, war sie tot; ich hab es gehört von meinem Schwager, es darf nur keiner davon reden. Es ist eine Sache der Milde, aber ich scheue mich davor.» Esther suchte es ihm auszureden, endlich sagte sie: «Bedenk Er sich wohl! Wenn Er sich allzusehr vor ihr fürchtet, so heirate Er mich nicht. Mir ist es einerlei, ich tue es nur, um Ihn aus dem Elend zu retten; das bedenk Er sich und geh Er und laß Er mich allein.» Der Verlobte ging. Kaum war er fort, so stand Esther mit Mühe auf, erschrak, als sie sich im Spiegel erblickte, und rang die Hände.

Der Majoratsherr beschauete den schmalen Raum, der sie trennte; er glaubte, sie trösten zu müssen. Aber ehe er entschlossen, ob er sich einem kühnen Sprunge hingeben oder durch ein Brett beide Fenster in aller Sicherheit vereinigen könnte, hörte er, wie alle Abende, einen Schuß, und es überfiel der gesellige Wahnsinn die schöne Esther schon wieder. Sie schlüpfte mit Eile in ein kurzes Ballkleid und warf darüber einen feuerfarbenen Maskenmantel, nahm auch eine Maske vor, und so erwartete sie die übrigen Masken zu dem Balle. Es ging wie am vorigen Tage, nur viel wilder. Groteske Verkleidungen, Teufel, Schornsteinfeger, Ritter, große Hähne schnarrten und schrien in allen Sprachen, er sah die Gestalten, sowie ihre Stimme sie belebte. Sie war schlagend witzig gegen alle Angriffe, die sie sich selbst machte, und scheute in diesen Spottreden keine ihrer Schwächen, die sie je gehabt hatte; aber sie wußte auch von allem die beste Seite zu zeigen. Nur einer Maske wußte sie nichts zu antworten, die ihr vorwarf, so nahe ihrer Hochzeit solchen Leichtsinn zu treiben. «Nennen Sie dieses Almosen, das ich dem armen Jungen reiche, keine Hochzeit. Ich bin verlassen; der Majoratsherr wird sich immerdar zu lange in Unschlüssigkeit bedenken, ehe er etwas für mich tut, meine Pulse schlagen bald die letzte Stunde, kurz, David tanzte vor der Bundeslade, und ich tanze dem höheren Bunde entgegen.» Bei diesen Worten ergriff sie die Maske und raste einen schnellen Walzer, welchem Beispiel die andern Masken folgten, während ihr Mund mit seltener Fertigkeit Violinen,

Bässe, Hoboen und Waldhörner tanzend nachzuahmen wußte. Kaum war dieser allgemeine Tanz geendet, so wurde sie angefleht, die Fandango zu tanzen. Sie warf die Maske und auch das Ballkleid von sich, ergriff die Kastagnetten und tanzte mit einer Zierlichkeit den zierlichsten Tanz, daß dem Majoratsherrn alle anderen Gedanken in Wonne des Anschauens untergingen. Als ihr nun alle für diese Kunst ihren Dank zollten und sie nur mit Mühe wieder zu Atem kam, sah sie mit Schrecken einen kleinen Mann eintreten, den auch der Majoratsherr, sobald sie ihn genannt, in einer sehr abgetragenen Maske die Herren begrüßen sah. «Gott, das ist mein armer Bräutigam», sagte sie, «der will mit seinen Kunststücken Geld verdienen.» Diese armselige Maske trug einen kleinen Tisch und Stuhl auf dem Rücken, empfahl seine Kunststücke, ließ einen Teller umhergehen, um für sich einzusammeln, und eröffnete den Schauplatz mit sehr geschickten Kartenkünsten; dann brachte er Becher, Ringe, Beutel, Leuchter und ähnliche Schnurrpfeifereien vor, mit denen er das größte Entzücken in der ganzen Gesellschaft erregte. Zuletzt sprang er in einem leichten, weißen Anzuge, doch wieder maskiert, wie eine Seele aus dem schmutzigen Maskenmantel heraus und versicherte, mit seinem Körper seltsame Kunststücke machen zu wollen, legte sich auf den Bauch und drehte sich wie ein angestochener Käfer umher. Aber Esther faßte einen so gräßlichen Widerwillen gegen ihn in dieser Verzerrung, daß sie mit zugehaltenen Augen in Krämpfen auf ihr Bette stürzte. Im Augenblicke waren dem Majoratsherrn alle Gestalten verschwunden; er sah die Geliebte, die Unterdrückte im schrecklichsten Leiden verlassen; er beschloß, zu ihr zu eilen. Er sprang die Treppe hinunter, aber er fehlte die Tür und trat in ein Zimmer, das er nie betreten. Und ihm und seiner Laterne entgegen drängten sich ungeheure gefiederte Gestalten, denen rote Nasen wie Nachtmützen über die Schnäbel hingen. Er flieht zurück und steigt zum Dache empor, indem er sein Zimmer sucht. Er blickt umher in dem Raume, und still umsitzen ihn heilige Gestalten, fromme Symbole, weiße Tauben; und das Gefühl, wie er zwischen Himmel und Hölle wohne, und die Sehnsucht nach dem himmlischen Frieden, dessen Sinnbilder ihn umgaben, stillte wie Öl die Sturmeswellen, die ihn durchbebten, und eine Ahnung, daß er ihm nahe, daß es seiner auf Erden nicht mehr bedürfe, drängte seine aufglimmende Tätigkeit für Esther wieder zurück.

Doch diesem höheren Traum stellte sich die Wirklichkeit mit spitzer Nachtmütze, einen bunten Band darum gebunden, eine Brille auf der roten Nase, einen japanischen, bunten Schlafrock am Leibe, mit bloßem Schwerte entgegen: natürlich der Vetter, der, von dem Geräusch im Hause erwacht, den Majoratsherrn mit den Worten begrüßte: «Sind Sie es, lieber Vetter, oder Ihr Geist?» – «Mein Geist», antwortete der Majoratsherr verlegen, «denn kaum weiß ich, wie ich hier unter die Engel versetzt bin.» – «Kommen Sie in Ihr Zimmer zurück», entgegnete der Vetter, «sonst verlassen die Tauben ihre Eier; meine Puthähne unten wollen sich ohnehin nicht zufrieden geben, Sie waren gewiß auch dort, ich konnte mir dieses Treppensteigen, den Lärmen bei den Tieren nicht anders erklären, als daß ein Dieb von der Judengasse eingestiegen sei. Nun ist es mir nur lieb, daß Sie es sind. Vielleicht etwas mondsüchtig, lieber Vetter? Das weiß ich zu kurieren.» – Unter solchen Gesprächen führte er den Majoratsherrn in sein Zimmer zurück. Dieser aber faßte den Entschluß, dem Vetter zu erzählen, daß er Esther in Krämpfen ganz verlassen aus seinem Fenster gesehen habe, und daß er in der Eil', ihr zu Hilfe zu kommen, die Türen verfehlt habe. – «Welch ein Glück», rief der Vetter, «denn wenn die Türe der Gasse offen gewesen, Sie wären nicht ohne Unglück oder Schimpf hinausgekommen.» – Der Majoratsherr war an das Fenster gegangen und sagte: «Sie scheint jetzt zu schlummern, der schreckliche Anfall ist vorüber.» Der Leutnant erzählte aber weiter: «Vor einem Jahre hätten Sie noch die Esther sehen sollen, da war sie schön; da kam der Sohn eines Regimentskameraden vom Lande hieher unter die Dragoner.

Er war das einzige Gut der Mutter, seitdem der Vater in einem Scharmützel geblieben; denn die sind oft gefährlicher als die großen Schlachten. Ich sah es, wie sie ihm das letzte Hemde zu seiner Equipierung nähte; sie dachte nicht, daß es sein Sterbehemde werden sollte. Aber der Mensch war unbesonnen, ich sah es ihm gleich beim Reiten an: er wollte immer Kunststücke auf den Straßen machen und dachte nicht daran, daß da Leute neben ihm gingen. Genug, der verliebt sich in die schöne Esther, und sie in ihn, und mein junger Herr will

abends zu ihr schleichen, und wie die armen Juden außer ihrer Gasse mißhandelt werden, so meinen sie, die Christen drinnen auch mißhandeln zu können, und fallen über ihn her – besonders die alte Vasthi, die hätte ihn fast erwürgt. Die Sache ward laut, die Offiziere wollten nicht mit dem jungen Fähndrich weiter dienen. Er kam zu mir: was er tun sollte? Ich sagte ihm: Schießt Euch tot, weiter ist nichts zu tun. Und der Mensch nimmt das Wort buchstäblich und schießt sich tot. Da hatte ich Mühe, es der Mutter auf gute Art beizubringen. Die Esther aber bekommt seitdem abends um die Zeit, wo er sich erschossen, einen Eindruck, als ob ein Pistolenschuß in der Nähe fiele – andere hören es nicht –, und dann ein Anfall von Reden, Tanzen, daß kein Mensch aus ihr klug wird; und die andern im Hause lassen sie allein und scheuen sich vor ihr!» – Entsetzt von dem kaltblütigen Vortrage rief der Majoratsherr: «Welche Klüfte trennen die arme Menschheit, die sich immer nach Vereinigung liebend sehnt! Wie hoch muß ihre Bestimmung sein, daß sie solcher Fundamente bedarf, daß solche Opfer von der ewigen Liebe gefordert werden, solche Zeichen – die, mehr als Wunder, die Wahrheit der heiligen Geschichte bewähren? O, sie sind *alle* wahr, die heiligen Geschichten *aller* Völker!» – Nach einer Pause fragte er: «Ist denn diese Vasthi wirklich der Würgeengel? Die Leute sagen, daß sie den Sterbenden den Todesdruck gebe.» – «Wenn

das der Fall ist», sagte der Vetter, «so ist es Milde, daß sie nicht *lebend* begraben werden, weil ein törichtes Gesetz gebietet, die Toten nach dreien Stunden aus dem Hause zu schaffen.» Es habe ihm ein Arzt versichert, daß er deswegen einem, der an Krämpfen gelitten, schwören mußte, bei ihm zu bleiben, daß er nicht erstickt würde, wenn man ihn für tot hielte. Und da sah er, wie die Verwandten ihn verlegen bereden wollten, fortzugehen, der Tote sei tot; aber er blieb und rettete das Leben des Erstarrten, der ihm noch lange dankte. Da sollte die Obrigkeit ein Einsehen haben und das frühe Beerdigen verbieten. «Aber lassen Sie uns von angenehmern Dingen reden», fuhr der Vetter fort. «Ich habe Ihnen vielen Dank zu sagen, Sie haben mein Glück gemacht. Meine vortreffliche Herzens- und Hofdame fühlt eine so gütige, mütterliche Zärtlichkeit gegen Sie, daß sie mir die seit dreißig Jahren versagte Hand reichen will, insofern ich Sie verpflichten kann, als ein geliebter Sohn in ihrer Nähe zu bleiben und unser nahendes Alter zu unterstützen. Da Sie nun, lieber Vetter, Ihr ganzes äußeres Dasein mit der Verwaltung des Majorats mir übertragen haben, ich auch aus der nähern Kenntnis der Verhandlungen ersehe, daß Sie viel zu abstrakt in Ihren Studien sind, um Ihrem Vermögen selbst vorstehen zu können, so habe ich, gleichsam als Ihr natürlicher Vormund, Ihr Wort dazu gegeben.»

Der Majoratsherr fühlte sich in den Willen des Vetters ebenso hingegeben wie Esther in den Willen der Vasthi; er kam ihm auch vor wie ein Würgeengel, und er konnte sich denken, daß er ihm ebenso gleichgültig wie dem jungen Dragoner die Pistole reichen würde, wenn er das Geheimnis des Majorats erführe. Der Majoratsherr liebte aber sein Leben wie alle Kranke und Leidende, und es schien ihm ein milder Ausweg, den die Hofdame ersonnen, ihn durch diese Heirat als Sohn dem Hause dergestalt zu verknüpfen, daß bei der Unwahrscheinlichkeit, in ihrem Alter noch andre Kinder zu bekommen, er allein die Aussicht und der Mittelpunkt aller Hoffnungen beider werden müßte. So fand er sich gezwungen, dem Vetter zur Heirat Glück zu wünschen und ihm seine kindliche Ergebenheit gegen die Hofdame zu versichern; auch versprach er ihm, künftig mit ihm im Majoratshause zu wohnen, Gesellschaften zu sehen und am Hofe sein Glück zu suchen. Dann las ihm der Vetter einige wohlgereimte Gedichte vor, in denen er dieses Glück besungen hatte, und empfahl sich erst spät dem schlaftrunkenen Majoratsherrn, der heimlich allen Versen abgeschworen, seitdem er die edle Reimkunst mit so fataler, nichtiger Fertigkeit hatte handhaben hören. Und doch konnte er es nicht lassen, einige Reime bis zum Verzweifeln sich zu wiederholen, und wußte auch nicht, wo er sie gehört hatte, doch meinte er damals, als er die alte Vasthi hinter der Bildsäule belauerte:

Es war eine alte Jüdin,
Ein grimmig gelbes Weib;
Sie hatt' eine schöne Tochter;
Ihr Haar war schön geflochten
Mit Perlen, so viel sie mochte,
Zu ihrem Hochzeitkleid.

«Ach liebste, liebste Mutter,
Wie tut mir's Herz so weh; –
In meinem geblümten Kleide
Ach laß mich eine Weile
Spazieren auf grüner Heide,
Bis an die blaue See.

Gut Nacht! Gut Nacht, Herzmutter,
Du siehst mich nimmermehr;
Zum Meere will ich laufen,
Und sollt' ich auch ersaufen,
Es muß mich heute taufen;
Es stürmet gar zu sehr!»

Spät entschlafen unter diesen immer wiederkehrenden Reimen, wurde er erst gegen Abend durch den Pistolenschuß erweckt, der sich zur gewohnten Stunde hören ließ. Fast zugleich trat die alte, gute Aufwärterin leise ein, und als sie ihn wachend fand, fragte sie: ob er nicht der Judenhochzeit aus dem Hinterfenster zusehen wolle. – «Wer wird verheiratet?» fuhr er auf. – «Die schöne Esther mit dem armen Lump, der gestern zurückgekehrt ist.» – Zum Glück war der Majoratsherr unausgekleidet auf seinem Sofa eingeschlafen, denn Zeit konnte er nicht verlieren, mit solcher Heftigkeit sprang er nach den hinteren Fenstern des Hauses, aus denen er den Begräbnisort mit den wilden Tieren gesehen hatte. Lange Häuserschatten und zwischendurch strahlende Abendlichter streiften über den grünen Platz neben dem Begräbnisort, der mit einem schrecklichen Gewirre schmutziger Kinder eingehegt war. Die Art der Musik, welche jetzt anhub, erinnerte an das Morgenland, auch der reichgestickte Baldachin, der von vier Knaben vorausgetragen wurde. Ebenso fremdartig waren alle Zeichen der Lustigkeit unter den Zuschauern, welche Nachtigallen und Wachteln künstlich nachmachten, einander zwickten und Gesichter schnitten, und endlich, zum Teil mit künstlichen Sprüngen, den Bräutigam begrüßten, der wie ein Schornsteinfeger ein schwarzes Tuch um den Kopf trug und mit einer Zahl befreundeter Männer eintrat. Und welche Ungeduld, wie viele seltsame Einfälle unter den Leuten, als die Braut länger als erlaubt auf sich warten ließ. Aber endlich kam händeringend ein Weib und schrie unbarmherzig: «Esther ist tot!»

Die Musik der Zimbeln und kleinen Pauken schwieg, die Knaben ließen den Thronhimmel fallen, der wilde Stier brüllte schrecklich oder wurde jetzt erst gehört. Der Majoratsherr allein, während alles lief um zu schauen, blieb erstarrt in seiner Fensterecke liegen, bis die Tauben heimkehrend es mit lautem Flügel umflogen und die Aufwärterin sagte: «Ach Gott! da haben sie wieder eine mitgebracht; wer weiß, welchem armen Menschen sie gehört hat und wie viele sich darum grämen!» – «Sie ist's», rief der Majoratsherr, «die *himmlische* Taube, und ich werde nicht lange um sie weinen!» Er ging auf sein Zimmer zurück und wagte es, nach ihren Fenstern hinzublicken. Schon waren alle aus ihrem Zimmer entflohen, aus Furcht der Einwirkung eines Toten. Der Verlobte zerriß sein Kleid vor dem Hause und überließ sich allen Rasereien des Schmerzens, während die Ältesten von der Beerdigung redeten. Sie lag auf ihrem Bette. Der Kopf hing herab, und die Haarflechten rollten aufgelöst zum Boden. Ein Topf mit blühenden Zweigen aller Art stand neben ihr und ein Becher mit Wasser, aus dem sie wohl die letzte Kühlung im heißen Lebenskampfe mochte empfangen haben. – «Wohin seid ihr nun entrückt», rief er nun zum Himmel, «ihr himmlischen Gestalten, die ahnend sie umgaben? Wo bist du, schöner Todesengel, Abbild meiner Mutter? So ist der Glaube nur ein zweifelhaft Schauen zwischen Schlaf und Wachen, ein Morgennebel, den das schmerzliche Licht zerstreut! Wo ist die geflügelte

Seele, der ich mich einst in reinerer Umgebung zu nahen hoffte? Und wenn ich mir alles abstreite, wer legt Zeugnis ab für jene höhere Welt? Die Männer vor dem Hause reden von Begräbnis, und dann ist alles abgetan. Immer dunkler wird ihr Zimmer, die geliebten Züge verschwinden darin.»

Während er in tränenlosem Wahnsinn so vor sich hinredete, trat die alte Vasthi mit einer Diebeslaterne in das Zimmer, öffnete einen Schrank und nahm einige Beutel heraus, die sie in ihre lange Seitentasche steckte. Dann nahm sie den Brautschmuck der Erstarrten vom Kopfe und maß mit einem Bande ihre Länge, wohl nicht zu einem Kleide, sondern zur Auswahl des Sarges. Und nun setzte sie sich auf das Bett, und es schien, als ob sie bete. Und der Majoratsherr vergab ihr den Diebstahl für dies Gebet und betete mit ihr. Und wie sie gebetet hatte, zogen sich alle Züge ihres Antlitzes in lauter Schatten zusammen, wie die ausgeschnittenen Kartengesichter, welche, einem Lichte entgegengestellt, mit dem durchscheinenden Lichte ein menschliches Bild darstellen, das sie doch selbst nicht zu erkennen geben: sie erschien nicht wie ein menschliches Wesen, sondern wie ein Geier, der, lange von Gottes Sonne gnädig beschienen, mit der gesammelten Glut auf eine Taube niederstößt. So setzte sie sich wie ein Alpdruck auf die Brust der armen Esther und legte ihre Hände an ihren Hals. Der Majoratsherr meinte einige Bewegungen am

Kopf, an Händen und Füßen der schönen Esther zu sehen; aber Wille und Entschluß lagen ihm wie immer fern, der Anblick ergriff ihn, daß er es nicht meinte überleben zu können. «Der grimmige Geier, die arme Taube!» – Und wie Esther das Ringen aufgab und ihre Arme über den Kopf ausstreckte, da erlosch das Licht, und aus der Tiefe des Zimmers erschienen mit wildem Gruße die Gestalten der ersten reinen Schöpfung, Adam und Eva, unter dem verhängnisvollen Baume und blickten tröstend zu der Sterbenden aus dem ewigen Frühlingshimmel des wiedergewonnenen Paradieses, während der Todesengel zu ihrem Haupte mit traurigem Antlitze in einem Kleide voll Augen mit glänzendem, gesenkten Flammenschwerte lauerte, den letzten, bittern Tropfen ihren Lippen einzuflößen. So saß der Engel wartend tiefsinnig, wie ein Erfinder am Schlusse seiner mühevollen Arbeit. Aber Esther sprach mit gebrochener Stimme zu Adam und Eva: «Euretwegen muß ich so viel leiden!» – Und jene erwiderten: «Wir taten nur eine Sünde, und hast du auch nur eine getan?» – Da seufzte Esther, und wie sich ihr Mund öffnete, fiel der bittre Tropfen von dem Schwerte des Todesengels in ihren Mund, und mit Unruhe lief ihr Geist durch alle Glieder getrieben und nahm Abschied von dem schmerzlich geliebten Aufenthaltsorte. Der Todesengel wusch aber die Spitze seines Schwertes in dem offenen Wasserbecher vor dem

Bette ab und steckte es in die Scheide und empfing dann die geflügelte, lauschende Seele von den Lippen der schönen Esther, ihr reines Ebenbild. Und die Seele stellte sich auf die Zehen in seine Hand und faltete die Hände zum Himmel, und so entschwanden beide, als ob das Haus ihrem Fluge kein Hindernis sei, *und es erschien überall durch den Bau dieser Welt eine höhere, welche den Sinnen nur in der Phantasie erkenntlich wird: in der Phantasie, die zwischen beiden Welten als Vermittlerin steht und immer neu den toten Stoff der Umhüllung zu lebender Gestaltung vergeistigt, indem sie das Höhere verkörpert.* Die alte Vasthi schien aber von all der Herrlichkeit nichts zu erkennen und zu sehen; ihre Augen waren abgewandt, und als sich der Todeskampf gestillt hatte, nahm sie noch einigen Schmuck zu sich und hob ein Bild von Adam und Eva von der Wand und schleppte es auch mit sich fort.

Erst jetzt fiel dem Majoratsherrn ein, daß etwas Wirkliches auch für diese Welt an allem dem sein könne, was er gesehen, und mit dem Schrei: «Um Gottes Gnade willen, die Alte hat sie erwürgt», sprang er, seiner selbst unbewußt, auf das Fenster und glücklich hinüber in das offene Fenster der Esther. Sein Schrei hatte die Totengräber und den Verlobten ins Haus gerufen. Sie kamen in das Zimmer, wo sie den Majoratsherrn, den keiner kannte, beschäftigt fanden, der armen Esther Leben einzuhauchen. Aber vergebens. Mit Mühe sagte er ihnen, was er gesehen, wie Vasthi sie erwürgt habe. Der Verlobte rief: «Es ist gewißlich wahr, ich sah sie hinaufschleichen und sah sie herunterschleichen, aber ich fürchtete mich vor ihr!» Die Totenbegleiter verwiesen ihm aber solche frevelhafte Gedanken, der Fremde sei ein Rasender, vielleicht ein Dieb, der solche Lügen ersonnen, um sich der Strafe zu entziehen. Da ergriff der Majoratsherr den Becher mit Wasser und sprach: «So gewiß der Tod in diesem Wasser sein Schwert gewaschen und es tödlich vergiftet hat, so gewiß hat Vasthi die arme Esther vor meinen Augen erwürgt!» – Bei diesen Worten trank er den Becher aus und sank dann am Bette nieder. – Alle sahen an dem Glanze seiner Augen, an der Bleichheit seiner Lippen, daß ihm sehr wehe sei, und sie hörten seinen gebrochenen Reden zu. «Sie würgte an ihr schon manches Jahr», sagte er, «und Esther starb in einem Abbilde ihres Lebens, das mit seinem eiteln Schmuck noch in dem Tode die Raubgier der Alten und vergebliche Liebe in mir regte. Sie ist dem Himmel ihres Glaubens nicht entzogen, sie hat ihn gefunden, und auch ich werde meinen Himmel, die Ruhe und Unbeweglichkeit des ewigen Blaus finden, das mich aufnimmt in seiner Unendlichkeit, sein jüngstes Kind wie seine Erstgeborenen, alle in gleicher Seligkeit!»

Bald wurden seine Worte undeutlicher, und er bewegte kaum noch die Lippen. Und die Juden alle sagten, daß das Wasser in einem Sterbezimmer gefährlich und selbst öfter als tödlich erfunden sei bei gewaltsamen Todesfällen. Sie trugen ihn in das Haus des Leutnants und erzählten, was er ihnen von den Ereignissen berichtet hätte. Dieser versicherte ihnen, der Sterbende sei schon lange sehr kränklich gewesen, und rief eben den Arzt in das Haus, den der Majoratsherr zuerst erblickt hatte, wie der Tod auf seinem Wagen gesessen und die beiden Rosse, Hunger und Schmerz, gelenkt habe. Dieser zuckte die Achseln, machte Versuche mit Stechen und Brennen und einigen heftigen Mitteln; aber er konnte die Ruhe des Unglücklichen nicht mehr stören, sondern beschleunigte nur seinen Tod.

Noch am Abend nahm der Leutnant Besitz von dem Majoratshause und schlief seine erste selige Nacht in dem Prachtbette des Hauses. Seine glänzende Bedienung, sein Geschmack in der Pracht zeigte sich zur allgemeinen Bewunderung bei dem Leichenbegräbnisse des Majoratsherrn. Er gab mehrere große Mittagessen, und es verging keine Woche, und jedermann war erstaunt, wie dem Manne Unrecht geschehen. Viele rühmten seinen echt praktischen Verstand, wie er sich durch alle Not des Lebens durchgearbeitet habe; andre erinnerten sich jetzt, wie viele Proben seines Mutes er im Kriege gegeben; einige verehrten sogar seine Gedichte und erboten sich, sie herauszugeben. Bald trat er nach seinem Dienstalter in die Armee ein und reichte als General der alten Hofdame seine Hand, nachdem er durch die glückliche Erfindungsgabe jenes Arztes von seiner roten Nase kuriert war.

Dem Hochzeitstage zu Ehren wurde alles Geflügel geschlachtet, das er im kleinen Hause so lange verpflegt hatte. Die hohen Herrschaften beehrten ihn selbst mit ihrer Gegenwart, und jedermann rühmte die Fröhlichkeit und die Pracht dieses Festes. Um so unruhiger war die Nacht. Die Ärzte behaupteten, der Vetter habe sich im Weine übernommen; die Leute im Hause aber berichteten, die Hofdame habe im Zu-Bette-gehen ein emailliertes Riechfläschchen zerbrochen, worin der Geist ihres erstochenen Freundes eingeschlossen gewesen. Dieser Geist habe ihr Bett gegen ihn mit dem Degen verteidigt, und beide hätten die ganze Nacht gefochten, bis endlich der Herr ermüdet sich vor ihm zurückgezogen. Die Hofdame verhöhnte ihn am Morgen als einen törichten Geisterseher, und als er ihr im Zorne antwortete, drohte sie, die Geschichte zu seinem Schimpfe am Hofe bekannt zu machen. Zu ihren Füßen flehte er, daß sie schweigen möchte, und sie versprach es unter der Bedingung, daß er sie in keiner ihrer Launen stören wolle. So mußte er es ruhig dulden, daß die Hunde der Frau, als diese die Wappensammlung besehen und offen stehen lassen, mit den kostbarsten Wappen spielten und sie im Spiel zerbissen. Auch mit der Ordnung seiner Zeit hatte es ein Ende, denn die Frau verstellte und verdrehte ihm alle Uhren, wenn die Hunde zum Mittagessen früher ein Lusten bezeigten. Auch hatte er zum Spazierengehen nun so wenig Zeit übrig, seit ihm die Frau eine gewisse Anzahl junger Hühnerhunde und Hetzhunde zum Abrichten übergeben hatte. Die gute alte Ursula wagte es, zu reden, ihn zum Widerstande aufzumuntern; aber er fürchtete schon bei dem bloßen Gedanken, daß sie in der nächsten Nacht den Geist aus dem emaillierten Riechfläschchen loslassen möchte, und jagte sie aus seinem Dienst; er trug die physische Angst in seinem Herzen, wie ein gebissener Hahn, der einmal vor seinem Gegner flüchtig geworden ist.

Die Frau kannte diese schwache Seite und trieb ihn mit dieser Furcht aus allen guten Zimmern des großen Hauses auf ein Bodenzimmer, um ihre neuen Kolonien von Hunderassen aller Art in den Prachtzimmern wohl unterzubringen. Ungeachtet seiner Ehrenstellen wagte er sich unter solchen beschämenden Umständen nicht in die Welt, die sich der Frau wegen der allmählich verbreiteten Geschichte ihrer heimlichen Niederkunft und des Kindertausches ohnehin verschloß. Um so ungestörter ergab sie sich ihrer Liebhaberei zu Tieren aller Art und gestattete niemand den Eintritt in das Innere ihres Hauses. Neugierige Leute lauerten wohl abends vor dem Fenster, wenn sie durch die

Ritzen der Fensterladen die Kronenleuchter hell brennen sahen, und kletterten auch wohl hinan, um etwas von diesem seltsamen Feste zu ersehen. Sie erzählten dann, daß sie unzählige Hunde und Katzen an großen, wohlbedeckten, mit silbernen Schüsseln voll feiner Gerichte bedeckten Tischen hätten tafeln sehen und wie der Herr General hinter dem Stuhle des Lieblingshundes mit einem Teller unter dem Arme aufgewartet habe, während sie alle mit den artigsten französischen Worten zum Essen überredet habe. Sie erzählten, wie sie es als einen artigen Einfall belacht habe, als ein paar Hunde die schmutzigen Pfoten an dem großen Wappen des Majoratdamastgedeckes abgewischt hätten, während der Teller des Eheherrn hinter dem Stuhle des Hundes vom Zittern des unterdrückten Zornes an den Uniformknöpfen den hellsten Triller geschlagen habe. «Wir sind jetzt alle bei recht guter Laune», hatte sie da gesagt, «lesen Sie uns Ihr Gedicht auf den Namenstag meines Kartusch* vor!» Als der Horcher bei diesen Worten laut auflachte, brachte dies dem ganzen Feste eine Störung. Die Frau schalt, die Hunde bellten, der General schickte seine Leute hinaus. Alle Zuschauer flüchteten, und am andern Tage wurde das Haus mit einem hohen eisernen Gitter umgeben, so daß niemand mehr diesen Heimlichkeiten zusehen konnte.

Mit diesem Gitter schließen sich auch, zufällig

oder historisch, je nachdem man es ansehen will, die Nachrichten von den Majoratsherren. Die Stadt hatte während des Revolutionskrieges sehr bald Gelegenheit, andere Leutnants und Generale zu beobachten. Es war eine so unruhige Zeit, daß die alten Leute gar nicht mehr mitkommen konnten und deswegen unbemerkt abstarben. So erging es wenigstens dem Majoratsherrn, seiner Frau und ihren Hunden nach einigen heftigen Auftritten, in denen einer der fremden Offiziere, der eine bessere Hausordnung zu stiften sich berufen glaubte, die Hunde auf gewaltsame Weise aus den Staatszimmern hetzte und den alten Majoratsherrn in seine Rechte auf die Hausherrschaft wieder einzusetzen strebte. Bald darauf kam die Stadt unter die Herrschaft der Fremden; die Lehnsmajorate wurden aufgehoben, die Juden aus der engen Gasse befreit, der Kontinent aber wie ein überwiesener Verbrecher eingesperrt. Da gab es viel heimlichen Handelsverkehr auf Schleichwegen, und Vasthi soll ihre Zeit so wohl benutzt haben, daß sie das ausgestorbene Majoratshaus durch Gunst der neuen Regierung zur Anlegung einer Salmiakfabrik für eine Kleinigkeit erkaufte, welche durch den Verkauf einiger darin übernommenen Bilder völlig wiedererstattet war. So erhielt das Majoratshaus eine den Nachbarn zwar unangenehme, aber doch sehr nützliche Bestimmung, und es trat der Kredit an die Stelle des Lehnrechts.

OWEN TUDOR

Die Tanzwut (Dansomanie), das himmlische neue Ballett, hielt nach der langweiligen Oper bis tief in die Nacht hinein alle Augen und Geister gefesselt und ließ sie auch nachher nicht gleich wieder los, nachdem der Vorhang längst gefallen war und die Tänzer von den Zuschauern in der großen Stadt London vielleicht auf ein paar Meilen Entfernung getrennt waren. Ich hatte bei der Anregung kaum eine Stunde geschlafen, als ich in die Postkutsche stieg, die alle Dienstage nach Holyhead in Wallis abgeht, wohin mich die uralten ungeheuern Bauwerke lockten. Meine Fahrt war mehr ein Träumen von den lieblichen Göttergestalten des Balletts und ihrer überirdischen Beweglichkeit als ein Schauen der beweglichen Erde, die mit all ihrer bunten Gestaltung an den Fenstern des Wagens ohne Eindruck vorübereilte. Erst beim dritten Umspannen der Pferde fiel es mir auf, wie schnell wir fortrückten, und ich mußte unwillkürlich die Worte meiner Sappho vor mir hersagen, als sie den Phaon begrüßt nach dem Wettrennen, in welchem er durch ihre Ermunterung siegte, als er eben von der Heftigkeit der Bewegung taumelte.

«Göttlich ist auf Erden die Geschwindigkeit,
Sie besiegt den weiten Raum, die enge Zeit,
Gegenwärtig macht sie überall zugleich
Spiegelnd hoher Götter ewig Reich;
Mit dem Anfang eint das Ende ihre Hand
Sich zum Siegeskranze; wie der Feuerbrand,
Schnell geschwungen, wird zum Feuerkreise,
So erscheinen ihres Wagens Gleise;
Eh' das Auge aufblickt, ist ihr Bogen
Durch die weite Rennbahn hingezogen.
Ihr gehört die Schönheit, weil sie flüchtig,
Der Gestirne Wallen, ruhlos richtig,
Ihr vertraut der Gott die mächt'gen Worte
In den Blitzstrahl aus der Himmelspforte,
Die da aufschlägt, Schauende verblendet,
Eh' sie zuschlägt, schon ihr Leben endet.
Träger rollt nach ihrer Flammengeißel Schwung
Donner über alle zur Erinnerung,
Träger rollen sich die schwarzen Wolken auf
Nach des glühen Donnerwagens Lauf;
Ja, die Welt erschiene tot in Leere,
Hübe nicht Geschwindigkeit die Schwere.»

Es wurde lange nicht viel gesprochen, wie das oft in englischen Postkutschen der Fall ist; endlich brachten ein paar Worte, die ich über das Ballett fallen ließ, meinen einsilbigen Nachbar auf dem Rücksitze in den Redefluß. Er berichtete mir, daß er diesmal bloß des Tanzes wegen nach Wallis, das er sonst schon kenne, zu reisen beschlossen habe, um sich nämlich selbst von einer verderblichen Religionssekte zu unterrichten, die sich dort in den Bergen immer weiter verbreite und durch Tanz ihre Begeisterung in der Kirche ausdrücke. Von diesem Springen hießen sie bei den Leuten die Jumpers[1], und er wolle das Parlament angehen, sie allesamt hängen zu lassen, daß der Wind ihnen den

[1] Leser, die das Historische dieser Erzählung (ich meine das, was von Leuten mit dem Glauben aufgezeichnet worden, als sei es wirklich geschehen und gesehen) von dem zu scheiden sich bemühen, was als ernste Möglichkeit oder als Scherz der Erfindung hinein verwebt wird, werden vielleicht wünschen, über die in Deutschland wenig bekannte Sekte der Walliser Jumpers eine nähere Auskunft zu erhalten. Die vorurteilfreieste Schilderung derselben fand ich bei einem Greise, der sechzehn Reisen durch Wallis gemacht hat; sie sei hier im Auszuge beigefügt (Remarks upon North-Wales. By W. Hutton. Birmingham 1803, p. 94). «Im allgemeinen kann man sagen, daß die Welt so wenig einen *neuen* Religionskultus ertragen, als die Reinheit eines ältern Kultus lange erhalten kann. Es scheint, daß in Caernarvon die Leute längere Zeit von keiner Religionsübung sonderlich ergriffen waren; die höhere Klasse sah nach der Flasche, die niedere nach dem Zapfloch. Ich sah ein paarmal nur sechzehn Personen in der eigentlichen Kirche, während der Versammlungssaal der Dissenters und Methodisten gestopft voll war. Ich hatte viel Lächerliches von der Art Methodisten gehört, die Jumpers genannt werden. Einer glaubte, sie wären toll; der andre nannte sie Verräter, die Paines Schriften läsen, Absichten gegen die Regierung hegten und daher unterdrückt werden sollten. – Den 8. September 1799 ging ich zu ihrer Kapelle und fand alle Türen außerhalb mit Menschen besetzt. Nachdem ich durch diese hindurchgedrungen, befand ich mich in einem weiten Saale mit zwei Gallerieen, worin ungefähr fünfhundert Menschen versammelt waren. Der Prediger hatte ausgezeichnete Lungen, die Leute hörten mit Aufmerksamkeit.

rechten Unterricht im Tanze gäbe. Die Sache war mir neu, ich konnte die Leute noch nicht mit Grunde verteidigen; ich fragte ihn bloß, ob nicht auch die Musik zu aller sündlichen Lust gebraucht werde, und doch, in der Orgel verherrlicht, die Andacht auf würdige Art umgebe und ausdrücke. – «Da sind wir nimmermehr einerlei Meinung», sprach er; «wir Presbyterianer* halten die Orgel für

Nach einiger Zeit drückte er sich in kurzen Sprüchen der Schrift aus, meist aus den Psalmen. Nach dem Hersagen des einen erfolgte ein leises Hum! durch die Versammlung. Eine zweite Schriftstelle vermehrte dies, eine dritte noch mehr, kurz, in Zeit von einer Minute brach des Haufens wilde Gewalt in Stimme und Bewegung aus. Jeder hatte sich eine Sentenz gewählt, die er in einer Art Melodie, so laut wie möglich, aussprach. So viele verschiedene Melodien brachten eine Art Schauder hervor. Zugleich stellten sie sich einander gegenüber, und sprang der eine empor, so folgte der andre im Sprunge. Sie bildeten auf diese Art Ringe von zwei bis zu acht Personen, ohne Rücksicht auf das Geschlecht. Jeder suchte so laut und so lange zu schreien, so hoch zu springen, als ihm irgend möglich. Wer vom Springen ermüdete, erhielt den Körper doch immerfort in Bewegung. Der Prediger verschwand, wenn er die Leute so weit in Enthusiasmus gebracht hatte. Die alten Leute machten nur elende Sprünge, aber sie sprangen doch. Wer die Veranlassung nicht wußte, hätte alles für ein trunkenes Wirtshaus gehalten, worin einige zanken, andre tanzen. So dauerte es eine Stunde. Einige schienen eine Feinheit darin zu setzen, daß sie sich ausruhten und, wenn die andern ermüdeten, mit neuem Eifer aufsprangen. Den Männern stand im ganzen dies Springen besser als den Frauen; denn die letzteren verloren und verschoben ihre Kleidungsstücke und waren nachher so erschöpft, daß sie sich von ihren Bekannten mußten unterstützen lassen. Die Leute hatten den Ruf ordentlicher Sitten; ihre Kirchenordnung ist strenge und stimmt mit der der Quäker. Von Paines Schriften scheinen sie so wenig zu wissen wie von der Algebra.»

des Teufels Dudelsack, womit er den Ernst der Betrachtung in Schlummer wiegt, so wie der Tanz die guten Vorsätze betäubt.»

«Aber die Alten», warf ich ihm ein, «hätten doch so viele Jahrhunderte mit Andacht getanzt.» – «Wer ist dabei gewesen?» sagte er; «den Dichtern brauchen wir nicht zu glauben, sie mußten sich offiziell das Beste dabei denken; aus dem Petron und manchen andern möchte ich schließen, daß ihre Religionen nichts anders waren als unsere Jahrmärkte, Parlamentswahlen, Lordmayor-Schmäuse, öffentliche Mittagsmahle und Redoutenbälle; von eigentlicher Religion wußten vielleicht die alten heidnischen Abgötter gar nichts. Doch das alles ist nur Vermutung; genug, sie sind antik und wir modern, und jeder muß zu eignem Gedeihen im eignen Geiste fortleben.»

So endete sich unser Gespräch; ich aber dachte weiter, wie doch der Mensch so gern trennen mag, was Gott zusammenfügte. Da hat er sich die Worte antik und modern erfunden, um durch die Weltgeschichte eine Brettwand zu ziehen, die ihm jede Aussicht über das Ganze raubt. Aber nach den alten Sagen ist nur das Ende der Welt mit Brettern verschlagen, von welcher Scheidewand am Ende auch wohl nicht viel mehr als von der Linie zu bemerken ist, von der mir heute ein spaßhafter Matrose versicherte, man müsse sich ein wenig bücken, wenn man sie passiere, damit sie einem nicht den Hut abstreife. Wenn wir uns also vor jenem Unterschiede des Antiken und Modernen nicht tiefer zu bücken haben, so werden uns die Jumpers nicht mehr erschrecken. Es sind keine künstliche Heiden, wie wir sie wohl unter den auf ihren Zimmern versessenen Gelehrten finden mögen, die, vom Geistigen übersättigt, nach alten Formen schmachten, die sie doch nicht beleben können; vielmehr sind es die rohesten, kräftigsten Söhne der Berge, die freilich in ihrer heitern Luft mehr Seligkeit in der Bewegung gespürt haben als wir im Tale. Und doch haben auch wir zuweilen in reiner Freude getanzt.

Ich wurde in meiner Betrachtung unterstützt und gestärkt durch die Frage einer Walliserin, die, in einen roten Mantel nach Landesart gehüllt, mit einem schönen, etwa dreijährigen Knaben auf dem Schoße, allein im Vordersitze des Wagens saß, weil kurz vorher ihre beiden Nebenleute die Kutsche verlassen hatten. Sie fragte nämlich den Presbyterianer, ob David nicht auch mit aller Macht vor der Bundeslade getanzt habe, und ob das nicht dem Herrn angenehm gewesen? – Jener sah sie an, in der Meinung, daß sie auch eine solche Methodistin sein möchte, und behauptete: wir ständen in einem neuen Bunde, und Davids Beispiel gehe uns nichts an. – Sie antwortete ihm ganz scharfsinnig: «Ihr Herren verfahrt eigen mit der Schrift! Wie es euch einfällt, soll uns ein Teil über alles und der andre

gar nichts angehen. Wer hat euch die Vollmacht zu diesem Verfahren verliehen?»

Der Streit wäre lebhaft geworden, aber der Kutscher hielt still. «Hier ist das Schlachtfeld von Shrewsbury*», sagte der Presbyterianer. «Seht, wie Heldengeister gehen da zwei Männer mit großen Schritten auf die Kutsche los; gewiß wollen sie einsteigen.» Die beiden Leute waren jetzt nahe; sie öffneten die Tür. Der jüngere von beiden, ein feiner, gewandter Mann, begabt mit lebhaften dunkeln Augen, half dem schwerfälligen Älteren in den Wagen, der uns mit großen blauen, hervorragenden Augen, wie sie Gall* für das Wortgedächtnis fordert, aus buschigen blonden Augenbraunen über einer unendlich langen gebognen Nase anstierte. Sie setzten sich nach einem kurzen Gruße an beide Seiten der Walliserin, wie an einen Kamin, indem sie ihre Unterhaltung über ein paar alte Eisenstücke, die der Alte gefunden hatte, fortsetzten. Er glaubte, es sei ein Stück von dem Speere Percys*. Der Junge gab ihm recht; nur die Walliserin lachte sie aus, indem sie versicherte, es sei ein Stück von einem mit Eisen beschlagenen Treibstecken, wie er beim Pflügen gebraucht werde. Der Alte zuckte verächtlich mit den Achseln; es ging aus seiner Unterredung hervor, daß er den Jungen sich verbunden hatte, ihm bei seinen antiquarischen Nachsuchungen behilflich zu sein, wofür er ihn wie seinen Sohn bewirten und freihalten wolle.

Der Presbyterianer raunte mir in die Ohren, das gäbe eine recht kuriose Geschichte, und erzählte mir leise: beide seien zwei bekannte Reisende von Profession, die nur reisten, um Reisebeschreibungen herauszugeben, beide in Schriften schreck-

lich gegeneinander verfeindet. Nun schiene es aber, sie hätten beide falsche Namen angenommen, weil die Leute vor ihrer Art Öffentlichkeit etwas scheu würden, und gefielen einander recht gut. – Ich erkundigte mich näher, zu welcher Klasse von Reisebeschreibern sie gehörten. – «Der alte Herr», fuhr er fort, «reist, um etwas zu tun zu haben; seine Reisebeschreibungen sind wahrhaft, aber schrecklich langweilig; er wendet sein Vermögen daran, alle Kleinigkeiten, die er gefunden, Inschriften an

Fensterscheiben und unbedeutende Steine in Kupfer stechen zu lassen. Niemand mag es kaufen, und da schilt er immer den Jungen einen Lügner, weil dieser mit einem gewissen Geist das Historische der Gegenden mit ihrer Anschauung zu verbinden weiß, die er in fließenden Versen schildert, wie es die Lesewelt verlangt, und dabei in artigen Skizzen die Gegenden mit schweren Sturmwolken, Schatten und zerzausten Bäumen ins Romantische zu übersetzen sucht. Aber die Reisen des Jungen werden bei allem Tadel des Alten gelesen, und er lebt vom Reisen, schimpft den Alten einen Pedanten, der bei seinen mühsam erforschten Altertümern nur zwei Gedanken habe, nämlich auf druidical superstition (druidischen Aberglauben) und popery (Pfaffentum) zu schimpfen, worunter er alle Denkmale aus älterer Zeit verstehe, und fragt, warum er also sammle, was er innerlich vernichte.»

Unterdessen sprach der alte Herr noch immer unermüdlich über die Schlacht bei Shrewsbury und konnte sich nicht beruhigen, daß Owen Glendower aus abergläubischer Furcht dem Percy beizustehen versäumt habe; einer seiner Voreltern habe dadurch auch Leben und Vermögen eingebüßt, und er nehme das dem Walliser noch immer sehr übel. – Der Jüngere meinte aber, jener habe in seinen Zauberkreisen wohl Ahnung gehabt, daß sein Sohn Tudor einst die englische Königin heiraten werde und dadurch Stifter eines mächtigen

Königgeschlechts werde. – «Der Owen Tudor», unterbrach ihn hier die Walliserin, «war keineswegs ein Sohn Owen Glendowers; nicht einmal verwandt waren sie miteinander, das muß ich am besten wissen, denn ich stamme auch von den Tudors ab.» – Der Alte betrachtete sie verwundert, so viel es in der Dunkelheit möglich, und sprach: «Da seid Ihr ja mit dem hohen herrschenden Hause verwandt!» Dann stieg er mit großer Geschicklichkeit die genealogische Leiter bis zum hochglänzenden Gipfel des Baumes hinan, auf welchem eben Georg III. thronte. Er bezeichnete die Sprossen mit den Namen: Friedrich, Prinz von Wallis; Georg II.; Georg I.; Sophie von Hannover; Elisabeth, Gemahlin Friedrichs V. von der Pfalz; Jakob I.; Maria, der unglücklichen Königin von Schottland; Heinrich VII. von England; Edmund Tudor; Karl von Richmond bis Owen Tudor, dem Vater dieses Edmund. Dann ging er auch die Reihe englischer Herrscher aus dem Stamme Tudor bis zur großen Elisabeth mit sichern Schritten durch und behauptete, ihm sei dieser Owen Tudor so merkwürdig wie Adam, von dessen übrigen Taten man auch nicht viel wisse, ausgenommen, daß das ganze Menschengeschlecht von ihm abstamme.

Die Walliserin versicherte, daß sie sehr viel von diesem ihrem Vorfahren wisse, der wenigstens schon dadurch vor Adam ausgezeichnet sei, daß er der Schönheit seinen Glanz verdankt habe, während Adam sehr häßlich hätte sein können, ohne daß es aufgefallen wäre, weil er der einzige seiner Art gewesen. «Eine Menge Volkserzählungen knüpfen sich an Owen Tudor», fuhr sie fort; «der Himmel weiß, ob sie alle wahr sind. Aber das ist gewiß, wenn es Tag wird, kommen wir nicht zweihundert Schritt bei seinem ehemaligen Sitze, Plas Penmynidd, vorüber, der jetzt dem Lord Bulkeley gehört.» – «Das ist wohl ein herrliches Gut?» fragte der Alte. – «Es hat nicht volle vierhundert Acker», antwortete das Mädchen, «meist nur Weideland – die Könige sind reichlicher darauf gewachsen als das Gras –, sie tragen etwa 150 Pfund.» – «Ein armer Ritter», sagte der Alte. «Aber wie erzählt denn das Volk, daß er sein Glück machte?» – «Durchs Tanzen», sagte die Walliserin. – «Bitte», rief der Alte, «erzählt uns das, ich hatte meine selige Frau auch beim Tanze kennen gelernt, und wir führten, Gott sei Dank, eine recht glückliche Ehe.»

«Es ist eine lange Geschichte», sagte das Mädchen weiter, «aber die Nächte sind jetzt auch schon lang, und es ist gut, wir erhalten uns munter wegen der Straßenräuber, die hier an der Grenze von Wallis noch immer ihr Wesen treiben. Närrisch ist's, daß der Knabe schon als Kind der kleine König genannt worden ist.» – «Ich bin auch der kleine König», unterbrach sie der Knabe, der auf ihrem Schoße saß, und sie beschwichtigte ihn mit einer Birne. – Dann fuhr sie fort: «Er war der Liebling aller Leute, so stolz und zierlich ging er einher, und eine seltene Schönheit verband sich in ihm mit großer Gutmütigkeit. Aber von seiner Mutter, die eine arme Witwe, wurde er wenig gelobt, weil er nur in Stunden, wo er ganz sicher war, daß niemand vorbeikam, sich der Arbeit im Garten hingeben mochte. In dem Hause galt damals alles eine Verkäuferin, die wohl eigentlich etwas mehr zu sein schien, als wofür sie sich bei manchen Leuten ausgab, aber schlechtweg Sarah genannt wurde und das Land mit ihren Pferden oder auch zu Fuß durchzog und einkaufte. Diese beredete die Mutter, den Knaben geistlich werden zu lassen, weil er nicht arbeiten wolle, und auch zum ritterlichen Leben kein Geld habe; als Geistlicher werde er bei seinem Ansehen schon Glück machen. So wurde er zu einem Oheim Oswestry gebracht, der bei Clynag den heilenden Wasserteich des heiligen Benno als ein Klausner bewachte. Jetzt sieht da alles gar wüst aus; damals aber war es ein schöner kleiner Teich von behauenen Steinen, mit Sitzen eingefaßt; an einer Seite floß das Wasser aus, von der andern kam ihm Zufluß aus einem tiefen Felsenbette, an dessen Ufer in einiger Entfernung die Klause seines Oheims stand. Auch das Grab des Heiligen, das von Lord Newborough ausgegraben und zerstört worden ist, war damals noch wohlerhalten und sehr verehrt. Da beteten die Pilger und gingen dann zum Wasser, wuschen darin ihre

kranken Glieder, und besonders kranke Augen. Wer das Antlitz des Heiligen im Wasser sah, der genas sicher, so meinten die Leute, und dann spendeten sie reichliche Gabe. Da aber seit längerer Zeit der Heilige sich immer seltener sehen ließ, der Kasten des Heiligen, der in der Kirche stand, also viel leerer blieb, auch der Klausner wenig erhielt, so hatte sich dieser entschlossen, selbst das gute Werk zu vollbringen und den Leuten Trost zu geben. Deswegen legte er sich aufs Tauchen, schwamm heimlich aus dem Bache in den Teich und nahete sich der Oberfläche; so faßte jeder Kranke im heiligen Schrecken gute Hoffnung. Aber allmählich wurde ihm dies Geschäft zu sauer; er war froh, den jungen Owen Tudor zu diesem Geschäfte abzurichten, und dieser, der ein Freund aller Leibesübungen, brachte es bald zur höchsten Geschicklichkeit in der Kunst zu tauchen. Waren die Kranken gegen den Winter fortgezogen, so unterrichtete ihn der alte Herr in allen ritterlichen Künsten; er focht mit ihm und tanzte, er lehrte ihn Französisch sprechen und schreiben und sagte ihm, daß er noch große Dinge mit ihm im Sinne habe. Sarah erschien abwechselnd, sprach viel Heimliches mit Oswestry und munterte den Knaben zum Lernen durch allerlei Geschenke auf. Tudor war fleißig und geschickt, er wuchs rasch, und endlich erklärte ihm der Oheim, er gehe jetzt voran nach Frankreich und werde ihn in kurzer Zeit abrufen lassen. Nach einiger Zeit erhielt Tudor durch Sarah einen Brief, daß er zu seiner Mutter gehen möchte, wo er Kleider finden und Abschied nehmen solle. Er war glücklich; es kümmerte ihn wenig, ob die Kranken künftig ihr eignes Gesicht oder das seine im Wasser sehen würden. Aber bei der Mutter war ihm nichts mehr recht; sie war ihm zu grob, zu schlecht gekleidet; er war froh, als ein Brief aus Caernarvon mit einem Paket ankam. Im Briefe meldete Oswestry aus Paris, daß er ihm die Stelle als Page bei der jungen Prinzessin Katharine verschafft habe; ein Schiffer warte auf ihn in Caernarvon; in dem Pakete sei eine anständige Pagenkleidung eingeschlossen. Die Mutter schnitt ihm ein großes Stück Speck von der dicksten Speckseite ab, gab ihm ein großes Brot und drei Küsse auf den Weg. Ein Bettelknabe mußte ihm für ein Riemchen Speck seine wenigen Sachen nachtragen; er stolzierte im neuen Kleide voran und bürstete sich, zum großen Staunen von jenem, alle fünf Minuten Kleider und Schuhe ab. So kam er reinlich zum Marktschiff und befahl in den Busch hinein, daß der Reitknecht seine Pferde sollte langsam nach Hause führen. Die fremden Menschen machten dem schönen Edelknaben mit Hochachtung Platz; er schnurrte ein französisches Lied auf dem Verdecke und schimpfte auf die unbequemen Sitze, als habe er nur aus Laune das gemeine Marktschiff bestiegen. Die jungen Frauenzimmer auf dem Verdecke schienen allmählich lebhafteren Anteil an ihm zu nehmen als an den plumpen Landtölpeln, die ihnen den Hof machten. Die eine soll ihm einen Apfel gereicht und er ihr gnädig geantwortet haben, daß er die Kerne zu ihrem Andenken in seinem Schloßgarten aussäen wolle. Das Aussteigen bei Caernarvon ist wegen des flachen Ufers etwas lästig; die Landenden müssen ziemlich weit über einen schmalen Brettsteig gehen, bei dessen Schwanken mancher in das Wasser daneben gleitet. Das Mädchen, welches ihm den Apfel gereicht, hoffte, er werde ihr den Arm geben; aber zu ihrer

Verwunderung sprang er in seiner Gutmütigkeit einem alten Bettelweibe nach, das eben zum Gelächter aller ins Wasser hinüberzuschwanken schien, faßte sie beim Arme und führte sie glücklich ans Land. Als er sie dort verlassen wollte, redete ihn eine bekannte Stimme aus den Lumpen an. Er blickte unter die Kappe; es war Sarah, die ihn lobte, daß er diese erste Probe so gut bestanden habe. Unbemerkt führte sie ihn durch das Marktgewühl zwischen Schiffbauholz, wo niemand sie sehen konnte als der Bettelknabe, der ihm die Vorräte nachgetragen hatte. Dort sagte sie ihm: ‹ Dein Glück wird dir nie fehlen, wenn du auch am Hofe keinem alten Weibe ohne Freundlichkeit vorbeigehst; sie regieren die Welt, weil ihre Jugendfreunde allmählich durch Veralten zu den höchsten Stellen aufsteigen; eine Höflichkeit von einem jungen Mann macht ihnen mehr Freude als zehen von einem alten. Glaub mir, ich kenne den Hof. Doch dies sei deine zweite Lehre: tue nie, als ob du jemand kennst, der von dir in irgend einer Gestalt oder Maske nicht will gekannt sein; darum halte die Frage, die dir auf der Zunge schwebt, zurück, wer ich eigentlich sei. Genug sei es für dich zu wissen, daß wir Walliser nach Glendowers Tode alle unsre Hoffnungen auf Frankreichs Küste geankert haben. Vier Hofregeln will ich dir noch geben: dich nicht zu schämen, dich nicht zu grämen, dich nicht zu ekeln, dich nicht zu ärgern; dein ist die Welt, wenn sie dir gefällt! Noch eins: verachte nie eine kleine Gabe, du weißt nicht, was sie wert sein kann; aber bemühe dich nur um Großes, so heißen dich die Leute am Hofe großmütig. Darum nimm auch diese Knieschnallen als ein gutes Vorzeichen des hohen Ordens vom Hosenbande an; ich habe jetzt nichts andres dir zu schenken, und dir fehlen sie, weil ich vergaß, sie mit den Kleidern einzupacken. Bewahre sie; es ist ein geheimer Angelhaken in der verbognen Spitze des Herzens[1].›

Owen wollte sich eben schämen, daß er ihr kein Gegengeschenk zu bieten habe, da fiel ihm die Vorschrift ein, und indem er ihr die Hand küßte, dachte er daran, daß er sich nicht ekeln dürfe. Nun zeigte sie ihm das französische Schiff, welches zu seiner Aufnahme bereit sei, und er folgte ihrem Rate, sich nicht zu grämen und zu ärgern, sondern stieg getrost mit seinem Pakete an Bord. Das Schiff hieß *La Belle-France* und war eng und schmutzig; der Schiffer trug papierne Handkrausen und langen Busenstreif ohne Hemde; er rühmte, daß nirgend so gut gegessen werde als bei ihm, denn sein Koch habe in der königlichen Küche gelernt, und setzte den Ankommenden gebratene Froschkeulen vor, und darüber lief der Bettelknabe davon.» –

Der alte Reisende sagte hier auf lateinisch zu dem jüngeren: «Es ist kein Volk so arm, es dünkt sich

[1] So nennt man an einigen Orten das Innere der Schnalle.

doch noch reicher als seine Nachbarn.» – «Hat er über mich gesprochen?» fragte die Walliserin. – «Keineswegs», sagte der Junge; «der alte Herr wird nur immer hungrig, wenn er die Nachtigall singen hört.» – «Hier ist noch ein Stück Pudding», sagte sie, «womit ich den guten Herrn füttern kann, und ein Stück Rinderbraten.» – Das gab eine Diversion*, denn der alte Herr machte wirklich Anstalten zum Essen; er hatte einen ungeheuern Magen, und der Knabe langte in Sorgen mit seinen Händchen dazwischen, ob ihm auch noch etwas bliebe. Zum Glück fuhren wir jetzt bei einem Wirtshause vorbei, wo der alte Herr die Unterstützung seines Magens mächtig erwidern konnte. Es war alles zum Empfang der Postkutsche bereitet, und im Glasschranke auf dem Flur glänzten noch die trefflichsten Not- und Hilfsstücke. Kaum beachtete ich, daß der Wirt erzählte, ein Konstabel sei vor ein paar Stunden bei ihm eingekehrt, der einer Dame nachsetze, die in den Prozeß einer ausgezeichneten Frau verwickelt sei; aber ich bemerkte doch eine gewisse Verlegenheit auf dem Gesichte der Walliserin, als ob sie in irgend einer Art um diese Angelegenheit wisse. Aber beim Glühwein wurde der Gedanke bald vergessen. Der alte Herr brachte die seltsamsten Toasts zur Welt; die Walliserin schien sein Herz mit dem Pudding erobert zu haben.

Als wir wieder in der Kutsche zusammensaßen, flehte er sie um Fortsetzung ihrer Erzählung an.

Sie erzählte weiter: «Als Tudor in Paris angekommen, wurde er in das Haus seines Oheims Oswestry geführt, das sich schon aus der Ferne durch ein ungeheures Wappenschild auszeichnete. Der ehemalige Klausner trat ihm in zierlichem seidnen Wams entgegen und tat, als ob er ihn zum erstenmal sehe, und Tudor wagte nicht, eingedenk der guten Lehren, ihn an ihre alte Vertraulichkeit zu erinnern, wenn sie die Gaben der Pilger eingestrichen hatten. Der vornehme Herr hatte sogar die Frechheit, ihm große Bilder von Plas Penmynidd zu zeigen, als ob dies eines der größten Schlösser der Welt sei. Nachdem er diese Probe bestanden, führte ihn der Oheim zu der Oberhofmeisterin der Prinzessin Katharine. Er hatte ihr die Hand geküßt und blickte auf – es war Sarah. Er hätte ihr um den Hals fallen mögen; aber er dachte ihrer Lehren und schwieg. Die Oberhofmeisterin musterte ihn und sagte, es könne etwas aus ihm werden. Dann führte sie ihn zur Prinzessin, die eben in einem Schäferkleide singend ihr Zimmer durchschritt, einen goldnen Schäferstab in der Hand, ein Lamm am seidnen Bande neben sich führend. Sie hatte sich also zu einem langwierigen Hoffeste gekleidet, das schon seit acht Tagen sich durch die Charaktere eines beliebten Romans mühsam hindurchwand. Sie nickte dem Pagen gleichgültig und schien seiner wenig zu achten. Als aber die Oberhofmeisterin das Zimmer verlassen, fing sie heftig an zu deklamieren und schlug ihm, als wär's von ungefähr, gegen die Schienbeine, daß er hätte schreien mögen. Dann mußte er die Arme ausstrecken, und sie gab ihm in jede Hand einen Teller mit Früchten, schien dies vergessen zu haben, setzte sich an einen Schreibtisch und ließ ihn so stehen, bis ihm die Arme aus Erschöpfung niedersanken. Da fielen ein paar Früchte von den Tellern, und er ward hinausgejagt. Am andern Tage hieß es, die Prinzessin sei nicht recht wohl. Sie empfing auf einem langen Sofa die ehrwürdigen Ärzte mit langen Bärten; diese verschrieben ihr große Gläser voll Arzeneien und empfahlen ihr Ruhe. Kaum waren die Arzeneien zur Prinzessin gebracht, so befahl diese dem Pagen, sie alle auszutrinken. Er gehorchte. Dann befahl sie ihm, mit ihr zu tanzen. Er gehorchte wieder. Die Prinzessin rühmte ihn, sie wolle nie mit einem andern tanzen als mit ihm; aber sie hörte nicht auf zu tanzen, obgleich ihm die Medizin die größten Qualen bereitete und er sich fast für vergiftet hielt. Solcher Streiche werden unzählige von der Prinzessin erzählt. Dabei mußte er ihr oft die Dienste ihrer Kammerjungfer leisten, ihr die beschmutzten Schuhe ausziehen, immer in Sorgen, daß sie die kleinsten Unschicklichkeiten mit Kniffen ihrer hohen Hand strafen möchte. Es war ihm ein betrübtes Leben; besonders auch deswegen, weil die andern Pagen des Hofes die Launen der Prinzessin sehr wohl kannten, weswegen sich keiner zu ihrem Dienste entschlossen hatte. Ließ er seinen Ärger ein wenig merken, so versüßte ihm die Prinzessin seinen Dienst, indem sie Näschereien und Früchte für ihn fallen ließ. Dabei war sein Auskommen nicht glänzend; der Hof war jammervoll knauserig, die meisten Pagen raubten, wo sie konnten, und nahmen Bestechungen an. Bei ihm war dazu keine Gelegenheit; die Oberhofmeisterin übersah alles mit großer Aufmerksamkeit. Wenn die Prinzessin ihn abends mit ihren Cousinen müde getanzt hatte – denn er galt nun einmal für den besten Tänzer –, dann mußte er in der Nacht sein einziges Hemde waschen, daß er am andern Tage wieder reinlich erscheinen konnte. Der Oheim verlachte ihn, wenn er Unterstützung begehrte. Das sei Hofleben, sagte er, er müsse sich daran gewöhnen wie jeder andre. Er hielt sich für sehr unglücklich und sollte bald fühlen, daß er bei aller dieser Not und Quälerei sich sehr glücklich befunden habe. Es zog aber ein Geflüster der sich entwickelnden Parteien, wie der Schnupfen, durch den Hof; eine Hälfte der Hofleute sprach bald nicht mehr mit der andern. Der schwache König, der Dauphin, die Großen des Reichs hatten jede ihre Partei von Schwätzern; die Pagen hieben sich untereinander grimmig auf dem Fechtboden herum. Die Prinzessin nur schien ungestört lustig und rieb mit Balsam die von Rapierhieben gelähmten Finger Tudors. Er konnte am wenigsten aus dem allen klug werden, weil er in der Geschichte von Frankreich noch sehr fremd war. Eines Morgens schrie ihm die Oberhofmeisterin mit entflammten Augen entgegen: ‹Ein Traktat ist zu Troyes geschlossen, ich bleib nicht am Hofe!› – Dabei warf sie ihm das ganze Frühstück an die Erde. Die Prinzessin lief in ihrem Zimmer herum wie ein Eichhörnchen und schrie immer: ‹Ich will den wilden, ausschweifenden König von England nicht heiraten, und wenn er mir zu nahe kommt –›, dabei ging sie mit einer Stecknadel auf den erstaunten Pagen ein und stach ihn, wie es traf. Nun merkte er wohl, daß die Oberhofmeisterin die Prinzessin zur Flucht mit dem Dauphin bereden wollte. Der Prinzessin war alles recht; aber sie konnte nicht mit dem ritterlichen Anzuge fertig werden, den sie sich erfunden hatte. Darüber versäumte sie die Zeit; es wurde verraten; Oswestry und die Oberhofmeisterin waren verschwunden. ‹Nun werde ich den garstigen König doch heiraten müssen›, sagte die Prinzessin und befahl dem Pagen, Lichter zu dem großen Bilde hinzutragen, das an dem Tage aus England angekommen, den königlichen Bräutigam in goldner Rüstung darstellte. Sie betrachtete es eine Weile und seufzte: ‹Ach, wenn er nur nicht noch häßlicher ist als sein Bild.› – Dann befahl sie dem Owen, ein Stück Kreide zu bringen und dem Bilde über die Rüstung einen weißen Schlafrock zu malen und um den Kopf ein weißes Tuch, wie es der schwache

König tragen solle. Als diese Malerei vollendet war, seufzte sie wieder: ‹So wird er aussehen, der bleiche Knochenmann, der Tod, wenn er mich in seine Arme nimmt.› – Owen erwiderte: ‹Es soll aber ein schöner Mann sein.› – Das brachte sie auf; sie gab ihm eine Ohrfeige, und als er nach seinem kleinen Degen griff, gab sie ihm einen Kuß und sprach: ‹Er ist doch nimmermehr so hübsch wie du und tanzt gewiß nicht so gut wie du; ich schaffe dir ein Kriegsheer an und ein Königreich, daß du mich heiraten kannst.› Dabei liefen ihr die Tränen über die Backen, sie ergriff den Pagen und tanzte mit ihm einen unsrer Walliser Tänze, den sie von ihm gelernt hatte. Aber mitten im Tanze blieb das leichte seidne Kleid der Prinzessin an dem Herzen einer der Granatenschnallen hängen, welche ihm die Alte damals so bedeutungsvoll überreicht hatte; wahrscheinlich war es die linke, weil da sein Herz heftig schlug und zu ihr hingezogen wurde. Er wollte die Schnalle lösen; aber sie verhinderte

ihn daran. Und gleichsam als wäre ein Zauber darin gelegt gewesen, der mit diesem Anschlagen der Wünschelrute gehoben worden, so verschwand aller Scherz von ihrem Antlitz. Sie sagte dem Pagen ernst: daß dies ihr letzter froher Tag sei, daß sie getrennt würden, daß sie sich wiedersehen würden, daß sie dieses Anhängen seiner Schnalle als eine Vorbedeutung seiner Anhänglichkeit aufnehme, daß er ihr schwören solle, sich keiner andern Frau zu nahen, sondern ihr treu bleiben bis in den Tod, auch wenn er sie nicht sähe. Er schwur, und wußte kaum, was er sagte; denn erst in diesem Augenblicke war ihm eingefallen, daß er wohl eigentlich die Prinzessin wegen ihrer steten Befehle, Schläge und Scheltworte gar nicht so sehr hasse. Sie fielen einander in die Arme; es gefiel ihm wohl, aber er dachte doch kindisch in sich: Wie lange soll das dauern, nimmt das kein Ende, sie zerdrückt dir den Busenstreif. Diesen Busenstreif rettete der König Heinrich von England, der angekommen war, um sein Königreich und seine Braut zu überraschen und in Empfang zu nehmen.»

«Ja, es war ein unbegreiflicher Traktat, der von Troyes!» unterbrach der alte Herr im Wagen, «obgleich für England sehr vorteilhaft. Wie der Wahnsinn einen König und seine Räte ergreifen konnte, aus Haß ein ganzes Königreich zur Aussteuer zu schenken! Aber auch für England war es in Hinsicht der Folgen ein Glück, daß der Dauphin sich dem Traktate nicht unterwarf. Alles Gute in der Welt geschieht doch nur durch Opposition, nicht durch Einsicht; darum bleibe ich bis an mein Ende bei der Opposition.» – «Brav gesprochen», rief der schweigsame Presbyterianer; «aber wir müssen doch hören, wie es dem Tudor weiter ergangen.»

Die Walliserin fuhr fort: «Zum Glück für beide stand das große Bild gerade vor der Türe, als der kriegerische König von England mit klirrenden Sporen und dräuender Rüstung in den Saal trat. Der Page sprang nieder, als ob er einige herabgefallene Blumen aufhebe, die Prinzessin aber trat mit Heftigkeit dem Ankommenden entgegen, daß ihr Oberkleid, ein Mantel, der an der Schnalle noch festhing, ihr von der Schulter fiel und sie um so reizender im leichten Unterkleide dem Könige erschien, je weniger sie ihm in dem Augenblicke gefallen wollte. Er beachtete auch bei der eigentümlichen, etwas spöttischen brünetten Schönheit wenig, was umher vorgegangen; er packte sie an wie ein Bär, und drückte sie an sein verpanzertes Herz, daß sie von der Kälte des Stahls ein Fieberschauer anzuwandeln schien. Sie hätte ihm gern eine Ohrfeige gegeben, aber der stolze englische Held meinte, daß sie unendlich verliebt in ihn sei. Er beschaute endlich sein mit Kreide bemaltes Bild, und da er durch seine frühere Lebensweise keine sonderliche Achtung für das weibliche Geschlecht empfangen hatte, so mochte er es auf ihre Wünsche für das häusliche Leben deuten, legte auch seine Waffen ab, machte es sich häuslich bequem und schwur, daß er seine Hochzeit schon am nächsten Tage feiern wolle. Der Page mußte das alles in demütiger Entfernung anhören und bei sich denken: Wenn du ihn auch ritterlich bekämpftest, sie würde darum doch nicht dein! Am nächsten Tage wurde er nebst der andern Dienerschaft reichlich beschenkt entlassen, um der englischen Dienerschaft keine Ursache zu Streit und Eifersucht zu

geben. Der Gram ergriff ihn, er meinte nicht leben zu können, ohne die Prinzessin zu sehen, und rüstete sich, um die Last einer öden Zeit von sich zu wälzen. Aber die Last war zu schwer, er verfiel in eine harte Krankheit. Der Geistliche, welcher zu ihm gesandt worden, glich seinem Oheim, aber er durfte es ihm nicht sagen. Jener regte sein Gewissen an, ob er nicht einen heiligen Beruf an der Wunderquelle verlassen, um sich der schnöden Weltlust zu ergeben; er machte es ihm zur Pflicht, wenn er genesen sollte, dahin zurückzukehren und ließ ihm ein härenes Gewand zurück. Als der Page genesen, folgte er seinem Gelübde und zog in seinem Pilgerkleide an Bennos Quelle nach Clynag zurück, die jetzt, nachdem das Wunder des heiligen Gesichts so lange ausgeblieben, etwas verlassener war.»

Der Presbyterianer unterbrach hier die Erzählung, indem er mit einiger Besorgnis fragte: «Was Teufel sind das für zwei Reiter, der eine auf dem Schimmel, der andre auf dem braunen Weißfuß? Sie sind schon zweimal an uns vorbeigeritten.» – «Haben wir Waffen?» fragte der junge Schriftsteller. – Der Alte holte ein Pistol aus seiner Tasche, bedauerte aber, daß er es vor ein paar Tagen wegen eines merkwürdigen Widerhalls abgeschossen und nicht wieder geladen habe. Es fand sich, wie gewöhnlich bei solchen Gelegenheiten, daß die Nachlässigkeit der Menschen weit größer ist als ihre Vorsorge. Jeder Widerstand wäre unmöglich gewesen;

es suchte nur jeder seine Banknoten, wie er am besten vermochte, in den Stiefeln oder wo sonst zu verstecken. Gleich darauf jagten die Reiter wieder vorüber und befahlen dem Kutscher still zu halten. Wir mußten das Fenster niederlassen. Eine ernste und feste Stimme fragte: ob nicht eine junge Dame in einem schwarzen Samtmantel mit einer Spitzenhaube in den Wagen gestiegen sei. Wir erklärten mit Aufrichtigkeit, eine solche Dame sei uns auf dem Wege nirgends begegnet. Die Walliserin aber sagte mit einer weichen, verstellten Stimme, die ich dem Schrecken zuschrieb: sie habe ein solches Frauenzimmer in dem Wirtshause gesehen, wo wir zu Abend gegessen; sie hätte die Nacht da zubringen wollen. Die Reiter dankten für die Nachricht und jagten zurück. «Gewiß eine Entführte», sagte der jüngere Reisende, «ein unglückliches Opfer; ich hätte sie nicht verraten können!» – «Ich habe sie auch nicht verraten», sagte die Walliserin, «vielmehr habe ich die Herren in den April geschickt; ich habe keine solche Frau gesehen.» – Die weibliche List wurde von allen bewundert, und wie die Frauen gleich füreinander Partei nähmen, ohne sich zu kennen. Der Kutscher rief in den Wagen, ob wir wohl die Leute gekannt hätten; der eine sei ein Konstabel gewesen aus London; es müsse an dem Frauenzimmer sehr viel gelegen sein, das er suche: er habe ihm ein paar Pfund für sichere Auskunft geboten.

Nachdem dies Gespräch erschöpft war, kamen wir wieder auf den Tudor. Wir baten die Walliserin fortzufahren. «Da saß nun Tudor», fuhr sie fort, «wie ehemals an der Quelle und hatte mit dem Jahre Abwesenheit nichts gewonnen als ein Paar Knieschnallen und eine schmerzliche Erinnerung. Die Leute sagten ihm wohl, daß er schön geworden, reichliche Opfer füllten den Opferstock bei seiner Klause, allmählich ließ er den Leuten auch wieder das Wundergesicht sehen, damit es nicht auf einmal zu sehr auffiel, wenn sich dies wieder allen zeigte; aber es wurde Winter, die Quelle fror zu, die Reisenden blieben aus, und er mußte sich auf das Singen legen, um sich mit sich selbst zu unterhalten. So entstand manches Lied, das noch jetzt bei uns gesungen wird; aber keiner von den Herren versteht das Wälische.» – «Ich will es übersetzen», sagte der Alte; «wenigstens weiß ich genug, um den Sinn im allgemeinen zu fassen.» Sie sang, der Alte übersetzte dazwischen, und es klang wie im Schauspiele, wenn ein Spieler ohne Gedächtnis und dabei harthörig ist; die Stimme des Souffleurs tritt da, gleich der Rede beim Melodrama, zwischen jeden Satz, störend und doch notwendig.

«Nun die heil'gen Quellen stocken,
Fließen schelmische Gedanken,
Und die bösen Geister locken
In des Herzens enge Schranken:
Und sie heizen wacker ein,
Und ich kann kein Heil'ger sein.

O ihr schelmischen Gedanken,
Weihrauch kann euch nicht verhüllen.
Und was hilft's mit euch zu zanken?
Ihr behaltet recht im stillen.
Eure süße Möglichkeit
Gibt mir schon die Frühlingszeit.

Blütenlauben, Lustgedanken
Mir den Himmel schon verschließen
Mit den reichen grünen Ranken,
Mit den Farben, die mich grüßen
Und wie rote Lippen prangen;
Doch in Blüten lauern Schlangen!

Hier noch ein andres Lied, voll Erinnerung aus seiner Pagenzeit.

Zarter Stab der stolzen Schäferin,
Die mich früh zu ihrem Ritter schlug,
Zepter meiner kleinen Königin,
Der mich einst umsaust wie Adlerflug,
Ach jetzt sehn ich mich nach deinen Schlägen
Wie die Flur nach Donnerschlag und Regen.

Als ich einst im Vorsaal ruhig schlief,
Goß sie über mich ein Wasserglas
Und dann eilig aus dem Zimmer lief,
Daß ich fluchte, weil mir kalt und naß,
Bis mir einfiel, wer die Taufe schenkte;
Da schien Himmelstau, was mich erst kränkte.

Abends trug ich einst ihr Kerzen vor
Und sie blies mir beide heimlich aus,
Schalt mich dann; ich widersprach, ich Tor,
Und sie schlug mich mit dem Blumenstrauß,
Stolperte und fiel dann auf mich nieder,
Und ich dachte: Nun, da straft sich's wieder.

Ach wie straf ich mich, ich war so blind,
Daß ich nie mein gutes Glück erkannt!
Sie war heftig, und ich war ein Kind,
Ja, ich weinte, weil ich's nicht verstand;
Setzte sie den Stuhl auf meine Füße;
Dacht' ich nicht, das sind Prinzessin-Grüße.

Katharina war als Königin von England nicht glücklicher in der Mitte ihres Hofstaats als der arme Tudor mitten im Schnee. Ihr Gemahl, der stolze König Heinrich, hatte in seiner ausschweifenden Jugendzeit zu viel geliebt, als daß er sich ihr mit dauernder Liebe hätte hingeben können. Er nahm ihre Jugendschönheit, wie eine Trophäe, mit Stolz hin; aber jede Stadt, die er einnahm, bot ihm neue Trophäen der Art. Auch war der Traktat von Troyes nur zur Hälfte in Erfüllung gegangen, darum glaubte er sich auch nur zur halben Dankbarkeit verpflichtet. Es kam zu Vorwürfen, und die Königin, welche seine gegenwärtigen Verbindungen nicht kannte, spottete immer über jenes verachtete Dortchen, von der uns noch Shakespeare einige Nachrichten hinterlassen hat*.»

Der Presbyterianer flüsterte mir in diesem Augenblicke zu: «Was weiß ein Walliser Dienstmädchen von Shakespeare; die ist gewiß nicht, wofür sie sich ausgibt, und ich müßte mich sehr irren, wenn ich nicht unter dem roten Mantel jenen schwarzsamtnen bemerkt hätte, nach welchem der Konstabel so sorglich fragte.»

Die Walliserin erzählte unterdessen weiter: «Der König rühmte dieses Dortchen, und die Königin, um ihn zu ärgern, rühmte einen Pagen, den sie gerade damals vor dem Bilde des Königs geküßt habe, als dieser hereingetreten. Das ärgerte und reizte den König; er wollte den Pagen entdecken;

es entstand eine Art Eifersucht, eine Zerrerei, die den Anschein der Liebe hatte. Die Königin hatte ihm auf solche Weise mit ihrem Mutwillen manche ärgerliche Stunde bereitet. Als daher der König unerwartet, mitten im Laufe seiner glänzenden Bahn, von Krankheit niedergeworfen wurde, als er starb, da machte sie sich bittere Vorwürfe, als ob sie sein Leben verkümmert habe, und überließ sich ebenso unbesonnen ihrem Schmerz und schweren Büßungen. Ob sie dadurch besser geworden, bleibt ungewiß, aber ihre Gesundheit verschlimmerte sich, und das Weinen verdarb ihre Augen. Da kam eines Tages die alte Oberhofmeisterin mit dem Ritter Oswestry in ihr Schloß, erzählte ihr, daß sie die Sache des Dauphins aufgegeben hätten, miteinander vermählt wären und ihre alten Tage in ihrer Nähe zubringen wollten. Die Königin war sehr erfreut von ihrer Anhänglichkeit; sie klagte über ihre Augen und fragte nach Tudor. Sarah wollte von dem schönen Pagen nichts wissen, denn sie fürchtete die Geschwätzigkeit, mit der die Königin ihren Kammerfrauen alles vertraute; aber sie riet ihr, das Wasser und das Wundergesicht in Wallis zu brauchen. Nach einiger Zeit entschloß sich die Königin dazu, als in den lieblichen Maientagen ihr Schmerz in unzähligen Tränen ausströmte. Sarah übernahm es mit Oswestry, für die Bequemlichkeit der Königin in unserm damals noch von der englischen Brandfackel rauchenden Lande zu sorgen, und reiste voraus. Zuerst besuchte sie Owens alte Mutter, um diese zu bereden, sich ein würdiges, großes Ansehen zu geben. Die alte, geradsinnige Frau, die aber ihr lebelang in dem Garten gewietet, gehackt, gegraben und ihre Kühe gemolken hatte, wollte von dem Glanze ihres Hauses nichts wissen: wenn die Königin käme, wolle sie ihre paar Worte auch schon zu setzen wissen, mehr sei nicht nötig, und an ihrem Jungen habe sie ein Beispiel, daß beim Hofleben nichts zu erwerben sei. Sie begab sich also zu Tudor, der eben sein Heiligenkleid trocknete, welches, mit einem Schwimmgürtel versehen, ihm das Tauchen erleichterte. Sie fragte ihn, wie es gehe. Er raufte sein Haar und sagte, daß er verzweifeln müßte in seiner Lebensweise, wenn er nicht zuweilen den Trost hätte, unglücklich Leidende durch sein Erscheinen im Teiche zu neuer Hoffnung zu wecken und manche in dieser neuen Lebensanregung zu heilen. Sie ermunterte ihn, jetzt mächtigere Hoffnungen selbst zu fassen; er solle versuchen, ob ihn die Königin liebe, ob er sich durch ihre Liebe an die Spitze aller Parteien stellen könne, die England zerrissen, und auf diesem Wege England und Wallis durch ein neues Königsgeschlecht, das er begründe, miteinander versöhnen könne; denn sie habe nun einsehen lernen, daß Wallis und Frankreich auf ewig durch die tiefe Meereskluft voneinander geschieden wären. – Er ließ sich dieses alles wohl dreimal sagen, ehe er nur wußte, was sie wollte, dann aber schwindelte ihm fast vor Entzücken. Er herzte die gute Sarah, er tanzte umher vor der Klause, so daß die Kinder auf ihn die Spottreime machten:

‹Da droben am Hügel,
Wo die Nachtigall singt,
Da tanzt der Einsiedel,
Daß die Kutt' in die Höhe springt.›

Und als er sogar die Alte in seiner Walliser Begeisterung mit ergriffen und beim Weggehen bei der Kapelle im Tanze geschwenkt hatte, sangen die Kinder:

‹Da drunten am Brunnen
Bei seiner Kapell',
Da ist er gesprungen
Mit seiner Mariell.›

So sind wir nun einmal in Freude und Leid; da übernimmt uns die Hitze, und wir verlieren, verschwenden in einer Stunde, was wir in Jahren bewahrt, gesammelt, erworben haben. Hätten wir englisch Blut, da stünde es mit uns besser.» Der Presbyterianer stieß mich bei diesen Worten der Walliserin mit dem Knie an und wies auf den Knaben, dessen herrliche Züge von dem Monde im Schlafe eben beschienen wurden; dann sagte er leise: «Englisch Blut, in Wallis eingeschwärzt!»

Die Walliserin fuhr nun fort zu berichten, mit welchem Eifer sich Tudor im Tauchen und Schwimmen vervollkommnet habe, um jeder Entdeckung vorzubeugen, wenn er sich der Königin nahte, um sie auf die Probe zu stellen, ob sie ihn noch liebe. «Er befestigte ein Paar Leitersprossen unter dem Wasser, um seiner Bewegung ganz gewiß zu sein. Auch schaffte er sich von den reichlichen Spenden der Pilger ein neues, glänzend weißes Kleid an, wie der in der Kapelle gemalte

Heilige trug, und nähte es sich selbst, welche Kunst er als Page aus Not, um seine Kleider hofmäßig zu erhalten, gelernt hatte.

Endlich ward die nahe Ankunft der verwitweten Königin der Gegend bekannt, zog aber wenig Pilger herbei, denn man war allen Englischen abgeneigt. Die aber kamen, wurden noch durch die englischen Ritter vom Hosenbande entfernt, welche zur Sicherheit ihrer Königin vorausgezogen waren. Tudor erregte keinen Verdacht; auch war er notwendig zur Reinigung des Teiches und der Sitze und zum Bestreuen derselben mit Blumen. Endlich sah er aus seiner Klause mit klopfendem Herzen den prachtvollen Zug der englischen Ritter, welche die Königin umgaben, den Schlangenpfad am Berge herabreiten. Die Königin saß schwarz verschleiert auf einem getigerten Pferde; auf ihrer Hand trug sie einen Falken, dessen Kappe gleiche Farben zeigte wie Tudors Pagenkleidung, nämlich rot und blau. Als sie sich dem Brunnen näherte, nahm sie dem Falken spielend die Kappe ab, und dieser zur Vergeltung zerrte ihr wieder den Schleier herunter, daß Owen beide Hände vor die Augen legte und seufzte: ‹Sie ist noch schöner geworden! Wie frisch, wie voll! Englands Luft hat die magre Kost Frankreichs überwunden. Sie ist auch größer geworden, das seh ich, nun sie abgestiegen, an dem Ritter Blason, der mit dem Könige Heinrich damals ins Zimmer trat. Nun macht sie Kunststücke mit dem Tiger; er muß den Fuß aufheben, er spielt mit dem goldenen Gebisse! – Au weh, die Bestie beißt die Königin! – Nein, sie lacht, er hat sie nur ein wenig gekniffen; sie muß ihn schon kennen. Er mag ihr jetzt lieber sein als ihr treuer Page! Wie nennt sie ihn? Ihren Owen, ihren süßen Owen, und wie zärtlich küßt sie seine fleischfarbenen Nüstern! O du lieber, einziger Knabe, sagt sie!› – Was wollen wir ihn weiter anhören. Die Liebe hat ein ewig Einerlei und möchte auch nur ewig sein, um immer so einerlei zu bleiben. Diese Reden hatten dem frommen Owen alles Zutrauen zurückgegeben, und wie sie erst jetzt etwas alles Ausschließendes in seinem Herzen geworden, so glaubte er auch in ihr zu einem Throne gelangt zu sein. Nun sah er das Zelt der Königin, rot mit Gold verziert, in seiner Nähe aufschlagen; er sah, wie sich die Ritter auf den fernen Hügeln zu regelmäßigen Wachtposten zerstreuten. Die Königin ging dann an seiner Schwelle vorüber, legte ein Almosen darauf und bückte sich dabei so anmutig, daß er es nicht unterlassen konnte, mit den Rosenblättern, die er über die Tür ausstreute, ihr Kopf und Brust zu röten. Dann aber eilte sie mit ihrem Falken ganz allein zum Brunnen, warf ihre goldnen Schuhe ab und zog die seidnen Strümpfe aus, um mit dem Fuße die Kühlung des Wassers zu prüfen, während der Klausner schon hinter dem Felsen nach ihr hinblickte. Sie erschrak aber vor der kühlen Welle und begnügte sich, ihre Augen mit dem Wasser zu erfrischen, das sie mit beiden Händen sorgsam emporhob. Jetzt sah er deutlich den verhaßten Ring ihres verstorbenen Gemahls und beschloß, sein erstes Kunststück zu machen, indem er eintauchte und, als sie wieder im Wasser mit der Hand spielte, ihr den Ring so leise vom Finger zog, als ob es ein Schilfhalm getan, der sich emporgehoben. Sie bemerkte nicht einmal den Verlust, sondern neckte sich mit dem Falken, dem sie einmal nach dem andern mit der Hand über die Augen spritzte, die er dann kopfschüttelnd mit weißem Augenlide schloß. Erst nach einer Weile, als sie des Spieles überdrüssig, bemerkte sie den Verlust des Ringes, betrübte sich und rief: ‹Ach wenn ich ihn nie hätte an den Finger stecken müssen, so hätte ich ihn jetzt nicht verlieren können! Was werden aber die Engländer sagen, wenn ich ihn nicht mehr trage? Heiliger Benno, hilf mir!› – Diesen Worten konnte Owen nicht widerstehen; er hielt den Ring in seinem Munde und legte sein Antlitz an die Oberfläche des Wassers, wo es sich mit ihrem spiegelnden Abbilde berührte. Die Königin zitterte und sprach leise und verstört: ‹Heiliger Owen, heiliger Benno, dein Bild küßt mein Bild im Wasser, darum bewahre den Ring, als ob ich dir vermählt wäre! O wie ähnlich bist du dem, den ich wohl nimmer wiedersehe!› – Owen konnte sich nicht länger zurückhalten, er wollte sprechen, ihr seine List bekennen, als der Falke, sei es aus Eifersucht oder aus Spiellust, nach ihm hinflatterte und ihm sicher ein Auge oder den Ring entrissen hätte, wenn nicht Owen schnell sich umgedreht und ihm sein gelocktes Haupthaar preisgegeben hätte. Da schlug der Falke seine Krallen ein; aber es war sehr dicht, auch mußte er es bald fahren lassen, weil der geschickte Taucher den Vogel mit sich in die Tiefe gezogen hätte. Da kam dieser zur Königin zurück, als ob er etwas Gutes vollbracht hätte. Sie aber, die das vom Wasser struppige Haar des Schwimmers im Schreck für eine Verwandlung hielt, schlug ihn mit der Reitgerte und rief: ‹Schändlicher, du sollst mit dem Leben für deinen Frevel büßen! Sahst du nicht, wie das Angesicht des Heiligen sich bei deiner Wildheit in ein Untier verwandelte, das seine Stacheln dir entgegenstreckte? Sicher hast du meinen Ring verschluckt.› Sie rief ihre englische Kammerfrau Klarisse, die ihr schon vom verstorbenen Könige als Sittenwächterin zugegeben war, und übergab ihr den Falken, daß sie ihn schlachten lasse, weil er den Ring, das schönste Zeichen einer Witwe, verschlungen habe.

Die Königin hatte inzwischen der Kammerfrau zugleich ihre Erscheinung berichtet und wie sie nun schon ihre Augen gestärkt fühle. Letztere bat die Königin, noch einen Tag zu weilen, damit auch sie eine Stärkung für ihre schwachen Augen empfangen möchte, nachdem sie den ersten Tag aus

Unglauben versäumt hatte. Die Königin begleitete die Kammerfrau am nächsten Morgen nach dem Teiche. Alles war schon zur Abreise geordnet, denn ein solcher Blick war nach dem Glauben der Zeit so genügend wie jetzt eine ganze Badezeit in Bath. Owen konnte es sich nicht versagen, wieder nach dem Teiche zu schwimmen, was ihm auch bei dem ruhigen Anschauen der alten Kammerfrau bevorstehen möchte. Aber zum Glücke schien die Sonne sehr hell, und wo die Kammerfrau stand, schien alles eine Glanzbewegung im leichten Winde, das Auftauchen Owens aber, um Luft zu schöpfen, schien ihr die Bewegung eines Fisches zu sein. Klarisse setzte sich ruhig hin, um auf das Erscheinen des gerühmten Antlitzes zu warten, während die Königin geduldlos umherlief, auch dreister, durch die Gewohnheit, zu den ersten Stufen der im Wasser liegenden Steine heruntertrat und sich an ihrem schwankenden Gange im Wasser erfreute. Bald trieb sie ihr Spiel weiter, sprach mit ihrem Bilde an der Oberfläche und gab ihm einen Kuß. Aber zu ihrem Staunen erhielt sie einen wirklichen Kuß zurück. In ihrer lustigen Tollheit rief sie zur Kammerfrau: ‹Sieh, sieh, ein großer Fisch, der mich anbeißen wollte, wie einen Regenwurm am Angelhaken; den muß ich fangen!› – Ohne ihres gestickten feinen Kleides und ihres goldnen Gürtels zu achten, noch der Gefahr, daß der kleine Teich ihren Füßen zu tief sein möchte, schritt sie hinein, als wäre es eine Badewanne, und griff in das getrübte Wasser, wo sie den Fisch noch zu sehen glaubte. Die Kammerjungfer war eigentlich recht neugierig auf den Fischfang, ob sie gleich so ein Wort fallen ließ, als ob eine Königin dafür ihre Leute habe; um so größer war aber ihr Schrecken, als die Königin in dem Wasser mit einem leichten Schrei nach Hilfe verschwand, die blendende Welle über ihr zusammenwirbelte und sich nicht wieder auftat, sie emporzuheben. Die gute Dame lief, im Verlangen, der Königin nachzuspringen, doch ohne Mut dazu, mit Jammergeschrei am Teiche umher. ‹Ach, Ihro Majestät›, rief sie, ‹machen Sie keinen Ihrer alten Späße, mit denen Sie mich so oft erschreckt haben; es dauert zu lange, Sie ersticken, Sie sind verloren!› Die Ritter standen zu entfernt vom Brunnen, als daß ihr Geschrei sie hätte erreichen können. Aber Owen kam nach einiger Zeit aus seiner Klause und tröstete jene, indem er versicherte, dies sei eine hohe Stufe von Glück, wen der Wundermann Benno in voraus mit dem Jenseits bekannt mache, wonach Tausende vergebens blickten; sicher führe sie derselbe auch hieher zurück, sie möchte nur an dem Brunnen ausharren, er wolle über solche Geschichten seine alten Brunnenbücher in der Klause befragen. Aber Klarisse verschmähte allen Trost; sie versammelte bald Leute, die mit Stangen den Teich durchsuchten. Natürlich vergebens – denn die Königin saß unterdessen in Owens Pagenkleidung an dem Feuer seines Herdes und trocknete ihre königlichen Kleider. Owen hatte sie ohne Willen und Absicht, als sie sich so unbesonnen in das tiefe Wasser herabließ, unter demselben fort nach der Felsenecke getragen, wo der Bach in den Teich floß, und hinter demselben unbemerkt zu seiner Klause. Sie war nur einen Augenblick betäubt gewesen und hatte ihn dann mit seligen Augen angeblickt; so hatte er sie vorher verlassen, als er der Kammerfrau zueilte, um keinen Verdacht zu erwecken.

Erst jetzt konnte er sich der Königin, die ungeduldig seiner Rückkehr in der Hütte gewartet hatte, erklären. Die Erzählung war bald vorüber, aber die gegenseitige Freude aneinander wuchs immer höher; beide standen in der höchsten Blüte ihrer Schönheit, und in diesem innigen Gefühle, den Gipfel erreicht zu haben, erweckte ihnen die heilige Umgebung, zu der auch Owens Gewand und Lockenbart zu gehören schien, einen leisen Schauder und Furcht vor der Zukunft. Aber die Tür war verschlossen und die Welt von ihnen getrennt, und die Königin glaubte seinen Worten, wie er Wallis und England durch eine Verbindung mit ihr vereinen, sich an die Spitze der Parteien setzen und ihr die Herrschaft sichern wolle, alles wie es ihm Sarah vorgesagt; denn ihm selbst kamen dergleichen Weitläufigkeiten nicht leicht in den Kopf. Sie fragte nach seinem Rittersitze Plas Penmynidd, und er rühmte es als einen glücklichen Wohnsitz vertraulicher Liebe, erzählte von den schönen Aussichten daselbst, von dem frischen Grün und von den Felsenhöhlen am Wasserfall. Sie ließ sich den Weg dahin genau beschreiben; er gab ihr an, wie die Wege an der Mühle sich trennten, dann rechts bis zur Brücke, von da links bis zur Überfahrt fortliefen, und wo von dem Kreuze an der Höhe das Schloß gesehen werden könne; dann beschrieb er ihr alles im Schlosse, die Mutter und ihre Haushaltung. Sie sprach: ‹Es ist genug, du bringst mich heimlich wieder zum Teiche, ziehst heimlich nach Plas Penmynidd, während alle über meine Rückkehr aus dem Wasser staunen, bestellst einen Geistlichen zu der Kapelle und erwartest mich dort in der Rüstung deines Vaters mit geschlossenem Visier.›

Unter Zärtlichkeit und Gesprächen war die Nacht schlaflos vergangen. Sie sahen deutlich in der ersten Morgendämmerung, daß die Ritter, des vergeblichen Suchens überdrüssig, in ihre Mäntel gehüllt, sich zur Ruhe gelegt hatten. Nun warf die Königin schnell das getrocknete Kleid über und legte den goldnen Gürtel an. Nach zögerndem Abschiede trug sie der Klausner leise durch das Felsenbette des Baches und stellte sie unbemerkt auf die Sprossen im Teiche, indem er ihr Gewand vorsichtig gegen jede Durchnässung schützte. Als er nach der Klause zurückgekehrt war, stellte er seine Lampe, wie er verabredet hatte, unter das Strohdach derselben und eilte, von dem Halbdunkel gedeckt, zu dem Pfade nach der Heimat. Als er die Höhe erreicht hatte, weckte die Königin ihre Ritter mit einem Morgenliede:

‹*Meint ihr, Sterne löschen aus,*
Wenn der Morgen strahlt ins Haus?
Höher spielen Herzensflammen
In der lichten Morgenblendung,
Und sie schmelzen dann zusammen
Die getrennt durch Himmelswendung,
Die von ferne sich nur schauten,
Zu Vertrauten.

Meint ihr, Lampen löschen aus,
Wenn die Sonne strahlt ins Haus?
Freier flammt das Herz im Morgen,
Wie die Lampe, die vergessen,
Weil sie in dem Licht verborgen,
Dach und Haus entflammt vermessen;
Ach, dann werdet ihr sie sehen,
Wenn's geschehen.›

Die Ritter fingen an sich zu regen und rieben sich die Augen. Die Königin sang scherzend weiter:

‹*Wachet, ihr Treuen,*
Ich bin zurück!

Euch zu erfreuen,
Winket das Glück,
Winkt mit den Fahnen
Droben am Tor;
Goldene Bahnen
Zeichnet es vor,
Reißet den Schleier,
Der mich umwand,
Zeigt mir den Freier
Hier in dem Land.›

Die Ritter konnten gar nicht recht zur Besinnung kommen, sie bekreuzigten ihre Stirnen und wollten erst nicht glauben, daß die Königin lebe. Aber die Wirklichkeit läßt sich nur von der Tollheit abweisen. Sie hatten den Glauben in ihren Händen, als sie die Königin auf ihren Speeren, wie auf einer Brücke, von den Sprossen im Wasser an den Rand des Teiches hinüberführten. Es kam die Kammerfrau und staunte, das Kleid der Königin trocken zu finden. Die Königin war in der einen Nacht allen so fremd und wunderbar geworden, als ob sie ein paar Jahrhunderte in einem Berge verzaubert geruht hätte. – ‹Ach, wo bin ich gewesen›, antwortete sie den Fragenden, ‹nun kann es mir nirgends mehr gefallen! Welch ein himmlisches Jahr war das!› – ‹Ein Jahr?› rief die Kammerfrau; ‹ein Tag war es, eigentlich nur eine Nacht. Das lohnt noch heilig zu sein; ärmlich ist dagegen aller Plunder auf

Erden.› – ‹Waret Ihr im Himmel, und auf welchem Wege seid Ihr zurückgekommen?› fragte ein Ritter. – ‹Nicht eigentlich im Himmel›, antwortete die Königin, ‹aber doch in der Vorhalle zu ihm. Der Heilige führte mich dahin, um mir gute Lehren zu geben und mich über mein künftig Schicksal zu unterrichten. Er trug mich durch das Wasser, die Erde spaltete sich; aber wohin er mich getragen – aufwärts oder niederwärts –, kann ich nicht sagen. Einen andern Weg gingen wir zurück; die flüssigen Wasserwellen standen wie gefroren zu beiden Seiten; so blieb mein Kleid unbenetzt, und ich begrüßte die Welt wieder auf Stufen, die im Wasser fest standen.› – Die Ritter hatten die Stufen schon gestern beim Durchsuchen des Wassers bemerkt; aber eine Öffnung war nirgends zu erforschen. – ‹Alle Bemühung ist vergebens›, sagte die Königin; ‹denn der Felsgrund öffnet sich nicht jedes Willen.› Und nun berichtete sie ihnen, wie in jenem Vorhimmel von den Verstorbenen alles in voraus versucht werde, was auf der Erde geschehen solle, und jeder suche die Seinen dabei zu schützen; vieles, was in der Absicht der Menschen ganz vernünftig liege, werde da in voraus geändert und dann auf Erden gehindert, weil es sich in der Erfahrung dieser Probewelt als verderblich gezeigt habe, und manches, was in einem Jahre noch ohne Sinn und zwecklos scheine, erhalte seinen Sinn im folgenden, wie das edle Gewürz des Kümmels auch erst im zweiten Jahre seine heilenden kräftigen Körner trage. Jeder›, fuhr sie fort, ‹spreche da für die Seinen, aber mehr sei ihm nicht erlaubt; oft müßten Eltern ihre geliebten Kinder in ihrer Laufbahn zu stören raten, damit sie nicht dem Verderben ihrer Seele zueilten. Zuweilen erscheine der Rat jener liebenden Toten in Zeichen und warnenden Träumen. Ihr sei auch das Glück geworden, durch Zeichen zu vernehmen, wohin sie sich wenden müsse. Und nun erzählte sie von dem Wege bis zur Mühle, von der Brücke, von der Überfahrt, von dem Kreuze, wie das Schloß aussehe und die alte Mutter darin, die an einem kostbaren Tische sitze und Gesottnes und Gebratnes esse, bewacht von zwei Wächtern und sechs Paar Bewaffneten, und so weit sie sehen könne, sei das Land unter ihr. In der Kapelle stehe aber der Sohn in seiner Rüstung und erwarte die Braut, die ihm ein Traum verheißen; und diese Braut werde *sie* sein, und der Kapellan werde sie einsegnen.

Die Ritter waren nun einmal ins Land der Märchen versetzt; sie hätten ohne weitere Zeichen an alles geglaubt und wären der Königin gefolgt. Aber sie gab ihnen noch *dies* Zeichen: die Klause in ihrer Nähe werde in Flammen aufgehen, nachdem der Klausner gestern, aus Verzweiflung über ihren vermeinten Tod, in das wilde Gebirge entflohen sei. Schon wirbelte Flamme und Rauch durch das Strohdach; die Ritter retteten nicht, sondern zogen mit der Königin auf dem bezeichneten Wege der Mühle zu. Sie fanden, ohne zu irren, Mühle, Brücke, Überfahrt, Kreuz und Schloß. Am Tore rief der geachtete Ritter Blason hocherfreut: ‹ Dies Schloß gehört einem aus meinem Stammbaume, das erkenne ich an dem Rindsknochen, der hier vor dem Schilde befestigt ist. Dies ist eins der ältesten Häuser unter meinen Ahnen, und wir konnten bisher nicht entdecken, wo sein eigentlicher Stammsitz gewesen. Sei mir gegrüßt, du heiliger Überrest meiner Vorfahren! › – Die Königin benutzte diesen glücklichen Zufall, von Owen Glendower und Kadwallader als Stammvätern dieses Hauses zu sprechen, während sie heimlich lachte, daß jener den Klöppel, womit man, in Ermangelung einer Glocke, zum Gottesdienst in der Kapelle einlud, indem damit gegen das Brett geschlagen wurde, für ein Stück seines Wappens und seiner Vorfahren genommen. Sie stiegen am Tore ab, koppelten ihre Pferde zusammen und gingen, geführt von der Königin, in das Schloß. Im gewölbten Saale fanden sie die alte Mutter, die auf ihren Knien, nach Gewohnheit, gesottne und gebratne Äpfel aß und gleichgültig gegen alle Ehrenbezeugungen den Ankommenden erklärte: ihr Sohn sei ein Narr geworden und erwarte eine Braut, die er nie gesehen, von der er nur geträumt habe, bei brennenden Kerzen in der Kapelle. Die Ritter erkundigten sich nach den Umständen der Alten; sie erklärte,

daß es ihr größtes Glück sei, sich nicht in andern Verhältnissen zu befinden; sie nähme keine tausend Pfund für ihren Tisch (sie meinte ihre Knie), er sei besetzt mit Gekochtem und Gebratnem (sie meinte die Äpfel); sechs männliche und sechs weibliche Dienstboten stünden mit doppelter Bewaffnung immer bereit in ihrem Vorhause (sie meinte ihre sechs Ochsen und sechs Kühe mit ihren Hörnern); auch habe sie zwei Schloßwächter mit Sporen, deren Wachsamkeit sie vertrauen könne und die schon manchen blutigen Kampf gestritten (sie meinte die beiden ritterlichen Haushähne), ja so weit sie sehen könne, sei das Land unter ihr (das konnte sie sagen, denn das Schloß hat die Aussicht über das Tal). Sie bedaure, daß sie die Ritter in keinem größeren Schlosse empfange; aber sie hätten es sich selbst zuzuschreiben: warum hätten die Herren Engländer das ganze Land ausgebrannt. – Die Königin ließ sich vor der Alten bei diesen Worten auf ein Knie nieder und bat sie, alle Feindschaft gegen England aufzugeben; sie wolle beide Völker durch eine Heirat versöhnen und verbinden; sie sei die Witwe König Heinrichs, ihr Trauerjahr vorüber, und sie sei auch, durch Eingebung berufen, in das Schloß geführt worden, damit sie als Braut ihrem Sohne die Hand reiche. Die Alte meinte, es könne nicht anders sein; die Ritter stimmten darin ein, und alle führten die Königin zu der Kapelle, wo Owen Tudor mit geschlossenem Helme in der Rüstung seines Vaters vor dem Altar kniete. Der Kapellan wechselte die Ringe; auf diesem Wege erhielt die Königin den im Wasser abgezogenen Ring neugeheiligt zurück. Als Owen das Visier öffnete, um die Königin als seine Gemahlin zu küssen, gestanden die Ritter ein, daß nie ein Helm auf einem schöneren Wappen geruht habe.»

«Wenn es nur heller wäre», unterbrach sich hier die Walliserin, um ein Wagenfenster zu öffnen;

«wir müssen das Schloß von hier sehen können.» – «Guter Gott», rief der alte Herr, «haben Sie drei Hände?» – «War das Ihre Hand, die mich so schrecklich drückte», antwortete ihm unmutig der junge Mann, und beide besahen ihre Hände, die sie auseinander zogen. – «Wie man sich täuschen kann», sagte der Jüngere. «Wenn es den beiden Vermählten nur nicht auch so ergangen. Sie haben mir die Hand gedrückt, daß die Stelle noch ganz weiß ist.» – «Ich meine, es wäre besser, daß wir schwiegen», sagte der Alte; «mein väterliches Wohlwollen gegen das liebe Kind hat sich täuschen lassen.» – «O ihr eiteln Seelen», unterbrach ihn die Walliserin, «wie könnt ihr euch einbilden, daß ein Mädchen, die euch erst seit gestern kennt, euch die Hände drücken wird! Und wißt nur, ich habe einen sehr schönen Bräutigam in der nächsten Station, und ich denke meine Hochzeit nicht länger aufzuschieben als die Königin. Da seht hinaus! Hier ist das Kreuz, hier könnt ihr das Schloß Plas Penmynidd sehen. Die Mauer der alten Kapelle, wo die Königin vermählt wurde, ist noch an den Fenstern zu kennen; jetzt ist es ein Brauhaus; die andern Gebäude sollen aber später aus der Tasche der Königin erbaut worden sein.» – «Wir müssen aussteigen», rief der alte Herr. «Halt, Kutscher, wir wollen uns da umsehen! Ich sehe den Rindsknochen am Brette hängen.» – «Vielleicht sitzt auch die Alte noch an ihrem Tische für hundert Pfund», sagte der Junge. «Halt, Kutscher!» – «Nicht

für hunderttausend Pfund», antwortete dieser, «ich habe die Zeit etwas verträumt, und ich höre die Oppositionskutsche eben im Wege rollen; meine Ehre und mein Dienst ist verloren, wenn ich nicht früher in der Stadt eintreffe.» Der Presbyterianer erläuterte uns dies, indem er erzählte, wie sich zwei Postwägen bei zwei Wirten gebildet hätten, die einander an Schnelligkeit zu übertreffen wetteiferten und deswegen schon ein paarmal Unfälle veranlaßt hätten. – Der Wagen ging jetzt mit unglaublicher Schnelligkeit; es war uns allen nicht recht wohl dabei. – «So treiben's die Staaten und die Parteien gegeneinander», seufzte der Presbyterianer. Endlich bezwang die Kraft des Kutschers die durchgehenden Pferde. Er fluchte, daß er seinen Mantel dabei verloren; aber er hielt nicht still; er behauptete, die Oppositionskutsche habe umgeworfen. Wir baten die Walliserin um die Fortsetzung ihrer Geschichte. – «Was ist vom Glücke viel zu erzählen», fuhr sie fort; «die Neuvermählten vergaßen miteinander die Parteien, und wenn sie sich an die Spitze derselben stellen sollten, flüchteten sie sich, zum Ärger für Sarah und Oswestry, nach Plas Penmynidd, um sich erst zu besinnen. Wie hätte Owen so lange an der Quelle von Liebe träumen können, wenn ihm die Schicksale der Völker sehr nahe gegangen wären; wie hätte sie sich der Liebe zu ihm hingegeben, wenn ihre Seele weltliche Entwürfe gehegt hätte? Beide lebten, von

den Parteihäuptern aufgegeben, in stiller Sorge für ihre Kinder. Die Liebe empfindet vielleicht mehr als ein Lebensalter voraus und weiß doch nicht, woher ihre Größe und Innigkeit; so mochten auch sie liebend ihren Beruf ahnen, ein mächtiges Geschlecht von Herrschern zu gründen, ohne selbst diese Herrschaft zu erreichen.» – Bei diesen Worten ruckte der Wagen im Stillehalten. Dies beschloß die Erzählung. Der Kellner öffnete die Tür der Kutsche; der Wirt rühmte den Kutscher, streichelte die Pferde und warf ihnen Decken über. Kaum war die Walliserin mit ihrem Knaben in das Gastzimmer getreten, so rief sie freudig auf: «Mallwyd!» und wollte einem jungen Manne in die Arme stürzen, der tiefsinnig, ohne auf uns zu achten, in einer Ecke des Sofas saß, die Hand gegen die Stirn gedrückt. Er fuhr wie aus einem Traume auf, es schien ihm an Worten zu fehlen, seine Lippen zuckten, ehe er heftige Worte in gälischer Sprache gegen sie ausstieß. – «Es ist ihr Geliebter», sagte der Presbyterianer; «er wirft ihr vor, daß in einem öffentlichen Blatte gestanden, sie sei ihm untreu; er droht, ihr und dem Kinde den Hals umzudrehen. Er will nicht hören, er will sie umbringen. Er faßt nach dem Kinde!»

In dem Augenblicke traten alle dazwischen. In England fehlt nie ein Schützer des Schwachen; es bedarf dazu keiner Anmahnung. Der Zornige gebärdete sich fürchterlich, die fremde Sprache klang

schrecklich. Seine Augen traten heraus, als ob er sie wie Kugeln seiner Braut ins Herz schießen wollte, sein Mund schäumte, und mit seinen Händen zerriß er die Weste, um sich Luft zu schaffen. Weiter verstand ich kein Wort. Der Presbyterianer erforschte mit Ruhe die Umstände. Endlich schien sich alles auseinander zu setzen, als ihm die Walliserin ein Papier zeigte. Die Augen gingen ihm in Tränen über; er faßte die Hände der Walliserin, entschuldigte sich gegen uns und ging mit ihr und mit dem Kinde in ein Nebenzimmer. – Der Presbyterianer erklärte uns nun alles. Der Konstabel, der uns zu Pferde begegnet sei, müsse sich hier wahrscheinlich aufgehalten haben, um Nachforschungen zu tun über die Richtigkeit der Aussagen dieser Walliserin in dem Prozesse einer sehr angesehenen Frau, die der Untreue von ihrem Manne beschuldigt worden sei, weil sie in seiner Abwesenheit ein Kind geboren, welches sie nachher als ein fremdes aufgenommen und erzogen. Die Walliserin habe aber, wie sie sage, aus Mitleid gegen die unglückliche Frau – vielleicht auch, um sich eine reiche Ausstattung zu verschaffen – das Kind für das ihre vor Gericht erklärt; und dies sei jener Knabe, mit welchem sie darauf gleich fortgereist sei, um sich nicht bei weiteren Verhören zu widersprechen. Aber gleich nach ihrer Abreise sei Verdacht gegen ihre Aussage vom Sachwalter des Mannes erregt worden, und es sei ein Glück für sie

gewesen, daß sie sich in einen schlechteren Mantel gehüllt habe, sonst wäre sie sicher von dem Konstabel gleich arretiert worden. Ihr Bräutigam habe der Sache erst gar keinen Glauben beigemessen; als er aber in dem Zeitungsblatte, das der Konstabel ihm vorgezeigt, nach ihrer eignen Angabe gelesen, daß sie Mutter des Kindes sei, da habe er sich für überzeugt gehalten, nachdem er sich schon seit vier Jahren mit ihr verlobt und sich bemüht habe, eine unabhängige Handelsverbindung zu erlangen. Doppelt sei er nun beschämt worden, als er nicht nur ein Zeugnis ihrer Unschuld gelesen, sondern auch die Nachricht, wie reichlich sie für ihre Aufopferung belohnt worden sei. «Sie wollen jetzt nach Portugal gehen», so schloß er; «ein Schiff liegt in Holyhead bereit; der junge Mann hat da eine vorteilhafte Spekulation gemacht und ein eignes Handelshaus begründet.»

Nun eröffnete sich eine Diskussion über das Moralische dieser Handlung. Es sei großem Unheil vorgebeugt worden, das gestanden alle ein; ein hohes Haus bleibe dadurch in Ehren; aber das falsche Zeugnis wollte doch keiner loben, noch weniger, daß sie Geld für diese falsche Aussage angenommen. Der Presbyterianer sagte aber, es lasse sich entschuldigen, weil der Gegner zwar das Wahre geahnet, aber auch nur falsche, jedermann als solche bekannte Zeugen gestellt habe, und da sei es Gerichtsbrauch, daß die erste Falschheit die

zweite entschuldige, und der rechtlichste Advokat halte sich dazu immer ein paar falsche Zeugen in Bereitschaft.

Eine große Zahl wohlgekleideter Menschen, die sich dem Hause näherten, unterbrachen das Gespräch. Wir fragten nach dem Grunde dieses Zusammenlaufens und erhielten zur Antwort, es sei ja Sonntag. Wir waren verwundert, allesamt beim Wachen den neuen Tag, wie unsre Uhren, vergessen zu haben, die stehen geblieben waren, weil das Schlafengehen uns keine Erinnerung zum Aufziehen derselben gegeben hatte. Wir fragten weiter, ob denn die Kirche im Hause sei. «Es ist nur ein großer Betsaal», antwortete der Kellner; «es sind die Jumpers, die Springer, die hier ihre Andacht halten, unser Herr ist auch einer.» Nun war der Entschluß bald gefaßt, die Postkutsche fahren zu lassen. Die beiden gelehrten Reisenden wollten ohnehin hier ein paar Tage verweilen, der Presbyterianer die Jumpers beobachten. Ich bestellte eine Postchaise auf ein Stündchen später, nachdem ich gehört hatte, daß es uns unverwehrt sei, der springenden Versammlung beizuwohnen. Der junge Reisende meinte, die Gesellschaft möge wohl noch von dem Owen Tudor stammen, der durch Tanzen sein Glück gemacht habe, und als der Presbyterianer wieder heftig auf diesen gotteslästerlichen Gottesdienst, wie er ihn nannte, schimpfte, erklärte er sich ungefähr folgendergestalt darüber:

«Die himmlische Einheit, die alles Leben durchdringt und heiligt, will errungen sein auf irgend einem Wege. Der Ruhende fühlt sich bald in irgend einer Art mit sich entzweit. Alle Wege lebendiger Tätigkeit führen aber wie verschiedene Adern mit ihren Pulsen zu *einem* Herzen; wer möchte sich streiten um den rechten Weg! Der kürzeste ist gewiß die schuldlose Liebe jugendlicher Herzen; rein steigen sie, wie jene Königin, aus der Unterwelt empor, ihrer Zukunft bewußt, und vergebens suchen die andern den Weg, den sie wandelte; sie finden kaum die letzten Sprossen der Leiter. So möchte es aber auch uns ergehen, wenn wir dem Tanze dieser, den Herrn in ihrer Art liebenden Gemeinde zuschauen; die Bewegung ist es nicht allein, auch sind es nicht die Worte an sich, sondern es liegt in der Einheit von allem dem, was diese Leute auf diesem Wege unmittelbar ergreift, fortreißt, und eben dies unbegreifliche Durchdringen und Zusammentreffen des Unvereinbarsten ist es, was allein den Menschen über die Zerrissenheit und Verworrenheit der Welt trösten kann.» – Der Presbyterianer erwiderte, daß also Seiltänzer, Voltigeurs, gymnastische Künstler aller Art, Reiter, Schwimmer diese ihre brotlosen Künste zu einem wesentlichen Stücke des Gottesdienstes machen könnten. – «Wenn sie daran glauben», antwortete jener, «und eine Gemeinde finden, die diesen Glauben teilt, warum sollte nicht diese Kunst, wie die

Musik und Malerei, eine heilsame Anregung zu dem geben, was doch höher steht als alle Künste?» Der Presbyterianer hätte zornig werden mögen; aber die Zeit war da, um in das wenig geschmückte heilige Tanzhaus zu treten. Die Gemeinde stand in guter Ordnung um die Kanzel, welche von dem ersten bestiegen wurde, dem ein Spruch wie eine Eingebung zugekommen; die ganze Gemeinde wiederholte letztern in einer Art Chor. Nach ihm trat ein andrer auf; der Chor wurde lebhafter. Schon beim dritten Spruche bewegten sich alle in heftigem Takte. Jeder ergriff seine Nachbarn, faßte ihre Hände. Bald zu zweien, bald zu dreien sprangen sie empor nach allen Kräften und zu bedeutender Höhe. Auch den alten Reisenden ergriff ein riesenhafter Bergbewohner; er mußte springen. Dies hatte die unerwartete Wirkung, daß seine dick mit Schriften angefüllte Rocktasche sich ihrer Vorräte entlud. Der jüngere Reisende hob gefällig diese teils gedruckten, teils geschriebenen Bogen auf, blickte zufällig hinein und fand darin seinen Namen. Er sah weiter und entdeckte Schimpfreden gegen seine früheren Schriften. Kaum hatte er Atem genug, den Alten zu fragen, ob er der Schurke sei, der alle seine Reisebeschreibungen für Windbeutelei erkläre. Der Alte fragte mit gleicher Wut, ob er der Naseweis sei, der ihn ausschreibe und für einen Pedanten erkläre; wobei er Perücke und Rock abwarf, sein Hemde auch herauszog, um sich zum Boxen anzuschicken. Der Jüngere wollte sich nicht schimpfen lassen, warf auch seinen Rock ab und schwur, daß er dem Alten die Schreibefinger zerschlagen müsse, weil sie einander sonst mit denselben Erzählungen dieser Nacht vernichteten. Die Gemeinde wäre durch diesen Streit gestört worden; aber der Presbyterianer rief ihnen zu in ihrer Sprache: dies sei der englische bischöfliche Gottesdienst; sie suchten sich auf diesem Wege die Folgen der Erbsünde auszutreiben. So wetteiferten die Stimmen, die Bewegung vermehrte sich, Kopftücher, Halstücher flogen umher, Haare rollten sich auf, die Augen glühten, während die beiden Reisenden einander bis zu gänzlicher Erschöpfung abpufften; der Alte mit mehr Stärke, der Junge mit mehr Gewandtheit. O ihr nervenschwachen Bewohner großer Städte, die ihr durch eine knarrende Tür schon in der Andacht gestört werdet, nehmt ein Beispiel an diesen Berggläubigen, wieviel ein andächtiges Herz von fremdartiger Störung ertragen kann!

Während ich unter solchen Betrachtungen hinter einer Säule dem allen zusah, um nicht auch von einer Tarantel ergriffen zu werden, stieß mich von hinten die Walliserin an. Sie sah entstellt aus und flüsterte mir zitternd zu, daß ich sie retten könne. «Wie?» fragte ich erstaunt. – «Nehmen Sie mich heimlich nebst dem Kinde in Ihrer Postchaise mit. Der Konstabel ist in der Oppositionskutsche zurückgekommen, und wäre diese nicht umgeworfen worden, so hätte er mich schon gefaßt. Er will mich arretieren! Mein Glück und das Glück jener edlen Frau steht auf dem Spiele! In Holyhead finde ich ein Schiff und meinen Bräutigam. Halten Sie den Konstabel hier auf mit Tanzen; der Presbyterianer will auch helfen, unterdes verpacke ich mich unter Decken und Wagen, und die Pferde werden angespannt.» – «Aber woran erkenne ich den Konstabel?» – «So ein Mensch ist nicht zu verkennen, der ist in allen Weltteilen und Weinen abgeglüht.» Mit diesen Worten verschwand sie, und es trat ein kraftvoller Mann herein mit fürchterlich ausgearbeitetem Gesichte. Seine Augen verrieten, daß er jemand im Saale suche. Es dauerte nicht lange, so hatte ihn der Presbyterianer beim Kragen. Dem Konstabel schien das Springen ein absonderliches Vergnügen zu machen; es schien ein Kerl zu sein, der eine Nacht um und um, ohne Absetzen, auf

einem Flecke seinen Riel[1] tanzte. Bald merkte ich, daß dem Presbyterianer der Atem fehlte; ich mußte ihn ablösen. Der Konstabel wollte sich losmachen, aber es half nichts; fester hatte der Falke nicht in das Haupthaar Tudors seine Krallen eingeschlagen als ich meine Hände in seinen Rockkragen. Endlich sah ich auf dem Hofe die Postchaise angespannt

[1] Ein beliebter schottischer Tanz.

vorüberrollen. Da übergab ich ihn dem Presbyterianer wieder, dessen Asthma eben nachließ, und schlich mich in Sprüngen durch die Leute zur Tür hinaus. Wie schnell ich von da zum Hause hinaus in den Wagen schlüpfte, läßt sich denken. Seit ich den Konstabel gesehen, war ich gewiß, daß bei der Sache Betrug und Falschheit sich ins Recht gedrängt hatten. Ich brauchte den Kutscher nicht anzumahnen, daß er zuführe; er hatte gewiß schon ein Trinkgeld bekommen. Er flog mit seinen dürren Beinen beständig so hoch auf dem Sattel, daß ich den Sattelknopf beständig sehen konnte. Schon ermunterte ich die Walliserin, ihr ängstliches Zelt von Pferdedecken zu verlassen und sich neben mir zu setzen; aber sie scheute sich noch. Und das war ihr Glück; denn bald darauf sah uns der Mann auf dem Braunen, der in der Nacht den Konstabel begleitet hatte und sicher hier am Wege als Wache ausgestellt war, in den Wagen. Als er mich allein erblickte, fragte er flüchtig, ob mir nicht ein Frauenzimmer in schwarzem oder rotem Mantel begegnet sei. Ich antwortete, daß ich ein Frauenzimmer in rotem Mantel hinter einer Hecke beim letzten Orte hätte stehen sehen; sie hätte ein Kind an der Hand geführt. «Sie ist's», rief er, wandte sein Pferd, gab ihm die Sporen und jagte zurück. – «Glück auf den Weg, du sollst uns nicht mehr in die Quere kommen», rief die Gefangene unter den Pferdedecken.

Das war die letzte Gefahr des armen Kindes, die

sie zu Lande auszustehen hatte. Nun richtete sie sich auf; denn sie schwur, es nicht länger in dem Dufte der Pferdedecken aushalten zu können, ob sie sich gleich zehnmal die Lehre der alten Sarah, sich nicht zu ekeln, zugerufen habe. Das Kind war nicht minder vergnügt über seine Freiheit. Ich besah die Linien seiner Hand, ob nicht eine große Zukunft darin zu lesen; aber wenigstens fand ich darin eine große, kräftige Lebenslinie.

In Holyhead fand sich der Bräutigam in dem verabredeten Wirtshause am Meere bei der Braut ein. Das Schiff war bereit, der Wind gut. Wir hielten noch ein lustiges Frühstück, auch wurden viel Lebensmittel eingepackt, weil der portugiesische Schiffskapitän dem Schiffsherrn auf der *Belle-France* zu gleichen schien. Überhaupt wechselte bei dem Frühstücke der Owen Tudor mit seinen Ereignissen, bis er zu einer Frau gelangte, mit den wirklichen Verhältnissen so seltsam in unsern Gesprächen, daß der Bräutigam immer mußte belehrt werden, was es bedeute. Die Walliserin versicherte, daß Owen Tudors Tanzkunst der Königin gewiß nicht so viel Freude gemacht habe als ihr der Gedanke, daß der ernste Presbyterianer und ich und der Konstabel in Jumpers verwandelt worden wären. «Werden Sie», sagte sie scherzend, «ein Missionär der Jumpers in den fernen Landen; sie finden gewiß Anhänger unter den Leuten, die sich auf Wachtparaden und in Parterren die Füße verstehen, oder auch in Gesellschaften; man muß sich nur nicht schämen.» – Bei diesen Worten ergriff sie meine Hand und die Hand ihres Bräutigams, und wir tanzten, in der Bewegung des schottischen Riels, der Schaluppe zu, indem die Matrosen mit den Paketen sangen. So lustig schieden wir.

Als ich ins Wirtshaus zurückgekommen, übergab mir der Wirt ein schönes Fernrohr, das der Bräutigam mit einem Gruße mir zum Geschenke zurückgelassen hatte. Ein bißchen Not macht schnelle Freundschaft. Ein paar Stunden sah ich dem Schiffe nach durch das Fernrohr und gab Zeichen mit dem Tuche. «Fahrt wohl, ihr Freudigen, und wenn der Tod euch trennen will, schickt ihn wie den Konstabel in das Tanzhaus der Jumpers!»

HOLLÄNDISCHE LIEBHABEREIEN

Leise trat der Professor Hemkengriper in seidnem japanischem Schlafrocke aus der Bibliothek in das Eßzimmer und schaute verdrießlich einem jungen Manne über die Achsel, der auf dem großen Eßtische die Scheiben des eingeworfenen breiten Straßenfensters zusammenlegte. «Wer bist du?» fragte ihn Hemkengriper mit einer kalten Verachtung. – «Jan Vos* aus Amsterdam», antwortete der junge Glaser, ohne sich in der Arbeit stören zu lassen. – «Warum kommt der Glasermeister Glateis nicht selbst?» fuhr der gelehrte Herr fort zu fragen: «Hat Bathseba nicht bestellt, daß es eine schwierige Arbeit sei, die zerbrochenen Scheiben zusammenzusuchen und in Blei zu setzen? Und warum hat man nicht gewartet, bis ich gekommen, um die griechischen Inschriften zusammenzulesen, die auf mehreren Scheiben mit dem Diamant eingeschnitten sind? Da wird man sich viele unnütze Arbeit gemacht haben!» – «Herr, sehet alles durch», antwortete Jan mit behaglichem Lächeln, «werdet alles beisammen finden. Frau Bathseba kannte mich schon und wußte von meiner Gelehrsamkeit, als sie mich zur Arbeit auswählte, und da hat sie Euch gewiß überraschen wollen.» – Hemkengriper sah jetzt verwundert die Inschriften vollkommen richtig wieder vereinigt und dann den Lehrburschen an, dessen kräftige gewandte Glieder, dessen volle Wangen und dunkle Hautfarbe eher einem Matro-

sen als einem überstudierten Jünglinge zukamen, während die hohe Stirn von dichten hellen Haaren umgrenzt, die zusammengewachsenen dunklen Augenbraunen über den blauen blitzenden Augen, der freie, zierlich geschnittene Mund eher ein seltsames Talent anzudeuten schienen, das selbsttätig seinen Weg sich gesprengt hatte. «Aber bei wem hast du Griechisch gelernt – bei mir oder bei – Zahnebreker?» fuhr er mit besorglicher Neugierde zu fragen fort. – «Bei dem flüchtigen Griechen aus Morea*, bei Moschus, in den Feierstunden; es kostete nichts, der Mann freute sich an der Leichtigkeit, mit der ich lernte, und als Dank mußte ich ihm Abschriften machen von griechischen Dokumenten.» – «Wie kamst du aber darauf, diese gelehrte Sprache der Vorzeit zu lernen, von der dir doch kein Gewinn für dein Handwerk zu versprechen war? Obgleich die Griechen auch in der Glaserei allen heutigen Völkern überlegen waren, wie ich dies nächstens zu beweisen denke.» – «Das ist mir lieb von Euch zu hören, denn der Grieche sprach nur immer von geöltem Papier, womit sie ihre Fenster beklebt hätten. Kein Gewinn war der Grund meines Fleißes – ich kann Euch das jetzt noch nicht sagen, denn ich kenne Euch zu wenig, ich wollte es nun einmal wissen, dieses Griechische.» – «Hör, Bursche, du gefällst mir, ich könnte dich als Schreiber und Famulus brauchen und zugleich als Glaser, um mein ganzes Haus mit neuen Fenstern einzurichten, da diese alten trüben Scheiben mir eigentlich so wenig gefallen wie den Studenten, die leider nur eine kleine Zahl eingeworfen haben. Außer dem Hause dürftest du freilich mit niemand Umgang haben, denn das verdarb meinen Famulus, den ich gestern verabschiedete, so gänzlich, daß er andern meine Entdeckungen mitteilte, die dann der elende Schreier, der Zahnebreker, für die seinen ausgab.» – «Wenn ich nur jederzeit Bücher von Euch erhalte», rief Jan vergnügt, «so gehe ich gewiß zu keinem einzigen Marktschreier, die Zähne ausbrechen, als ob es niemand wehe tut. Oh, ich verstehe Euch, meine Zähne sind gut, und des Umgangs bin ich bei meinem Meister ganz entwöhnt, der allein lebt und dem ich wie Frau oder Magd sein ganzes Hauswesen führte.»

Diese Unterredung wurde von dem Bürgermeister der Stadt unterbrochen, der ebenfalls Sitz im akademischen Gerichte hatte und seine Studien durch elegante lateinische Reden kundzugeben pflegte. «Wer zu Leyden geboren», sprach er, «weiß von den Leiden dieser Stadt zu erzählen, aber auch von ihrer mutigen Ausdauer bei alten Rechten und neuen Glaubenslehren, und wie diese in langwieriger spanischer Belagerung (J. 1574) hart geprüft und treu bewährt wurden. Der Adel und die Städte der Provinz wünschten diese Aufopferung zu lohnen und ließen den Bürgern die Wahl zwischen Zollfreiheit und der Errichtung einer Universität, die dem Lande zum Bedürfnis wurde, weil der Krieg und die Glaubensverschiedenheit den Besuch vieler ausländischer Universitäten hinderte. Die Stadt blieb eingedenk des höheren Daseins, dem so viele Bürger geopfert worden, sie wählte die Errichtung einer Universität. So wurde diese jetzt mit großem Ruhme bestehende hohe Schule zu einer Zeit begründet, wo das Dasein Hollands und seines Staatenbundes so ungewiß bei jedem Wurfe der Kriegswürfel schwankte wie sein Boden bei dem Andrange hoher Flut und Flußströmung. Dem höheren gesellte sich bald der niedere Gewinn, so wenig er in voraus berechnet war, denn die Universität zog reiche Schüler

des Inlands und Auslands herbei. Neben diesem Ruhme erscholl aber auch der Streit gelehrter Theologen, ergriff die Menge und verbreitete auch auf diesem Wege Einsicht in Geistestiefe, wo sonst die Gewöhnlichkeit den Blick gestumpft hatte, wogegen nicht zu leugnen ist, daß dieser Kampf zwischen Herrmann und Gomar* viele ausgezeichnete Männer ins Verderben gestürzt hat. Wir stehen jetzt bei der Gegenwart, ehrenwerter Herr, bei diesem 1635 Jahre nach der Geburt des göttlichen Versöhners, wo Euer Kampf mit dem Kollegen Zahnebreker über griechische Lesarten nicht minder wie jene theologischen Wahrheiten sich aller

Köpfe bemächtigt und unsre Universitäten gespalten hat. Dieses Übel zu mehren, hat der Krieg in Deutschland uns eine große Zahl hochdeutscher Studenten zugeführt, die sich nach dem Vorbilde der rauhen nordischen Krieger zu einer Art halber Kriegsknechte ausgebildet haben, welche die wilden Gewohnheiten ihres Landes in unsre wohlgeordnete Stadt übertragen. Diese waren es nun, wie die Untersuchung ergibt, welche Eure Fenster, ehrwürdiger Herr, mit aufgerissenen Pflastersteinen wie mit Belagerungsgeschütz angriffen und zerschmetterten, ja sie schämen sich dessen nicht, sondern rühmen sich, dadurch in geziemender Art die Störung bestraft zu haben, welche Eure Anhänger durch Pfeifen und Trommeln der Aufführung des ‹Gysbert› zufügten, welche der große Dichter Vondel unter dem Schutze

Zahnebrekers in der großen Dule* veranstaltet hatte. Über diese Angabe Eure Aussage zu hören, ist der Gegenstand meines Besuches und meiner Rede, ja ich zweifle nicht, daß Ihr Euch wegen dieses Vorwurfs einer beabsichtigten Störung des öffentlichen Vergnügens am Schauspiele vollkommen rechtfertigen werdet.»

Mit Mühe hatte Hemkengriper dieses Wort abgewartet, jetzt strömte er aus in Vorwürfen, wie dieser Kölnische Ignorant und Anabaptist Vondel* ein großer Dichter genannt werden könne, er habe nicht nur für Pflicht gehalten, den guten Geschmack aufrechtzuerhalten und seine Schüler auf die Fehler des Stücks aufmerksam gemacht, sondern er habe sie aufgemuntert, diese ihre Einsichten geltend zu machen. Wären sie diesmal auch die geringere Zahl gewesen und hätten unterlegen und wären zur Dule hinausgeworfen worden, so hoffe er doch, daß sie sich verstärken und in den nächsten Abenden glücklicher sein würden. Verlegen schwieg hier der Bürgermeister, stammelte in einzelnen Worten, daß er ihm bei diesem Bekenntnis für die zerschlagenen Fenster keinen Ersatz, sondern nur durch Bannung der fremden Studenten ihm eine öffentliche Genugtuung schaffen könne. Hemkengriper entgegnete einige scharfe Worte über den Schutz, welchen er dem Ignoranten Vondel angedeihen lasse, bloß weil er ihm zu schmeicheln wisse. Der Bürgermeister erschrak und schwieg.

Endlich erholte er sich und suchte Vondel damit zu verteidigen, daß doch kein besserer dramatischer Dichter in Holland zu finden sei. «Hier sitzt einer», rief Hemkengriper stolz und wies auf Jan, «wenn ich den ein halbes Jahr abrichte, macht er bessere Tragödien als Euer miserabler Anabaptist.» Jan war äußerst verwundert, aber nicht wenig geschmeichelt von diesem Ausrufe, und als sich der Bürgermeister beurlaubt hatte, bat er Hemkengriper, ihm ja die versprochene Abrichtung zum Schauspieldichter zu geben. Hemkengriper warf ihm einen Band des Euripides hin und ging zurück in sein Bibliothekzimmer, weil er schon allzuviel Zeit verloren zu haben meinte.

Die alte Frau Bathseba leistete unterdessen dem Glaser Gesellschaft, versicherte ihm mit gerührter Stimme, daß er Gott für die gefundene Aufnahme nicht genug danken könne, da der Herr, sonst gar mißtrauisch gegen Fremde, selbst seinen Famulus nicht ins Haus genommen habe. Sie gab ihm dann Regeln wie eine gute Mutter, und Jan äußerte, es sei ihm so zumute, als ob er sie schon in früheren Jahren bei seinen Pflegeeltern gesehen. Sie meinte, daß er sich darin irren möge, fragte nach seinen Eltern, hörte, daß er nichts von ihnen wisse und daß seine Pflegeeltern ihm bei einem Deichbruche entrissen worden, der auch ihn verschlungen hätte, wenn er sich nicht an einen zahmen Schwan angeklammert, der mit ihm bis zu einem höheren

Landstriche geschwommen, wo viele Menschen sich seiner angenommen hätten. «Und wieder meine ich, Frau Bathseba», sagte er, «ich hätte Euch bei denen gesehen, die mich nach Amsterdam ins Waisenhaus brachten, von wo der hiesige Glasermeister mich ohne Vergütung abholte, um mich in seinem Handwerk zu unterrichten. Nun, seitdem weiß ich wohl, hab ich Euch oft gesehen, Frau Bathseba, und ich danke Euch manche milde Gabe, und ich werde Euch dafür mein Lebelang dankbar sein.» – «Gut, gut», sagte Bathseba, «aber sprecht davon mit niemand, denn der Herr ist gar mißtrauisch und würde denken, wir hätten gegen ihn einen geheimen Bund geschlossen.»

Das Fenster war längst hergestellt, Vondel längst fortgezogen, aber doch blieb der Eindruck jenes Tages für Hemkengriper ungünstig, weil er sein ganzes Ansehen benutzt hatte, jene fremden, ihm feindlichen Studenten zu verbannen. Sehr bald erfuhr er von seinen Anhängern, daß sie nur mit Lebensgefahr in der großen Dule erscheinen könnten, und somit fühlte er sich gezwungen, alle Geselligkeit dieses Belustigungsgartens in der Stadt aufzugeben, wo bald Armbrustschießen, bald Kolbenbahn*, bald Tanz und Musik die Aufmerksamkeit fesselte und selbst der anstoßende Kanal zum Angeln benutzt wurde. Statt nun einen andern Ort der Unterhaltung sich zu wählen, da es doch noch mehrere der Art gab, verschloß sich sein Stolz in

Einsamkeit, damit die kommenden Geschlechter mit Ingrimm lesen sollten, wie der größte Mann seiner Zeit, da er nicht volle Anerkennung in seinem Kreise gefunden, sich selbst genug gewesen und die Welt nicht vermißt habe. Doch mußte er diesen Entschluß mit dem Verluste seiner meisten Anhänger erkaufen, die eines sichtbaren Ortes der Vermittelung und der Mitteilung bedurften, und dieser Verlust mehrte seinen heimlichen Zorn bei dem Scheine äußerer Ruhe. Zahnebreker triumphierte inzwischen in vollem, unverschämtem Maße, wie er zu leben gewohnt war, und da er mehrmals versicherte, durch falsche Freunde verraten zu sein, ja daß sogar eine höchst bedeutende Konjektur an Hemkengriper übertragen worden, so übten die enthusiastischen Studenten eine noch strengere Polizei gegen alle Verdächtige, wobei sich niemand unglücklicher befand als die Neutralen, welche in ihrer Unschuld gar nicht begreifen konnten, daß über solche Kleinigkeiten soviel Geschrei gemacht werden könne. Unser Jan wußte von dem allen nichts, da er sich gänzlich alles andern Umgangs enthalten mußte, vermißte aber diesen nicht bei der steten Tätigkeit, bei der reichen Bibliothek, aus der ihm aber nur ein Bestimmtes, nämlich griechische Dramatiker, verabreicht wurde. Zugleich erfreute ihn ein reichlicher, ungewohnter Lebensunterhalt, den er mit Bathseba in der reinlichen Küche voll blanker Geschirre vom Abhub des Herrn bei den freundlichen weisen Unterhaltungen dieser Frau verzehrte, die, ohne von Hemkengriper anerkannt zu sein, eine reiche Bibliothek seltsamer Ereignisse, Märchen aller Völker, Weisheitslehren mit so eigner Erfindung und Beredsamkeit übersetzt, in ihren Abendunterhaltungen aufschloß, daß Jan gern alle Hausarbeit, soweit er es

vermochte, als Honorar für sie übernahm. Mit der Absicht, seiner geistigen Schätze ganz sicher zu sein, hinderte Hemkengriper, daß Jan kein Latein lernte, indem er ihm durchaus kein Buch in dieser Sprache zukommen ließ. Aber mit seltenem Talente und großem Gedächtnisse ersetzte Jan diesen mangelnden Unterricht aus den Registern und Übersetzungen einiger griechischer Schriftsteller und gelangte zur Verwunderung Hemkengripers in so kurzer Zeit zum Verständnis des Lateinischen, daß diese Heimlichkeit freilich verschwand; wogegen er nun imstande war, durch richtige Ausforschung, durch Wiedererinnerung an Dinge, die früher diktiert worden, dem schwächeren Gedächtnisse des Meisters wesentlich zu Hilfe zu kommen; ja er hatte die Fertigkeit gewonnen, ihm, wenn er dessen bedurfte, fast fehlerlos herzusagen, was er früher ihm zum Abschreiben gegeben, und dadurch seinen Ohren zu schmeicheln, die nur das Eigene gern hörten, und dieses jetzt wie aus dem Widerhall der gelehrten Welt zu vernehmen meinten. Aber so liest nicht die gelehrte Welt, sie liest nur, um zu dem Vergessen ein wohlbegründetes Recht zu haben. In den freien Stunden brachte Jan mit großer Eile und Selbstvertrauen allerlei Tragödien zu Papier, die er Hemkengriper sogleich mit der Hoffnung des Beifalls vorlegte, obgleich er diesen niemals einerntete. Hemkengriper war über diese dramatischen Werke höchst verwundert, da er wohl in der Hitze sein Wort gegeben hatte, ihn während eines halben Jahres zum Tragiker auszubilden, doch ohne eigentlich an dessen Lösung zu denken. War nun so ein Schauspiel beendigt, so übergab es Jan mit eben der Demut dem Meister, wie ein andrer es einem Schauspieldirektor vorliest, nämlich, als ob davon das Dasein seines Stückes abhängig sei. Hemkengriper lobte dann zwar dies

Bemühen, warf aber die Handschrift gleichgültig in einen Winkel, zog bald französische, bald italienische Bücher hervor und tat, als ob er ihm eben das daraus vorlese, was Jan soeben als sein Eigentum ihm mitgeteilt hatte, und suchte ihm auf diesem Wege zu erweisen, daß er noch nicht bis zur Reife der Neuheit fortgeschritten sei und daß er auf etwas Neues denken müsse. Der Glaube des Erfinders an etwas noch Unerschaffenes, das er zutage fördern, warum er sich in den Abgrund stürzen und mit ganzer Seele dem Chaos sich hingeben müsse, ist etwas sehr Heiliges und darum auch so leicht verletzlich, seine Wunden so schwer zu berühren, und darum so schwer zu heilen, daß besonders die Poeten nicht mit Unrecht ein zorniges Geschlecht genannt werden. Nichts beschreibt den Zorn des jungen Dichters, sich selbst als ein bewußtloses Gemengsel aus den Gedanken früherer Menschen hervorgegangen zu sehen, sich mit einem Brennspiegel vergleichen zu müssen, der fremde Strahlen auf einen Punkt in der Luft hinzuwerfen bemüht ist, ohne selbst zu glühen, seine Existenz als völlig überflüssig zu kennen und seine Arbeit denen der Unterwelt ähnlich zu finden, immer denselben Stein wieder emporwälzen zu müssen, den schon ein andrer sich oben als Denkmal errichtet hatte, immer nach dem Scheine von Früchten aufzulangen, die ein andrer längst verzehrt hatte. Hemkengriper suchte ihn zu beruhigen, nachdem er sich so ausgewütet hatte, indem er ihn daran erinnerte, wie jung er noch sei und die Welt wie groß, und daß er bei der neuen Arbeit die alte nur gänzlich vergessen müsse. Und das glückte bald wieder unserm Jan, denn überall sah er aus der freien Leere der lückenvollen fast unmöglichen Geschichte eine Fülle des Geistes blikken, den die übrige Welt für untergegangen hält, wenn keine Schriften davon Nachricht geben. Unterdessen schickte Hemkengriper diese dramatischen Arbeiten unter dem Namen des Jan Vos an die Theaterdirektion nach Amsterdam, während er selbst dem jungen Glaser den Namen Secundus beilegte und ihn unter demselben auf mancherlei Weise, unter andern in Zeitungsaufsätzen bekannt machte, die er selbst nicht vertreten mochte und die unserm Jan ebensowenig zu Gesichte kamen wie die ganze übrige Welt. Diesen Namen Secundus hatte sich gewissermaßen Jan selbst beigelegt, weil er überall von einem Primus geärgert wurde, der ihm vorausgegangen sein wollte, und wurde ihm aus Gram noch mehr gewogen, als Hemkengriper ihm versicherte, daß selbst ein ausgezeichneter Dichter des Namens ihm um ein Jahrhundert vorgeboren sei*.

Mehrere Arbeiten waren dem eifrigen Jan in dieser Art verleidet, während sie Amsterdam entzückten, als er auf den Einfall kam, etwas aus einem eignen höchst seltenen Lebensereignisse zu entnehmen und mit alten Mythen zu verflechten, wobei er meinte, daß dieses doch kein andrer vor ihm erlebt haben könne, sowenig zwei Blätter eines Baumes einander vollkommen gleich wären. Triumphierend trat er in einer Frühstunde zu Hemkengriper ein, nachdem Bathseba ihren vollen Beifall am Abend geschenkt, und verkündete ein neues Trauerspiel: «Icarus». – Hemkengriper gestattete ihm höchst gefällig das Vorlesen, wir aber wollen einen Auszug genügen lassen: «Als Einleitung erzählt die stets dienstfertige Muse, wie Dädalus und dessen Sohn Icarus auf Kreta von dem Könige, der ihre Künstlichkeit fürchtet, in dem von ihnen erbauten Labyrinthe eingesperrt sind, dessen Ausgang sie selbst nicht mehr finden. Dädalus hat sich in sein Schicksal ergeben als älterer Mann, aber Icarus, der feurige Jüngling, hat beständig von einer Jungfrau geträumt, die er nie gesehen und die seine ganze Liebe gewonnen. Da er nirgends ein Mittel fand, sich kundzumachen oder sie aufzusuchen, schrieb er seiner Liebe Not auf Täfelchen, in die er das Bild der Jungfrau einriß, und fügte auch den Namen Protea hinzu, den ihm ein Traum genannt hatte. Diese Täfelchen band er seinen einzigen Gesellen, den Störchen, um den Hals und ließ sie im Herbste damit fortwandern. Und als sie im Frühling wiederkehrten, brachten sie ihm andere Täfelchen zur Antwort, auf welchen eine Jungfrau des Namens mit gleicher

Sehnsucht zu ihm spricht, sich die Tochter des Proteus nennt, und die Lage der fernen Meerhöhle beschreibt, wo er sie aufsuchen solle. Nun hatte Icarus keine Ruhe, bis er den Vater zu der Erfindung getrieben, wie sie durch die Kraft wächserner Flügel aus dem Gefängnis entkommen und zu der Meerhöhle gelangen könnten. Glücklich war der Anfang ihrer Flucht, sie flogen ihren Freunden, den Störchen, nach, sie fanden die bezeichnete Richtung zwischen den Inseln, sie sahen schon aus der Ferne die Höhle der Protea, da hatte aber die Glut des Herzens sich so vermehrt im feurigen Icarus, daß seine Flügel schmolzen, daß er ins Meer stürzte. Hier trat die Muse zurück, und die Klagen des Dädalus um den Sohn eröffnen das Stück, als er nahe der Höhle ans Land getreten war. Doch diese Klagen hemmt der Anblick der Protea, die er sogleich nach seiner List erkannt und deren Schönheit ihn entzückt. Er nennt sich Icarus und sagt, daß er auf ihr Geheiß gekommen, sie möge ihn lieben und schützen. Sie gesteht ihm, daß ein andres, obschon ähnliches Bild ihr im Traume vorgeschwebt habe, doch fühle sie für ihn herzliche Teilnahme, sie wolle ihr Wort erfüllen, sie wolle mit ihm entfliehen, da ihr Vater Proteus jede Verbindung von ihr in trüber Ahndung hindere. Er muß sich hinter einem dienstbaren Meerungeheuer verstecken, während Proteus im Gespräche mit dem alten blinden Tiresias und mit dem jungen

Narcissus auftritt. Beide wollen ihn um Rat fragen, beide verhöhnen einander über ihre Fragen, weil Tiresias seine Weissagung und Narcissus seine Schönheit über dies Verlangen eingebüßt hat. Narcissus glaubt in allen Quellen ein flüchtiges Bild dieser Geliebten zu schauen, Tiresias meint so etwas von ihr in seinem Schatten zu sehen, Proteus will nicht antworten, weil er eine Beziehung auf seine Tochter zu bemerken glaubt, aber er wird mit Gewalt zum Wahrsagen gezwungen und erklärt nun, Narcissus liebe sich selbst unter jeder Gestalt, wie er sei, Tiresias aber sich selbst, wie er gewesen, als er durch Schlangenzauber in eine Jungfrau verwandelt war*. Beide erzürnen heftig über diesen Aufschluß und stoßen ihre Schwerter dem Alten ins Herz. Protea ruft den versteckten Dädalus zur Rache auf, der fliegend mit solcher Gewandtheit beide bekämpft, daß sie sich flüchten. Protea reicht ihm zum Danke die Hand und übergibt ihm des Vaters Schätze. Als sie mit ihm zum Tempel des Neptun, umgeben von Nymphen, zur Vermählung zieht, wirft das Meer die Leiche des Icarus in den Weg, der noch am Halse die Täflein trägt, auf welchen sie ihm ihre Liebe gesteht. Der Schmerzausruf des Vaters um seinen Sohn Icarus entwickelt ihr das Geheimnis, sie erkennt in ihm das Bild des Traumes, sie vermählt sich mit dem Toten, und Dädalus hat keinen andern Gedanken mehr, als den geliebten Sohn durch kunstreiche

Mittel scheinlebend zu erhalten, durch Balsam die Macht der Verwesung abzuwenden.»

Mit halb erlöschender Stimme, Glut in den Wangen, Tränen im Auge, hatte Jan die Vorlesung geendet, als Hemkengriper ihm Beifall über seine fleißigen Verse schenkte und endlich äußerte, es sei kaum zu merken, daß es eine Übersetzung aus dem Deutschen der Roswitha, einer ehemaligen Nonne, sei. Zugleich sprang er empor bis zu der Spitze der Bücherleiter, zog ein Buch heraus und las munter die besten Stellen des Stückes daraus vor. «Halt», rief Jan mit der Stimme eines Rasenden und erfaßte so die hohe Leiter, daß er Hemkengriper darauf schwebend emporhob, «du bist Proteus, du kannst weissagen; wie das Vergangene, so liegt auch das Künftige vor dir offen, Raum und Zeit schließen den Kreis deines Blickes nicht.» – Erschrocken klammerte sich Hemkengriper an seine Leiter, wie ein Laubfrosch, der Wetter prophezeien soll und wegen der Bewegung sich kaum selbst darauf halten kann; fast mit den Worten des Proteus schwor er, daß er nichts wisse, ja daß es ein Scherz sei mit dem Stücke der Roswitha. Aber der junge Niederländer, der nun einmal in Feuer, ließ sich auch nicht so bald abkühlen, vielmehr blieb er bei seinem Glauben und bei seinem Prophetenzwang und ließ sich erst bereden, die Leiter wieder anzulehnen, als jener ihm Gewährung versprach. Nun zog Jan aus seinem Busen drei dünne Holz-

täflein, übergab sie dem Lehrer und sprach: «Jener liebende Icarus war ich selbst, die jungen Störche, die ich während des Sommers auf dem Dache des Hinterhauses meines Meisters nicht ohne Gefahr auffütterte, erregten meine Neugier, wohin sie zögen. Ich hing ihnen Briefe um, worin ich meinen Namen, Stand und meine Absicht anzeigte, Auskunft zu erhalten. Im nächsten Frühjahr kam der eine wieder und brachte dies erste Täflein an seinem Halse, ich konnte es aber nicht lesen, doch blieb es mein teuerstes Geheimnis. Ich schrieb einige Buchstaben nach, und ein Student versicherte mir, es wären griechische. Da kam der Grieche hieher, ich lernte bei ihm mit Eifer die Sprache, aber diese Tafeln blieben mir unerklärlich, obgleich ich in den beiden folgenden Jahren noch zwei Tafeln der Art erhalten habe und die Sprache schon recht gut zu wissen glaubte. Mein Geheimnis ist losgerissen vom Herzen, – ich glaube darin von einer edlen Griechin zu lesen auf einer der schönen Inseln, die mir der Grieche beschrieb, ich soll sie retten aus der Hand der Türken –, ist es wahr, steht so etwas auf den Tafeln? War all mein Dichten nur Wiederholung von etwas Wirklichem, das schon ausgesprochen oder geschehen, o, so muß auch dieser Traum wahrhaft und wirklich sein! Ich sehe, Ihr wißt alles, Eure Lippen bewegen sich, Ihr leset die Schrift, Ihr tröstet mich für alles, indem Ihr mir den Weg zur Seele zeigt, die mich liebt, indem sie mich begeistert.» – «Dummbart», rief Hemkengriper, «dich jahrelang zu quälen und mich auf der Leiter zu foltern um solche Albernheit. Hast du denn deine eigene Muttersprache verlernt, weil sie mit griechischen Buchstaben geschrieben und die Worte nicht getrennt sind? Hast du denn nie von diesem Kunstgriffe eines Leydener Schulmeisters gehört, wie er während der Belagerung durch Tauben und Boten Briefe aussandte, welche die Spanier sich nicht erklären konnten, wenn sie dergleichen auffingen? Diese Schrift wurde damals unter jungen Leuten zu Liebesbriefen benutzt, um die Eltern von ihrem Geheimnis abzuhalten, auch aus Mode, Liebhaberei und Scherz, und findet sich noch jetzt durch Übertragung als Kinderspiel unter jungen Leuten, das auch dir vorgekommen wäre, wenn du hier erzogen worden oder Umgang gehabt hättest. Das Mädchen heißt Primula, sagt, daß sie mit ihrer Mutter die Aufwartung in der großen Dule besorge, daß sie die jungen Störche durch Frösche beim ersten Ausflug in den Garten gelockt und sie während des Winters wohl gefüttert habe. Sie bittet dich ja vorsichtig zu sein beim Klettern auf das Dach, sie habe dir oft mit Angst zugesehen, und da sie gehört, daß du ein Glaserbursche, so bittet sie dich, ihr Laternchen zu flicken, das ihr zerbrochen, worüber die Mutter sehr schelten möchte. Nun, weißt du genug?» – «Weiter, Herr!» – «Das folgende Blatt ist schon ernsthafter, sie ermahnt dich zu allem Guten und gibt dir alles Lob wegen deines Fleißes, da sie dich könne arbeiten sehen, ohne daß du es bemerkst. Im dritten Blatt endlich klagt sie ihre Not, daß ihre Mutter wegen eines gelähmten Fußes ihr die Aufwartung bei den wilden Studenten überlassen habe, und daß sie so gern mit dir tauschen und in das einsame Haus des Glasers ziehen möchte, jetzt sei ihre einzige Freude der kleine Garten mit schönen Tulpen unter dem Storchneste, und die Störche im Winter, und der Blick zu dir, wie du so groß geworden, so frisch, fröhlich und emsig arbeiten und singen könntest.» – «Ach, das gute liebe Kind», rief Jan beruhigt aus, «jetzt sieht sie mich nicht, und ich habe sie nie gesehen. Eine Griechin ist es nun freilich nicht, wie sie der Grieche beschrieb, wohnt in keiner Meerhöhle mit Ungeheuern.» – «Es sind da genug Ungeheuer», rief Hemkengriper, «sie werden dich schon fassen, aber geh nur hin, du kannst es doch nicht lassen. Da hast du Geld zu einem Kruge Bier, aber vorher bestelle mir deinen Griechen. Vielleicht kannst du Aufwärter dort werden, denn aus deinen Schauspielen wird doch nichts, dieser Icarus war schlechter als alle früheren, ich kann mein Versprechen, gegen Vondel dich aufzustellen, nicht lösen. Verlasse mich, daß ich mich von dem Schrecken erhole, den du mir heute bereitet hattest.» – «Herr, verzeihet mir», rief Jan demütig bittend, «Ihr habt mir heute die größte Wohltat erwiesen, Ihr habt entziffert, daß ich irrte! Wo die Vögel im Winter weilen und ob Primula das Bild meines Herzens ist, beides soll sich mir heute enthüllen. Sonst habe ich nichts als diese Hoffnung, alles Vertrauen zu mir habt Ihr abgetötet, bettelarm an Geist stehe ich an der Schwelle der Gottlosigkeit, tausend Flüche nahen sich mir, bewillkommend wie Tröstungen.» – «Ich fluche dir nicht», sagte Hemkengriper, «obgleich ich noch nie in solcher Gefahr schwebte, aber der Strafe wirst du nicht entgehen, vielleicht trifft sie dich eben da, wo du so kühn nach Lohn trachtest. – Da, nimm deine Mütze und deinen Mantel. Bathseba soll deine übrigen Sachen, wenn sie nach Hause kommt, zum Glasermeister tragen, wir sind geschiedene Leute.» –

Mit diesen Worten entließ ihn Hemkengriper, als er schon die Haustüre hinter ihm angedrängt hatte, daß Jan kein Wort entgegnen konnte, sondern wie vom unvermeidlichen Schicksale gedrängt, von Amor geführt, von den Furien gegeißelt, gleich der andern Zahl Bürger und Studenten, in die Dule zu Biere ging.

Hemkengriper blieb in mancher Bedrängnis zurück. Die Täflein hatten ihm einen Blick in ein weibliches Herz gegönnt, das er sonst nur aus den erotischen Schriften der Alten kannte. Es war ihm verwunderlich, daß sich diese Primula an dem Fleiße und Fortkommen eines jungen unbedeutenden Burschen jahrelang erfreute, so ein Wesen hätte in seinen Kram, in sein Haus gepaßt, und die längst aufgegebenen Heiratsgedanken kehrten zurück. Er wünschte sich statt Jan in die Dule zu treten und redete sich vor, es sei nur um den Schimpf zu sehen, mit welchem ihn die Anhänger Zahnebrekers empfangen würden, eigentlich hätte er aber Primula ganz unbemerkt sehen und belauschen mögen. Welcher Rat dafür bei den Alten? Er dachte an Vertumnus und Pomona*, fand den Kleiderschrank der Frau Bathseba offen und stand nach wenigen Minuten vollständig wie ein dienendes Frauenzimmer gekleidet, mit Haube und Strohhut vor dem Spiegel, ohne durch den Bart, den ihm die Natur versagt hatte, irgend verraten zu werden. Auch konnte er ganz gewiß sein, daß bei dem Andrange vieler Leute aus der Umgegend, die in der Dule den Abgang der Treckschuten* abends erwarteten, ihm niemand besondere Aufmerksamkeit widmen, niemand die Verkleidung entdecken werde. Nur eine Sorge plagte ihn, ob er die wichtige Handschrift, welche Jan ihm hatte abschreiben müssen, in dem Hause zurücklassen oder mit sich herumtragen solle, sie gegen unglückliche Zufälle zu schützen. Endlich fand er eine glückliche Auskunft: da er nicht wie Bathseba drei wollene Latze und Unterkleider trug, so band er diesen Schatz wie eine Geldkatze um seinen Leib. Dann schrieb er einen Zettel an Bathseba, daß sie dem Griechen das Zimmer von Jan einräumen möge, ein notwendiges Geschäft werde vielleicht Anlaß geben, daß er erst spät nach Hause komme.

Mit einigem Herzklopfen betrat Hemkengriper den Ort, wo er sonst mit so vielem Glanze auf der Herkules-Linde war verehrt worden. Es waren nämlich zur doppelten Benutzung des beschränkten Gartenraumes auf den Linden Bühnen erbaut, wo ein Teil der Gäste sich abgesondert erlustigen konnte, während die Räume unter den Linden jedem geöffnet waren. Hier unten standen die Statuen, die ein Schiffer als Ballast von Athen mitgenommen und hier für eine schuldige Zeche abgesetzt hatte. Hemkengriper selbst hatte die Götternamen dieser alten Statuen ausgemittelt, sie dienten statt einer Nummer, und niemand lachte mehr, als eine Aufwärterin rief: «Diana will eine Tabakspfeife, Venus gebratene Tauben, Psyche

ein Feuerbecken.» Und diese Aufwärterin, die so schön und rasch aufgewachsen, wer war es anders – als Primula, die er sonst kaum eines Blickes gewürdigt hatte. Ihre Mutter, die alte Agnes, brummte sie auf diese Bestellungen verdrießlich an: «Psyche kann warten, mit der Venus wird es noch Zeit haben, bring nur der Diana die Pfeife.» Bald geschah ein Aufschreien, ein Auslachen, die Alte hatte alles belauscht und brummte vor sich: «Sie hat dem reichen Tuchmacher eins abgegeben, weil er ihr einen Kuß aufheften wollte. Dummes Zeug! Da wird sie von niemand ein Geschenk erhalten. Was ihr nur so ein Kuß für Schaden tun kann? Sie hat keine Ader von mir, das Kind ist mir ausgetauscht. Die Ohrfeigen fallen ihr in die Hand wie überreife Birnen. Was ist die Folge? Der Herr wird uns den Abschied geben. Sie denkt nur an ihre Tulpen und an ihre Störche, und ich weiß nicht, woran sie sonst noch denkt.»

Ein alter würdiger Herr Bilderdik aus Amsterdam, in Samt prächtig gekleidet, und ein junger Mann, ein Schauspieler, der Brandan hieß und dessen er sich wohl erinnerte, nahmen jetzt seine Aufmerksamkeit in Anspruch, weil sie an der andern Seite der dichten Lindenhecke sich heimlich besprachen, ohne daß sie seine Nähe bemerkten. «Also Ihren Handschlag darauf», sagte der Alte, «Sie sagen niemand von dem unerwartet hier gefundenen Schatze, durch den sich diese unsere

Spielreise so reichlich bezahlt macht. Sie erhalten zwanzig Prozent vom Gewinn.» – «Es bedürfte dieses Versprechens nicht», sagte der junge Mann, «nur die Erfüllung des von Ihnen mir schon Zugesagten, alle Ihre Bekanntschaft in der Stadt zur Auffindung des jungen Theaterdichters zu benutzen, der unsre Stadt entzückt, den Vondel stürzt. Wir müssen ihn als Direktor für unser Theater gewinnen, wenn er nicht zu vornehm ist, – denn leider heißt es, er sei der Sohn eines reichen Edelmanns und sein Name sei nur angenommen, um die Ehre des seinen nicht den Launen des Volkes preiszugeben.» – «Wir haben dazu noch manchen Tag», antwortete der Alte, «heute müssen Sie mich mit der gelehrten Welt bekannt machen.» – «Eine jämmerliche Welt», antwortete der junge Mann, «mir wird eng ums Herz, wenn ich daran denke, wie ich hier unter den streitenden Hähnen nur einmal mitgefochten habe. Mit welchen Träumen von der Herrlichkeit alter Weisheit trat ich hier ein, nicht die Worte, nicht die Gedanken allein, mein ganzes Wesen sollte ins Altertum hinüber leben, und die Alten sollten in mir auferstehen. Mit Staunen hörte ich die erste Zeit die beiden Sprachhelden Zahnebreker und Hemkengriper, denn ich dachte, nun wird es endlich kommen, endlich wird der Vorhang aufrollen. Aber immer blieb es bei den Kleinigkeiten, die jeder von ihnen entdeckt zu haben meinte, und dem andern abstritt, und selbst das Vorhandene ordentlich mitzuteilen, vergessen sie über diese gemeinen Klatschereien. Der Zahnebreker war doch wenigstens wie ein böses Kind, offenherzig mit seinen Niederträchtigkeiten, und darum siegte er auch endlich bei den jungen Leuten, denen so etwas mehr zusagte als das Edeltun und die heimliche Tücke Hemkengripers. Zu meinem Unglück kam ich diesem näher, und da ich etwas bei den Studenten galt, schmeichelte er meinen Erstlingsversuchen mündlich, während er sie öffentlich durch seine Anhänger schänden ließ und des feigen Nachsprechens der Halbheit sicher sein konnte, da Zahnebreker sich meiner als Anhänger seines Gegners nicht annahm. Die Eltern meiner Braut kündigten mir jedes Verhältnis auf, meine Mutter war tief bekümmert, weil die Geistlichen mit Achselzucken von mir sprachen, Hemkengriper aber war um so freundlicher gegen mich, weil er sein Netz nun geschlossen zu haben und mich ungestört zu der Bearbeitung seines Wörterbuches eingefangen zu haben glaubte. Er ist reich, er machte mir Vorschüsse, und so war ich ihm, wie einem Seelenverkäufer, gesetzlich verpfändet und geistig hingegeben. Da säße ich vielleicht noch und müßte Bände durchlaufen, um ein Wort zu entdecken in seltener Bedeutung, und mir wäre dieser Abraum als einzige Nahrung vom reichen Tische der Alten geblieben! – Doch der geheime Gott, Zufall von den Menschen genannt, wollte es, daß ein Matrose das Spiel eines Bösewichts im Schauspiele für Ernst nahm und ihn erstach, daß ich dem Direktor einige abgeschriebene Rollen vorgelesen hatte, daß er in der Verlegenheit auf mich fiel, daß ich die ersten Bösewichter mit Erfolg darstellte, indem ich bald Hemkengriper, bald Zahnebreker nachbildete, daß ich beklatscht wurde, ohne daß jemand die Originale erkannte. Das ist meine Geschichte, wie ich Schauspieler wurde, und seht da, eins meiner Vorbilder, den Zahnebreker, wie er mit seinen buschigen schwarzen Augenbraunen, die er schrecklich auf der gelben faltigen Stirne zusammengezogen, gleich Jupiter die Welt regiert und die Studenten von seinem Lindenthrone herab zu einem lateinischen Gassenhauer aufmuntert, den er vor langer Zeit verfertigte. Seht nur den Eifer, ihm nahe zu sein, seinen Willen auszuführen. Hört nur in der Nähe, – da riß er wieder einen Witz, als ob er ihm eben eingefallen, den er regelmäßig anbringt, so oft neue Zuhörer kommen.» – «Ein schlimmes Völkchen», sagte der alte Herr, «aber dies Gestreite mag die Leute doch anregen und fortrücken, wie das Gesumme auf unsrer Börse den Handel und Wandel.» – Mit solcher Betrachtung schieden sie und ließen Hemkengriper in der seltsamen Lebensgefahr eines Basilisken zurück, der sein Bild zum erstenmal im Spiegel gesehen und aus Schrecken nicht einmal recht scharf hinzusehen gewagt hat. Aber bald hatte er sich gefaßt, er dachte, daß Brandan noch ein Mensch der Öffentlichkeit sei, obgleich kein Philologe, die Lust gegen ihn zu schreiben, erfüllte ihn mit einem Zittern, er sank in Ohnmacht vom Stuhle herab, und der Schriften-Ballen, aus den haltenden Bändern gedrängt, rollte unter den Röcken hervor. «Gott steh ihr bei in Kindesnöten!» seufzte ein schwaches altes Mütterchen, aber die jüngere Tochter, die herbeigesprungen und die Schriften betastet, rief ihr tröstend zu: «Nein, Mutter, das ist kein Kindlein, es ist ein Schreibebuch.» Unterdessen war auch die alte Agnes herbeigehinkt und half den ohnmächtigen Hemkengriper in das Haus und auf das Bette der Tochter bringen.

Ohne diese kleine Unordnung zu beachten, war jetzt Jan, nachdem er den Griechen bestellt hatte, in den Garten getreten und hatte, verwundert, wie er sich anders vom Storchneste ausgenommen, seinen Platz zufällig unter Zahnebrekers Bühne an einem Tische genommen, wo aus Gewohnheit sonst nur Studenten zu sitzen pflegen. Sie spotteten in dem Kauderwelsch der Studentensprache über ihn, und die verstand er nicht, ebensowenig beachtete er ein paar spöttelnde Anfragen der Nachbarn, sondern beantwortete sie halb im Traume. Denn wie ein berechneter Komet dennoch zur Verwunderung des Sternkundigen zum erstenmal durch den Nachthimmel leuchtet, so kam Primula auf Zahnebrekers Ruf mit dem kristallenen Ehrenbecher voll rubinroten Weines sorgsam, daß nichts verschüttet werde, den Weg zu Jan dahergeschritten. «Sie ist es», rief es in seiner Brust, «so träumte Icarus»; und als sie näher trat, schien sie auch ihn zu erkennen, denn sie lispelte leise die ihm unverständlichen Worte: «Jan, was wollt Ihr hier?» – Dabei schien die Röte ihrer Wangen zu schwinden, der Deckel des Kristallglases bebte, sie schlug ihre Augen nieder, als blicke sie mit Andacht nach dem Weine, und mäßigte ihren Schritt, indem sie die andre Hand an den Deckel legte. So sorgsam stieg sie die Treppe hinan, und die Strahlen der sinkenden Sonne warfen den blutroten Schein des Weines auf Jan, der nur das durchschimmerte weiße Kleid und die zierlichen Füße in grünen Schuhen wahrnahm. Oben hörte er deutlich den Namen Primula von Zahnebreker aussprechen, er sah sie rasch vor seinen Scherzen die Treppe hinabeilen, sah, wie sie eine Stufe im Herabsteigen verfehlte, und doch, wie von einem Traum gefesselt, sprang er ihr zu spät zu Hilfe, als sie sich schon selbst durch einen glücklichen Griff nach dem Geländer gerettet hatte. Dennoch reichte er ihr die Hand, aber sie wagte nicht, diese liebe Hand anzunehmen, sondern sagte nur: «Eure Hilfe kam diesmal zu spät, Jan, Ihr denkt wohl, ich bin so geschickt im Klettern wie Ihr, aber Euch wäre besser, Ihr säßet im Storchneste als hier.» – Ein Ruf aus dem Tempel des Apollo nötigte sie fortzueilen, und Jan saß nicht lange im Nachsinnen, welche Gefahr ihm drohen könne, als es um ihn her schon unruhig wurde. – «Ich gebe mein Ehrenwort», sagte einer, «dieser junge freche Kerl ist der Secundus, welcher jetzt Famulus bei der Blindschleiche, beim Hemkengriper, ist, ich erkenne ihn an seinem Josephsrocke, es ist der Secundus, welcher die tückischen Artikel gegen unsern Meister verfaßt hat in dem Zeitungsblatte, unter andern, wie er einen Zettel vom Butterteller verloren, und daß darauf jene Ergänzungen des Aeschylus gestanden, die Zahnebreker entdeckte und womit er soviel Licht verbreitete. Dann machte er sich wieder lustig über das Lobgedicht, welches wir Zahnebreker überreicht.» – Jan hörte wohl diese Anklage, aber er meinte gar nicht, daß es ihn angehe, da er von diesen boshaften Aufsätzen, die Hemkengriper unter seinem ihm angetauften Namen Secundus drucken lassen, nie ein Wort bei seiner Scheidung von der Welt vernommen hatte. – Ruiter, ein großer älterer Student, fand sich aber von seiner Heftigkeit berufen, geradezu vor Jan hinzutreten und ihn zu fragen: «Steht sein Name auf dem Wisch gegen mein Lobgedicht, so will ich ihn zeichnen, daß er von jedermann an Galgen und Rad auf seiner Backe erkannt werden kann.» – «Der Mauerbrecher ist gespannt», rief einer, «der Bösewicht muß gestürzt werden.» – «Die Sündflut kommt», rief ein anderer, «pereat

Hemkengriper und sein ganzer saubrer Anhang!» Bei diesen Worten hatte Ruiter zwei Bierkrüge ergriffen und sie über Jan gestürzt. Was half es ihm, daß es vom Leydener Biere war, es verdarb ihm sein sauer erworbenes Ehrenkleid, das er dem

Kleiderschranke Hemkengripers abverdient hatte, ein Kleid von seltsamer violetter Farbe, woran er zuerst erkannt worden. Jener Schimpf, dieser Verdruß vereint hatten ihn viele Jahre zurückversetzt in die Gewohnheiten der Matrosen, mit denen er bei seinen Pflegeeltern verkehrte, und seine Hand mit dem Brotmesser bewaffnet, das er nach damaliger Gewohnheit in lederner Scheide in einer Seitentasche seiner Beinkleider trug. Ruiter wurde durch diesen entschlossenen Griff von dem zweiten Bierschusse abgehalten, den er schon aufgelegt hatte, und zog zu seiner Sicherheit gleichfalls ein Messer, während die Freunde als kundige Vermittler solcher Zweikämpfe mit Jan besprachen, wie die Spitzen sollten abgebrochen werden von den Messern und wieviel jeder sollte vorstehen lassen von der Schneide. Jan aber lachte grimmig auf, warf sie mit schneller Wendung wie ein Bär die Rüden auf die Seite, stellte sich Ruiter gegenüber und rief: als er ihn begossen, habe er auch nicht bemessen, wieweit er naß werden sollte, es sei ihm aber eiskalt bis ans Herz gelaufen. Er breche kein Messer, wenn er es brauche, und so weit es in seines Feindes Herz reiche, wolle er es brauchen. Das fanden die Anwesenden gegen den Studentenbrauch, aber er lachte wieder und trieb sie und seinen Gegner aus einer Ecke der Lindenhalle in die andere, bis er sie alle hinausgefochten zu haben meinte. Aber hier an dem Eingange hatte er zwei entschlossene und gewandte Burschen übersehen, die, erst zurückgebeugt, seine Arme von hinten faßten, mit Tüchern umstrickten und geschickt auf dem Rücken zusammenzogen, ehe er ihnen etwas anhaben konnte. «Hab manches Roß so niedergeworfen», rief der eine, «will auch mit dir fertig werden», und schlug ihm mit einem Schemelbein das Messer aus der Hand. So fand sich Jan wehrlos seinen Feinden gegenüber, auch hätte sich Ruiter wohl noch an ihm gerächt, aber der eigne Blutverlust hatte ihn entwaffnet, und der Schrecken seiner Freunde über die tiefe Wunde wendete ihre Gedanken zum Beistande, sie führten ihn aus dem Gedränge, wo sich schon manche Stimme gegen die Studenten hören ließ, nach einem Keller, wo Bier gezapft wurde. Die übrigen fragten Zahnebreker, was zu tun sei bei der Wachsamkeit der grünen Schelme, denn so wurden die sechsunddreißig Wächter genannt. Zahnebreker riet, daß sie mit dem Schiffe abführen, das sich eben gefüllt hatte, um ihr Alibi zu beweisen, und so blieb Jan, wie ein gefesselter Prometheus, angebunden bei einer Linde zurück, von den zudringlichen Fliegen wegen des Bieraufgusses wie von Geiern umflogen und benagt, trotzig in seinem Herzen gegen alles Mißgeschick, das ihn noch treffen könne, ohne die kleinste Hoffnung eines guten Ausgangs.

Da nahte ihm Primula eilig, durch den Bericht eines Fremden ungewiß, wer schwerverwundet sei, und freudig überrascht, als sie Jan, ein paar leichte Armwunden abgerechnet, unverletzt wiedersah. «Ich warnte Euch», sprach sie, «aber Ihr wolltet nicht hören, ich hatte es gleich weg, daß Euch Zahnebreker als Feind erkannt hatte. Vielleicht hat es nichts auf sich, – ich habe hier schon größere Unglücksfälle erlebt.» – «Ach, Primula», seufzte Jan, «du bist mir nahe in Wirklichkeit und Wahrheit, alles andre mag ein Traum sein.» – «Primula heiße ich, das ist wahr», sagte sie, «aber jetzt hütet Euch vor allem Wundfieber und falschen Träumen, Eure Wunden will ich verbinden und etwas gegen die Entzündung sprechen, was gewiß hilft.» Sie riß einen Streifen ihres Hemdes ab, sie brach einen Zweig, sie drückte unter Gemurmel den Zweig auf die Wunde, und er meinte etwas von den Versen zu hören, die Protea dem toten Icarus sang. Als sie die Wunden mit dem leinenen Streifen gebunden, glaubte er sich ganz geheilt, und doch war noch eine Wunde auf seiner Brust zu verbinden, welche sie jetzt erst wahrnahm und die gewiß seinem Leben ein Ende gemacht hätte, wenn der Hauptstoß nicht die eine der kleinen hölzernen Tafeln getroffen und gespalten hätte, die er statt der Störche jetzt unablässig auf seiner Brust trug. Sie nahm diese Tafeln ihm ab und sagte leise: «Du sollst sie wiederhaben, jetzt kommen die Männer vom Gericht, sie würden unser liebes kleines Geheimnis verraten.» Dann verband sie auch diese Wunde, während schon die drei Haltefeste ihn bei Rock und Weste gepackt hatten. Sie fragten, wer ihn verwundet habe? Er antwortete, daß er es nicht wisse. Der eine der drei grünen Männer war unterdessen von Zahnebreker unterrichtet worden, daß dieser Verwundete zuerst das Messer gezogen habe, und inquirierte weiter, indem er zugleich der verbindenden Primula einen Kuß zu geben trachtete. Aber Jan fuhr unsanft dazwischen, und jener, ergrimmt, sprach von beleidigter Obrigkeit und vom Brummstall, wo er solle beten lernen. «Es ist mein Bräutigam», entgegnete Primula, «darum ist es recht, daß er für meine Ehre sorgt, und ich bin eine Bürgerstochter und will gut für ihn sagen.» – «Geld her!» – «Da in der Tasche sind zehn eingenähte Gulden, das andre Geld gehört dem Herrn.» – «Wenn's nicht dreihundert sind, so haben wir keine Sicherheit, denn dieser Mensch ist ein Rebell gegen die Obrigkeit, hat sich an uns vergriffen, fort, marsch ins Stadtgefängnis.» – Nur ein Blick war noch vergönnt, da zogen sie fort mit ihm und der ganze Schwarm der Neugierigen ihm nach. Primula blieb einsam zurück mit den beiden Musikanten, welche die Zeit der Verwirrung benutzten, das Bezahlte und Ungenossene sich anzueignen. Sie störte die beiden armen Seelen nicht, sondern weinte aus tiefstem Herzen im Dunkel der verödeten Laubhalle, und horchte nach den Störchen, die eifrig klapperten, als ob sie ihre Teilnahme für beide Pfleger ausdrücken wollten. Trostlos warf sie sich in der Laube auf ihre Kniee nieder, nicht vor dem Götterbilde, denn es war in Nacht verhüllt, sondern vor dem Unsichtbaren, dessen alles Sichtbare bedarf. Schon fühlte sie sich stärker, als die Musiker, um ihren Dank abzustatten für das unbezahlte Mahl, mit ihrer Geige und Pfeife ein Abendlied anstimmten. «Die gottlose Musik», rief sie in ihrer Not, «schringt* wie scharfer Essig in der Wunde, Höllenmusik, Lügenmusik! Wenn einem ohnehin wohl ums Herz ist, da tut sie mit uns schön, verspricht sichern Trost für jeden künftigen Jammer, und kommt dieser nun wie ein Feind über Nacht, so ist sie mit ihm einverstanden, das Herz zu zerreißen und die Gedanken zu verwirren.» –

So ist es aber mit allen unsern Künsten, setzen wir hinzu, Kinder der Dämmerung sind sie, weder der helle Mittag noch die schwarze Mitternacht können sie bewahren, dennoch hat jeder Tag und jedes Leben seinen Morgen, seinen Abend, wo sie gelten. «Fort mit euch», rief sie endlich, «es ist zu spät», und auf ihren Wink fuhren die beiden Kläffer, Mopsulus und Spizilus, wie sie Zahnebreker getauft hatte, auf das pfeifende Binsenlicht und auf den geigenden Schwamm, so daß beide, mit ihren musikalischen Werkzeugen bewehrt, ihren Rückzug nicht ohne Gefecht zustande brachten.

Dann fuhr Primula fast unbewußt der Bahn ihrer

Töne nach, wie eine Blinde, und es kamen Worte aus ihrem Herzen, die wir uns deuten wollen:

«Wann wird die Nacht mir enden,
Wann werd ich wieder wach,
Wann trägt auf goldnen Händen
Auch mich ein lichter Tag?
Es ist des Herrn Wille
Auch dieser schwere Traum,
Er ruft mich in der Stille,
Er füllt den leeren Raum.

Nun ich auf meinen Knien
Zu dir, o Herr, gefleht,
In meiner Tränen Glühen
Hat Hoffnung mich umweht.
Ich sehe Blitze leuchten
Durch diese schwüle Luft,
Die wen'gen Tropfen feuchten
Des Herzens dürre Gruft.

Es fühlt sich neu belebet
Bei diesem hellen Schein,
Ein Engel es umschwebet,
Und führt mich zu dir ein,
Er führt auf schmaler Brücke
Mich übern tiefen Schlund,
Er öffnet meine Blicke
Und schließet mir den Mund.

Oh, könnt' ich ewig beten
Zu dir, o Herr, im Geist,
Da würd' auch ich betreten
Dies Land, das sich mir weist.
Doch ich werd' fortgetrieben,
Ich dien' für Menschenspott,
Dein Trostwort nur ist blieben:
Dien' treu, so dienst du Gott!»

«Lieb' ihn, so liebst du Gott, hilf ihm, so hilft dir Gott!» fügte sie leiser hinzu, aber die Stimme der Mutter rief gebietend: «Primula!» Sie sprang auf, und jene Worte verwandelten sich in ein: «Hilf dir, so hilft dir Gott!» Mit dem Worte war ihr geholfen. Ihr Antlitz erheiterte sich, ihr Geist war frei und jeder Tätigkeit bereit, sie sprang wie ein Hirsch über umgeworfene Stühle und Bänke, um rasch dem Rufe der Mutter zu folgen, und diese hielt die im Haar ihrer Wangen noch schwebenden Tränen für die Folge eines flüchtigen Regenschauers, der in Holland so gewöhnlich, und sagte: «Es ist doch keine Stunde ohne Regen, geh, Primula, recht schnell auf den Boden, da hängt Kamillenblüte und Holunder, wir wollen der armen Frau daraus einen Aufguß kochen.» Primula verrichtete das in Eile und flößte auch dem halbohnmächtigen Hemkengriper eine Tasse dieses Aufgusses nachher ein. Die Besinnung kehrte ihm zurück, das antike Antlitz der Schönen, die neben ihm stand, mochte ihn an einen Vers der Ilias erinnern, wenigstens war sein erstes Wort der griechische Vers:

«Weh mir, ein großes Wunder erblick' ich dort mit den Augen.»

«Das Weib redet irre», sagte die Mutter, und Hemkengriper fuhr fort: «Nimmer ja hoff' ich deiner Hand zu entfliehen, nachdem mich genähert ein Dämon.» – «Er spricht von Damon», meinte die Mutter, «das ist ein Schäfer in Vondels Schäferspielen.» Primula aber meinte, es klinge gerade wie das kauderwelsche Zeug, womit Zahnebreker sie anschreie und worüber die Studenten so entsetzlich lachten. «Daraus siehst du», sagte die Mutter, «daß die Narrheit bei gelehrten und ungelehrten Leuten von einerlei Art», und dann fragte sie die Kranke, die ihr lästig wurde, wo sie zu Hause, der Hausknecht solle sie dahin führen zu besserer Pflege. Aber Hemkengripers List stellte sich kränker an, als er eigentlich war, um nicht fortgeführt zu werden. Er befand sich eigentlich ganz hergestellt, überdachte, was zu tun, wandte sich auf die Mauerseite, daß ihn die Alte nicht erkenne, während er ihr ein paar Gulden reichte, wodurch überflüssig alle Mühe belohnt war, die sie gehabt und noch haben konnte. Die alte Agnes freute sich der reichlichen Gabe, winkte der Tochter, sagte ihr, daß dies nach ihrem Geschenke eine angesehene Frau sein müsse, versprach der Tochter eine Kleinigkeit, wenn sie die Kranke wohl versorge und bewache, kümmerte sich auch wenig um das grämliche Gesicht der Tochter, die ihr reinliches, selbst erworbenes Bette der vom Falle beschmutzten Fremden überlassen und wachen sollte, sondern schärfte ihr im Weggehen die Sorge für die Kranke nochmals ein.

Primula war zu gutmütig, um lange auf die Kranke erzürnt zu sein, bald wehrte sie den Fliegen, daß sie sich nicht auf Hemkengriper setzten, während sie die Silberspangen ihres Kopfschmukkes löste und ihre Haare frisch zusammenflocht. Sie ahndete nicht, in welchen Kampf sie Hemkengriper stürzte mit jeder reizenden Bewegung, die über ihn hingebeugt seine halbgeöffneten Augen zum Sehen zwang. Nur die Rücksicht auf sein Manuskript, das er noch zu besitzen glaubte, hielt ihn davon ab, ihr um den Hals zu fallen, aber das nahm er sich vor, bei der künftigen Herausgabe ihr Bild als Minerva vorstechen zu lassen. Wirklich lebte er in derselben Täuschung, die öfter in Gesellschaftsspielen gegen Unkundige benutzt wird, indem man ihnen einbildet, ein Geldstück durch festes Andrücken auf die Stirn so befestigen zu können, daß sie es mit keiner Bewegung abzuschütteln vermöchten. Vergebens zerren sie mit den Gesichtsmuskeln, und doch ist ihnen nur der feste Eindruck geblieben. So fühlte auch Hemkengriper den Druck der Schnallen noch immer, womit die Handschrift befestigt war, nachdem sie längst entfallen, machte aber keine Versuche sie abzuschütteln, sondern machte vielmehr keine Bewegung, um sie ungefährdet zu erhalten, und bekämpfte auf diesem Wege alle böse Teufel, die ihn aus Primulas schönen Augen lockten. Endlich wurden die Fliegen müde, und ihr fiel ein, daß sie in der Unruhe dieses Abends ihren kleinen Blumengarten zu begießen vergessen habe. Schnell griff sie nach ihrer Gießkanne, füllte sie am Brunnen und übergoß die Blumen aus fein gelöcherter Brause wie mit Nachttau, während der Vollmond ihr vorleuchtete und ein Feuerwurm wie ein strahlendes Sternbild sich auf ihr Haupt niedergelassen hatte. Aus einem nahen Bürgerhause klang die heitere Musik eines Abendtanzes, als ob ihr ein Ständchen gebracht würde zum Hochzeitsfeste mit Jan, denn in diesen Gedanken war ihre Sorge um ihn untergegangen. Da erschallte aus einer der Götterlauben eine Baßstimme. Es war Brandan, der da seines Begleiters harrte und eine Blumenidylle vortrug und sich am Widerhalle eines Giebels ergötzte, der wohl nicht zu diesem Zwecke erbaut war, aber gewiß keinen besser erfüllte und alle Reime recht deutlich ihm nachzählte.

«Nieder zieht der Abendwind,
Wiegt in Schlaf manch schönes Kind,
Löscht die Lichter,
Doch es weckt der Vollmondglanz
Blumen zu dem Abendtanz,
Himmlische Gesichter.
Blumen springen aus dem Bett,
Waschen sich im Tau so nett
Und sich schmücken;
Manches krause weiche Blatt
Sich erst neu entfaltet hat
Ahndendem Entzücken.
Jede sich im Bach besieht,
Nun sie hin zum Tanze zieht,
Ob sie glänze,
Und das Bächlein wird so glatt,
Jeder zugemurmelt hat:
‹Amor bringt dir Kränze.›
Alle Blumen schwesterlich
Grüßen, küssen, herzen sich
Hier im Kreise,
Jede wartet auf den Gott,
Der so oft nur leichten Spott
Gibt nach seiner Weise.
Nachtigall ist auch bestellt,
Sich im Laub verstecket hält,
Spielt zum Tanze;
Und ein jedes Gartenbeet
Schon voll schöner Tänzer steht

In dem Vollmondglanze,
Doch die Frauen sehen kalt
Auf die Herren jung und alt,
Und sich brüsten;
Denn ein Gott, der gilt viel mehr
Als der Nachbarn Lustverkehr,
Die zum Tanz sich rüsten.
Nachtviole bleibt zu Haus,

Wagt sich nicht zum Tanz hinaus,
Steht vergessen;
Doch ihr Duft die Luft durchzieht,
Und der Feuerwurm erglüht,
Fliegt ihr zu vermessen.
Amor ist der Feuerwurm,
Und sein Licht, das löscht kein Sturm,
Macht's nur heller;
Und er leuchtet Liebchen vor,
Führt sie selbst zum Tanz vors Tor,
Und der Tanz rauscht schneller.
Eintracht schien im bunten Saal,
Zwietracht kommt zu aller Qual,
Mit den beiden;
Weil der Gott von Lust und Leid
Einer zuflog, sucht der Neid
Sie mit List zu scheiden.
Gänseblümchen weiß nur nicht,
Wie sie zorn'ge Blicke richt',
Ist verlegen;
Stetes Lachen läßt nicht gut,
Gar zu traurig sie nun tut,
Muß sich viel bewegen.
Ob wir schon viel klüger sind,
Als dies liebe weiße Kind,
Ruft Peone,
Kommt es uns doch nimmer ein,
Amor könne unser sein
Auf dem Götterthrone.

Doch wir bleiben hier allein,
Weil wir ganz geruchlos rein
Keinen locken;
So die Lilien seufzen still,
Weil sie niemand nehmen will,
Trotz der großen Glocken.
Tulpe hängt den Kopf sogleich,
Wie ein Vöglein hängt am Zweig,
Zu Narzissen;
Hat den Kelch ihm zugewandt,
Spricht von Ehre und von Stand,
Und von dem Gewissen.
Rose lockt mit hellem Strahl
Nachtgevögel ohne Zahl,
In dem Zorne;
Jedem ihre Dornen reicht,
Daß er an dem Gott hinstreicht,
Und ihn blutig sporne.
Rittersporn und Eisenhut
Wählet sie im wilden Mut
Zu dem Fechten;
Und das Tausendgüldenkraut
Bietet sie zur Werbung laut,
Als ein Lohn den Knechten.
Gleich der hohen dunklen Stadt,
Die sich rings gelagert hat
An dem Garten,
War hier Stille nur zum Schein,
Neid schlägt Licht zu seiner Pein,

Schlägt in Klingen Scharten.
Doch des Gottes leicht Geschoß
Jagt zurück den wilden Troß
Ohne Schaden;
‹Stören lasse ich mich nicht,
Gönne jeder ihren Wicht,
Bin ein Gott der Gnaden.›
Nachtviole hebt das Haupt,
Amors Feuer sanft bestaubt
Ihre Wangen:
‹Jeder regt der Gott die Brust,
Gönnt dies Heute meiner Lust,
Laßt mich einmal prangen.
Morgen ist ein andrer Tag,
Wo er andre lieben mag
Nach Gefallen;
Zeigt nur, daß ihr würdig seid
Dieser Liebe, die sich weiht
In der einen allen.›»

«Weiter, weiter», rief der alte Herr, der sich ihm mit dem Wirte genähert hatte, «so muß man heimlich anschleichen, um Sie zu hören.» Mit veränderter Stimme, ähnlich der gezierten Manier einer ersten Sängerin in Amsterdam, sang Brandan weiter:

«Frau Peone, klüglich denk'
An das goldene Geschenk,
Heb' den Schleier,

Sieh die Flamme an dem Platz,
Der jetzt trägt den reichen Schatz,
Heb' ihn auf den Freier;
Rose, sieh des Sternes Schein,
Er will ein Komet nun sein,
Er will schießen,
Spann die weichen Blätter aus,
Fällt der Stern dir nicht ins Haus,
Fällt er dir zu Füßen.
Und ihr Lilien, seht herab,
Steht er nicht auf einem Grab,
Seht die Flammen,
Sieh ihn, der mit Irrlichtschein
Sinkt in deinen Kelch hinein,
Nacht bringt euch zusammen.»

«Das war nun wieder eine Ihrer Bosheiten», sagte der dicke Herr, «man muß es Ihnen abstehlen, wenn man etwas von Ihnen hören will; schreiben Sie auf, was ich vorher von Ihnen hörte.» – «Ach, alter Freund», sagte Brandan, «Sie wären vielleicht der erste, der diese Verse um Wendungen tadelte, die eben darum, weil sie nicht gewöhnlich, mich allein erfreuten, es ist nicht mehr erlaubt zu dichten, weil es nicht mehr erlaubt ist frei zu sein, was Ihr auch von unsrer neugebacknen Republik sagen mögt. Auch gibt es endlich doch nur einen lebenden Dichter, und dies ist eben der Jan Vos, den ich suche, dem alles gelingt, während mir nur

Einzelnes sich gestaltet, und den ich aus dunkler Ahndung hier durchaus zu finden meine.» – «Ich wünsche, daß Sie so glücklich sind wie ich», antwortete der alte Herr, «dieser gute Mann, der Wirt des Hauses, verpflichtet sich, jene Tulpe zu bewahren, und will sie morgen hier öffentlich zum Besten der Besitzerin versteigern. So kann ich nun ruhig schlafen, aber sehen Sie nur die Tulpe recht an, so deutlich war selbst auf des Hope schönem Exemplar die Flagge von Enkhuisen* nicht zu erkennen, sehen Sie die drei Heringe und die drei Sterne im blauen Felde, es ist der schönste Admiral von Enkhuisen, der mir je vorgekommen, und ich müßte ihn besitzen, auch wenn ich ihn nicht bis übermorgen zu schaffen versprochen hätte.»

Der Hauswirt nahm mit Vorsicht den Topf aus der Reihe im kleinen Garten und trug ihn mit sorglicher Hilfe des alten Herrn und Brandans nach dem Hause, ohne daß Primula, welche sich durch den Verlust der schönen Blume gekränkt glaubte, Einspruch zu tun wagte. Sie dachte nur an die Schönheit der Blume, wußte aber nichts von ihrem hohen Werte, der durch die seltsame Liebhaberei zu einer Art Kauf auf künftige Zeit, wie jetzt mit Staatspapieren, die Veranlassung gegeben, indem jeder, wie er den künftigen Preis vermutete, diese oder eine andre Tulpe zu liefern versprach, sich aber um deren Aufziehung nicht kümmern konnte, sondern in den Versteigerungen nun so vorteilhaft wie möglich sein Versprechen erfüllte oder aber in den meisten Fällen gewann oder verlor, je nachdem sich auf diesen Versteigerungen der Preis erhöht oder erniedrigt hatte, so daß eine Versteigerung den Kurs feststellte. Bei solchen Spekulationen denke man sich den Fall, daß nun eine der beliebtesten Art durch Zufall ganz ausgeblieben, also die, welche zu einem gewissen Preise zu liefern versprachen, ihr Versprechen gar nicht erfüllen können. Da steigt der Verlust ohne Grenzen, denn der Gegner kann fordern, was er will, und in dieser Lage befand sich der alte Herr mit diesem Admiral von Enkhuisen, den er für 20000 Pfund zu stellen versprochen hatte, ohne bis zu diesem Tage in ganz Holland eine Tulpe der Art auftreiben zu können, weil unerwarteter Nachfrost den Gärten geschadet hatte. Primula tröstete sich bald über den kleinen Verlust durch die Erinnerung der größeren Besorgnisse, die sie quälten, und beide erdrückte die Müdigkeit, die, ohne sich an das strenge Gesetz des Wachens zu binden, als Primula kaum neben Hemkengriper sich an die Erde gesetzt, sich ihrer bemächtigte, den Geist zur Ferne entrückte und den Körper in Banden als ein Pfand zurückließ, daß er zur rechten Zeit sich wieder einstellen und ihn einlösen wolle. Hemkengriper bestand unterdessen die heftigsten geistigen Kämpfe. Er hatte bisher in seiner eigensinnigen Alleinheit über so manche Familienverhältnisse und Liebeleien seiner Kollegen im schönsten Latein spotten können, ohne gleiche Vorwürfe besorgen zu müssen. Diese Nacht konnte ihn jedem Spotte preisgeben, und schon diktierte er sich selbst zu eigner Qual Briefe, Verse, Elegien, die über dies Ereignis künftig umlaufen würden. Schnell unterdrückte diese Geistestätigkeit der Wunsch, der Schlummernden ein besseres Lager als die harten Dielen freudig anzubieten, ja er fühlte sich so beklemmt und geängstiget, daß es kein Wunder zu nennen, als eines der Bänder riß, mit welchen er das Manuskript an seinem Leibe noch befestigt glaubte. Aber neuer Schrecken erstarrte ihn, als er dieses Band zu verknüpfen suchte und seine Handschrift nicht mehr vorfand, sondern nur die leere Hülle, die sie umgeben hatte. Wer möchte ihm nicht die Wildheit verzeihen, mit der er jetzt um sich griff, weil er sie im Bette versunken glaubte, und das Seufzen, als er nun wie ein Perlenfischer, der emportaucht, statt einer Perlenmuschel einen alten Scherben emporträgt, denn wirklich brachte er statt der Handschrift das umgestoßene Geschirr, worin der Kamillentee für ihn über glühenden Kohlen bewahrt worden, mit halbverbrannter Hand hervor. «Diebe, Diebe», rief es aus ihm unwillkürlich, und Primula, von dem Geschrei aufgeschreckt, rief ohne Nachdenken aus bloßer Angst ebenfalls: «Diebe, Diebe!» – «Wo sind Diebe?» fragte der geängstigte Mann, der vor seinen eignen Schatten erschrak. «Habt Ihr sie nicht gesehen?» entgegnete Primula, «Ihr riefet ja wie besessen mit einer Stimme ärger wie ein Mann den Dieben nach? Nun, es war wohl ein Fieber, nehmt von dem Kamillenwasser, gute Frau, aber

es ist umgestoßen.» – Hemkengriper hatte sich gefaßt, er sagte ihr, daß er ein Bündel Handschriften verloren, die ihm sein Herr Professor zum Forttragen übergeben habe. – «Oh, da kann ich Ihr helfen», rief Primula, «auf dem Boden liegen noch viele solche Schriften, die Studenten nennen es Hefte, die uns ein junger Herr zurückgelassen, als er wegen Schulden davongelaufen, davon nehme

Sie sich morgen soviel als Sie braucht.» – «Nein», sagte er, «zwei Handschriften sind so wenig einerlei wie zwei Menschen, und ich bin verloren, wenn ich die Werke meines Herrn nicht wiederfinde, ja die Welt ist gewissermaßen verloren. Weiß Sie denn, was der Weltuntergang?» – «Nun freilich, das ist nichts weiter als der Jüngste Tag.» – «Nichts weiter! Der Untergang der Welt ist ein Versinken alles dessen, was die Geschichte in so langer Zeit an sichtbaren Spuren ihres Wirkens, an Zeichen der menschlichen Gedanken gebildet hat, und was ist es anders, wenn die Arbeit eines Menschenlebens untergeht?» – «Ich verstehe Ihre Geschichte nicht, Sie muß wohl eine kuriose Geschichte haben, aber wir wollen doch suchen nach der Schreiberei.» Dankbar umarmte sie Hemkengriper, und ein Blitz des Irdischen durchleuchtete den leeren Raum seines Innern, und da sah es schrecklich aus. Beide suchten aber vergebens; sowohl in der Stube wie im Garten fand sich nichts. Er faßte jetzt wie am Jüngsten Tage nach seinem Kopfe, nach seinen Gliedern, und sie waren noch alle vorhanden, sonst aber nichts in der Welt, denn er verachtete alle andre seines Faches, und dieses Fach war seine Welt, und diese Welt sollte er nun wieder von neuem beleben mit seiner Arbeit, denn sein Gedächtnis war ihm nicht treu. Da fiel ihm Jan ein, dessen eisernes Gedächtnis ihn oft in Staunen gesetzt hatte, wie er die lateinischen Diktate ihm manchmal vorgesprochen hatte, dann auch sein Scharfsinn, wie er allmählich deren Inhalt erraten hatte, und im Augenblicke war aller Zorn vergessen, von ihm und mit ihm vereint hoffte er alles ins Gleiche zu bringen mit der Hilfe weniger Jahre; wenigstens war er gewiß, daß Jan keine einzige seiner griechischen Verbesserungen vergessen hatte, und diese machten nicht nur den Hauptteil aus, sondern schienen ihm auch wichtiger als die Werke der alten Griechen, denen sie erst nach seiner Meinung einen Verstand angeschuht hatten. Im Hochgefühl dieses Trostes sagte er mild zu Primula: «Ich will dich nicht verführen, ist meine Arbeit beendigt, so will ich dich heiraten und du sollst selige Tage leben.» – «Ja, ja, liebe Frau», sagte Primula begütigend, «halte Sie sich nur ruhig, der Anfall wird auch vorübergehen – ich bin nur froh, daß Sie nicht mehr tobt. Sie mag eine recht gute Frau sein, aber Sie ängstigt mich erschrecklich, und es ist mir lieb, daß diese Nacht vergeht und daß ich die Mutter auf der Treppe höre.» –

Kaum war die Mutter eingetreten, so eilte Primula mit dem blanken Milcheimer zum Stalle und zum täglichen Geschäfte, wo sie der Störungen dieser Nacht fast vergaß. Erst nach ein paar Stunden kam sie wieder in das Zimmer zurück und brachte die Morgensuppe. Die Fremde fand sie schreibend, während die Mutter feierlich auf sie zutrat, ihre Hand ergriff und sie in die nicht schrei-

bende Hand der Fremden legte. «Seid hiermit verlobt», rief die Mutter, «und mein Fluch dir, wenn du meinem Willen widersprichst, mein Segen, wenn du den Mann beglückst, wie er es verdient.» – «Ein Mann diese Frau?» stammelte Primula. – «Nun ja», antwortete die Alte, «es hat jeder Mann so seine Seltsamkeiten, dieser reiche Herr Professor Hemkengriper, welcher unser Haus sonst täglich besuchte, wurde hier von seinem Erbfeinde vertrieben, dennoch kam er verkleidet, um zu sehen, wie du emporgewachsen. Halt dich gerade, du hast mehr Glück als Verstand, er will dich zur Frau Professorn machen, und das ist viel. Also reiche ihm in Gutem die Hand, ihr seid verlobt.» – Primula weigerte sich nicht, sie glaubte zu bemerken, was die Mutter wolle, wies mit dem einen Finger auf ihre Stirn, nickte und lachte, dann sagte sie heiter: «Nun, meinetwegen, schöner Herr Bräutigam, aber Sie müssen sich nur nicht überstudieren.» Hemkengriper legte die Papiere zusammen, seine ersten Erinnerungen aus dem verlornen Hefte, schwor Treue und Ergebenheit und steckte einen Ring an den Finger ihrer Hand, die er zärtlich küßte, und empfahl sich bis zur nahen Wiederkehr ihrer Liebe. Alles drängte ihn zur Eile, und die Mutter verbot Primula, ihn nicht durch den Hausknecht begleiten zu lassen, wie diese heimlich in Vorschlag brachte, denn der Herr sei bei vollem Verstande. Hemkengriper fand bei seiner Heimkehr, die er ohne Störung vollbrachte, die alte Bathseba in Tränen. Er meinte wegen seines Ausbleibens, aber sie klagte nur, daß Jan wegen eines Mordes verhaftet sei und mit dem Leben büßen müsse. «Da wäre alles verloren», rief Hemkengriper, «ohne ihn würde ich mich nicht der Hälfte von dem erinnern, was ich ihm diktierte.» In Eile ließ er sich umkleiden und eilte zu dem Bürgermeister der Stadt, der ihn feierlich empfing und mit einer zierlichen Rede begrüßte, ihm aber wenig

Hoffnung für Jan geben konnte. Der Schwerverwundete ist ein Sohn von Ruiter Straaten und Compagnie, mütterlicherseits ein Enkel von Dedem Vater und Sohn in Amsterdam, und der Jan hat nie einen Vater oder Mutter gehabt, er ist kein akademischer Bürger, er wird der Stadt zur Last fallen mit seiner Hinrichtung. Könnt Ihr ihm eine Matrikel schaffen, so ist er gerettet, so gilt es für einen kleinen Exzeß, und Ihr sparet der Stadt große Unkosten.» – «Er ist Student», schrie Hemkengriper, «ich gebe mein Wort, ich habe ihn aufgenommen, und kein hiesiger Magistrat hat über ihn zu richten, ja, ich verklage die Stadt, daß sie seine Rechte gekränkt hat.» – «Volenti non fit injuria», antwortete der Bürgermeister; «der junge Mann hat sich für einen Glaserburschen ausgegeben, so hat nicht anders mit ihm verfahren werden können.»

Hemkengriper eilte in das Gefängnis, wo Jan bleich und starr auf eine Schnur blickte, welche von einem Papierhefte herabhing. «Du sollst gehangen werden, armer Junge», rief Hemkengriper. – «Wohl», antwortete Jan, «so wird mir die Mühe gespart, und diese Schnur trägt mich ohnehin nicht. In dieser Schnur schickte mir Elzevir* meinen Icarus zurück und ließ mir sagen, nur wenn Ihr eine Vorrede dazu wollet geben, könne er das Werk drucken, ohne solche Empfehlungen werde er sich nicht einmal die Mühe nehmen es durchzulesen. Eine halbe Stunde war genug, um es hin und zurück zu senden, – und doch war meine Bürgschaft, meine Freiheit, mein Lebensruhm darauf begründet.» – «Vorrede, lateinische Lobgedichte», rief Hemkengriper, «will ich hinzufügen, es ist ein köstliches Werk, selbst die Alten hatten nichts, was ihm zu vergleichen, und was wollen die neuen Schächer dagegen aufweisen?» Hemkengriper fragte nun nach einer griechischen Emendation, und Jan wußte sie sogleich anzugeben. – «Viktoria», rief Hemkengriper, «ich befreie dich, aber mancherlei mußt du mir versprechen; du hilfst mir treulich in meiner Arbeit, das verlorene Werk herzustellen, denn nur der Himmel weiß, ob ich je diese große Arbeit von deiner Hand abgeschrieben wiederfinde, da ich wegen der Neider und literarischen Diebe den Verlust nicht einmal austrommeln, sondern nur verschwiegene Leute zur Nachforschung brauchen darf.» Jan hatte keine Zeit, sich zu besinnen, so herzstärkend kam ihm der Vorschlag, er war begeistert von Hemkengripers Güte. «Aber noch eins», fuhr dieser fort, «du mußt auch nicht heiraten, willst du ein großer Dichter werden. Das mußt du mir schwören, Jan, dann siehst du deinen Icarus bei Elzevir in Oktav auf feinstem Papier mit einem Titelkupfer gedruckt erscheinen, und ich selbst wähle eine schöne Antike zu diesem Titelkupfer aus, ja allenfalls auch eine Karte, um den Weg des Dädalus genau zu bezeichnen und die wahrscheinliche Lage der Meerhöhle. Ich lasse das Buch mit goldnem Schnitt in Pergament binden, worauf Lorbeerzweige eingepreßt sind.» – «Ob ich das erlebe?» seufzte Jan und sah bei allem Leiden das Büchlein im Geiste vor sich stehen. – «Aber alle Liebeleien mußt du lassen», fuhr Hemkengriper fort, «oder wenigstens ganz im Stillen treiben, für dich behalten und höchstens unter fremdem Namen in der Tragödie aushauchen.» – «Wohl», sagte Jan, «das ist mein Geschick, ich brauche es nicht zu beschwören, es ist schon über mich gekommen. Meine Liebe bleibt einsam wie der Sonnenstrahl, denn der findet auch nicht seinesgleichen, der sich ihm nahen könne, sondern alle gehen immer weiter auseinander, je weiter sie von der Sonne, – es war schön an der Sonne, und hier ist es finster und kalt, und ich weiß nun auch, was ein Gefängnis sei. Nur Mitleid errege ich, auch wenn ich frei werde; arm, verlassen, beschimpft, verfolgt, ohne meine Feinde zu kennen, – welches Mädchen würde mich heiraten? Ich gehe zu Schiff – habt Ihr nichts Schwereres zu fordern, da ist mein Handschlag, daß ich nicht heirate, er kostet nichts, denn ich könnte ebenso leicht versprechen, daß ich nicht durch diese Wand springen wollte.» – «Wohl», sagte der Meister, «du bist verständig geworden, dein Handschlag genügt mir, und ich eile zum Bürgermeister, deine Befreiung damit einzuleiten, daß ich dich in ein helles Gefängnis bringen lasse, wo du meine Arbeiten ungestört fördern kannst.»

So schied er und dachte Jan für immer sich zugeeignet und von Primula getrennt zu haben. Denn daß diese jene Tafeln der Storchpost beantwortet hatte, war seinem kritischen Sinne gleich bei ihrem Namen eingefallen und hatte zu seinem Heiratsentschlusse beigetragen. Als er zum Bürgermeister eingelassen zu werden wünschte, war es wegen des Andrangs von Leuten nicht möglich, gleich durchzukommen, weswegen er noch ein Stündchen zu dem Griechen ging, um über ein erwartetes Manuskript zu sprechen, das zwar angekommen war, das aber dieser nicht zu öffnen wagte, bis es durch Essig gezogen, weil es aus verpesteter Gegend gesendet, während Hemkengriper diesen Essig als verderblich der Schrift durchaus verbot. Sie konnten sich nicht einigen, und Hemkengriper kehrte zum Bürgermeister zurück, der ihm zu seiner Verwunderung versicherte, daß Jan durch Bürgschaft eines ihm unbekannten Mädchens der Haft entlassen sei, auch wäre später die Nachricht eingegangen, daß die Wunden des Studenten keineswegs lebensgefährlich wären und daß nur der Blutverlust die Besorgnis beim ersten Verbande veranlaßt habe. – Welches Mädchen? dachte Hemkengriper. Vielleicht Bathseba? Sie hält viel auf ihn, er muß sie zum Dank heiraten, ich löse in Hinsicht ihrer sein

Versprechen, so werde ich von ihren Vorwürfen bei meiner Heirat befreit. Oder war es Primula? – Diese Frage quälte ihn, daß er zur Dule eilte, um sich kritisch aufzuklären.

Primula war es wirklich, die Jan befreit hatte. Kühnlich trat sie zum Hausherrn, erinnerte ihn daran, daß sie wohl so etwas vernommen, wie er ihren Tulpentopf versteigern wolle, und daß dieser etwas wert sei, er solle ihr dreihundert Gulden darauf vorstrecken, die sie als Bürgschaft für Jan brauche. Der Hausherr konnte ihr nichts abschlagen, sie hatte so ein eigen Wesen, wenn sie bat, und zudem griff sie ohne Umstände nach seiner Geldtasche und zählte sich das Geld auf, noch ehe er genehmigt hatte. Dankbar dachte sie der Worte: «Hilf dir selbst, so hilft dir Gott.» Täglich im Verkehr mit Leuten aller Art geübt, durchschnitt sie das Gedränge an des Bürgermeisters Tür wie eine Regentin, indem sie einem ihr wohlbekannten Biergast, einem Ratsdiener, zurief, daß er ihr gleich Platz machen solle. Oben kümmerte sie sich nicht lange um Anmeldung, sondern trat in das Zimmer des Bürgermeisters ein, während einhundert Menschen davor warteten. Schon wollte der Mann zürnen, aber ein Blick entwaffnete ihn, sie erzählte ihre Not, daß sie gestern nicht die dreihundert Gulden gehabt, um für ihren Bräutigam gutzusagen, nun sei sie aber damit versehen und zählte sie auf den Tisch. Der Bürgermeister wollte Umstände machen, es sei zu spät, aber sie drückte ihm ihren Zeigefinger auf den Mund, daß er ihn küssen mußte und schweigen. Sie reichte ihm die eingetauchte Feder und Papier, sie führte ihm die Hand, daß er die Loslassung ausfertigte. Nun dachte er sie recht derb durchzuküssen als schuldige Ge-

bühr, aber freundlich lächelnd entwandte sie sich mit den Worten: «Es hat Eile!» Und ehe er noch antworten konnte, war sie längst aus seinem Bereich zur Tür hinausgeschritten.

So war Jan befreit, und nun saß sie mit ihm in größter Seligkeit auf der kleinen Bank im Blumengarten, ungestört den Störchen zuschauend, denn die Mutter war ausgegangen, um in Hemkengripers Hause ihre Rechte als künftige Schwiegermutter geltend zu machen. Hemkengriper, als er die

Dule erreichte, wurde am Eingange derselben von ganz anderer Sehnsucht festgehalten, als jene war, die ihn dahingetrieben hatte. Auf dem großen Hausflure war nämlich eine Zahl Menschen um einen grünen Tisch versammelt, auf welchem eine Tulpe in schlechtem irdenen Topfe stand, erhöht durch die Unterlage eines gehefteten Buches, erhellt durch ein Wachslicht, bei dessen Erlöschen nach Landesgebrauch der Zuschlag in Versteigerungen erfolgt. Ein Gerichtsherr verkündigte laut und langsam die Gebote der Umstehenden, denn eine Versteigerung wurde allerdings gehalten, während ein Gerichtsdiener mit weißem Stabe die Ordnung handhabte, wo sie durch Andrängen gestört wurde. Hemkengriper erkannte sein verlornes Heft an den roten Pergamentstreifen der Heftung als Unterlage des Topfes und langte unwillkürlich dahin, ohne in freudiger Überraschung daran zu denken, daß der Blumentopf, den er wie einen Briefbeschwerer abheben wollte, ein Gegenstand allgemeiner Neugierde und der Versteigerung sein könne. Als er ihn eben abheben wollte, um zu seinem Schatze zu gelangen, belehrte ihn ein derber Schlag des weißen Stabes, der auf seine Hand fiel, daß er die warnende Stimme des Gerichtsdieners nicht hätte überhören sollen. «Hand weg!» rief der Mann, «mögt Ihr sein, wer Ihr wollt, das Gut steht unter Gewährleistung der Stadt in öffentlicher Versteigerung.» Hemkengriper drohte und verlangte sein Eigentum zurück, aber der Richter verwies ihn zur Ruhe, bis die Versteigerung beendet, wo er dann seinen Einspruch machen könne. Bilderdik ließ so etwas verlauten von unredlichen Pfiffen, um die Liebhaber im Besitz zu stören, und die andern Mitbieter ließen so etwas von Hinauswerfen verlauten, weswegen sich Hemkengriper fügen mußte. Auch fand er sich geschmeichelt, daß schon über 20000 Pfund, wie er meinte, auf sein Manuskript geboten worden, und weil er nichts dabei zu verlieren meinte, trieb er den alten Herrn Bilderdik bis 50000 Pfund, wo dieser endlich die lang durchgefochtene Schlacht aufzugeben sich entschlossen zeigte. Schon wollte der Richter den Zuschlag mit dem Stadtschlüssel kundmachen, als der alte Herr wie ein geschickter Tänzer in seinem Davonlaufen umdrehte und noch tausend Pfund bot. – «Gewiß ein Zwischenhändler Zahnebrekers», dachte Hemkengriper, «einer unsrer bekannten Gelehrten ist es nicht», und bot gleichgültig noch tausend. Da lief der alte Herr davon wie ein Mann, der sich aus steigender Wassersnot rettete, ohne Umsehen, denn seine Liebhaberei hatte solches Übergewicht über seinen Vorteil gewonnen, daß er es ganz vergaß, wieviel höher er den Blumenkurs zahlen mußte, je höher er die Blume trieb. Aber doch kehrte er zum Nachgebot um, als das Wachslicht erlosch und der Schlag des Hammers ertönte, und wandte sich ab mit dem Antlitze eines hoffnungslos Verdammten, während Hemkengriper nach dem Blumentopfe griff, um ihn vom Manuskripte abzuheben. Aber ein neues «Handweg!» belehrte ihn, daß er erst sein Geld aufzahlen solle. «Es ist mein Eigentum, das mir gestohlen», schrie er zornig. – «Kann sein», sprach der Richter kalt, «aber erst zahlt zur Sicherheit Eures übermäßigen Gebots, nachher könnt Ihr das Geld und das Erstandene mit Beschlag sichern.» – «Ich kann zahlen, Hemkengriper, und biete noch obenein zehn Dukaten als Geschenk, wenn Ihr mein Eigentum, so daß keiner hineinsieht, bis zu meiner Rückkehr bewahrt.» – «Sonderbare Mißgunst der Liebhaber», sagte der Richter, als er fort war, «aber für zehn Dukaten kann ich ihm schon den Gefallen tun, die Blumen zu verstecken. Zu diesem Behuf riß er aus dem Hefte einen Bogen und steckte ihn mit Nadeln um die Blumen fest. «Ha», sagte der Richter dann, «ich soll die Gesetze bewachen und begehe aus Übereilung selbst einen Frevel, doch ich will ihn ersetzen. Aus diesem hier gefundenen Hefte, das wahrscheinlich einem der Schläger gehörte und das zum Besten des Gerichts versteigert werden sollte, habe ich in Gedanken ein paar Blätter ausgerissen. Was wird geboten, wenn die Blätter noch drin wären?» – «Nichts, Herr», rief ein Student, «es ist kein ordentliches Heft, es sind allerlei Schmiereleien, Anmerkungen, das kann niemand brauchen als sein Verfasser.» – «Es ist alles zu brauchen», antwortete der Butterhändler, «es hat gutes Format, aber um den einen Bogen mehr oder weniger gebe ich keinen Stüber* mehr.» Die Handschrift Hemkengripers wurde zum Spott wie ein Ball kreuz und quer über den Tisch geworfen, und der Butterhändler bot ganz allein nach dem Gewichte, das seine Hand ermessen, acht Stüber. Brandan, der eben auch hinzugetreten, bot aus Scherz oder aus alter Liebhaberei an philologischer Anfängerei noch einen Stüber mehr und erhielt den Zuschlag ohne Einrede. Er zahlte; der gewissenhafte Richter legte noch einen Stüber für das Ausgerissene hinzu, und so war das unsterbliche Werk für zehn Stüber verkauft und wurde von Brandan in einer Laube durchblättert, wo es ihm das Vergnügen gewährte, sich in alte Zeit zurückzuversetzen.

Primula und Jan lernten unterdessen das Sprechen miteinander wie Kinder die Sprache, indem sie manche Frage einander öfter wiederholten und gar nicht merkten, daß es dieselbe sei, welche eben beantwortet worden. Es war ihr erstes Gespräch, und solche Gespräche sind schwer nachzuschreiben, denn die Worte erscheinen nur als Begleitung, und zwar wie bei Pauken ist das meiste Pause, während die Augen als Duettsänger sich hervortaten und keins dem andern nachstehen wollte. Läppische Worte, was wollt ihr in solchen Stunden? Abgenutzte Kleider zu solchem hohen Feste! Und dennoch sehe ich das Blau des Himmels über ihnen, wie sie da im kleinen Blumengarten sitzen, neugierig von kleinen geflügelten Köpfen durchschaut, die schnell eine Laube von geflochtenen Strahlen über sie wie ein Netz gestrickt haben, sich auf den Knoten feststellen, unwillkürlich die Gebärden der Liebenden untereinander nachmachen, ihre Blicke abspiegeln und sich dabei noch seliger fühlen in ihrer Seligkeit. In solchem Anschaun vergessen sich zuweilen die Himmlischen und werden der Erde sichtbar. Der kleine Blumengarten war der Mittelpunkt dieses Gespräches, denn Jan erzählte, wie er immer mit großer Sehnsucht nach demselben wie nach einem Sternenbeet geblickt, obgleich er die Gärtnerin nie darin gesehen habe. «Das war aus Angst», sagte sie, «Ihr möchtet herunterfallen vom Storchneste, daß ich mich versteckte und den Kopf noch mit einem Tuche umwickelte und nur auf Augenblicke hinsah. Ihr wäret gerade in meine Blumen gestürzt, und hätte mir das nicht leid tun sollen? Seht nur», fuhr sie fort, «die Sonne ist heute recht brennend, wenn ich nur Papierschirme für meine Nelken hätte.» Jan, ohne sich zu grämen, zog seinen Icarus heraus, gab ihr die Bogen hin, daß sie Schirme daraus kniffen konnte, und machte ihr die geschickten Handgriffe so gut er konnte nach, um recht schnell die köstlichen großen Knospen gegen das Aufplatzen zu bewahren. Die Arbeit war zu Ende und der ganze Icarus verbraucht, als Primula einige Zeilen voll Liebe las, die aus den Papierschirmen gegen die Sonne blickten, es war die Sehnsucht des einsamen Icarus in seiner Werkstatt, wie sie die Muse beschrieb, und wie nun, als der Storch mit dem letzten Täflein kommt, sein Entschluß sich ermächtigt; eine Stelle von tiefer großer Bewegung, bei der die Deiche des Herzens auch jetzt wohl noch reißen. «Oh», rief sie, «wenn ich wüßte, wer das geschrieben, den müßte ich küssen, der wäre mir noch lieber als Ihr, so lieb ich Euch habe. Nun Ihr wißt, daß ich Euch liebhabe, aber wie sag ich es, dies ist Seele von meiner Seele, das ist sichtbare Gestalt von dem Unsichtbaren, was sich uns nur selten und heimlich naht, und doch vielleicht unser eigen ist, oder einst wird. Jan, ich rede Unsinn, aber ich kann nicht anders, ich habe recht, wenn ich auch nichts Rechtes zu sagen weiß!» – Jan aber richtete sich auf und glaubte erhöht in der Luft zu schweben, legte ihre Hände um seine Stirne und rief mit dem Gefühle eines von Kaisershand gekrönten Poeten: «Sieh, nun hab ich den Kranz, und meinen Augenblick hab ich gelebt und meine Blüte getragen, und ein Jenseit reifet als Frucht. Ich bin's, der solche Worte schrieb, und mich hast du gerühmt als einen Fremden, und dich habe ich durchdrungen mit der Seele in mir. Mag diese Schrift vergehen, kein Elzevir sie drucken, die Welt sie nicht ahnden, meine Kunst hat die Welt in einem Herzen erfüllt und diese Worte aus mir geboren, sind dir gefallen als williges Opfer und in dir auferstanden zu Tränen. Was ist's? Wir haben uns im Geiste geküßt, und so soll uns dies Zeichen der Lippen nicht fehlen, – nicht dies leise Bienengesumme im süßen Lebenskelche.» – «Aber auch der Kranz soll nicht fehlen, da die Arme der Schönen sanft errötend niedersinken», rief Brandan und setzte den zusammengeflochtenen Zweig eines Lorbeers auf Jans Stirn, eifrig dann bemüht, die Schirme von den Nelken herabzuziehen, die Bogen zu sammeln und wieder zu ordnen. «Ich habe Euch belauscht», fuhr er fort, «denn so muß ich als Schauspieler die Welt pflichtmäßig belauschen, und jedes Wort, was diese liebe Seele von den Papieren ablas, überzeugte mich, du nur könntest der Jan sein, von dessen Schauspielen ganz Amsterdam entzückt ist, den ich aufzusuchen hierher reiste, weil die Stücke von hier eingesandt werden, dem sich unser ganzes Schauspiel als seinem Schöpfer zu Füßen legt, der für jeden Preis der unsre werden muß, unser Führer gegen die Unnatur des Auslands, gegen diesen Wiedertäufer, gegen Vondel.»

«Jan Vos heiße ich», sagte Jan, «obgleich ich hier unter dem Namen Secundus nur allzu bekannt bin, auch habe ich wohl Schauspiele geschrieben, die aber mein strenger Lehrer Hemkengriper, ich möchte sagen vor meinen Augen zerriß, ich kann Eure Rede nicht begreifen, obgleich sie mir wohltut, und Euren Kranz nicht annehmen, obgleich er meine Stirn freundlich deckt.» – Bei diesen Worten wollte er den Kranz vom Haupte nehmen, aber Primula hinderte ihn daran mit den Worten: «Er sitzt so fest auf deiner Stirn wie ein Sieger auf seinem Siegesrosse, er läßt dir so wohl, als wäre es sein Boden, als hätte er seine Wurzel bis zu deinem Herzen und aus deinem Herzen getrieben; ich leide es nicht, daß du ihn abwirfst. Höre nur, der fremde Herr spricht so ehrlich, wer kann wissen, was Hemkengriper heimlich an dir tat? Sagt, Herr, wie hießen denn jene Schauspiele, die so große Ehre einlegten?» – «Vor allen ‹Aran und Titus›»*, rief Brandan. – «Mein erstes Werk», sprach Jan, und fügte die Worte des Titus hinzu:

«Lieb' ist hier die fremde Blume,
Die geschlossen bleibt bei Tag,
Sich nur nachts im Heiligtume
Deines Traums erschließen mag.
Liebe ist die fremde Stimme,
Die uns den Gedanken stört,
Daß wir in dem süßen Grimme
Alles andre überhört.

Liebe ist ein schwarz Gewitter
In der klaren Frühlingsstund',
Glücklich ist der junge Ritter,
Dem ihr Blitz verschließt den Mund.
Denn es bleibt in ihm verschlossen
Ihrer Augen Wunderlicht,
Himmelstrahlen sind Genossen,
Und den Donner hört er nicht.»

«Oh, nun weiß ich erst», rief Brandan, «wie das gesprochen sein will, hundertmal bin ich in der Stelle beklatscht worden, und immer mit Unrecht. Gewiß, seid Ihr erst unser Direktor, Ihr sollt an mir einen gelehrigen Schüler finden, und – wie schön wäre es, wenn Primula es nicht verschmähte, jene herrlichen Frauen uns in Wahrheit zu zeigen, die Jan mächtig in seinen Worten sprechen läßt und für die unsern Schauspielerinnen der Atem gebricht. Glaubt mir, an den wenigen Worten, die Ihr vorher abgelesen, erkannte ich eine große Schauspielerin.» – «O wie schön», sagte Primula und senkte den Blick, «es wird mir immer so recht wohl, wenn ich den Leuten so etwas lebhaft vorlesen konnte, und die Mutter schalt mich eine Marktschreierin, eine Komödiantin. Wer weiß, wozu es mir noch nutzt, daß ich mit dieser Liebhaberei geschaffen bin.» –

Ein heftiger Wortwechsel hatte sich inzwischen am Tische der Versteigerung entsponnen, als Hemkengriper mit der Hilfe seiner guten Bathseba die Geldsäcke dahin geschafft und das Geld aufgezählt hatte. Das Manuskript hielt er für wohl bewahrt, als er es nicht mehr erblickte, und war daher anfangs nur leicht verwundert, als ihm der eingewickelte Tulpentopf näher gerückt wurde. Nun erblickte er aber die wohlbekannten Schriftzüge dieser Papierdecke, gerade eine seiner scharfsinnigsten Hypothesen, da entfesselte sich sein eingeborener Zorn, und es dauerte lange, ehe der Richter den Grund deutlich verstehen konnte. Nun sah er wohl den waltenden Irrtum, aber er zeigte auf den Anschlag, auf die Anwesenden, alles bewährte, daß Hemkengriper auf eine seltene Blume und nicht auf eine Handschrift geboten habe. Und als er nun nach dieser fragte und vernehmen mußte, wie sie für wenige Stüber das Eigentum eines andern geworden, da kannte sein Jammer keine Grenzen, daß er nicht bloß seine Gedanken, sondern auch sein Geld verloren habe.

Der ehrliche Hauswirt, der ihn nun zum erstenmal ohne gelehrten Stolz und Hohn in seiner menschlichen Schwäche erblickte, konnte sich des Mitleids nicht erwehren und tröstete ihn mit der Versicherung, daß das Geld mit Primula zu ihm zurückkehre, die diese Tulpe aufgezogen habe und der er auch nicht den kleinsten Abzug für seine Erde machen wolle, in der sie dieselbe auferzogen, noch für sein Wasser, womit sie die Tulpe begossen habe. – «Es ist ein abscheulich schönes Ding, diese Tulpe», sagte Hemkengriper mit Abscheu, «wie aus buntem Papier von einem Kinde geschnitten, die hätte ich nicht erschaffen mögen.» Fernher blickte inzwischen Bilderdik mit Sehnsucht nach der Blume, konnte sich endlich nicht länger halten, gesellte sich zu Brandan, der dieser Unterhaltung nähergestanden hatte, und sprach zu Primula, woher sie die Zwiebel zu dieser Tulpe erhalten und ob vielleicht da noch eine zu bekommen wäre. Aber beides gewährte ihm keinen Trost; denn Primula berichtete ihm, wie ein schiffbrüchiger Matrose, der einen Hering sich geben lassen, über Zwiebeln sehr ergrimmt gewesen wäre, die er in sauberem Kästchen aus dem Meere gerettet habe und die nun nach gar nichts schmeckten. Sie habe diese für Tulpenzwiebeln erkannt und ihm Eßzwiebeln in Tausch angeboten, aber leider sei nur noch diese eine übrig gewesen. – «Ich gäbe noch tausend Pfund mehr», sagte traurig der Kaufmann, «hätte ich mich nur nicht abschrecken lassen, ich kann solchen Verdruß nicht überleben.» Brandan umfaßte ihn teilnehmend und führte ihn fort, damit der Anblick des Blumengartens ihn nicht gänzlich niederschlage und zerstöre.

Eben traten nun Hemkengriper, Agnes und Bathseba zu den beiden Liebenden, um ihnen zu beweisen, daß die Blumen so wenig wie die Bäume in den Himmel wachsen, daß der Himmel auf Erden keinen Platz hat und sich deswegen nicht für die Dauer darauf niederlassen kann. Agnes fragte Jan, wie er sich erdreisten könne, so vertraulich Hand in Hand mit Primula vor aller Welt zu prangen, die Hemkengripers Verlobte sei und bleibe. Hemkengriper machte der armen Primula Vorwürfe, wie sie des Ringes vergessen könne, der sie verbinde. Primula rief verwundert: «So ist das alte tolle Weib wirklich ein Mann geworden!» Jan sprach fest, aber bescheiden von seinen früheren Rechten, und daß er Primula, wie ihm Brandan versichert, durch seines Geistes Werke jetzt auch ernähren könne. Hemkengriper wies das mit Stolz zurück und sagte: «Du bist ein Mann von nichts, ich aber bin ein Mann von hunderttausend Dukaten, aber was mehr sagen will, du kennst dein Versprechen, nicht zu heiraten, als ich dich aus Todesnot befreite, du hast der Primula entsagt.» – Jan wandte ein, daß nicht er, sondern Primula ihn befreit habe, aber Hemkengriper zeigte auf den

Ring, den er Primula angesteckt hatte und der zu fest den Finger umschloß, als daß sie ihn losreißen konnte; dann rühmte er die Nacht, die er bei ihr zugebracht, indem er Primula ausforderte, ihm diese Nacht abzuleugnen. Primula errötete aus Ärger und schwieg aus Stolz, während Jan sie und den Ring abwechselnd anstarrte und erblaßte. Schon wollte Hemkengriper triumphierend ihre Hand ergreifen, da trat Bathseba zwischen beide hin und sprach: «Schämt Ihr Euch nicht, gelehrter Herr, vor der Jugend, die Ihr mit Eurer bösen Lust kränkt? Seht das gleiche Alter, was sie vereinet. Warum sollte ich Euch länger schonen, wie ich nur zu lange getan? Ihr wißt nicht, wen Ihr kränkt, denn noch ahndet Ihr nicht, daß dieser liebe junge Mann Euer Sohn ist.» – «Sohn, Sohn», sprach Hemkengriper, «ich weiß von keinem Sohn.» – «Leset da dieses Taufzeugnis! Die verlassene Mutter, die Ihr durch solchen Ring ins Verderben führtet, mußte dieses arme Kind verheimlichen und bei fremden Menschen unterbringen, weil Ihr sie sonst gänzlich zu verstoßen drohtet. Hört, ihr Leute, wer ihm nach solcher Bosheit noch trauet, der verdient solches Elend, wie die Mutter des jungen Mannes erfahren hat.» – «Ist er mein Sohn», antwortete Hemkengriper grimmig, «so habe ich um so mehr Rechte auf ihn, und mein Befehl muß ihm gelten, daß er allen Ansprüchen auf Primula entsagt. Alte Sünden sind abgebüßt, ich scheute den bösen Ruf vor der Welt, und Ihr habt meinen Ruf jetzt schonungslos vernichtet und seid meines Dienstes entlassen, obgleich ich wohl von Zeit zu Zeit aus Milde für Euch etwas aussetzen will. Gedenk, Jan, an deinen eigenen Vorteil. Ich erziehe dich zu etwas Großem, du arbeitest für mich fleißig, obgleich nicht in meinem Hause, ich gebe dir reichliches Auskommen, ich gebe deine Tragödien heraus mit Vorrede und Nachschrift; was ist dagegen der Beifall der Menge? Fort, Bathseba, fort, aus meinen Augen, du ermunterst sonst den Burschen zur Empörung gegen seinen Vater.» – «Fort, fort», rief die alte Agnes, «die ist ärger wie eine Hexe und verdiente zu brennen, für Jugendsünden vergißt der Himmel die Zeche, aber Altersbosheit steht in der Hölle mit doppelter Kreide angeschrieben.» – Die alte Bathseba trat verlegen einen Schritt zurück, und Jan sah sich bezwungen von seinem gegebenen Wort, von väterlicher Gewalt, vom Argwohn gegen die Geliebte. Aber so gut oder so schlecht, als es der Mensch in seinem Jammer und in seiner Freude sich denkt, kommt es nie in der Welt, und wenn die Not am größten, ist der Retter am nächsten.

Brandan hatte längst mit seinem scharfen Gehör die ganze Unterredung behorcht, während er nur mit Bilderdik beschäftigt schien. Er schlug jetzt das Heft auf, wo er es eingekniffen hatte, ergriff eine gestopfte Pfeife und las daraus vor sich: «Was ist ein Deus ex machina? gewiß muß dies ein Perpetuum mobile sein.» – «Herr, meine Ideen», rief Hemkengriper, «das ist meine Handschrift.» Kalt wies ihn Brandan von sich, riß in das Blatt und näherte sich der ausgestellten brennenden Lampe. «Halt, halt», rief Hemkengriper flehend, «alles nehmen Sie, werter Mann, einst auch mein Zuhörer, nur kein Blatt von diesem Denkmale meines Geistes und meines Fleißes.» – «Was können Sie mir bieten?» fragte Brandan. – «Hunderttausend Gulden», schrie Hemkengriper. – «Lumperei», antwortete Brandan, «ich war nicht vergebens zehn Jahre in Indien, Geld hat für mich keinen Wert. Aber ich habe so meine Grillen, ich will Menschen beglücken. – Sollen sich die beiden da, der Jan und die Primula, nicht heiraten? Ich verlange es!» – Bei diesen Worten riß er etwas weiter in das Blatt. – «Gern, gern, noch heute, mein Segen über Euch», rief Hemkengriper, «nur dies Buch, dies Buch sei mein!» – «Und diesen Blumentopf soll dieser ehrliche Mann, Herr Bilderdik, nicht erhalten, der noch tausend Pfund mehr bietet?» fuhr Brandan fort. – «Diese und alle Blumen, die ich in meinem Hausgarten besitze», sprach Hemkengriper erleichtert. – «Und die alte Bathseba sollte für die Treue, die sie Euch und Eurem Sohn erwiesen, ausgejagt werden?» fuhr Brandan fort. – «Nein! Heiraten müßt Ihr sie, denn eigentlich könnt Ihr gar nicht ohne ihre Sorgfalt leben und bestehen. Ja, wenn mich nicht alles täuscht, so waren das Mutterblicke, die sie Jan zuwandte, sie ist die Mutter des hochgefeierten Jan Vos, der Euch mit seinem Ruhm über die Wogen der Zeit erheben und flott erhalten wird. Ja, heiratet sie des Sohnes wegen und wißt, kein Name ist jetzt in Holland so hoch verehrt wie dieser Eures Sohnes, der Vondel stürzte mit dem ersten Anklange seines Geistes. Er ist der Schöpfer unserer Bühne, er werde ihr Regierer, ihm übergebe ich den Herrscherstab, und Ihr gebt ihm dazu das Blumengeld.»

Hemkengriper wollte sich besinnen, aber die Feuerprobe drängte; endlich rief er entschlossen: «Ihr habt mir nur vorgegriffen, doch was ich Euch bewillige, war längst ein Plan in mir. Ich habe Jans Werke in die Welt gefördert, ich habe mein Wort gegen Vondel erfüllt. Nun wohlan, ich habe mich nur verstellt, ich habe euch prüfen wollen, junge Leute, bleibt einander in den Theaterverführungen treu, Ihr tretet in ein lockeres Leben. Dir, Bathseba, brauche ich keine Warnung einzuschärfen, du wirst nun Hausfrau und bleibst in allem wie bisher. Da, Herr, nehmt Eure Blume und zahlt Euer Geld, Jan mag's als Vorschuß für die neue Bühne erhalten – jetzt her mit dem Manuskript, oder ich vergreife mich an Euch.»

*

Soll ich hier schließen? Will jemand von den Liebenden etwas wissen? Wohl ihnen, sie haben schwere Prüfung gut bestanden und eilen vermählt mit Brandan und Bilderdik, mit Icarus und Tulpe nach Amsterdam zur Beifallsernte, denn daß Primula bald als erste Schauspielerin die Werke Jans verherrlichte und verweiblichte, wer hätte das nicht aus ihrem ganzen Wesen geahnet, besonders aus ihrer Art, wie sie ihn befreite? Brandan fand sich getäuscht in seiner Hetzerei gegen Vondel. Nur im Verachten aller übrigen konnte er seinen Einen ehren, ja es war noch zweifelhaft, ob er nicht eigentlich nur bewundere, um verachten zu können. Ganz anders war Jan Vos gesinnt, der ein Bewunderer Vondels wurde, seit er seine Stücke gelesen, endlich auch sein Freund, als sein Eifer die Eisrinde des alten Mannes geschmolzen hatte. Mit geschickten Änderungen brachte er wieder den Gisbert, ein Stück Vondels, auf die Bühne, das seine Jugendarbeiten mit Unrecht verdrängt hatten. «Das alte schlechte Zeug spiele ich nicht», sagte ihm Brandan bei der Probe, «sollen wir wie die Krebse rückwärts gehen, so gehe ich lieber ganz ab vom Theater!» – Jan kannte schon die launenhafte Schwäche des Freundes, die sich gern für Stärke ausgab, er ließ sich nicht schrecken. «Ich möchte doch nicht gern», sagte er, «die Rolle dem Hope übergeben, sie kann den elenden Lärmmacher auf einmal zur höchsten Gunst des Publikums erheben.» – «Nein, bei Gott», rief Brandan, «lieber will ich mir den Rest Begeisterung an den Vondelschen Versen ausquälen, ehe ich den sinnlosen Schreier durch meinen Abgang erhebe. Vondel ist mein Feind nicht, er ärgert mich nur, weil ich dich kenne, weil er durchaus veraltet ist, weil er dir gewiß schaden wird, obgleich du sein Wohltäter bist. Es ist die erfrorne Schlange der Fabel*, er hat einen Giftzahn und eine Klapper, beides gehört zum Handwerk und beides fehlt dir.» – Jan seufzte: «Freilich, die Welt ist anders, als sie auf dem einsamen Zimmer erscheint, und unsre Verse, was sind sie mehr als ein Taktklappern im Ohre dämlicher Handelsdiener und trunkener Matrosen, die unsern Ruhm gründen und verbreiten? Doch sind wir Poeten noch ein wenig besser dran als Ihr Schauspieler. Mag unsre Arbeit dem Zufalle hingegeben sein, wer eben Geld hat, um das Schauspiel zu besuchen, mag es der Menge, die im eignen Gestank nicht riechen kann, einerlei sein, ob der Herd von Zedernholzflammen oder von Torfglut leuchtet; mögen wir also so gut wie Ihr für die Gegenwart allen Zufälligkeiten hingegeben sein, die Reichtum und Roheit herbeiführen – uns bleiben doch in der Gegenwart einsame Leser, die den frischen Frühlingsduft der Blumen von dem Geruch der abgezogenen Wasser zu unterscheiden wissen; dann gibt es eine Zukunft beim Büchertrödler, die unsre Werke zur rechten Zeit in die rechte Hand gibt. Für uns beide gibt es aber ein tröstendes Bewußtsein, daß in den Menschen, die unbekannt, viel Besseres lebte, als was je der Ruhm in uns verherrlichte oder schnöde Gleichgültigkeiten fortstieß, wir kommen einst zu ihnen in gute Gesellschaft. Was wir schaffen, gehört es uns? Ist es nicht ein Vorschuß, den wir der Welt darreichen von einem Kapital, das endlich allen zuteil wird, weil alle gleichen Anspruch daran haben? Du nennst Vondel veraltet! Nichts ist alt oder neu in der Kunst, sie hat keine Zeit; was in ihr lebt, das lebt mit gleichem Rechte. Ich sollte ihm zürnen, weil er auch etwas Eigenes schuf? Wird eine Frau andere Frauen um ihre Kinder beneiden, wenn sie ihre eignen liebt? Möchte auch die mutigste alle Kinder geboren haben und gebären wollen, welche die Welt durchspielten, und sie künftig verjüngen? Denke dir, Vondel hätte vor hundert Jahren gelebt, wie wenig bliebe übrig von all dem Tadel seiner Werke, der dir jetzt das Lesen verbittert und dich zum Widerspruche gegen ihre Aufführung reizt? Hast du nicht Hemkengriper und Zahnebreker so gut gekannt wie ich, wie sie einander in jeder Richtung störten, ihre großen Anlagen vernichteten? Neid und Haß sind verzehrende Gewalten, denen sie ihre unglückliche Vaterstadt und sich selbst opferten.»

*

Um diese Schlußworte zu erklären, muß aus der Chronik der Stadt Leyden nachgetragen werden, daß in diesem 1635sten Jahr nach Christi Geburt 22000 Einwohner an der Pest starben. Auch Hemkengriper und Zahnebreker fanden darin ihren Untergang. Strohmel erzählt im achten Band seiner Nebenstunden, daß ein griechisches Manuskript (eben jenes, warum er den Griechen in vorstehender Geschichte aufsuchen ließ), aus welchem er Zahnebreker in Hinsicht mehrerer Konjekturen zu widerlegen hoffte, dieses Pestübel ihm einimpfte, weil er in seiner Schadenfreude jede Vorsicht von sich wies, obgleich es auf einem verpesteten Schiffe angekommen, nach der Vorschrift, erst durch Essig gezogen werden sollte. Seine Aufwärterin, die schon Pestkranke gesehen, erkannte das Übel sogleich an ihrem Herrn, aber er gebot ihr Stillschweigen. Feierlich ließ er Zahnebreker Versöhnung antragen, der nach seinem offenen Wesen sie augenblicklich annahm und ihn nach der Dule einladen ließ. Beim feierlichen Versöhnungsfeste auf der Laubhütte der Dule umarmte ihn Hemkengriper und verpestete ihn mit seinem ersten Friedenskusse so erfolgsicher, daß beide fast in einer Stunde starben. Ihnen folgte die halbe Stadt, erst leidtragend, dann sterbend, und nur wenige ahneten, daß ihnen dies Verderben aus dem Hasse zweier Gelehrten hervorgegangen.

NACHWORT

In seinen Erinnerungen erzählt Graf Schack, mit welch hochgespannter Erwartung er einst in frühen Jahren der persönlichen Bekanntschaft mit einem Dichter entgegengesehen hatte. Es war ein Studienfreund seines Vaters aus gemeinsamen Semestern in Halle, wo man sich zu einem Wiedersehen treffen wollte. Seine Werke standen im Ruf einer absonderlichen Phantastik, was die Neugierde des jungen Menschen wohl noch steigerte. Aber er wurde enttäuscht. Der imposante Herr, der mit Vater und Sohn an der Saale hellem Strande entlangspazierte, entsprach nicht den Vorstellungen, die sich Adolf Friedrich von Schack von einem Dichter machte. Kein bedeutendes Wort kam aus seinem Munde, weder ein erhabenes noch ein witziges. Auch vom Temperament eines genialen Fabulierers war nichts zu spüren, ja nicht einmal zu romantisch verklärten Studentenerinnerungen ließ er sich verlocken – er sprach zumeist schlicht und sachkundig von Landwirtschaft, der er sich mit großem Eifer widmete, und machte den Eindruck eines Landedelmannes, dessen geistiger Horizont sich nicht weit über seine Roggen- und Weizenfelder erhob.

Lassen wir dahingestellt, ob das Bild, das sich hier ein jugendliches Gemüt von Achim von Arnim machte – denn er war dieser Dichter –, nicht vielleicht allzu naiv war. Aber auch Joseph Görres, seit Jahrzehnten mit Arnim befreundet, findet ihn auf dem Münchener Oktoberfest bei preisgekrönten Pferden und Kühen, bei Pflügen und Sämaschinen. Nur sah Görres, selbst ein Mann der Feder und mit den Problemen der Schreibenden vertraut, in dieser Neigung Arnims zum Lande mit seinen homerisch urtümlichen Gesetzen eine heilsame Bindung, die den exzentrischen Mächten der Phantasie Grenzen setzte. Er kannte den Freund noch aus Zeiten, in denen der poetische Überschwang eines freischwebenden Literatendaseins Ranken trieb. Das bedeutendste Werk Arnims aber entstand neben dem Alltag des Gutsherrn, und in dem schönen Pastorale, das der Dichter seinem Buch voranstellt, bekennt er sich zu diesem Wechselspiel der Kräfte. Sein Pegasus ging nicht im Joche, wie sicher mancher Zeitgenosse annahm, er trabte kraftvoll und mutig zwischen blühenden Wiesen und Feldern. Ein Romantiker von Rang beginnt eines Tages seinen Acker zu bestellen – es bleibt ein besonderer Fall, der zu näherer Betrachtung reizt.

Arnim gehört zu den aufgeschlossenen märkischen Junkern, die in den für Preußen windstillen Jahren nach dem Baseler Frieden mit der Blüte und

Fülle des geistigen Deutschland in enge Berührung kamen. Noch respektierten die napoleonischen Adler die schwarzweißen Grenzpfähle. Noch atmete man das Fluidum der Zeit im Salon der Rahel Levin, wo sich bürgerliche Intelligenz mit der Elite der preußischen Aristokratie zusammenfand. Aus diesen Kontakten heraus entwickelte sich im Adel ein ganz eigener Typus. Eichendorff, der Arnim liebte und ein feines Organ für dessen Eigenart besaß, hat sein Porträt am überzeugendsten gezeichnet: «Männlich-schön, von edlem, hohem Wuchse, freimütig, feurig und mild, wakker, zuverlässig und ehrenhaft in allem Wesen, treu zu den Freunden haltend, wo diese von allen verlassen – war Arnim in der Tat, was andere durch mittelalterlichen Aufputz gern scheinen wollten: eine ritterliche Erscheinung im besten Sinne, die aber deshalb auch der Gegenwart immer etwas seltsam und fremd geblieben...»

Das Unzeitgemäße, Ritterliche, dazu den Anflug des Seltsamen teilte er mit den Märkern dieser Zeit, die der gleichen Art angehören: dem Prinzen Louis Ferdinand, Friedrich de la Motte Fouqué, Heinrich von Kleist und Alexander von der Marwitz – so verschieden sie auch in ihren individuellen Zügen, ihrem geistigen Rang und ihren Schicksalen waren. Arnim verkörpert diesen Typus deshalb besonders anschaulich, weil er sich der Probleme, die sich durch die Auflockerung der gesellschaftlichen Schranken ergaben, bewußt war. Es ging nicht nur um das Preisgeben von Vorurteilen, es ging vor allem um das Einbeziehen neuer Werte und Verantwortungen in das aristokratische Weltbild; ein Prozeß, der nicht immer zu harmonischen Lösungen führte und diese Männer oft in harte Gegensätze zur eigenen Sippe brachte. In Arnims großem Gegenwartsroman «Gräfin Dolores» heißt es vom Grafen Karl, der in vielem das Gesicht des Autors trägt: «er war kein Adelstor, wie die meisten seines Standes zu jener Zeit, bei denen er für einen Revolutionär galt, aber er kannte das Achtbare der Familiengesinnung und Familienehre, die sich noch immer in denen Häusern fortpflanzen, welche sich einst den Herrschern gleich geachtet.» Als revolutionär mag es mancher seiner Standesgenossen empfunden haben, daß Arnim es als seine persönliche Mission ansah, das Erbe der Vergangenheit mit den fortschrittlichen Ideen seiner Zeit in einer kühnen Synthese zu vereinen. Von ihr spricht er, wenn er in Aufzeichnungen, die sich in seinem Nachlaß fanden, mit einer für einen preußischen Aristokraten erstaunlichen Freiheit die Französische Revolution in seine Vorstellungen einbezieht: «Es sollen beyde Geister vereinigt werden, wenn wir die Macht mit der Einsicht verbinden können, selbst wenn es in unsrer Gewalt stünde, müßte die Revoluzion nicht vernichtet werden und außerdem wird dies nie der

Fall sein. Der Revoluzionsgeist würde sich augenblicklich einen neuen Napoleon schaffen, vielleicht in Rußland, sie zu vernichten wäre sogar gegen unseren eigenen historischen Geist..., was die Revoluzion wollte, muß allgemein werden und was menschlich an ihr war, muß untergehen...»

Für dieses Bauen geistiger Brücken zwischen Vergangenheit und Gegenwart war Arnim durch viele seiner Anlagen prädestiniert. Überlieferung war ihm nichts Totes, Museales; er hatte ein lebendiges Verhältnis zur Geschichte mit ihren heimlichen bewegenden Kräften – er war aber *auch* innerlich leidenschaftlich am gärenden Werden seiner Zeit beteiligt. Seine beiden Romane «Gräfin Dolores» und «Die Kronenwächter» empfingen ihre tiefsten Impulse aus den Nöten der Gegenwart. Auch als Journalist, als Mitarbeiter an Zeitschriften übte er beharrlich dieses Amt des Verbindens, Ausgleichens, Versöhnens und Bewahrens. Immer blieb er ein Mensch zweier Zeitalter. Mit seinem Blut, seinen Anlagen, seiner Bildung gehörte er der versunkenen feudalen Welt an, mit seinen Einsichten und Erkenntnissen der neuen Epoche, die unter Revolutionen und Kriegen anbrach.

Es ist das Schicksal eines solchen Charakters, daß er an die Peripherie gedrängt wird, wenn die politische Spannung radikale, schnelle Entscheidungen fordert. Die Hardenbergsche Zensur, mit der er sich mutig in den Jahren vor den Befreiungskriegen herumschlug, verleidete ihm die publizistische Tätigkeit. Immer fremder wird ihm Berlin. Um die Mitte des Lebens geht er in die Einsamkeit seines Gutshofes, um von da ab seine Tage unter die Devise Voltaires zu stellen: «Il faut cultiver nòtre jardin.» Er tat es vorbildlich, zupackend, ohne allzuviel Resignation. Er bewährte sich als Realist – nicht als Romantiker, und schrieb noch «Die Kronenwächter» und einige seiner besten Erzählungen. Was waren die bestimmenden Ereignisse und Erlebnisse seines Lebensganges?

Ludwig Achim von Arnim entstammte einem der ältesten märkischen Adelsgeschlechter, das sich bis ins dreizehnte Jahrhundert zurückverfolgen läßt und seinen Namen nach dem Stammsitz Arnim im Landkreis Stendal führt. Er wurde am 26. Januar 1781 zu Berlin in eine Zeit großer weltgeschichtlicher Umwälzungen hineingeboren: die Französische Revolution, Napoleon und seine Kriege, der Zusammenbruch Preußens, die Jahre der großen Reformen, die Befreiungskriege – Ereignisse, die sich in einer Zeitspanne von kaum drei Jahrzehnten vollziehen und gerade in dieser Gedrängtheit, dem ständigen Wechsel der Szene, hart in das Leben dieser Generation eingreifen.

Achim von Arnim wuchs ohne Eltern auf. Seine Mutter, Amalie Caroline, geb. von Labes, starb bei seiner Geburt. Der Vater, Joachim Erdmann von Arnim, früher als Gesandter und Intendant der

Hofoper in königlichen Diensten, widmete sich der Verwaltung seiner uckermärkischen Güter und kümmerte sich um seine Söhne nicht. Zusammen mit seinem um zwei Jahre älteren Bruder Karl Otto verlebte Arnim seine Kindheit im Hause der Großmutter mütterlicherseits, Elisabeth von Labes. Die Verdienste dieser prächtigen, lebensvollen Frau, die in der Erziehung ihrer Enkel eine Lebensaufgabe sah, sind für die Entwicklung Arnims nicht hoch genug einzuschätzen. Entgegen der damals noch vielfach üblichen Sitte adliger Familien, den Unterricht der Kinder nur Hofmeistern zu überlassen, schickt sie die beiden Knaben auf eine der besten öffentlichen Schulen Berlins, das Joachimsthalsche Gymnasium. Sie läßt sie nach dem Examen in Halle und Göttingen studieren und ermöglicht ihnen anschließend drei Jahre lang eine Bildungsreise durch die europäischen Länder.

Frau von Labes war in erster Ehe mit dem Geheimen Kämmerer König Friedrichs, Michael Gabriel Fredersdorf, verheiratet gewesen. Die friderizianische Ära reicht auch durch diesen Umstand noch unmittelbar und lebendig in die Kindheit Arnims hinein, und die Großmutter wird es nicht versäumt haben, ihm den König zu zeigen, wenn er – was in seinen letzten Regierungsjahren nur noch selten geschah – durch die Straßen Berlins ritt.

In den Jahren 1789 bis 1793 sieht das Kind von seinem Fenster am Pariser Platz aus die mächtigen

Säulen des Brandenburger Tores aufwachsen. Zu Weihnachten 1793 dient der Zwölfjährige der Kronprinzessin Luise während der Hochzeitsfeierlichkeiten als Page – auch dies Stunden, die über das jugendlich-sentimentale Erlebnis hinaus in seiner Erinnerung bleiben.

Das Gymnasium durcheilt Arnim mit fast streberhaftem Fleiß. Er wetteifert mit seinem Mitschüler Friedrich von Raumer, dem späteren Historiker, um den ersten Platz und trägt stolz die jährlichen Prämien nach Hause. Wahrscheinlich waren diese Schulstunden für ihn eine Erholung gegenüber dem trockenen Drill der Hofmeister, die ihn vorbereitend traktiert hatten. Aber weder auf der Schulbank noch zu Hause scheint eine nähere Berührung mit Literatur stattgefunden zu haben. Sein heimliches Interesse gilt der Mathematik, und die Aufsätze, die «Arnim II» über Themen wie «Erweitert eure Erkenntnisse, denn Wissenschaft nützt und ergötzt» oder «Der verlassene Achemenides» schreibt, verraten noch nicht den künftigen Poeten. In seinem Abgangszeugnis steht als einzige Einschränkung der Satz: «Mäßigung gerade da, wo sie am schwersten ist, wäre die Haupttugend für ihn. Wenn er erst weniger tun, weniger viel miteinander verbinden wird, wird man sich über ihn ganz freuen.» Diese Eigenschaft wird auch dem Dichter bleiben und seinen Kritikern unerschöpfliche Argumente liefern.

Wenn Arnim in späteren Jahren sich bitter über seine Kindheit im Hause der Großmutter äußert, von der «trüben, gepreßten Luft einer zwangvollen Kinderstube» spricht, so mögen verschiedene Motive in dieses Urteil münden. Vor allem dies, daß alle Güte und Sorge der Frau von Labes dem Kind die mütterliche Liebe und Wärme nicht ersetzen konnte. Hinzu kam das schwer kontrollierbare Regiment der Kinderfrauen, unter denen, wie aus den Briefen der Frau von Labes an den gleichgültigen Vater hervorgeht, auch recht bösartige Figuren waren. Später sind es die Hofmeister, die dem Knaben alles verbieten, woran er Freude hat. Die strengen Haus- und Familienordnungen, wie sie in den adligen Häusern Sitte waren, empfand er als einen ständigen Zwang, von dem ihn vor allem die Ferien auf dem Familiengut Zernikow bei Rheinsberg befreiten. Hier liegen die Wurzeln für Arnims Liebe zum ländlichen Leben. «Die Kindheit aller Menschen gehört aufs Land», schreibt er rückschauend.

Die Studienjahre in Halle und Göttingen von 1798 bis 1801 bedeuten für Arnim vor allem ein großes Freiwerden und Zusichkommen. Mit dem Augenblick, wo er sich in Halle als ein «der Rechte Beflißener» immatrikuliert, versinkt für ihn das großmütterliche Haus und seine Bevormundung. Alle Kräfte und Sehnsüchte, die bisher ein unterdrücktes Dasein führen mußten, regen sich – er beginnt innerlich aus der ihm zu eng gewordenen preußischen Montur zu steigen, füllt die studentischen Bräuche mit seiner Begeisterung und genießt die beschwingte Geselligkeit im Hause des Kapellmeisters Reichardt. Hier lernt er auch Ludwig Tieck kennen, seine erste lebendige Berührung mit der romantischen Poesie. Noch aber fesseln ihn an der Universität die Naturwissenschaften, besonders die Entdeckungen auf dem Gebiet der Physik. Seine ersten Veröffentlichungen liegen in diesem Bereich.

Im Mai 1800 wechselt Arnim nach Göttingen über. Hier nun steht ihm eines der entscheidenden Ereignisse seines Lebens bevor: die Begegnung mit Clemens Brentano. Sie müssen sich zunächst durch ihre Gegensätzlichkeit aufgefallen sein. Der blonde norddeutsche Edelmann mit der etwas schwerblütigen Natur des Märkers und der dunkle, bewegliche, südlich schöne Brentano, sprühend von genialen Einfällen, der hinter seinem Spott die innere Zerrissenheit verbirgt. Aber diese durch Herkunft und Anlagen bedingte Andersartigkeit wirkt sich im Näherkommen als belebende Spannung und Ergänzung aus. Clemens Brentano ist es, der in Arnim die große Wandlung bewirkt und ihm durch die Poesie, die er selbst verkörpert, die poetische Lebensrichtung gibt.

Anfang November 1801 rollen die beiden Herren von Arnim in eigenem Wagen auf der Landstraße nach Dresden, wohlversehen mit Geld, Empfehlungsschreiben und großmütterlichen Segenswünschen. Sie stehen am Anfang ihrer großen Fahrt, die sie in behaglicher Muße durch Süddeutschland, Österreich, die Schweiz, Norditalien, Frankreich und England führen soll. Im Verlauf dieser drei Jahre mit ihrer Fülle von Eindrücken und Begegnungen beginnt sich die menschliche und künstlerische Eigenart Arnims langsam abzuzeichnen. Erste unreife Versuche entstehen, die ihn an seine poetischen Möglichkeiten heranführen. «Es ist mir jetzt ernster geworden mit der Poesie, ich habe ihren Zauberklang gehört, aus ihrem Becher getrunken», schreibt er an Brentano aus Wien, als er ihm gesteht, daß er im vergangenen Sommer gleich nach seiner Abreise von Göttingen im Trennungsschmerz einen kleinen Roman geschrieben habe. Der leidenschaftliche Augenmensch, der Arnim immer war, saugt auf dieser Reise eine Welt von Bildern in sich ein. Die Briefe an Brentano sind voll davon, und später wird er in seinen dichterischen Arbeiten noch oft an diese erlebten Landschaften und Menschen anknüpfen. Sein Stand öffnet ihm die Türen zu den ersten Gesellschaftskreisen. Und der gutaussehende junge Herr aus der Mark Brandenburg bewegt sich mit Anmut auf dem internationalen Parkett. Oft langweilen ihn diese Salons, und der künftige Entdecker und Bewahrer alter Volkspoesie fühlt sich auch in fremden Ländern dorthin gezogen, wo volkstümliche Sitten und Bräuche noch unverfälscht fortleben.

Es bleibt eine Reihe interessanter und bedeutender Gestalten, die in sein Gesichtsfeld tritt. Er trifft auf dem Kahlenberge bei Wien noch den alten Fürsten von Ligne, einen der geistvollsten Vertreter des ancien régime – und er wird in Paris dem Ersten Konsul der Republik vorgestellt. Beide Männer Repräsentanten von Zeitaltern, an deren Wende die Generation Arnims ihren Standpunkt sucht. Er lernt hervorragende Vertreter des geistigen Widerstandes gegen Bonaparte kennen: in Genf den alten Minister Necker und dessen Tochter, Frau von Staël, mit der er stundenlang und voll Bewunderung diskutiert. Herzlichen Kontakt gewinnt Arnim zum Grafen Schlabrendorf, dem «Diogenes von Paris», dem selbst Napoleon Narrenfreiheit für seine unbestechlich kühnen politischen Kommentare läßt. Dem Zusammentreffen Arnims mit Napoleon ist bisher wenig Beachtung geschenkt worden. Es lag nahe, in dem preußischen Patrioten einen selbstverständlichen Napoleonhaß zu vermuten. Aber der Charakter Arnims entzieht sich solchen Vereinfachungen. Der Eindruck, den Napoleon auf ihn gemacht hat, muß groß und nachhaltig gewesen sein. In Arnims Nachlaß finden sich Entwürfe aus der Zeit vor 1806, in welchen Napoleon als der seinem Dämon

auch in fremden Ländern dorthin gezogen, wo volkstümliche Sitten und Bräuche noch unverfälscht fortleben.

Es bleibt eine Reihe interessanter und bedeutender Gestalten, die in sein Gesichtsfeld tritt. Er trifft auf dem Kahlenberge bei Wien noch den alten Fürsten von Ligne, einen der geistvollsten Vertreter des ancien régime – und er wird in Paris dem Ersten Konsul der Republik vorgestellt. Beide Männer Repräsentanten von Zeitaltern, an deren Wende die Generation Arnims ihren Standpunkt sucht. Er lernt hervorragende Vertreter des geistigen Widerstandes gegen Bonaparte kennen: in Genf den alten Minister Necker und dessen Tochter, Frau von Staël, mit der er stundenlang und voll Bewunderung diskutiert. Herzlichen Kontakt gewinnt Arnim zum Grafen Schlabrendorf, dem «Diogenes von Paris», dem selbst Napoleon Narrenfreiheit für seine unbestechlich kühnen politischen Kommentare läßt. Dem Zusammentreffen Arnims mit Napoleon ist bisher wenig Beachtung geschenkt worden. Es lag nahe, in dem preußischen Patrioten einen selbstverständlichen Napoleonhaß zu vermuten. Aber der Charakter Arnims entzieht sich solchen Vereinfachungen. Der Eindruck, den Napoleon auf ihn gemacht hat, muß groß und nachhaltig gewesen sein. In Arnims Nachlaß finden sich Entwürfe aus der Zeit vor 1806, in welchen Napoleon als der seinem Dämon

straße nach Dresden, wohlversehen mit Geld, Empfehlungsschreiben und großmütterlichen Segenswünschen. Sie stehen am Anfang ihrer großen Fahrt, die sie in behaglicher Muße durch Süddeutschland, Österreich, die Schweiz, Norditalien, Frankreich und England führen soll. Im Verlauf dieser drei Jahre mit ihrer Fülle von Eindrücken und Begegnungen beginnt sich die menschliche und künstlerische Eigenart Arnims langsam abzuzeichnen. Erste unreife Versuche entstehen, die ihn an seine poetischen Möglichkeiten heranführen. «Es ist mir jetzt ernster geworden mit der Poesie, ich habe ihren Zauberklang gehört, aus ihrem Becher getrunken», schreibt er an Brentano aus Wien, als er ihm gesteht, daß er im vergangenen Sommer gleich nach seiner Abreise von Göttingen im Trennungsschmerz einen kleinen Roman geschrieben habe. Der leidenschaftliche Augenmensch, der Arnim immer war, saugt auf dieser Reise eine Welt von Bildern in sich ein. Die Briefe an Brentano sind voll davon, und später wird er in seinen dichterischen Arbeiten noch oft an diese erlebten Landschaften und Menschen anknüpfen. Sein Stand öffnet ihm die Türen zu den ersten Gesellschaftskreisen. Und der gutaussehende junge Herr aus der Mark Brandenburg bewegt sich mit Anmut auf dem internationalen Parkett. Oft langweilen ihn diese Salons, und der künftige Entdecker und Bewahrer alter Volkspoesie fühlt sich mit Brentano auf dem Marktschiff von Frankfurt bis Koblenz. Erinnerungen an diese Stunden tauchen wie ein musikalisches Leitmotiv in den Briefen der Freunde immer wieder auf. «In einen alten Mantel gehüllt, ohne Plan mit einem Freunde und einem Buche umherirrend, im Gesange der Schiffer von tausend neuen Anklängen der Poesie berauscht, ohne Tag und Nacht zu sondern, frei von Sturm und Ungewitter, denn unser Gesang führte sie uns zu wie Bilder unseres Gemüths – so möchte ich wohl noch einmal leben», heißt es in einer Schilderung Arnims. An den Burgen und Schlössern der Rheinufer im Strome vorübergleitend, fühlt sein jugendlicher Enthusiasmus, daß «eine gewaltige Dichtung durch die ganze Natur weht, bald als Geschichte, bald als Naturereignis hervortritt». Mit diesen Empfindungen reiste er in die Schweizer Alpen. Phantastische Pläne von einer Bänkelsängerschule entstehen. In England fällt ihm Scotts Sammlung altschottischer Romanzen in die Hände. Langsam wächst in den Briefen der Freunde der Plan, «verlorene Töne der Poesie» zu sammeln und dem Volke als singbares Lied zurückzugeben. Er nimmt konkrete Formen an, als Arnim 1804 von seiner Reise zurückkehrt und Brentano in Berlin wiedersieht. So entsteht aus geduldigem Suchen und freudigem Finden das Werk ihrer begeisterten Freundschaft: «Des Knaben Wunderhorn. Alte deutsche Lieder.» Die Zeit des gemein-

vertrauende große Mensch erscheint, und noch 1807, nach dem Zusammenbruch Preußens, obwohl er ihn als das personifizierte Unheil seines Vaterlandes erkennen muß, beschreibt er ihn mit ähnlichen Worten in Briefen an Bettina Brentano aus Königsberg. Dort sieht er ihn wieder, inmitten seiner Garden durch die Straße reitend, und das «Übermächtige» seiner Natur empfindet er auch hier. Ein damaliger Freund Arnims, Wilhelm Dorow, notiert in seinen Erinnerungen: «Achim v. Arnim und D. versäumten keine Gelegenheit, den Kaiser zu sehen.»

Im Unterschied von seinem großen Landsmann Heinrich von Kleist konnte Arnim nicht hassen. Von seltenen Episoden abgesehen, bewahrt er sich das gerechte Wägen auch noch in Zeiten, wo die politischen Spannungen den Extremen zuneigen.

Fragt man nach dem stärksten Erlebnis dieser Reise, so kommt man zu einem für Arnim sehr charakteristischen Ergebnis. Es war nicht der Frühling auf dem Kahlenberge – wenngleich er dort sehr glücklich war – nicht die Großartigkeit der Schweizer Berge und die Bellezza der oberitalienischen Seen, es war auch nicht der Charme von Paris oder der Zauber ossianischer Landschaften in Old-England –, nein, es war im Grunde eine Unterbrechung dieser Reise, ein abzweigendes, fast zufälliges Unternehmen: die Rheinfahrt

samen Sammelns und Sichtens, des Stöberns in Antiquariaten und Bibliotheken, des Aufzeichnens mündlicher Überlieferungen war für beide eine der glücklichsten ihres Lebens.

Arnim kam für die endgültige Drucklegung im Mai 1805 zu Brentano nach Heidelberg. In einigen Fällen, wenn Unklarheiten in den Texten bestanden oder nur Bruchstücke vorlagen, haben die Herausgeber ergänzt oder leicht verändert. Sie hatten keinen wissenschaftlichen Ehrgeiz, sie sahen in ihrer Arbeit eine nationale Aufgabe. Das Buch sollte in die Hände aller Bevölkerungsschichten kommen und zur Selbstbesinnung führen. Es war ein Mißverständnis, wenn Philologen beckmesserisch an dieser Editionsweise nörgelten.

Die Resonanz des Buches und seine Wirkung auf die junge Dichtergeneration war groß. Männer wie der Freiherr von Stein, Joseph Görres und Wilhelm Grimm erkannten spontan seine Bedeutung. Goethe begrüßte es mit einer eindringlichen Besprechung.

Inzwischen war die politische Entwicklung, die sich nach der Schlacht von Austerlitz und der Bildung des Rheinbundes erkennen ließ, für Preußen immer beunruhigender geworden. Arnim sah die Situation seiner Heimat isoliert und gefährdet. Im Dezember bricht er von Heidelberg auf, um zu Hause zu sein, wenn die Verhältnisse sich zuspitzen sollten. Seit dem Tode seines Vaters im Jahre 1803 war ihm zusammen mit seinem Bruder ein umfangreicher, wenngleich zum Teil verschuldeter Gutsbesitz zugefallen, der vorerst Pächtern überlassen wurde, aber in rechtlichen und finanziellen Auseinandersetzungen immer wieder die Anwesenheit der Brüder erforderte.

Die Heimfahrt wurde mehrfach unterbrochen. In Weimar besuchte er Goethe. Es war nicht die erste Begegnung. In seinem Göttinger Studienjahr hatte Arnim dem Dichter, der dort auf der Reise nach Pyrmont abgestiegen war, an der Spitze einer Studentengruppe Ovationen dargebracht. Am nächsten Tag durfte er ihn zur Reitbahn geleiten. Goethe hat diese Episode in seinen Annalen ausführlich beschrieben. Nun, nach vier Jahren, war das «Wunderhorn» ein weiterer Bezug. Arnim wurde herzlich empfangen und hörte viel Rühmliches über die Arbeit der Herausgeber. Goethe gewann eine große Sympathie für den jungen Preußen. Die freie, offene Unbefangenheit seines Wesens im Verein mit seiner noblen Erscheinung, die männliche Sicherheit seiner Umgangsformen entsprachen ganz der Vorstellung, die Goethe sich vom adligen Menschen machte, dessen Verbindung von Geburt und Geist er einmal «angeborene schöne Natur» nennt. Dieses Bild wird sich bei späteren Besuchen noch festigen. Es erhält sich auch noch, als Goethe zu Werken Arnims, wie zu aller romantischen Poesie, keine

rechte Beziehung gewinnen kann. Erst das Zerwürfnis ihrer Frauen im Jahre 1811 sollte das Verhältnis trüben.

Für den Angehörigen eines alten Geschlechts mit überwiegend soldatischer Tradition, der sich der Literatur verschrieben hat, können in so kriegerischen Zeiten wie den napoleonischen leicht Zweifel kommen, ob er sich recht entschieden habe, «das Buch statt des Schwertes» zu wählen. Solche Zweifel kamen Arnim sogar im Umkreise Goethes. Sie kamen in Gestalt des Prinzen Louis Ferdinand, den er dort traf.

Der Zauber dieses Neffen Friedrichs des Großen, den man den preußischen Alkibiades nannte, muß ein außerordentlicher gewesen sein. Auch reifere Männer als der damals vierundzwanzigjährige Arnim wurden von ihm angerührt. Der Prinz war nicht nur ein tollkühner, männlich schöner Centaur wie Seydlitz, sein adliger Charakter hatte sich durch Bildung und Musik, durch den Umgang mit hervorragenden Menschen verfeinert, hatte Sensibilität und geistige Grazie gewonnen. An hochgemutem Leichtsinn dem Goetheschen Egmont verwandt, war er dem Hofe durch sein freimütiges Urteil wie durch seinen vorurteilsfreien Lebensstil suspekt. Eine verantwortungsvolle Aufgabe wurde ihm versagt. In Zeiten, die ihn an öde Garnisonen banden, verschwendete er seine reichen Kräfte bis zum Zynismus. Sein Schicksal

an den Stufen eines Throns ruft die Worte des Fortinbras in den Sinn: «Er hätte, wär er hinaufgelangt, unfehlbar sich höchst königlich bewährt.»

Als Arnim in jenen Dezembertagen von 1805 vor ihm stand, wurde der bezwingende Eindruck aber noch von anderen Gedanken bestimmt: es war die innere, fast brüderliche Verwandtschaft. Er schaut während dieses Gespräches in ein Spiegelbild seiner eigenen Möglichkeiten. Einst hatte er sich nach dem Examen gewünscht, Offizier zu werden. Nur «das läppische Wesen», das ihn an dem damaligen Offizierskorps abstieß, hatte ihn abgehalten. Oft fürchtete Brentano, den Freund dadurch zu verlieren, daß die Finger seiner Ahnen nach ihm greifen würden. Ein solcher Augenblick war nun gekommen: Arnim bietet dem Prinzen seine Dienste an. In wenigen Tagen erwartet Louis Ferdinand ihn in seinem Hauptquartier. «Ich habe das gesagt, ich weiß nicht wie; vielleicht war es der Kerl, der hinter mir steht nach Deiner Ansicht und mir zuweilen aus den Augen sieht... ich habe gethan, was ich nicht lassen konnte», schrieb er dem Freunde. Der bald darauf erfolgte Waffenstillstand zwischen Frankreich und Österreich machte den preußischen Aufmarsch und das vorgesehene Eingreifen an der Seite der Habsburger überflüssig und damit auch Arnims Plan zunichte. Als im September des kommenden Jahres der Krieg zwischen Preußen und Frankreich

ausbricht, fällt der Prinz bei einem der ersten Gefechte. In einem Brief an Bettina aus Königsberg geht Arnim noch einmal auf die Bedeutung dieser Begegnung ein: «Der Tod des unsterblichen Prinzen, dessen Natur mich anzog, schnitt im Beginne des Krieges das einzige Band ab, welches mich wahrscheinlich sonst an eine mir verhaßte Kriegsverfassung hingezogen hätte; vielleicht hätte seine Nähe mir alles überstrahlt.»

Der Krieg zwischen Frankreich und Preußen überrascht Arnim in Göttingen, als er wieder auf dem Wege nach Heidelberg ist. Nach der verlorenen Schlacht von Jena am 14. Oktober 1806 gerät er in das Chaos der zurückflutenden, sich auflösenden Armee und eilt durch die allgemeine Kopflosigkeit über Berlin auf seine Güter in der Uckermark. Er findet den größten Teil von ihnen schon geplündert, «überall ein gänzliches Verzweifeln an dem Bestehen aller menschlichen Dinge». Über die Hintergründe dieser Katastrophe gibt er sich keinen Täuschungen hin. Er sieht den überalterten Mechanismus der preußischen Kriegstaktik, er sieht auch Arroganz und Bequemlichkeit, die einen großen Teil des Offizierskorps beherrschen – «es war ein böses Spiel mit dem guten Willen der Einzelnen».

Wie viele seiner Standesgnossen folgt er dem Könige nach Ostpreußen, der letzten Bastion des in seinem Gefüge zerstörten preußischen Staates.

Er trifft dort Kleist, Alexander von der Marwitz und Max von Schenkendorf. In diesen Monaten, von Ende November 1806 bis Ende September 1807, ist ihm oft zumute, als sei er in einen Schmelztiegel geworfen, um auf seinen Härtegrad geprüft zu werden. Er verbringt diese Königsberger Zeit in der hektischen Betriebsamkeit der von Generalität, Beamten und Verwundeten überfüllten, vom Krieg und seinen Ungewißheiten ständig umbrandeten Stadt. Die Erlebnisse, die hier auf ihn einstürzen, sind einschneidend und tief. Die Beunruhigung des einen scheint zuweilen durch die Schwere des nächsten aufgehoben zu werden. Mit eigenen Augen sieht er nun den Krieg und seine Greuel, verbrannte Dörfer, überfüllte Lazarette und die Psychosen der Angst. «Er kannte ihn aus der Nähe, was er eigentlich sei, keine immerwährende Folge kühner Unternehmungen, großer Begebenheiten, mächtiger Taten, ungeheurer Kräfte; das ist ein Traum aus Dichtern, er ist reizend. In Wahrheit ist aber der Krieg, wie er jetzt geführt wird, ein langweiliges Warten auf etwas, das nie erscheint; denn am Ende ist die Schlacht selbst nur ein Abwarten, daß der andre davonlaufen mag, und dieses traurige Warten in der nüchternsten Gesellschaft, in der kleinlichsten Schererei, bei den rohesten Schandtaten, unter den größten Ekelhaftigkeiten und Krankheiten...»

In diesen Sätzen aus «Gräfin Dolores» berührt

sich Arnim mit der berühmten Schlachtenschilderung eines Zeitgenossen, der 1806 noch als napoleonischer Kriegskommissar in Braunschweig sitzt: Stendhal. In der «Karthause von Parma», die erst 1839 erscheint, fragt der Held mit großem Erstaunen: «War das, was er gesehen, eine Schlacht? Und war diese Schlacht die von Waterloo?» Er fragt aus einem verwirrenden Mosaik von kriegerischen Zufälligkeiten und aus einem ganz ähnlichen vergeblichen Warten auf den Schwung entscheidender Taten.

Aber auch in sich selbst findet Arnim in dieser Königsberger Zeit «ein schreckliches Schlachtfeld von Gefühlen». Zum erstenmal stürmt mit einer Gewalt, die ihm bis dahin noch fremd war, eine Leidenschaft auf ihn ein. Er liebt die schöne Tochter des Kommerzienrates Schwink und kann es nicht fassen, daß sein scheues Verehren und Werben ohne Eindruck auf das Mädchen bleibt. Der Schmerz macht ihn hilflos, wehrlos. Sein innerer Friede, bisher auf guten Fundamenten ruhend, ist erschüttert. Diese Wunde heilt lange nicht. Sie bricht noch nach Jahren in seinen Briefen plötzlich und unvermittelt wieder auf.

Hinzu kommen quälende Geldsorgen. Durch die gestörten Postverhältnisse ist er von den Bezügen, die ihm von seinen Gütern zufließen, abgeschnitten. Er hat oft keinen Pfennig in der Tasche.

Es gibt aber in diesen aus kriegerischer Weltgeschichte und persönlicher Elegie seltsam gemischten Tagen auch Idyllen. In den Atempausen zwischen den Schachzügen der Generäle versucht die Hofgesellschaft, einen Rest festlichen Daseins zu retten. Die Königin lädt ein zu abendlichen Wasserfahrten auf dem Schloßteich. «Achim von Arnim ist hier und macht Verse. Die Königin singt am liebsten seine herausgegebenen Lieder zur Guitarre», berichtet ein hannoverscher Diplomat im Mai 1807.

In Königsberg wird die Königin Luise zum Mittelpunkt all derer, die an die Wiedergeburt des Landes glauben. Man liebt sie in allen Schichten des Volkes, man liebt ihre natürliche Würde, die weibliche Anmut und bewundert die seelische Tapferkeit, mit der sie im kranken Zustand Pflichten und Entbehrungen auf sich genommen hatte. Den Männern, die in der Stille an der Reform des Staates arbeiten, ist sie eine belebende und stärkende, ja begeisternde Kraft, auch dann, wenn die karge Natur Friedrich Wilhelms III. bedrückt und ernüchtert. Den preußischen Poeten aber wurde sie zum Idol. Das Ritterliche in ihnen kommt durch diese Königin zum Blühen. Die Gedichte, die Kleist ihr widmet, und die Klage Arnims über ihren frühen Tod legen Zeugnis dafür ab.

Die Beendigung des Krieges im Juli 1807 gibt Arnim die Möglichkeit, Königsberg zu verlassen. Nach zweijähriger Trennung sieht er Brentano in Giebichenstein wieder.

Mit ihm zusammen werden die alten «Wunderhorn»-Pläne wieder lebendig. Zwei weitere Bände entstehen. Die Stadt Heidelberg übt nicht nur durch den Verleger Zimmer ihre alte Anziehung aus. «Heidelberg ist selbst eine prächtige Romantik; da umschlingt der Frühling Haus und Hof und alles Gewöhnliche mit Reben und Blumen, und erzählen Burgen und Wälder ein wunderbares Märchen der Vorzeit», schreibt Eichendorff, der Chronist dieses hochgestimmten Jahres 1808, in welchem Arnim und Brentano im Verein mit dem jungen Görres die Begeisterung der jungen Dichtergeneration erwecken. Es bildet sich keine Schule wie einst um die Schlegels in Jena. Die Lust an philosophischen Spekulationen und theoretischen Erörterungen ist diesen drei Männern fremd und unbehaglich. Die Poetenbohème, zu der sie sich mit Gleichgestimmten in ihren malerischen Heidelberger Klausen zusammenfinden, unterscheidet sich auch äußerlich von den damals modischen literarischen Salons. Schon bald nach seiner Ankunft in Heidelberg entwirft Arnim den Plan seiner «Zeitung für Einsiedler». Die Bestrebungen dieses Blattes berühren sich eng mit denen des «Wunderhorns». Es werden darin altdeutsche Prosastücke, die längst vergessen waren, wieder veröffentlicht, um den durch politische Grenzen getrennten deutschen Stämmen die «hohe Würde alles Gemeinsamen, Volksmäßigen» vor Augen zu führen. Es liegt ganz im Wesen Arnims, daneben auch wahlverwandte Stimmen der Gegenwart zu Worte kommen zu lassen, um die zerrissenen Bindungen zwischen Vergangenheit und Gegenwart wieder zu knüpfen. So finden sich neben Tauler, Erasmus und Jakob Böhme Veröffentlichungen von Arnim, Brentano, Görres, den Brüdern Grimm, Jean Paul, Tieck, Hölderlin, den Brüdern Schlegel, Runge, Uhland und Kerner. In einem Brief schildert Uhland die Eigenart der Zeitung: «Was andern Journalen so selten ist, diese Zeitung hat einen *Charakter,* es herrscht ein Geist der Freiheit darin, sie wagt es, Dinge aufzunehmen, welche den Redakteurs anderer Zeitungen vielleicht auch nicht mißfielen, womit sie aber doch schwerlich vor dem Publikum aufzutreten wagten. Es freut mich, was mir Arnim schrieb: ‹Solange die Laune des Publikums meiner Zeitung den Absatz sichert, eine Laune, der ich nicht nachgeben kann, da ich ihr nicht diene, sondern ihr gerade das mannigfaltige vergessene Talent unsrer und vergangener Zeit in seinem jetzigen Elend strafend vorhalten möchte.›» Mit diesen Motiven aber konnte sich auch im Jahre 1808 eine Zeitung nicht am Leben erhalten. Die Laune des Publikums erschöpfte sich schon nach einem halben Jahr. Hinzu kam, daß die Auseinandersetzung mit den Gegnern der Romantik, an deren Spitze der alte Johann Heinrich Voß im

Cotta'schen Morgenblatt wild darauflosschlug, immer unerfreulicher wurde. Auch die beiden Bände des «Wunderhorn», die im Herbst 1808 erschienen, werden in dieses literarische Handgemenge einbezogen. Als sich der Kreis der Heidelberger Romantiker gegen Ende des Jahres auflöste, hatte er trotz dieser Dissonanzen eine Mission erfüllt, die in vielen Impulsen weiterwirkte und «in den tiefsten Fasern unseres Daseins die Gewährschaft eines eigentümlichen Lebens und Bestandes ahnen ließ».

Am dritten Adventsonntag 1808 schreibt der Philologe Friedrich Creuzer noch aus dem von Polemik vergifteten Klima an Görres: «Arnim ist nun auch weg, und was poetische Ader hatte, hat das kalte Neckarloch verlassen, über das, fürchte ich, der bösen Dünste wegen bald ebenso wenig poetische Vögel mehr fliegen werden wie über den Avernusschlund wirkliche.» Als Arnim mit abschiednehmenden Blicken aus der Postkutsche sah, mögen ihn freundlichere Gefühle bewegt haben, um der liebgewordenen Stadt zu danken, auch wenn er nicht ahnen konnte, wie endgültig dieser Abschied sein würde. Die Reise geht nach Berlin. Noch trägt er einen Brief der Frau von Staël in der Tasche, eine Einladung, den Winter auf ihrem Schweizer Besitz in Coppet zu verbringen, um an ihrem Buch über Deutschland beratend mitzuwirken. Eine Aufgabe, die Arnim reizt; aber die

Hoffnung, an der inneren Neugestaltung seines Vaterlandes tätig teilzunehmen, ist der stärkere Magnet.

Zum Neujahr 1809 fährt Arnim in Berlin ein, empfangen vom mühseligen Alltag einer durch Kontributionen schwer geplagten Stadt. Das seiner Quadriga beraubte Brandenburger Tor ist eine tägliche Erinnerung an das Diktat des verlorenen Krieges. Erst vor kurzem rückte die französische Besatzung ab. Noch hallt der monotone Trommelschlag durchziehender Truppen den Bürgern in den Ohren. Abends zieht der Nachtwächter mit Spieß und Hund durch die stillen Straßen.

Die vier Berliner Jahre, die nun folgen, sind reich an dichterischen Werken – in ihrer Mitte liegt als wichtigstes menschliches Ereignis der Ehebund mit Bettina Brentano –; sie bringen aber in gleichem Maße Enttäuschungen und sind durchsetzt von inneren Krisen und den vergeblichen Versuchen, die Zügel einer öffentlichen Tätigkeit fest in die Hand zu bekommen.

«Ich dachte, daß die Zeit der Ruhe wieder in Deutschland verrinnen konnte, und daß man nachher vergebens die Poesie ausspielte, ohne einen Stich zu machen», hatte Arnim vor einem Jahr an Brentano geschrieben. Noch 1809 erscheint von ihm eine Sammlung Historien, Novellen und Romanzen unter dem Titel «Der Wintergarten». Die meisten dieser Geschichten sind alten Büchern nacherzählt. Sie stammen von Niclas von Wyle, Moscherosch, Froissart, Grimmelshausen, Reuter, Schnabel und Christian Weise. «Es war mein Carneval, mich in allerlei solche Historienmasken zu werfen.» Als eigenes Geschöpf Arnims hat sich die köstliche «Mistris Lee» in diesen Karneval verirrt. Für sie aber erhielt Arnim besonderes Lob, wobei ihn das von Goethe am meisten gefreut haben mag.

Im Frühjahr 1810 beendigt Arnim im Pistorschen Hause, Mauerstraße 34, seinen Roman «Armut, Reichtum, Schuld und Buße der Gräfin Dolores», ein bedeutender Versuch, die eigene Gegenwart dichterisch zu erfassen und zu gestalten. In keines seiner Werke ist sein persönliches Weltbild so umfassend eingewebt wie in dieses. Es ist «in Wehmut und Scherz mit allen ernsten Erfahrungen der Zeit ausgestattet». Zur gleichen Zeit erscheint sein Drama «Halle und Jerusalem», ein weltumspannendes Spektakulum, angeregt von dem Trauerspiel des Gryphius «Cardenio und Celinde», und gleich diesem in barocker Szenenfülle die Lust des Irdischen der Herrlichkeit des Ewigen gegenüberstellend. Eine Sammlung von Erzählungen, darunter «Isabella von Ägypten», folgt 1812.

Die Resonanz dieser Bücher ist gering. Es kommen Stunden des Zweifels, Stunden, in denen ihn ein großes Ungenügen an seinem dichterischen

Beruf erfaßt. Inmitten der pulsierenden Aktivität auf allen Gebieten des öffentlichen Lebens fühlt er sich abseits stehend. Schon in den ersten Berliner Monaten hatte ihn eine alte «Lust am Einrichten des Staates» ergriffen. Er nimmt auch seine Pflichten auf den ländlichen Kreistagen ernst, wenngleich er dort wenig Verständnis für seine Ansichten findet und von der dominierenden Mittelmäßigkeit bald ernüchtert ist. Die Familie, von seinem literarischen Beruf wenig entzückt, möchte ihn auf einem diplomatischen Posten sehen. Schon vor Jahren hatte die weltkluge Großmutter ihm geschrieben: «Autors gibt es die Menge – nie sah ich deren einen reich.» Arnim selbst spielt mit dem Gedanken, Sekretär Wilhelm von Humboldts zu werden, der damals gerade seine Berufung in den preußischen Staatsdienst angenommen hatte. Man fragt sich, warum einem Manne, den sich Jakob Grimm noch auf dem Wiener Kongreß als einen idealen Vertreter seines Landes gewünscht hatte, all diese Bemühungen fehlschlugen. Einen Hinweis gibt das Zusammentreffen mit Humboldt. Dieser hatte daran gedacht, Arnim als seinen Nachfolger für den Gesandtenposten nach Rom zu schicken. Der kühl beobachtende Blick des großen Mannes erkennt sofort die ausgeprägte Eigenwilligkeit des Dichters, der durch seine Auseinandersetzungen mit dem alten Voß in dem Rufe eines streitbaren Sonderlings steht. Und nun trägt er auch noch

Backenbart und Pelzmütze. Humboldt rät ihm, die großen Gesellschaften zu besuchen, um den Leuten einen anderen Begriff von sich zu geben. Aus der Reise nach Rom wird nichts. «Überhaupt ist's mit den jungen Leuten ein Jammer», fügt er dem Bericht an seine Gattin bei.

Dieser Eindruck Humboldts befremdet. Das Treffen mag unter einem unguten Stern gestanden, der Generationsunterschied vielleicht besonders trennend gewirkt haben. Beide Männer entstammten der gleichen preußisch-adligen Familientradition. Aber die geistigen Kräfte, die den um vierzehn Jahre älteren Humboldt geprägt hatten, waren andere. Arnim war auch während der Berliner Jahre kein ungeselliger, mit der Welt zerfallener Kauz. Er zeigte sich auf den Berliner Bällen und auf ländlichen Festen als umworbener Tänzer und überließ sich gern seiner lebensfrohen Natur. Rahel erzählt von der Eleganz, mit der er und Brentano in den Berliner Salons auftraten. Humboldt empfand auch Alexander von der Marwitz als «sonderbar und leutescheu». Kleist wurde selbst von Freunden als eine «ein wenig verdrehte Natur» angesehen. «Wer original ist, hat ein Sparren zuviel», hatte Arnim einst an Goethe über den mecklenburgischen Adel geschrieben. Ein Satz, der in gleichem Maße für diese Märker zutraf, die durch die Literatur aus den festen Konventionen ihres Standes gerückt waren und weder am Krautjunkertum noch an der Kaserne Gefallen fanden. In hypochondrischen Stunden fühlten sie sich selbst als Außenseiter. Im April 1809 hatte Arnim aus einer solchen Stimmung heraus an Bettina geschrieben: «Nun aber bin ich auf rauhen Wegen einsam umher getrieben, manches an mir ist trauriger, ungefälliger entwickelt, und das Sonderbare hat sich meiner oft ermächtigt.»

Erschwert wurden die Bemühungen Arnims, eine Stelle im Staatsdienst zu finden, noch dadurch, daß er, wie viele seiner Standesgenossen, in eine heftige Opposition zum Kanzler Hardenberg geriet, der an die Stelle des Freiherrn von Stein getreten war. Der Krieg hatte den Gutsbesitz durch die ständigen Requirierungen von Pferden, Fourage, Vieh und Getreide besonders ausgebeutet. «Der preußische Adel ist bettelarm geworden», berichtet Brentano bei seinem Berliner Besuch. So war es nicht verwunderlich, daß die Stein-Hardenbergschen Agrarreformen und Finanzedikte, durch die der grundbesitzende Adel wichtige alte Privilegien einbüßte, bei diesem auf leidenschaftlichen Widerstand stieß. Arnim hatte in seinem Roman «Gräfin Dolores» das Bild eines patriarchalischen Gutsherrn entworfen, der in hoher menschlicher Verantwortung seinen Landbewohnern Vorbild und Förderer ist, der aber, auf der Basis der alten ständischen Ordnungen, sich auch liberalen Ideen zugänglich zeigt. Im Existenzkampf der Grundherrn fühlte Arnim sich der altpreußischen Fronde zugehörig.

Des Staatskanzlers vorsichtig kluge Außenpolitik wie seine einschneidenden Finanz- und Steuerreformen erbittern die Konservativen unter den Patrioten. Arnim sammelt die Gleichgesinnten in der von ihm zusammen mit Adam Müller im Januar 1811 gegründeten «Christlich-Deutschen Tischgesellschaft». Ähnlich wie in Zelters Liedertafel trafen sich führende Köpfe des Militärs, der Wissenschaft, der Literatur und der Künste in diesem Kreise. Wir finden darunter Kleist, Fichte, Brentano, Savigny und Zelter. Arnim war um diese Zeit Mitarbeiter an den von Kleist herausgegebenen «Berliner Abendblättern». Die berühmte Zeitung wurde bald durch die Hardenbergsche Zensur so beengt, daß sie ihr Erscheinen schon nach fünf Monaten einstellen mußte. Die Gereiztheit auf beiden Seiten nahm zu. Auch Arnim hielt vor seiner Tischgesellschaft Reden, die seinem Niveau nicht mehr entsprachen.

Dem Kreise dieser Männer brachte das Jahr 1810 zwei bewegende Ereignisse: den Tod der Königin Luise und die Eröffnung der Berliner Universität. Der Wiederaufbau Preußens sollte nach des Königs Wunsch vom Geistigen her beginnen. Eine Elite von Professoren wurde an die neue Universität berufen, darunter F. A. Wolf, Fichte, Schleiermacher, Savigny, Niebuhr und

Steffens. Zusammen mit der Familie Savigny übersiedelte auch Bettina Brentano nach Berlin.

«Am 4. Dezember war kalt und schauerlich Wetter, es wechselte ab im Schneien, Regnen und Eisen, da hielt ich Verlobung mit Arnim unter freiem Himmel um ½9 Abends in einem Hof, wo hohe Bäume stunden, von denen der Wind den Regen auf uns herabschüttelte, es kam von ungefähr», schreibt Bettina 1810 an Goethe. Die Geschichte dieser Liebe ist einer der merkwürdigsten Romane der Zeit, eine éducation sentimentale, bei welcher sich zwei sehr verschiedene Naturen während der langen Spanne von acht Jahren trotz innerer und äußerer Widerstände nicht aus den Händen lassen.

Als Arnim die Lieblingsschwester seines Freundes zum erstenmal sah, mußte er feststellen, daß sie seinen Idealen wenig entsprach. Ein kleines, blasses Mädchen mit großen, dunklen Augen, das nicht stillsitzen kann, exaltiert schwärmerisch und verspielt. Auch in ihr jene eigentümliche Verbindung aus Feuer und Magnetismus, die Arnim an allen Geschwistern Brentano wahrnimmt. Aber sie ist weit entfernt von dem Bild stiller Anmut und Weiblichkeit, das er von seiner jungen Königin im Gemüte trug. Arnim war damals einundzwanzig, Bettina siebzehn Jahre alt. Die Romanze, die Clemens aus «poetischer Gewalttätigkeit» mit ihnen instrumentieren will, kann noch nicht erklingen.

Nach Arnims großer Reise spinnt sich im Jahre

1805 ein Briefwechsel an, der bis zu jenem Berliner Winterabend nicht mehr abreißt. An seinem Beginn begegnet Arnim den Gefühlsemphasen Bettinas mit kühler Zurückhaltung. Dieses genialische Mädchen erregt seinen innersten Widerspruch: «Bettinens Worte tun mir weh, es ist ein schmerzliches Beziehen aller Welt auf sich, wodurch alles gesunde Weltleben zerrissen wird», schreibt er an Clemens. Er sagt ihr sehr offen, daß sie ihre Empfindungen literarisch frisiert, daß sie aus ihrer vergötterten Eigenmacht heraus mit Menschen und Dingen ein launisches Spiel treibt. Bettina sieht zunächst belustigt zu, wie sich dieser schöne Edelmann inmitten der Blütenpracht ihrer Phantasie mit der Gartenschere zu schaffen macht. Sie versucht sich zu rechtfertigen, nennt ihn gelegentlich schulmeisterlich und «brummige Natur», aber sie erkennt früh die Aufrichtigkeit und den Ernst hinter dieser Kritik, vor allem fühlt sie, daß ihr in diesem Mann ein in sich ruhender gefestigter Charakter entgegentritt. So geschieht es, daß dieses selbstherrlich freiheitstrunkene Wesen, das für die Erziehungsversuche des Bruders Clemens nur überlegenen Spott hat, die Zurechtweisung Arnims annimmt, ja, sie als einen Schutz empfindet und den Freund auffordert, «recht, recht streng» zu sein. Im Laufe der Jahre bleibt Arnim von den Gefühlen Bettinas, die schmiegsam und unbedingt zugleich sind, wie von dem eigenwilligen Wachstum ihrer künstlerischen Kräfte nicht unberührt. Aus Freundschaft wird Liebe. Diese heimlichen Wandlungen, dieses Näherkommen vollzieht sich vor allem in Briefen, denn man sieht sich selten. Oft brechen gerade in den Tagen des Wiedersehens die alten Gegensätze trennend wieder auf: «Es ist wirklich ein Geheimnis, wie Du schreibst, zwischen uns, das uns planetarisch von einander hält, ich fühle das zuweilen an Deinem Munde», heißt es noch 1809 in einem Brief Arnims. Aber beide empfinden sich innerlich immer einsamer, und die Sehnsucht nach einem gemeinsamen Leben wächst.

«Ein kurioses Paar», sagte man in der Berliner Gesellschaft, wenn die übersprudelnde Bettina die Unterhaltung an sich riß und Arnim still und zurückhaltend diesem Schauspiel beiwohnte. Doch auch die wunderbare Zartheit und Noblesse, mit der diese beiden Menschen miteinander umgingen, wurde beobachtet. Hier liegt sicher ein Geheimnis dieser glücklichen Ehe. In den Jahren der Trennung, der langen Briefe, des beharrlichen Auseinandersetzens wurde ein gutes Fundament an Achtung und Vertrauen geschaffen, das später auch Belastungen tragen konnte. Erst in ihrer Ehe, die sie 1811 eingingen, kamen beide zu einer vollen Entfaltung. Einst hatte Bettina geschrieben, daß der Grund für ihre Ausgelassenheit, für Launen und Mutwille in unerfüllter Sehnsucht nach Tätigkeit zu suchen sei, «das wird hoffentlich alles noch werden und zum Teil durch Dich werden». Die Hoffnung erfüllte sich. Das kapriziöse Großstadtkind hatte die Weite und das Vermögen in sich, in schweren Kriegsjahren eine tüchtige Gutsfrau zu werden, die ihre Stuhlbezüge selbst nähte und sich das Waschwasser vom Brunnen holte. Sie wurde auch ihren sieben Kindern eine gute Mutter.

Hohe Kastanienbäume umstehen das Gartenhäuschen, hinter dem gräflich Vossischen Palais, in welchem das Paar seine ersten glücklichen Jahre verbringt. Der Morgen sieht Arnim an seinem Stehpult, während Bettina musiziert. Am Nachmittag werkeln beide in ihrem Garten. An Sommerabenden «schmettern» die Nachtigallen im Gebüsch. «Philemon und Baucis konnten nicht ruhiger leben», schreibt Bettina an Goethe. Im Mai 1812 wurde ihnen der erste Sohn geboren.

Beim Ausbruch der Befreiungskriege im Frühjahr 1813 wird Arnim Hauptmann und Vizechef des 10. Berliner Landsturmbataillons. Schon nach drei Monaten löst eine königliche Verordnung den Landsturm wieder auf. Man argwöhnte in der Umgebung des Königs, daß die militärische Zusammenfassung der Bürger in den Städten politisch mißbraucht werden könnte. In einem freimütigen Brief an den König protestiert Arnim gegen die kränkende Entscheidung. Diese Kritik macht ihn der hohen Bürokratie nicht sympathischer. Eine Offiziersstelle in der Landwehr wird ihm verweigert. Er übernimmt im Herbst die Redaktion des von Niebuhr gegründeten «Preußischen Correspondenten». Aber die allmächtige Zensur verleidet ihm diese Tätigkeit durch ihre Schikanen und Eingriffe. Es existiert noch ein Briefentwurf an den Staatskanzler mit den bitteren Worten: «Ich habe vier Monate den ‹Preußischen Correspondenten› redigiert, und ich bin in dieser Zeit von der Polizeybehörde zur Unterdrückung jeder Wahrheit... gemißbraucht worden.»

Zu diesen Enttäuschungen und Erbitterungen kamen die durch die Kriegszeit bedingten Geldsorgen, die Arnim bewogen, mit seiner Familie in sein Gutshaus nach Wiepersdorf zu übersiedeln.

Wiepersdorf ist eines der sieben Dörfer, aus denen das Ländchen Bärwalde besteht, im südlichen Teil der Mark Brandenburg gelegen bei einem Höhenzug, der Fläming genannt, unweit der kleinen Stadt Dahme. Schon die umständliche Beschreibung der Lage deutet die Entlegenheit des Ortes an. «Hier in Wiepersdorf ist es so still, so abgeschnitten von allem Weltlärm, daß wenn etwas rumpelt in der Ferne wie ein Wagen, so glaubt man eher es sei ein Geist, als daß man darauf rechnete, daß Menschen zu einem kommen», heißt es in einem Brief Bettinas an ihre Schwester Lulu. Der Gegensatz zu dem geselligen Leben Berlins ist größer kaum denkbar. Aber vom ersten Tage an ist ein zwingendes Tun notwendig und heilsam. Man sieht am müden Abend seiner Mühe Preis anschaulich und handgreiflich vor sich, denn die ersten Wiepersdorfer Jahre sind alles andere als herrschaftlich. Von Anfang an ist Arnim bemüht, den etwas verwahrlosten Herrensitz in einen wohnlichen Zustand zu bringen. Der Herr Baron steht selbst auf der Leiter, um Bettinas Zimmer zu streichen. Bis zum Ablauf der noch von der Großmutter abgeschlossenen Pachtverträge kann Arnim über die Güter nicht verfügen und muß das Notwendigste von den Pächtern kaufen. Noch 1816, als Wilhelm Grimm, seit Jahren mit Arnim in herzlichster Freundschaft verbunden, bei seinem Besuch bittet, ihm einen Wagen bis Leipzig entgegenzuschicken, muß Arnim antworten, daß er leider kein Gespann zur Verfügung habe.

Im Überdenken seines Lebensweges kommt Arnim zu der Erkenntnis, daß eine höhere Hand ihn «fast gewaltsam» von allem öffentlichen Wirken zurückgedrängt habe. «Ein großes öffentliches Leben war mir unerreichlich, ein kleineres Mitlaufen gestattete meine Lage nicht, so ist mir die Einsamkeit willkommen und das mühsame Erhalten dessen, worauf doch endlich das Ganze mitberuht.» Von gelegentlichen Reisen unterbrochen, lebt Arnim bis zu seinem Tode, also siebzehn Jahre, in Wiepersdorf, immer bestrebt, den zwölfhundert Bewohnern seiner sieben Dörfer ein gütiger und gerechter Herr zu sein. Bald nimmt er eines seiner Güter in eigene Verwaltung. Verbissen arbeitet er an der Tilgung der Schulden- und Steuerlasten, kämpft in regenlosen Sommern gegen die Dürre und gegen die schlechten Preise, baut neue Höfe, pflanzt Kirschbäume mit gärtnerischer Freude und gesteht, daß er bei allem viel von unwissenden Bauern und nichts aus Büchern lernen konnte. Den ländlichen Festen in ihrer naiven, bunten Daseinsfreude ist er der verehrte Mittelpunkt. Man glaubt, die gute alte Zeit in ihrer patriarchalischen Ordnung wiederzufinden, wenn man Arnims Schilderungen darüber liest. Aber der Hintergrund dieser Bukolika sind einschneidende soziale Umwälzungen. Die Auseinandersetzung der gutsherrlichen und der bäuerlichen Verhältnisse, vor allem durch die neuen Gesetze über die Dienstaufhebungen entstanden, bewegt das Land. «Und jeder wacht mit angestrengter Klugheit.» Der Streit mit den verhaßten Behörden reißt für Arnim auf Jahre nicht ab.

«Mein Zustand wäre nicht schlecht, wenn er nicht so einsam wäre», schreibt Arnim an Görres. Die Anfechtungen und Melancholien, die ihn in diesen Wiepersdorfer Jahren zuweilen packten, kamen aus einem Gefühl übergroßer Einsamkeit. Er litt dann unter der Isoliertheit auf seinem weltentrückten Schloß, das selbst der Postillon mit dem anreisenden Wilhelm Grimm kaum zu finden vermochte. Arnim kannte seit früher Jugend den melancholischen Zug, den die meisten Schlösser des Landadels tragen, eingeprägt durch die Einsamkeit, welche aus der verschiedenen Bildung des Landvolks hervorgeht. Am schmerzlichsten vermißte er den lebendigen Umgang mit den Freunden, war ihm doch Freundschaft eines der notwendigsten Lebenselixiere. Als sich mit den Jahren die Vermögenslage besserte, reiste Bettina, die den gesellschaftlichen Verkehr noch schwerer entbehrte, mit den Kindern oft nach Berlin. Die Post aber brauchte damals viel Zeit, um über die Feldwege nach Wiepersdorf zu kommen. Arnim war eine viel zu gesunde Natur, um sich von solchen Stimmungen lange niederdrücken zu lassen. Auch fühlte er sich seinem Landleben schon so mit dem Herzen verbunden und der Großstadt entfremdet, daß er sich nach einigen Tagen auf dem Berliner Pflaster bald wieder nach der frischen Luft seines Gutshofes zurücksehnte.

«Meine Ernte steht gut, meine Bäume tragen reichlich, kurz, es scheint ein himmlischer Segen auf mich niederzustrahlen. Ist die schwerste Arbeit vorüber, hoffe ich auch wieder Zeit zu edlerem Bau zu gewinnen, und die Stille des Landes ladet mich mehr dazu ein als die literarischen Unterhaltungen der Stadt», berichtet Arnim im Hochsommer 1818 den Brüdern Grimm. Er saß nun wahrscheinlich öfter im Sattel als am Schreibtisch; die Musen mußten nach seinen Worten die Röcke oft bis über die Kniekehlen aufnehmen. Seine dichterische Ernte aber war nicht geringer als die auf den Feldern. Im Jahre 1817 war der erste Teil seiner «Kronenwächter» erschienen. Der großartige Wurf dieses Werkes, dessen Anfänge in die Zeit der «Isabella» zurückreichen, ist mit der problematischen Kategorie des historischen Romans nur vordergründig bezeichnet. Nicht kostümiertes Wissen macht die Eigenart dieses Buches aus, von dem schon ein so streng urteilender Kritiker wie Jakob Grimm fand, daß es in seiner Art mit nichts Ebenbürtigem zu vergleichen sei. Es bleibt das Geheimnis Arnims, mit welcher suggestiven Kraft er die heimlich bewegenden Impulse eines fernen Jahrhunderts zu vergegenwärtigen wußte. Das Grenzgebiet zwischen Poesie und Geschichte hatte Arnim schon während seiner frühesten Arbeiten angezogen. August Wilhelm Schlegel wollte ihn einst zu literaturgeschichtlichen Untersuchungen über das 16. Jahrhundert anregen. Es kam nicht dazu. Arnim erwiderte, daß ihm das übrige Historische jener Zeit soviel merkwürdiger gewesen sei, daß ihn ansonsten der Inhalt dieser Bücher zuviel beschäftigt habe, worin sich die Ausstrahlung jener großen Geschichte zeige. Als sei in seinem alten Blut noch ein verborgenes Ahnungsvermögen, das in längst vergangene Zeiträume reichte, war für ihn das Studium von Chroniken und Memoiren, war die Luft vergessener Schlösser und die stumme Zwiesprache in Ahnengalerien ein erregendes Erlebnis. Aus solch einem intimen Erfassen der Sitten, Bräuche und Lebensbedingungen aller Stände entsteht in den «Kronenwächtern» die Welt der beginnenden Reformationszeit in vitaler Unmittelbarkeit. Darin verwoben hat Arnim seine Fabel vom Geheimbund der Ritter, der die alte Stauferkrone durch die Jahrhunderte hütet. Der zweite Teil, an dem Arnim in den folgenden Jahren arbeitete, ist Fragment geblieben. Noch 1820 reiste der Dichter nach Schwaben, um sich aus der Anschauung der historischen Stätten neue Antriebe zu holen. Er fährt entzückt durch das Remstal, hält mit seiner Kutsche klopfenden Herzens vor dem Stadttor von Waiblingen, in dessen Turm er seinen Roman beginnen ließ, und besucht die Hohenstaufengräber im Kloster Lorch.

Neben den «Kronenwächtern» schreibt Arnim eine Reihe Erzählungen für die zu seiner Zeit sehr beliebten Almanache und für Zeitschriften. Auch die Stücke unserer Auswahl entstanden mit Ausnahme der beiden ersten im Gutshaus von Wiepersdorf. Eine kleine Sammlung erschien 1826 unter dem Titel «Landhausleben». Daneben schrieb er mehrere Dramen – schon 1813 war ein Band erschienen.

In seinen letzten Lebensjahren machte Arnim längere Reisen durch die alten Städte Belgiens, durch Süddeutschland und Österreich nach Wien, «wo ich elf Tage umherschaute und theaterte», überall mit wachen, interessierten Augen das Neue aufnehmend, das die politischen und sozialen Umwälzungen seiner Zeit bewirkt hatten. Eine Reisebeschreibung gehörte zu seinen letzten Plänen, «worin ich nicht bloß im allgemeinen, sondern im einzelnen die wunderbaren Wege aufdecken möchte, wie sich das Bessere macht, meist unbewußt den Menschen, doch nicht ohne ihren guten Willen; wie der Hochmut überall irrte, wie die Demut überall zum Ziele führte; wie fünfzehn Friedensjahre eine Welt schufen, von der sich die Führer jener kriegerischen Zeit, die ihr vorausging, kaum eine Vorstellung machten.» Sätze, die noch einmal tief in das Wesen dieses Mannes hineinleuchten, und Görres mochte an des Dichters eigne «wunderbare Wege» denken, als er diese Briefstelle las.

Am 21. Januar 1831 stirbt Arnim unerwartet an einem Herzschlag, erst fünfzig Jahre alt. Ein Diener findet ihn zusammengebrochen in seinem Zimmer. Im Park von Wiepersdorf neben der Kirche liegt er begraben. Aus tiefer Vertrautheit schrieb Görres im «Morgenblatt» vom 31. März 1831 seinen großen Nekrolog. Wilhelm Grimm gab in den Jahren von 1839–56 die «Sämtlichen

Werke» Arnims heraus. Brentano hatte sich dem einstigen Freunde durch seine religiöse Abkapselung schon seit Jahren entfremdet. Doch bricht in einem Brief an Friedrich Schinkel nach dem Tode Arnims die Erinnerung noch einmal schmerzlich durch in den Worten: «Er war eine selten adlige Natur.» Von den Dichtern seiner Zeit haben vor allem Eichendorff und Heinrich Heine seinen Rang gewürdigt.

Die von Wilhelm Grimm besorgte Ausgabe umfaßt einundzwanzig Bände. Davon sind allein sechs mit dramatischen Werken angefüllt. Auf diese kann ebenso wie auf die Lyrik in unserem Rahmen nicht näher eingegangen werden. Die Stücke Arnims erlebten, von verschwindenden Ausnahmen abgesehen, nicht das Rampenlicht der Bühne, da er sich, wie die meisten Romantiker, den Gesetzen der Szene nicht unterwerfen konnte und nach Goethes Worten für ein «unsichtbares Theater» schrieb. Die Bedeutung Arnims liegt in seinem epischen Werk.

Alle, die den Dichter aus näherem Umgang kannten, stellten einen merkwürdigen Widerspruch zwischen seinem persönlichen und seinem literarischen Charakter fest. Arnim, der in seiner Lebensgestaltung Sinn für Form, Maß und Proportionen hatte, konnte diese in seinen Werken zuweilen bis an die Grenzen des Zumutbaren verleugnen. Er will in seinem Roman von der Gräfin

Dolores unmittelbar seine Zeit ansprechen und ist imstande, das hohe Ethos dieses Buches durch eine Vielfalt von Einschüben und Abschweifungen fast zu erdrücken. Unbegreiflich blieb es den Zeitgenossen außerdem, daß dieser helle, diesseitsfreudige Mensch sich in manchen Dichtungen von einer dunklen Phantastik bis ins Makabre verlocken ließ. Es gibt Erzählungen, die erst dann eine ganz eigne Prägnanz und Dichte bekommen, wenn er diese abseitigen Bezirke betritt. Im Gegensatz dazu steht der lebenspralle Realismus, der ihn von den Romantikern unterscheidet. So kamen viele seiner Kritiker zu der Annahme, daß die Auswüchse an Formlosigkeit und überreizter Einbilbildungskraft nur ein im Grunde unbewältigter Versuch seien, sich den Motiven und Praktiken einer literarischen Mode anzupassen. Dagegen spricht die harte, kalte Genauigkeit seiner Geisterbeschwörungen, die in ihrem gespenstischen Realismus den Caprichos von Goya verwandt ist.

Wie nach Rezepten «von Nostradamus eigner Hand» werden die Phantome Arnims beschworen und in einen Zirkel präzis zu beachtender Vorschriften gebannt. Es ist ein sehr persönliches Bekenntnis, wenn der Dichter von seinem «Majoratsherrn» schreibt: «Die Physik der Geister war von je mein Lieblingsstudium.» In der «Isabella» erfahren wir die genauen Vorbereitungen mit Handgriffen und magischen Formeln, unter denen

Alraun und Golem lebendig werden. Wir kennen die Herkunft dieser Figuren aus Sage und Aberglauben – in Arnims Erzählung sind sie Chiffren für den unheimlichen Prozeß, in welchem die Kreaturen der Phantasie seiner Macht entgleiten und ein beklemmendes Eigenleben erhalten. Dem dunklen Bilderchaos des Unbewußten entstiegen, bedrängen sie den Dichter mit den Ängsten des Zauberlehrlings, der die Formel nicht mehr weiß, um die unbedacht hervorgerufenen Wesen wieder zu vertreiben. «Ein Grauen wohnt in der Tiefe des hochmütigsten Menschen vor der unnennbaren Welt, die sich nicht unseren Versuchen fügt, sondern uns zu ihren Versuchen und Belustigungen braucht» («Isabella»). Der Dichter fühlt sich als Medium dieser unnennbaren Welt und ihres Geisterspiels, das in Träumen und Visionen aus ihm spricht. «Geister gingen bei ihm aus und ein, sein Hirn war wie ein Blocksberg in der Mainacht» («Gräfin Dolores»). In einem Brief schildert Arnim das befreiende Gefühl, mit dem er nach einem solchen Zustand die Feder aus der Hand legt und erleichtert sich im vertrauten Alltäglichen wieder zurechtfindet. Wenn selbst nächste Freunde diese Seite befremdete, betonte er mit einer an ihm seltenen Gereiztheit immer wieder die innere Wahrheit solcher Schilderungen.

Arnim hat die Wirklichkeit psychischer Abgründe so stark empfunden, daß sie sich ihm in seinen Werken zu seltsamen Angst- und Spottgeburten materialisieren, und diese bewegen sich dreist und zudringlich in der realen Welt wie der Alraun auf der Kirmes von Buik. Kaum daß sie den Mitmenschen über das Maß einer etwas unbehaglichen Absonderlichkeit hinaus auffallen.

Für dieses Wurzelmännchen in «Isabella von Ägypten», das sich als miles gloriosus aufspielt, findet Arnim eine für ihn sehr charakteristische Form: das Groteske. In ihr verzerrt sich das Menschenbild zu komischen oder schreckhaften Fratzen, die sich in unheimlichem Mechanismus bewegen. Wir glauben, die Drähte zu sehen, aber wir kennen den Puppenspieler nicht. Nachdem Isabella den kleinen Kobold fast wie ein eigenes Kind liebte und verzärtelte, ist sie eines Tages verstört über dessen boshafte Eigenart: «Er scheint mir jetzt recht unmenschlich, ich weiß nicht recht warum.» Ein Augenblick, in welchem sich die «Verfremdung», die allem Grotesken eigen, sinnfällig ausspricht. Ist nun der in nächtlichem Spuk erzeugte Wurzelzwerg auch ein extremes, wenngleich sehr anschauliches Beispiel – es sind nur Gradunterschiede, die ihn vom Leutnant der «Majoratsherren» oder vom Professor Hemkengriper trennen. Gerade der letztere ist die kaum noch menschliche Marionette seines Hasses.

«Achim von Arnim wurde vor allem gepriesen, in einer langen Einführung zu seinen Erzählungen habe ich gesagt, daß meine Freunde und ich ihm den absoluten Vorrang im Reiche der dichterischen Phantasie zubilligen.» Dies schreibt ein Dichter unserer Zeit, André Breton, 1948 in einem Brief an Paul C. Berger, worin er von dem außerordentlichen Einfluß der deutschen Romantiker auf den französischen Surrealismus spricht. Diese Wahlverwandtschaft, zu der sich die Surrealisten sehr bewußt bekannten, gibt uns neue Schlüssel zum Werk Arnims und seinen scheinbaren Widersprüchen. In einem seiner «Manifeste des Surrealismus» heißt es bei Breton: «Der Surrealismus beruht auf dem Glauben an die höhere Realität gewisser bisher vernachlässigter Assoziationsformen, an die Allmacht des Traumes, an das interesselose Spiel des Gedankens.» Bei allen Verschiedenheiten zwischen diesen französischen Dichtern des 20. Jahrhunderts und dem märkischen Romantiker klingen in einem solchen Satz sofort gleichgestimmte Saiten an. Im zweiten «Manifest» erscheint Arnim als «Surrealist in Zeit und Raum». Diese Dichtergruppe findet in Arnim nicht nur, wie bei Jean Paul, Tieck und Hoffmann, den Traum und das Unterbewußte als einen Quellgrund seines Schaffens – was sie vor allem anzieht, ist ein ganz eigener Automatismus der Worte, dessen sich Arnim bedienen kann, um den Mächten des Unterbewußten Stimmen zu geben, wie in jenem seltsamen Stakkato aus alogischen Gedankenfetzen und Bilderfluchten, das den Helden der «Gräfin Dolores» im halbwachen Zustand dumpfer Verzweiflung überkommt.

In den «Majoratsherren» zerreißt Arnim unerbittlicher noch als E.T.A. Hoffmann die trügerischen Zusammenhänge, die uns die Sinne vorgaukeln. Die vier Tage und Nächte, in denen der junge Majoratsherr, zwischen dem morbiden Rokokomilieu des Majoratshauses und den Geheimnissen des Judengäßchens herumirrend, seinen quälenden Visionen folgt, jagen wie ein einziger Alptraum vorüber, auch wenn der Dichter, um den Leser zu verwirren, eingreift und den Gesichten seines Helden die Nachtmütze der Banalität aufsetzt. Mit einer zynischen Dissonanz endet der Spuk. Kahl und brüchig liegt das Majoratshaus, «sehr nützlich», in eine Fabrik umgewandelt.

Die Erzählung «Isabella von Ägypten» beginnt in einer Sphäre des Nächtlichen, Verborgenen, Geheimnisvollen. Aus ihr treten Arnims Phantasiegeburten in das helle Licht eines geschichtlichen Schauplatzes, das bunte Getriebe einer niederländischen Stadt am Beginn des 16. Jahrhunderts. Man ahnt ein Lächeln des Dichters, wenn er sie zuvor im Diebsbau der Frau Nietgen mit allerlei Theaterplunder halbwegs zeitgemäß kostümiert. Hier schon mischt sich die spukhafte Welt mit einer sehr drastisch-realistischen. Auf einer höheren Ebene, wenngleich nicht weniger entgegengesetzt, begegnen sich Isabella und der junge Habsburger Prinz. Das Verhältnis von Dichtung und Geschichte, das große Thema der «Kronenwächter», wird in einem frühen Stadium volltönend angeschlagen. Isabella, «eine fremde Blume, die sich nächtlich nur erschließt», verkörpert in diesem Liebesbund die Poesie. Karl wächst aus den weichen Konturen eines Märchenprinzen mit den ersten Regungen von Herrscherhochmut und -schwermut in sein historisches Profil.

Auch wenn Arnim «unerhörte Begebenheiten» nach dem Muster der klassischen Novelle erzählt und sich dazu Stoffe aus französischen Memoiren oder der Gegenwart sucht, bleibt der Boden der Realität schwankend. Wahngebilde von innen und außen schrecken und bedrohen den Menschen in seiner eingebildeten Sicherheit. Zwar finden das optimistische Temperament des Dichters und sein Sinn für Humor oft harmonische Lösungen, wie im «Tollen Invaliden» oder der «Frau von Saverne»; auch haben seine Gestalten im allgemeinen eine recht kräftige Konstitution, sind doch selbst die Brüder Gordon aus «Mistris Lee» in ihrer Strafkolonie nicht umzubringen. Aber gerade von dieser Geschichte in ihrer fragwürdigen Gerichtsentscheidung sagt der Erzähler, daß er in dem Prozeß, bei dem er als Zeuge verhört wurde, wie über eine gefährliche, dünne Stelle im Eise ohne

Umsehen, ob es hinter ihm nachbreche, hinübergeeilt sei.

Wie früh das epische Talent Arnims zum Durchbruch kam, zeigt dieses kleine Meisterstück, das in ersten Entwürfen schon während der englischen Reise, also 1803/04, entstand. Die Anregung kam ihm aus einem Dirnenprozeß, der die Londoner Öffentlichkeit beschäftigte. Mit einer für die Jugend des Dichters erstaunlichen Psychologie verwandelt sich nun die «liederliche Vettel» des Gerichtssaales in ein wohlsituiertes Weibchen mit viel sinnlichem Charme, das seinen labilen Charakter geschickt hinter Launen, Attitüden und sentimentalen Schauspielereien verbirgt. Und erst, als die Fassade bürgerlicher Reputierlichkeit in Gefahr ist, weiß die Mistris ebenso skrupellos wie instinktsicher ihre Position zu retten – nicht eigentlich aus Schlechtigkeit, sondern weil sie Angst hat.

Mit welcher Bravour ist diese Geschichte erzählt! Die schöne Blondine, die verspätet in der Opernloge erscheint und wie unbeteiligt die Blicke der Dandys auf sich lenkt, sich danach wohlig im Gedränge des Foyers treiben läßt, während sie mit gespielter Gleichgültigkeit ihren Ruf als Frau mit Affären genießt – man denkt an Maupassant, so überlegen wird die Handlung eingefädelt. Im Zuge des Geschehens sind Briefe oder ein Traum als kunstvolle Ritardandi eingefügt. In zugespitzten Situationen geht die Form der Erzählung in dramatische Dialoge über. Am Schluß ist die hübsche Person von Abenteuern so geheilt, daß sie an der Seite ihres sonst verleugneten alten Gatten in platte Gewöhnlichkeit zurückfällt. Diese ironische Wendung wird knapp, mit amüsanter Beiläufigkeit berichtet und klingt in eine leicht blasierte Sentenz über die Frauen aus.

Novellen in dieser gestrafften Form, aus einem eigentümlichen Charakter entwickelt, schreibt Arnim erst wieder nach einer Zeitspanne von mehr als zehn Jahren in Wiepersdorf. Dazu gehören vor allem die sehr bekannt gewordene Geschichte vom «Tollen Invaliden» und «Frau von Saverne».

Mit breitem epischem Behagen dagegen entfalten und verknüpfen sich die Motive in den «Holländischen Liebhabereien». Das Gezänk der Professoren, die Liebesgeschichte, das verlorene Manuskript, die Tulpenleidenschaft und der Aufstieg des jungen Poeten – ein buntes Narrenspiel, in welchem die Liebhabereien sich oft als Pedanterien und Schrullen entpuppen. Aber Humor, eine köstliche Mitgift des Arnimschen Werkes, hat dem Dichter die Feder geführt, und nur der Neid der beiden Gelehrten endet in einer makabren Groteske. Doch nicht dieses düstere Finale, sondern die kraftvolle Menschlichkeit des Dichters Jan Vos bleibt als bestimmender Eindruck, sein Vertrauen, daß Dichtung unabhängig von der Flüchtigkeit des Ruhmes und der Tagesmoden ihren Weg durch Zeiten und Räume zum einsamen Leser findet.

Aus frühen Reiseerinnerungen entsteht «Owen Tudor». So hieß jener Waliser Edelmann, der Katharina von Frankreich heiratete und eine englische Dynastie begründete. Von allen Erzählungen Arnims ist diese die anmutigste. Poesie und Geschichte verbinden sich in diesem Scherzo spielerisch mit seltsamen Episoden der Fahrt. Die Postkutsche rollt nicht nur durch grüne Täler und Mondscheinnächte von Wales, sondern auch durch die Vergangenheit. Und die ferne Romanze von dem Pagen und der Prinzessin, durch die Kunst des Erzählens zum Leben erweckt, umgibt die Reisenden mit geheimnisvoller Nähe.

Unsere Auswahl versucht, einen lebendigen Eindruck von der dichterischen Welt Arnims und ihren verschiedenen Landschaften zu geben. Deren Grenzen sind trügerisch. In die vertrauten Bezirke unserer Wirklichkeit dringen beunruhigend und verwirrend die Mächte jener «unnennbaren Welt», die zu den Menschen in dunklen, geheimnisvollen Spielen spricht. Aber auch die Grenzen des Zeitlichen sind fließend und eröffnen ungeahnte Wege in die Zonen der Vergangenheit. Die allen Erscheinungen innewohnende Poesie schafft ein Universum, in welchem die Kategorien von Zeit und Raum durchlässig werden. Den Leser erfüllt «das wunderliche Gefühl, das die Leute romantisch zu nennen pflegen». In ihm verknüpft sich das scheinbar Unvereinbare zu einem Gewebe von kunstvoller Eigenart. «Es versetzt uns aus der sonnenklaren Deutlichkeit des guten täglichen Lebens in eine dämmernde Frühzeit, die auch uns erweckt hat und der wir heimlich noch immer mit erster Liebe anhangen und gedenken, ungeachtet es schon lange Mittag geworden und vielleicht bald wieder Nacht werden kann.»

Mit diesen Worten aus seinem Roman «Gräfin Dolores» öffnet der Dichter selbst eine Tür zu seinem Werk.

Walther Migge

Als Druckvorlagen für unsere Auswahl dienten in allen Fällen die vom Dichter selbst besorgten Erstausgaben. Bei der Textrevision wurden Zeichensetzung und Orthographie dem modernen Gebrauch angeglichen; der alte Lautstand blieb erhalten. Offensichtliche Druckfehler wurden korrigiert. Mit einer Ausnahme ist die Reihenfolge der Erzählungen chronologisch: «Isabella von Ägypten», die in dieser Ordnung an zweiter Stelle stehen müßte, ist ihrer Bedeutung wegen an den Anfang des Bandes gesetzt worden.

Für das Nachwort nahm ich Einblick in den unveröffentlichten handschriftlichen Nachlaß Achim von Arnims, der sich im Goethe- und Schiller-Archiv in Weimar befindet. Der Leiter des Archivs, Herr Dr. Karl Heinz *Hahn*, gestattete mir die Auswertung im Zusammenhang mit meinen Arnim-Arbeiten auf die liebenswürdigste Weise. Ihm sei auch an dieser Stelle mein Dank ausgesprochen. W. M.

ISABELLA VON ÄGYPTEN

Druckvorlage: Isabella von Ägypten, Kaiser Karls des Fünften erste Jugendliebe. Eine Erzählung: ... Von Ludwig Achim von Arnim. Nebst einem Musikblatte. Berlin 1812. In der Realschulbuchhandlung.

26 *Adrian:* Adriaen Floriszoon van Trusen, der spätere Papst Hadrian VI., geboren 1459 in Utrecht, wurde 1507 Erzieher des Prinzen Karl.

29 *Alraun:* Menschenähnliche Wurzel der Mandragora officinarum, auch «Galgenmännlein» genannt.

31 *Berenize:* Gemahlin des Ptolemäus III., nach deren schönem Haar ein Sternbild benannt wurde.

36 *Mandragora:* Griechische Bezeichnung für die Alraunwurzel.

54 *Sigismund:* Deutscher Kaiser von 1411 bis 1437, ließ sich im Jahre 1386 zum König von Ungarn krönen. 1399 wurde er von den Türken bei Nikopolis besiegt.

57 *Konzilio:* Von 1414 bis 1418 fand das Konstanzer Konzil statt.

77 *Hadeln:* Zu Hannover gehörende Marschlandschaft an der Elbmündung.

79 *Ferdinand:* Ferdinand II., der Katholische (1452–1516), König von Spanien.

82 *Petrus Lombardus:* Scholastischer Theologe aus der Lombardei, gestorben 1160 zu Paris. Zu seinem Hauptwerk, den «Libri quattuor sententiarum», einem auf den Sentenzen der Kirchenväter, vor allem des Augustinus, aufgebauten System der Theologie, schrieb Adrian einen Kommentar.

82 *Kutzen streichen:* Schmeicheln, eigentlich: den Kauz streicheln.

90 *Kader:* Unterkinn, Kropf.

111 *Schemhamphoras:* Jüdische Zauberformel, eigentlich: der ausdrückliche eigentliche Name Gottes, das heißt Jehovas, der nach jüdischer Überlieferung gesprochen und geschrieben zauberkräftig ist.

114 *Leimen:* Oberdeutsche Form für Lehm.

Jenes alte Bild von Früchten: Anspielung auf die Anek- 115
dote von dem griechischen Maler Zeuxis (Ende des 5. Jahrhunderts v. Chr.), der Trauben so natürlich malte, daß die Vögel daran zu picken versuchten.
Blaker: Leuchter. 134
Vikariieren: Die Stelle vertreten. 140
Carvajal, Zapara und Vargas: Spanische Minister unter 154
Ferdinand dem Katholischen.
Ximenez: Francisco Ximenes de Cisneros (1436–1517), 154
Kardinal und Staatsmann, dem Ferdinand II. kurz vor seinem Tode die Regentschaft übertrug.
Wilhelm von Croy: Herr von Chièvres, Oberhofmeister 164
und einflußreichster Ratgeber des jungen Karl V., seit 1515 Leiter der Staatsgeschäfte.
Reitwürmer: Volkstümliche Bezeichnung der Maul- 179
wurfsgrillen (von reuten = graben, wühlen).
Maximilian: Karls V. Großvater väterlicherseits, Maxi- 189
milian I., deutscher Kaiser von 1493 bis 1519.
Neuspanien: Früherer Name von Mexiko, das nach der 190
Eroberung durch Cortez im Jahre 1521 spanisches Vizekönigreich wurde.
Afrikanischer Himmel: Anspielung auf Karls V. Feldzüge 191
gegen Tunis und Algier in den Jahren 1535 und 1541.
Taurinius: Zacharias Taurinius, Reiseschriftsteller, der 196
am Ende des 18. Jahrhunderts See- und Landreisen nach Asien, Afrika und Amerika schilderte.
copia verborum: Wortschatz, Wortfülle. 198
Magister Uhsen: Erdmann Uhse, Verfasser einiger 198
Bücher über die Beredsamkeit (erste Hälfte des 18. Jahrhunderts).

MISTRIS LEE

Druckvorlage: Der Wintergarten. Novellen von Ludwig Achim von Arnim. Berlin 1809. In der Realschulbuchhandlung.

204 *Die schöne Müllerin:* Eine der beliebtesten Opern von Giovanni Paesiello (1740–1816), die 1788 in Neapel zum ersten Male aufgeführt wurde.

206 *Nigus:* Englisch Negus, ein nach dem Erfinder benanntes punschartiges Getränk.

221 *Vaillant:* François Levaillant (1753–1824), französischer Ornithologe und Reiseschriftsteller.

222 *Browns Gedicht:* Isaac Hawkins Browne (1705–1760), englischer Dichter des 18. Jahrhunderts, der 1754 ein Gedicht «de animi immortalitate» veröffentlichte.

232 *Cosway:* Richard Cosway (1742–1821), englischer Maler, der vor allem durch seine Porträtminiaturen berühmt wurde.

244 *Botany Bay:* Im 18. Jahrhundert englische Strafkolonie an der Ostküste Australiens, in der Nähe von Sydney.

FRAU VON SAVERNE

Druckvorlage: Frau von Saverne. Von L. Achim v. Arnim. In: «Der Gesellschafter oder Blätter für Geist und Herz». Herausgegeben von F.W. Gubitz. Erster Jahrgang. Berlin 1817. In der Maurerschen Buchhandlung. 175stes Blatt.

Petrarks Höhle: Francesco Petrarca (1304–1374), der 264
große italienische Dichter und Humanist, verbrachte seine fruchtbarsten Jahre in der Abgeschiedenheit des Talgrundes von Vaucluse bei Avignon. Das Haus des Dichters am Fuße eines höhlenreichen Berghanges liegt nahe an der berühmten Quellgrotte der Sorgue.
Marlborough: Französisches Volkslied: «Marlborough 267
s'en va-t-en guerre».
Päpstliche Grenze: Avignon war von 1309 bis 1377 Sitz 270
der Päpste. Danach wurde die Stadt, die zusammen mit der benachbarten Grafschaft Venaissin im Besitz der Kurie war, von päpstlichen Legaten regiert. Erst 1791 durch die Revolution schloss sich Avignon mit seinem Gebiet an Frankreich an.

DER TOLLE INVALIDE AUF DEM FORT RATONNEAU

Druckvorlage: Der tolle Invalide auf dem Fort Ratonneau. Erzählung von L. Achim von Arnim. In: «Gaben der Milde». Viertes Bändchen. Herausgegeben von F.W. Gubitz. Berlin 1818.

Rockelor: Nach dem Erfinder benannter langer Mantel 277
mit breitem Überfallkragen. Reise- und Regenmantel im 18. Jahrhundert.
Pleißenburg: Die im 16. Jahrhundert erbaute Stadt- 280
festung Leipzigs, im 18. Jahrhundert als Kaserne benutzt.

DIE MAJORATSHERREN

Druckvorlage: Die Majoratsherren. Erzählung von Ludwig Achim von Arnim. In: «Taschenbuch zum geselligen Vergnügen auf das Jahr 1820». Leipzig. Bei Joh. Friedrich Gleditsch.

347 *Lilis:* Nach jüdischer Überlieferung war Lilith die erste Frau Adams.

379 *Kartusch:* Louis Dominique Cartouche, französischer Brigant, der am Ende des 17. Jahrhunderts Paris und Umgebung durch seine aus allen Ständen zusammengesetzte Räuberbande in Schrecken versetzte.

OWEN TUDOR

Druckvorlage: Owen Tudor. Eine Reisegeschichte von Ludwig Achim von Arnim. In: «Taschenbuch zum geselligen Vergnügen auf das Jahr 1821». Leipzig. Bei Joh. Friedrich Gleditsch.

386 *Presbyterianer:* Kirchengemeinschaft in England, Schottland und Amerika, die die bischöfliche Verfassung der anglikanischen Kirche verwirft und an den Grundsätzen der schweizerischen Reformation, vor allem an der Einfachheit und Schmucklosigkeit des reformierten Gottesdienstes, festhält.

389 *Schlachtfeld von Shrewsbury:* Wo Heinrich IV., König von England, im Jahre 1403 die aufständischen Barone seines Landes besiegte.

389 *Gall:* Franz Joseph Gall (1758–1828), Arzt und Phreno-

log, der Hirne und Schädel von Tieren und Menschen studierte und deren geistige Leistungen in Zusammenhang mit den Hirn- und Schädelformen zu bringen suchte.

Percy: Henry Percy, genannt «Heißsporn», Sohn des 389
Grafen von Northumberland, geboren 1364, lebt vor allem durch Shakespeares Königsdrama «Heinrich IV.» in der Geschichte fort. Held der Ballade und Ideal ritterlicher Jugend, gehörte er zu den Adligen, die sich gegen Heinrich IV. empörten. Er fiel in der Schlacht bei Shrewsbury.

Diversion: Ablenkung, unerwarteter Angriff. 400

Dortchen: Figur aus Shakespeares Drama «Heinrich 414
IV.», Dortchen Lakenreißer, eine Dirne aus der Gesellschaft von Sir John Falstaff.

HOLLÄNDISCHE LIEBHABEREIEN

Druckvorlage: Landhausleben. Erzählungen von L. A. von Arnim. Erster Band. Leipzig, bei C.H.F.Hartmann, 1826.

Jan Vos: Holländischer Dichter des 17. Jahrhunderts, 451
ursprünglich Glaser, später Direktor des Amsterdamer Theaters, der vor allem durch seine Dramen berühmt wurde. Er starb 1667, das Geburtsjahr ist nicht bekannt.

Morea: Maulbeergarten, der seit Anfang des 13. Jahr- 453
hunderts im Volksmund gebräuchliche Name des Peloponnes.

Herrmann und Gomar: Franziscus Gomarus (1563–1641), 455

reformierter Theologe und Professor in Leyden und Groningen, geriet mit seinem Kollegen Jakob Arminius, eigentlich Hermansz, in einen fanatischen Streit wegen der Prädestinationslehre.

457 *Dule:* Doelen, Name eines Gasthofes in Leyden.

457 *Anabaptist Vondel:* Joost van den Vondel (1587–1679), wurde in Köln geboren, wohin seine Eltern, die der Sekte der Wiedertäufer angehörten, aus Antwerpen geflüchtet waren.

459 *Kolbenbahn:* Ballspiel mit einem Kolben = Stecken.

464 *Ein ausgezeichneter Dichter des Namens:* Anspielung auf Johannes Secundus (1511–1536), einen holländischen neulateinischen Dichter, der durch seine Elegien, vor allem durch die vielfach übersetzten «Basia» (Küsse) bekannt wurde.

467 *Durch Schlangenzauber in eine Jungfrau verwandelt:* Griechische Mythe, nach welcher der Seher Teiresias, als er das Weibchen eines Schlangenpaares tötete, in eine Frau verwandelt wurde.

474 *Vertumnus und Pomona:* Vertumnus, römischer Gott der Jahreswende, wahrscheinlich etruskischer Herkunft, verwandelte sich bei seinem Liebeswerben um die schöne Nymphe Pomona in viele Gestalten, darunter auch die eines alten Weibes.

474 *Treckschuten:* Treckschuit (niederländisch), von Pferden gezogenes Schiff, wie es in Holland auf den Kanälen gebraucht wird.

488 *schringt: schringen* = stechend schmerzen, aus älterem niederdeutsch schrînen = jucken, brennen.

500 *Enkhuisen:* Hanse- und Hafenstadt an der Zuidersee. «Admiral von Enkhuisen» war der Name einer Tulpenzwiebel.

Elzevir: Berühmte holländische Buchhändler- und Buchdruckerfamilie mit Niederlassungen in Leyden (1583–1712) und Amsterdam (1637–1681). 508

Stüber: Rheinisch-westfälische, dem niederländischen Stüver nachgeahmte kleine Scheidemünze. Der holländische Gulden hatte 20 Stüver. 1 Stüver galt zwei rheinisch-westfälische Stüber. 517

Aran und Titus: Die Tragödie, die dasselbe Thema wie Shakespeares «Titus Andronikus» behandelte, wurde 1641 in Amsterdam aufgeführt. 521

Die erfrorne Schlange der Fabel: Anspielung auf die Fabel Äsops von der erfrorenen Schlange, die ein Mann an seiner Brust erwärmte und die, kaum wiedererweckt, ihren Retter durch ihren Biß tötete. 531

Inhalt